普通高等教育"十一五"国家级规划教材

高等院校电子商务专业系列教材

物流与供应链管理

[第二版]

周伟华　吴晓波　主编

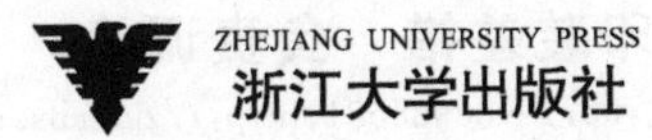

ZHEJIANG UNIVERSITY PRESS

浙江大学出版社

图书在版编目（CIP）数据

物流与供应链管理 / 周伟华，吴晓波主编. —2 版.
—杭州：浙江大学出版社，2011.6(2020.8 重印)
ISBN 978-7-308-08891-6

Ⅰ.①物… Ⅱ.①周… ②吴… Ⅲ.①物流—物资管理—高等学校—教材②供应链管理—高等学校—教材
Ⅳ.①F252

中国版本图书馆 CIP 数据核字（2011）第 144122 号

物流与供应链管理（第二版）

周伟华　吴晓波　主编

丛书策划　许佳颖　希　言
责任编辑　王元新　许佳颖
封面设计　俞亚彤
出版发行　浙江大学出版社
（杭州市天目山路 148 号　邮政编码 310007）
（网址：http://www.zjupress.com）
排　　版　杭州中大图文设计有限公司
印　　刷　广东虎彩云印刷有限公司绍兴分公司
开　　本　787mm×1092mm　1/16
印　　张　19.25
字　　数　367 千
版 印 次　2011 年 6 月第 2 版　2020 年 8 月第 17 次印刷
书　　号　ISBN 978-7-308-08891-6
定　　价　39.00 元

序

电子商务的发展虽然只有短短十余年的时间，但却经历了两次大的浪潮。大部分学者和专家也由此将电子商务的发展划分为两个阶段。第一阶段是电子商务从默默无闻到快速知名的爆炸性成长时期，从1995年首次广泛使用Web来宣传产品，至2000年Dot.com公司进入低迷期为止。其后的两三年是电子商务的围坑期，随着悲观的气氛笼罩硅谷，媒体天天在宣告电子商务的死亡。但很快，电子商务的销售额又开始增长，有很多电子商务公司获得投资，新的互联网公司纷纷诞生，进而开始了第二次浪潮。这第二次浪潮显然比第一次更加理性、更加成熟。联合国贸易和发展会议(UNCTAD)在日内瓦发表的题为《2004年电子商务及其发展状况》报告所列的很多数据表明，电子商务已经进入了一个新的发展阶段，特别是中国的电子商务应用。2005年初，国务院办公厅专门发布关于加快电子商务发展的若干意见(国办发〔2005〕2号)，表明了中国政府对电子商务发展前景的信心和决心。

浙江大学出版社2001年在国内较早地推出了“电子商务系列教材”，并受到了国内高校和读者的欢迎和关注。由于浙江大学是我国学科最为齐全的重点大学，具有国内一流的计算机科学、经济学、管理学等学科的教学与科研师资队伍，适应于转向，因此，浙江大学成为国内最早开展电子商务学科建设的高校之一，并且取得了许多成绩。浙江大学2002年就有了电子商务第二专业二学位的毕业生；2005年产生了教育部批准开设电子商务本科专业以来的第一批毕业生；期间还先后培养了

20 多名电子商务学科方向的博士。

信息技术的发展日新月异，网络经济的理论和管理方法与时俱进，电子商务创新模式不断涌现，所有这一切都需要我们进行新的研究和总结，并且将这些新的研究成果反映到大学的教学中。这次浙江大学出版社邀请专家、教授，特别是教育部电子商务专业教学指导委员会的主要成员组成编委会，在原来"电子商务系列教材"的基础上，重新组织、开发了一套"高等院校电子商务专业系列教材"，除了对原先广受国内高校和读者的欢迎并被评为国家级"十一五"规划教材的《电子商务概论》、《客户关系管理》、《供应链与物流管理》等一批优秀教材组织修订外，还增加了《电子商务及其在电信行业中的应用》、《电子商务英语》等许多新书，从而使得这套教材，更适应当前电子商务专业教学发展的需要。相信新开发的这套教材对于推动我国电子商务教学水平的提高、促进电子商务人才的培养能够发挥更加积极的作用。

潘云鹤

2008 年 8 月

第二版前言

世界经济一体化与全球化制造的最新趋势是，在增加企业供应链管理复杂性的同时，也进一步确立了物流与供应链管理在当今企业管理中举足轻重的地位。边界大幅度延展的全球化企业，依靠高效运作所带来的速度与柔性，快速应变市场，在激烈的竞争中占据有利地位。物流与供应链管理作为一项重要的经营活动，其战略重要性正日益凸显。

本书在介绍物流与供应链管理基本概念的同时，对物流与供应链管理的各个主题展开论述，借以阐明：物流与供应链管理作为企业价值链上的重要环节，蕴涵了巨大的成本降低空间，从而可以获得显著的经济效益；内含提高顾客满意度的巨大潜力，从而可以大幅度提高产品销量；同时作为营销利器也可以有效地增强企业的持续竞争优势。

物流活动涉及诸如采购、运输、营销、财务等许多传统生产经营活动领域的技术、原理和方法，其管理则需要综合应用运筹学、组织行为学以及经济学的许多理论、方法。更重要的是，大量先进的信息技术在物流活动中的应用，反映出当代物流与供应链管理的时代特征。本书试图综合运用各领域的理论与方法来组织与编撰相关主题的同时，尽可能反映现代物流与供应链管理的信息化、自动化、网络化、智能化和柔性化等鲜明的时代特征。

理论与实践相辅相成，实践需要理论来指导，理论需要实践来验证。本书在编撰上较好地解决了理论与实践的均衡问题，通过每章开始的开篇案例引出本章所要论述的核心内容；在章节内的具体论述中，适时穿插案例借以例证相关内容。作者本着理论与实践互动的方式安排了本书的整个结构，期望能令读者产生良好的学习与借鉴效果。

本书的再版凝聚了大量相关人员共同努力的心血。首先，要感谢周浩军、姚明明、陈小玲等博士研究生，于红等硕士研究生，他们在收集整理本书的相关资料的过程中，做了大量的工作。他们积极、认真、务实的态度是确保本书顺利完成的前提。其次，要感谢奋战在物流与供应链管理理论研究与实践前沿的各界人士，是他们的工作与研究成果充实了本书的具体内容。

尽管我们已做了很大努力，但书中还难免存在缺点与错误，恳请广大读者批评指正。

作　者

2011 年 5 月

目　录

第1章

概　述

开篇案例——ZARA全程供应链管理

Inditex公司是西班牙排名第一、全球排名第三的服装零售商，在全球52个国家拥有近2000多家分店，其中ZARA是Inditex公司9个品牌中最出名的旗舰品牌，堪称“时装行业中的戴尔电脑”，被认为是欧洲最具研究价值的品牌。ZARA始创于1985年，它既是服装品牌，也是专营ZARA品牌服装的连锁店零售品牌。2003年时，ZARA公司是全球唯一的一家可以在15天内将生产好的服装配送到全球33个国家的507家连锁店的时装公司。它之所以能做到这一点的主要原因就在于，该公司采取的是不同于常规的管理、设计思路，有一个独特的生产设计、订单管理、生产、配送和销售的系统。

ZARA的成功得益于公司出色的服装行业的全程供应链管理，以及支撑供应链快速反应的IT系统应用。ZARA公司采取“快速、少量、多款”的品牌管理模式，在保持与时尚同步的同时，通过组合开发新款式，快速地推出新产品，而且人为地造成“缺货”，以实现快速设计、快速生产、快速出售、快速更新以及专卖店商品每周更新两次的目标。

1.“三位一体”的设计与订单管理

ZARA自己设计所有的产品，在其公司总部有一个由设计专家、市场分析专家和采购人员组成“三位一体”的商业团队，每年设计的新产品将近4万款，公司从中选择1.2万多款投放市场。有关新产品设计的最后决定，包括生产设计的选择、何时生产以及产量，都是由相关的设计团队决定的，不仅设计师要参与，市场专家、生产计划和采购人员都要参与到其中来。

2.“垂直整合”式的生产管理

设计方案确定后，生产计划和采购人员开始订单履行流程的管理：制定原材料采购计划和生产计划，监视库存的变化，分配生产任务和外包生产，跟踪货源的变化情况，要防止生产不足和生产过剩。ZARA公司自己在西班牙拥有22家工厂，其所有产品的50%是通过它自己的工厂来完成的，但是所有的缝制工作都是由转包商完成的。这些工厂都有自己的财务中心，进行独立管理。其他50%的产品是由400余家外部供应商来完成的，这些供应商有70%位于欧洲，其他的则主要分布在亚洲。

3.“掌握最后一公里”的配送管理

ZARA所有的产品都是通过拉科鲁尼亚的物流中心发送出去的，该中心有5层楼高，建筑面积超过5万平方米，运用非常成熟的自动化管理软件系统。通常在订单收到后8小时以内就可以装船运走。除了在西班牙的总部物流中心，ZARA公司还在巴西、阿根廷和墨西哥建有三个小型的仓储中心，用来应对南半球在不同季节的需求。

物流中心的运输卡车依据固定的发车时刻表，不断开往各地。该公司还有两个空运基地，一个在拉科鲁尼亚，另一个大一点的在智利的圣地亚哥。通常，欧洲的连锁店可以在24小时以内收到货物，美国的连锁店48小时左右，中国的在48～72小时。ZARA特别强调速度的重要性，相对于行业中的小企业来说，ZARA公司是不可思议的：出货正确率达到了98.9%。

4.“一站式购物”的销售管理

连锁店通常每周向总部发两次订单，产品也每周更新两次。订单必须在规定的时间之前下达。如果连锁店错过了最晚的时间，那么只有等到下一次了，公司对这个时间限制的管理非常严格，订单必须准时。所有的产品在连锁店里的时间不会超过两星期，公司在每个季节开始的时候只会生产最低数量的产品，这样可以把过度供给的风险控制在最低水平，一旦出现新的需求，ZARA可以通过其有效的供应链管理迅速组织生产。在存货方面，行业的通常做法是，季度末的时候一般储存下个季度出货量的45%～60%，而ZARA公司的该项指标最大不会超过20%，它的供应链依靠更加精确的预测和更多更及时的市场信息，反应速度比一般的公司要快得多。

资料来源：葛星：ZARA供应链的“极速传奇”，《物流时代》，2005(16)：64－66

1.1 物流与供应链管理的基本概念

1.1.1 何为物流管理

根据美国“物流管理学会”(CLM)1999年的定义：Logistics is that part of the

supply chain that plans, implement, and controls the efficient, effective flow and storage of goods, services and related information, from the point of origin to the point of consumption in order to customer requirements. 即:现代物流是供应链的一部分。供应链是为符合消费者的要求从原料起点到消费终点,为提高产品、服务和相关信息从起始点到消费点的物流和储存的效率及效益而对其进行的计划、执行和控制的商务过程一体化。

简单地说,物流是指物料或商品在空间与时间上的位移,而现代物流管理就是将在这一过程发生的信息、运输、库存、搬运以及包装等物流活动综合起来的一种新型的集成式管理,它的任务是以尽可能低的成本为顾客提供最好的服务。物流管理的内容包括:对物流活动诸要素的管理,包括运输、储存等环节的管理;对物流系统诸要素的管理,即对其中人、财、物、设备、方法和信息等六大要素的管理;对物流活动中具体职能的管理,主要包括物流计划、质量、技术、经济等职能的管理。具体来说,物流管理的任务可以概括为 7 Rights:以适当的成本(right cost),在恰当的时间(right time)、恰当的地点(right place)、适当的条件(right condition),将质量良好(right quality)、合适的产品(right product)送到适合的顾客(right customer)手中。

完整的物流分布网络使各自分立的物流系统整合成为一个无缝联接的、完全集成的物流系统。"The linking of individual integrated logistics system throughout the entire channel of distribution to create one fully integrated logistics system. It is established to develop a totally seamless system"。要通过物流系统和各子系统的有机联系和相互作用,来实现物流的有效运转,达到物流系统的目标,需要物流的系统化管理。所谓物流的系统化管理,是指为了以最低的物流成本达到用户所满意的服务水平,而对物流活动进行的计划、组织协调与控制。物流系统管理的有效开展,能有力地促进物流活动的合理化,而"logistics"这个词所反映的现代物流,正体现了物流系统管理的内涵和实质。

为了使加盟供应链的企业都能受益,并提高企业的竞争力,就必须加强对供应链的构成及运作研究。由于相邻企业依次连接起来,便形成了供应链(supply chain),该链上的各节点企业必须达到同步、协调运行,才有可能使链上的所有企业都能受益。于是又产生了供应链管理(supply chain management,SCM)这一新的经营与运作模式。

1.1.2 何为供应链管理

供应链是由原材料加工为成品并送到用户手中这一过程中涉及的合作企业和部门所组成的网络。从拓扑结构来看,它是一个网络,是由各种实体构成的网络,包含物流、资金流和信息流。这些实体包括一些子公司、制造厂、仓库、外部供应商、运输公司、配送中心、零售商和用户。该网络的中心是供应链的核心企业;它的服务对象是产品或服务的最终用户;它有速度、柔性、质量、成本和服务 5 个主要评价指标。

一个完整的供应链始于原材料的供应商,止于最终客户(见图 1-1)。一般情况下,物流从供应商向客户流动,资金流则向相反方向流动,信息流动是双向流通的。退货、回收等活动则形成了由客户向生产厂商流动的逆向物流。同样在赊购等例外情况下,供应链中也会产生逆向的资金流。需求信息流自下而上流动,而供应信息流则自上而下流动。订单是从客户向供应商移动,而订单收到通知、货运通知和发票则是以相反的方向流动。

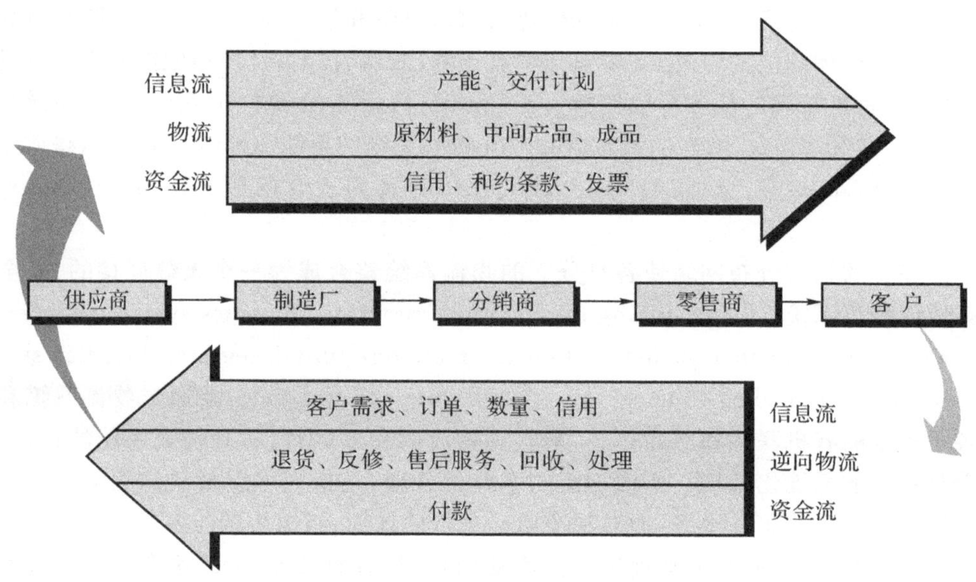

图 1-1 供应链中的物流、资金流和信息流

供应链是社会化大生产的产物,是重要的流通组织形式和市场营销方式。随着卖方市场向买方市场的转变,消费者需求的地位由被动转为主动,这就对供应链的实现目标提出了更高的要求。供应链的实现把供应商、制造厂、分销商、零售商所组成的链路上的所有环节联系起来,并进行优化,使生产资料以最快的速度,通过生产、销售环节变成价值增值的产品,送到消费者手中。明智的公司力图采用增加整个供应链给消费者提供的价值、减少整个供应链成本的方法,来增强竞争力。真正的全球范围内的商务竞争不是公司与公司的竞争,而是供应链与供应链的竞争。

建立和运行供应链，必须依靠供应链管理。供应链管理是一种集成的管理思想和方法，它执行供应链中从供应商到最终用户的物流的计划和控制等职能。供应链管理是通过前馈的信息流和反馈的物料流及信息流，将供应商、制造商、分销商、零售商，直到最终用户连成一个整体的管理模式。供应链管理的效果问题则是整个系统在受到内外各种因素的制约下的一个多目标优化，这些目标可以是前面提到的5个评价指标，也可以根据实际情况增加其他指标。当然，由于各种企业联盟的性质不同，其目标选择及权重会有很大差别。供应链管理涉及的具体功能包括订单处理、原材料存储、生产计划安排、库存设计、货物运输和售后服务等。

供应链管理不是供应商管理的别称，也不是物料管理的延伸，它是一种新的管理策略，它把不同企业集成起来以增加整个供应链的效率，注重企业之间的合作，强调低库存甚至零库存，以系统工程的方法来统筹整个供应链，并最终依据整个供应链进行战略决策。供应链管理强调核心企业与最杰出的企业建立战略合作关系，委托这些企业完成一部分业务工作，自己则集中精力和各种资源，通过重新设计业务流程，做好本企业能创造特殊价值、比竞争对手更擅长的关键性业务工作，这样不仅能大大提高本企业的竞争力，而且使供应链上的其他企业都能受益。

传统供应链管理的重点放在管理库存上，作为平衡有限的生产能力和适应用户需求变化的缓冲手段，它通过各种协调手段，寻求把产品迅速、可靠地送到用户手中所需要的费用与生产和库存管理费用之间的平衡点，从而确定最佳的库存投资额。其主要的工作任务是管理库存和运输。现在的供应链则把供应链上的各个企业作为不可分割的整体，使供应链上各企业分担的采购、生产、分销和销售的职能成为一个协调发展的有机体。

1.1.3 物流管理与供应链管理的区别与联系

从上述关于物流和供应链管理的定义可知，供应链管理涵盖了企业经营中从原料起点至消费者终端的所有商业环节。虽然普遍认为供应链管理是随着物流管理的发展而提出和逐步完善的，但是发展至今，物流管理已经成为供应链管理的一个部分。因此，它们之间有着许多共同之处。例如，它们都是由供应商、制造商、分销商及零售商组成的；都是以先进的电子信息技术作为自我实现的前提、基础和保证；都是跨越企业、部门甚至是国别的；等等。但是，它们之间也存在着许多不同之处，主要表现在如下几点。

(1)供应链管理是把供应链上的各个企业作为一个不可分割的整体，使供应链上各企业分担的采购、生产、分销和销售的职能成为一个协调发展的有机体，因此，它最关键的是采用集成的思想和方法，而不仅仅是节点企业、技术方法等资源简单的连接。而库存则作为平衡有限的生产能力和适应用户变化的缓冲手段。

(2)供应链管理关心的不仅仅是物料实体在供应链中的流动,除了企业内部与企业之间的运输和实物分销之外,供应链管理还包括:①战略性供应商和用户合作伙伴的关系管理;②供应链产品需求预测和计划;③供应链的设计(全球节点企业、资源、设备等的评价、选择和定位);④企业内部与企业之间物料供应与需求管理;⑤基于供应链管理的产品设计与制造管理,生产集成化计划、跟踪和控制;⑥企业间资金流管理(汇率、成本);⑦基于供应链的用户服务与物流(运输、库存、包装等)管理;⑧基于 Internet/Intranet 的供应链交互信息管理等。由此可见,供应链管理不但涵盖了现代物流管理的全部内容,而且从更高的层次上来解决物流管理问题。

(3)供应链管理强调的是把主要精力放在企业的关键业务(核心竞争力)上,充分发挥其优势,同时,与全球范围内的合适企业建立战略合作关系,把企业中非核心业务交给合作企业来完成。而现代物流管理强调的是从原材料的调达—成品的销售—包装物等废弃物品的回收以及退货所产生的物流活动的有效性。

(4)供应链管理是基于战略伙伴关系的企业模型,因此,它可以利用信息共享(透明性)、服务支持(协作性)、并行工程(同步性)、群体决策(集智性)、柔性与敏捷性等先进的技术和手段来进行企业的流程再造。而现代物流管理是基于物流关系的企业合作关系。虽然它已经从传统的以生产为中心的企业关系模式向物流关系模式转化,也运用了 JIT 和 TQM 等先进的管理思想,并且,为了达到生产的均衡化和物流的同步化,也强调部门间、企业间的合作与沟通,但是,它却无法从根本上进行制造企业内部的流程再造。

(5)供应链管理不仅仅具有自己的合作机制、决策机制、激励机制和自律机制,还有自己的理论模型、设计原则以及绩效评价指标体。因此,它是比现代物流涉及的范围更广、层次更高、更加完善的管理模式。

(6)两者的目标不一致。供应链管理的目标是通过管理库存和合作关系,去达到对客户的快速反应和整个供应链上的交易成本最低。而现代物流管理是通过各种协调手段,寻求把产品迅速、可靠地送到用户手中所需要的费用与生产、库存管理费用之间的平衡点,从而确定最优的库存投资额。因此,其主要任务仍然是管理库存和运输。

1.1.4 供应链管理与传统管理模式的区别

供应链管理作为一种新型的管理模式,它与传统的管理模式有着明显的区别,主要体现在如下几个方面。

(1)传统的管理模式仅仅局限于一个企业内部采购、生产、销售等部门的管理,它以一个企业的资源为主,所考虑的都是本企业制造资源的安排问题。供应链管理则涵盖整个物流,从供应商到最终用户的采购、生产、分销、零售等职能领域过程，它更注重于利用整个供应链的资源，以达成整个供应链的成本降低，效益提高。

(2)在传统的管理模式下，各企业的目标是自身利益最大化，而很少考虑其他企业和最终用户的利益及要求；而在供应链管理模式下，遵循的原则是个体利益服从集体利益，即供应链中所有参与者的首要目标是使整个供应链的总成本最小，效益最高，共同以最终消费者满意为己任，这是所有参与者制定决策的首要标准。也只有在满足上述目标的前提下，参与者才可以去追求自身利益的最大化。

(3)在传统的管理模式下，通常是一个实力雄厚的企业(可能是生产制造企业，也可能是大型零售企业)处于支配性地位，而其他企业则处于从属地位，它们的生产、采购、销售等决策的制定都是被动的，它们与那个支配企业的地位是不平等的；而在供应链管理模式下，提倡供应链所有参与者的地位平等，虽然通常也存在一个核心企业，但它更多的是帮助其他节点企业，它们之间更多的是合作与互助的关系，而非支配与被支配的关系(见表1-1)。在供应链管理中，所有参与者共同建设和维护这个供应链的成长和发展。因此，供应链中所有参与者都能积极主动地参与到供应链的建设管理中。

表1-1 供应链合作关系与传统供应商关系的比较

	传统供应商关系	供应链合作关系
相互交换的主体	物料(或产品)	物料(或产品)、服务
供应商选择标准	强调价格	多标准并行考虑(交货的质量和可靠性等)
稳定性	变化频繁	长期、稳定、紧密合作
合同性质	单一	开放合同(长期)
供应批量	小	大
供应商数量	大量	少(少而精，可以长期紧密的合作)
供应商规模	小	大
供应商定位	当地	国内和国外
信息交流	信息专有	信息共享(电子化连接、共享各种信息)
技术支持	提供	不提供
质量控制	输入检查控制	质量保证(供应商对产品质量负全部责任)
选择范围	投标评估	广泛评估可增值的供应链

(4)在传统的管理模式下，企业都是独立运作的，体现更多的是竞争。在供应链管理下，强调更多的是供应链各节点企业的合作与协调，提倡在各节点企业之间建立战略伙伴关系，变过去企业之间的敌对关系为紧密合作的伙伴关系。这种新型关系主要体现在共同解决问题，共同制定决策和信息共享等方面。共同解决问题如供应商、顾客参与产品设计、质量改进、成本降低等。共同制定决策如生产计

划、采购计划、库存策略、价格策略等。而信息共享则意味着有关库存水平、长期计划、进度计划、设计调整等关键数据在供应链中保持透明。

(5)供应链管理不再是孤立地看待各个企业及各个部门,而是考虑所有相关的内外联系体——供应商、制造商、销售商等,并把整个供应链看成一个有机联系的整体。这种供应链各节点企业的链接不是节点企业、技术方法等资源的简单相加,而是通过采用集成的思想和方法,达成供应链各节点企业的真正融合,实现整个供应链资源的充分利用。

1.2 现代物流与供应链管理的兴起

1.2.1 物流与供应链管理理论和实践的发展

早期的物流管理研究使用 distribution(分销网络)一词,一直沿用到 20 世纪 60 年代。1963 年美国成立了物流管理学会(NCPDM),其全称可直译为:国家实物分布网管理学会(national council of physical distribution management,NCPDM),简称物流管理学会。到了 20 世纪 70 年代,管理学界日益盛行"系统"、"一体化"、"整合"的概念,在物流管理领域开始日益强调分销网络的"整合"。在 20 世纪 80 年代,物流管理学界开始使用"logistics"来代替"distribution"。

多少年来,企业出于管理和控制上的目的,对为其提供原材料、半成品或零部件的其他企业一直采取投资自建、投资控股或兼并的"纵向一体化"(vertical integration)管理模式,即某核心企业与其他企业是一种所有权关系。脱胎于计划经济体制下的中国企业更是如此,"大而全"、"小而全"的思维方式至今仍占据一定位置。在高科技迅速发展、市场竞争日益激烈、顾客需求不断变化的今天,"纵向一体化"战略已逐渐显示出其无法快速敏捷地响应市场机会的薄弱之处。显然,采用"纵向一体化"战略的企业要想对其他配套企业拥有管理权,要么自己投资,要么出资控股,不论采取哪一种方式,都要承受过重的投资负担和过长的建设周期带来的风险,而且由于核心企业什么都想管住,因而不得不从事自己并不擅长的业务活动,使得许多管理人员往往将宝贵的精力、时间和资源花在辅助性职能部门的管理工作上,而无暇顾及关键性业务的管理工作。实际上,每项业务活动都想自己干,势必要面临每一个领域的竞争对手,反而易使企业陷入困境。

有鉴于"纵向一体化"管理模式的种种弊端,从 20 世纪 80 年代后期开始,国际上越来越多的企业放弃了这种经营模式,随之而来的是"横向一体化"(horizontal integration)思想的兴起,即利用企业外部资源快速响应市场需求,本企业只抓最核心的东西。"横向一体化"形成了一条从供应商—制造商—分销商—零售商的贯穿所有企业的“链”，以达到快速响应市场需求的目的。

全球制造链及由此产生的供应链管理是“横向一体化”管理思想的一个典型代表。任何一个企业都不可能在所有业务上成为世界上最杰出的企业，只有优势互补，才能共同增强竞争实力。随着“横向一体化”管理思想的产生及发展，企业管理模式也发生了相应变化，如表 1-2 所示。

表 1-2 供应链管理模式演化

20 世纪 80 年代	20 世纪 90 年代	2000 年	
制造资源计划(MRPII)⟹	准时生产制(JIT) ⟹	精细生产和精细供应 ⟹	供应链管理
推动式系统 物料订货以可分配需求为基础 消除安全库存和周转库存 依赖于相关订货计划和可靠的预测 通过变动对供应商需求实现柔性化	拉动式系统 来自最终用户的固定需求量 生产能力与需求匹配 固定的生产协作单位 柔性的制造系统 相似产品范围很小 经济生产，批量很小	消除浪费 库存和在制品占用最小 成本在供应链上透明 多技能员工 减少工件排队 调整、转换时间很短 多品种、小批量生产 每一个阶段连续改进	快速反应 供应具有柔性 顾客化定制生产 与最终需求同步生产 受控的供应链过程 合作伙伴的能力是集成的 全面应用电子商务

为什么企业需要进行物流与供应链管理呢？主要在于现代管理面临着重要转变，指导企业的传统原则及组织结构受到挑战，市场对于更高水平服务和质量的需求不断增加。这些压力构成了对组织的强制性要求：变得更加敏捷，成为反应迅速的组织。进而，企业的生产制造系统不断向柔性化、敏捷化与一体化方向发展，从制造资源计划(MRPII)、准时生产制(JIT)到精细生产和精细供应，再到如今的供应链管理，相应的组织结构与管理方式也不断发生变化。

基于供应链的整合管理已经成为企业未来获取市场竞争力的关键，如图 1-2 所示，供应链将企业所有价值活动有机整合到一起，在形成一个动态开放的一体化生产经营运作系统的同时，企业培育了具有价值的、稀缺的，同时又是难以被模仿和难以被替代的资源整合配置能力，这种能力正是产生企业持续竞争优势的企业核心能力。

供应链管理在企业经营运作中的地位随着企业经营模式的演进而逐步得到确定。1960—1975 年是典型的“推式”时代，企业从原材料到成品，一直推至客户。从 1976—1990 年，企业开始注意集成自身的内部资源，企业的运营规则也从“推式”转变为以客户需求为原动力的“拉式”。进入 20 世纪 90 年代，工业化的普及使

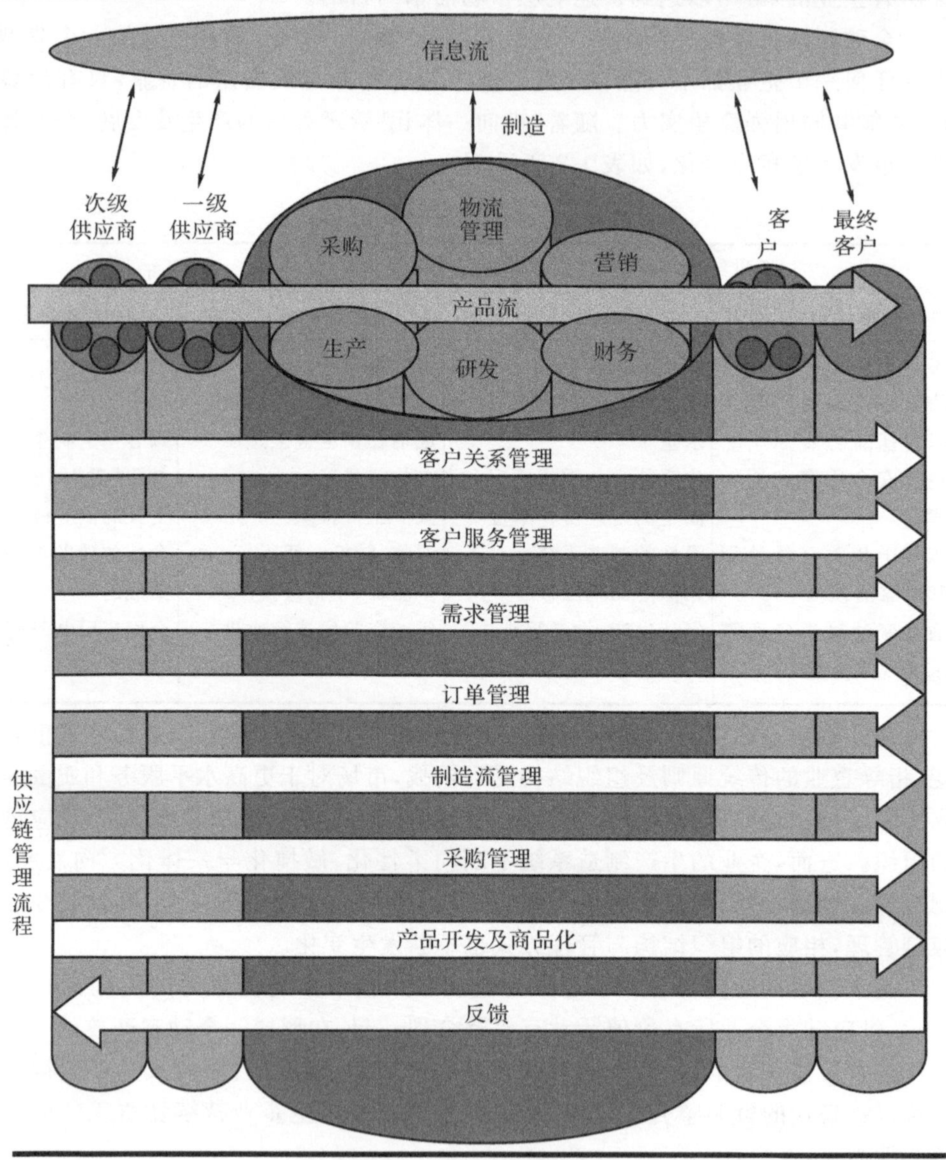

图 1-2　供应链管理

资料来源：Douglas M. Lambert，Martha C. Cooper，Janus D. Pagh. Supply Chain Management：Implementation Issues and Research Opportunities. *The International Journal of Logistics Management*，Vol. 9，No. 2，1998，p. 2.

生产率和产品质量不再成为核心竞争因素，供应链管理逐渐受到重视。

国际上对供应链管理的早期研究主要集中在供应链的组成、多级库存、供应链的财务方面，主要解决供应链的操作效率问题。近来的研究主要把供应链管理看做一种战略性的管理体系，并将研究扩展到了所有加盟企业的长期合作关系，特别是集中在合作制造和建立战略伙伴关系方面，而不仅仅是供应链的连接问题，其范围已经超越了供应链出现初期的那种以短期的、基于某些业务活动的经济关系，更偏重于长期计划的研究。

1.2.2 物流与供应链管理中的主要技术方法

由于面向全球制造的供应链涉及各方面问题，因此，各个领域的技术都开始应用于供应链的研究、开发与应用，这些技术包括离散事件仿真、面向对象的量化分析方法、虚拟仿真环境、代理技术、决策支持、专家系统、信息技术、Internet、准时制造、全面质量管理（TQM）、运筹工程、生产工程、工业工程（IE）、并行工程、系统工程等。

在 1993 年第二届工业工程研究会议上，North American Philips 公司的 Schmidt 提出了一个获得集成式供应链的框架结构，该结构包含 JIT、TQM、并行工程、定量方法、决策系统技术以及专家系统等不同方法。

在 1995 年冬季仿真会议上，美国 Waltham 公司 Geller 等提出应用离散事件仿真模拟整个“虚拟工厂”供应链，在设计和实施阶段使用仿真技术很好地了解供应链的上下游过程，从而在合同和计划制订之前就可对其影响有较深入的认识。

在 1996 年的 *Transactions of the Institute of Measurement and Control* 杂志上，英格兰 Loughborough 技术大学的 Wright 和 David 等提出了将面向对象技术与定量分析方法相结合，形成面向对象的实时制造和经营过程分析方法，辅助进行过程模型的设计，并进行了后勤供应链范例研究。

1996 年 4 月，由美国先进制造研究（AMR）公司和 Pittiglio Rabin Todd & McGrath（PRTM）国际咨询公司联合成立了供应链委员会（supply chain council），目前已有 300 多家世界上大型的制造企业加入了该委员会，委员会为其成员提供供应链管理方面的咨询服务和技术支持。美国一些大公司，如 HP、IBM、AT&T、Bayer、Rockwell、Lockheed Martin、Allied Signal 等纷纷采用供应链管理技术，并取得了显著效益。欧洲许多国家，如爱尔兰、荷兰、德国等学术机构和企业界也积极开展供应链管理相关技术的研究，如爱尔兰的“AMT Ireland”先进制造技术咨询服务机构，荷兰 Nijenrode 大学和技术、科学与管理商业学院联合成立的供应链管理中心，都专门研究供应链管理技术，并为企业提供有关供应链的技术服务。

在 1997 年的 *Journal of Engineering and Applied Science* 杂志上，加拿大

多伦多大学 Barbuceanu M. 等报告了利用代理和协调技术进行全球、分布供应链的建模、设计和仿真。他们认为,代理技术提供了一种供应链信息结构全生命周期支持的有效方法。

1997 年 4 月,供应链委员会指出:“供应链软件市场的前景是光明的,与供应链相关的软件在迅速增长,预计在未来的几年里还将有大幅增长。”目前与供应链相关的最大软件供应商有 4 家,即德国的 Baan、SAP 和美国的 Oracle 和 J. D. Edwards&Co. 。

1998 年 3 月,Pittigilo Rabin Todd & McGrath 公司通过一项调查,得出统计结果,企业实施完整的供应链管理后,可获得如下效益:发货能力提高 16%~18%;库存量减少 25%~60%;订单履约周期缩短 30%~50%;预测准确性提高 25%~80%;总体生产率提高 10%~16%;供应链成本降低 25%~50%;补给率提高 20%~30%;产量提高 10%~20%。

21 世纪以来,供应链管理方面的研究集中在供应链的设计方法和运行的参考模型上(Supply Chain Operations Reference-model,SCOR)。

供应链的设计方法有建模仿真方法(如网络设计方法、近似方法、仿真方法),如 DEC 公司利用基于混合整数规划(MIP)的网络设计方法建立了全局供应链管理模型;智能代理人方法,如加拿大多伦多大学工业工程系 Mihai Barbuceanu 博士研究的基于多代理人技术设计供应链系统。

美国供应链委员会提出了供应链运行参考模型,它包括 4 个基本的供应链过程,即计划、资源、制造、发送。先进的管理理论与方法为供应链的实施提供了有力的技术支持,如流程重构(BPR)、JIT、TQM、CE、工业工程(IE)、运筹学(OR)、系统工程等理论和方法。

1.2.3 基于虚拟企业的供应链研究概况

20 世纪后半叶以来,随着科学技术和生产力的迅猛发展,顾客消费水平不断提高,企业间的竞争日益加剧,加上政治、经济、社会环境的巨大变化,使整个市场需求的不确定性大大增加。这三大因素是用户需求多样化与市场变化不确定的根源,同时也是促进企业提高自身竞争力的外在压力。在这种形势下,许多企业采用了先进的管理方法和策略。虚拟化策略就是其中之一,所谓“虚拟”,在计算机方面的解释为:“本身不是物理存在的,而是通过软件实现的存在。”用到企业管理中是指企业在资源有限的条件下,仅保留关键功能,而将其他功能虚拟化(即通过外包或合作的方式完成),从而借助外力对外部资源进行整合,以实现聚变创造出超强竞争优势的一种策略,即虚拟化策略。企业在供应链管理中应用的就是一种虚拟化策略,在供应链中,相邻节点企业表现出一种需求与供应的关系,彼此都有部分功能的虚化,相互依赖,共享资源。这种全新的管理思想给供应链企业带来了强大的优势,它可以使企业具有高度的弹性和灵活性,能快速适应环境变化,而企业间以核心能力连接,优势互补,实现资源整合和共同利益,同时也有利于企业分散风险,涉足新的经营领域,实行多元化经营。对于供应链管理与虚拟企业的研究,国外学者已经做了大量工作。

(1)美国 Stanford 大学工业工程与工业管理系主任 Hau Lee 指出,供应链技术能够使多个公司像一个公司一样有效地运作,从某种意义上讲,供应链就是虚拟企业。有关供应链集成,关键问题是要对每个企业进行业绩测试,并使每个企业理解对成本与效益的测定方式,另外就是要对整个供应链实施流程重构(BPR)。在实施虚拟企业供应链集成过程中,首先要解决信息共享问题,其次是启动联合业绩测试系统和合作规划过程,并交换责任和重新组合工作,最后是重新设计产品与企业过程。

(2)AMR 公司高级分析员 Scott Lundstrom 指出,供应链上各企业在通过 Internet 通信时,带宽和安全是重要问题,应采用高级防火墙和加密等技术来解决安全问题。此外,Scott 还指出,在最近一两年里,软件供应商正在开发能够管理复杂的虚拟企业的供应链软件。

(3)宾夕法尼亚大学后勤研究中心主任 Grenoble 指出,可利用 EDI、ERP 和工作流等工具和软件来实施供应链,通过采用现有的商品化工作流软件可以重构供应链上的各个过程。

(4)1994 年,美国 Datamation 公司指出,利用企业流程重构(BPR)技术以及供应链管理系统能够创建虚拟企业,并阐述了供应链管理系统可以利用 Oracle 公司面向企业联合应用计划(cooperative applications initiative,CAI)的一组应用编程接口(APIs)实现企业间的集成,通过一个中央的 Oracle 数据库,完成企业间各种应用的通信。

(5)1996 年,英国 Heriot-Watt 大学提出了用于管理和控制虚拟供应链(VSC)的虚拟环境,通过这一虚拟环境(采用虚拟现实技术)和世界范围的通信网络将位于不同地理位置的多个企业连接起来,并从理论上介绍了如何在虚拟环境下管理和控制虚拟供应链的可行性。

(6)美国 i2 技术公司(i2 Technologies Inc.)是世界领先的提供有关全局供应链管理(GSCM)中智能规划与调度的软件供应商,其 RHYTHM 系列产品能够为跨越企业间供应链的计划与调度提供综合智能支持,并且能够有效地优化和快速集成整个供应链上的各个系统,此外,它还可采用基于 Internet 的通信方法实现企业间的通信。

(7)美国计算机科学公司(Computer Sciences Corp.)和 Sun 微系统公司(Sun

Microsystems Inc.)联合为企业提供完整的供应链管理解决方法——集成器方法。在开发集成器过程中，不仅充分利用两公司的长处(计算机科学公司是计算机服务工业的先锋，有一支技术力量很强的供应链研究小组；Sun 公司具有 3 项关键的、开放的软件技术——UNIX、面向对象的 Java 环境和以网络为中心的全局计算环境)，还积极采用 i2 技术公司、Oracle 公司、Connect 软件公司以及其他 ERP 和供应链软件供应商的产品。集成器功能包括：建立新的经营过程，选择供应链所需的系统，建立供应链的技术基础体系结构，通过 Java 编程将 i2 技术公司的 RHYTHM 与 ERP 、MES 等系统集成起来。

(8)1995 年 9 月，美国里海大学的敏捷网试验计划(agile web pilot program)在其第 6 个阶段性报告中指出，采用供应链管理技术支持虚拟企业，并提到了可重构的供应链(reconfigurable supply chain)所应具有的功能，但文中未介绍具体内容。

(9)美国 James River 公司利用加拿大 numetrix 有限公司开发的智能供应链管理软件有效地改善了全公司分布在美国各地 24 个工厂的生产计划。Numetrix 公司开发的智能供应链管理软件为模块化结构。在 James River 公司中，安装了 3 个 Numetrix 软件模块：Linx——全局战略与战术优化模块，即月计划工具；Planx——主生产计划模块，即周生产计划工具；供应链集成器(supply chain integrator，SCI)模块，管理供应链上的数据，准备报表，并能为 Linx、Planx 两个模块和现有系统之间的连接提供接口，它还能将现有系统和以后公司将要添加的系统集成起来。

(10)加拿大 InterTrans 公司的 InterTrans Logistics Solutions 软件已成为世界领先的企业级全面集成的供应链管理软件，其中的 Supply Chain Logistics 系列软件具有管理整个供应链上有关运输和后勤方面的交易、运作、战术和战略等功能。这一系列软件包括供应链战略器(supply chain strategist)、运输价格投标优化器(carrier bid optimizer)、运输建模器(transportation modeler)、运输优化器(transportation optimizer)、运输管理者(transportation manager)等模块。

(11)1997 年 4 月，供应链管理委员会指出，利用 ERP 系统扩展的功能和客户机/服务器体系结构能够协调和监控跨越多个制造地点，甚至不同国家的多个公司的经营运作活动。

(12)加拿大多伦多大学在实施企业集成计划中，将集成供应链管理(ISCM)列为其中重要项目，其正在开发的供应链集成管理系统由一组合作的、智能代理人组成，每个代理人能完成供应链上一种或几种功能，并研究如何恰当地分解供应链上的各个功能，并把它们封装在代理人中等。

(13)美国标准与技术研究院(NIST)制造系统集成分部(manufacturing

system integration division)目前正在研究面向虚拟供应链管理的实时决策支持系统,该系统包括4部分:供应链管理的参考模型、基于仿真的重构方法、供应链管理信息网络、生产管理决策支持。

(14)美国 Lockheed Martin 公司命令与控制集成系统分公司的 Scott 与 CGR 管理咨询公司的 Cralg 等人在《重构供应链——下一个挑战》一文中指出,重构供应链时应根据4个观点:战略观点、功能观点、后勤—运输观点、信息管理观点,并且4个观点缺一不可。文章中还指出了重构供应链的3个步骤:部门级(过程改进)、企业级(企业全局的重构)、供应链级(多个公司的整体重构)。

(15)"国际供应链集成(ISCI)"是智能制造系统国际合作研究计划最近提出的项目标书,旨在改进供应链上虚拟/扩展企业各成员的经营运作状况。该项目主要实现以下目标:使虚拟/扩展企业以安全、有效的方式实现产品技术数据的交换;开发支持国际范围内的能使企业与供应商在产品制造中保持合作关系的技术;论证产品数据交换在工程分析、虚拟原型、设计重用和存档中的作用。该项目将采用当今先进的和未来的国际产品数据交换标准及安全技术,并提出在项目开发过程中,将尽量采用已有的商品化软件,以减少开发成本。

(16)terAccess 公司提出了一种企业经营系统(business system),它包括自相似软件,采用柔性配置结构,并能管理多企业的供应链。其中资源事件代理人(REA)模板是该系统的基本模块,通过扩展 REA 来开发完全分布式供应链系统(radically distributed supply chain systems),这一扩展包括引入 MRP、工作流管理(WFM)和基于约束的调度(CBS)等软件。

(17)在实施的基于小组的欧洲汽车制造计划(team based european automotive manufacture program)中,开发了实现"整个汽车供应链"虚拟集成的框架,在框架中采用了世界领先的软件工具以满足供应链的需求。

(18)美国 Sigs 公司提出了利用 Web、中间件(middelware)和 ERP 软件包来开发集成供应链,首先,企业间要有共同的网络基础结构,如增值网(Value-Added Networks,VANs)、广域网(WANs)或 Internet。其次,要实现企业间的信息集成和功能集成,在这一过程中,第一步是自动化和优化供应链上每个企业的主要经营过程,第二步是开发整个供应链系统的体系结构,将本企业的系统与客户、供应商的系统集成起来,第三步是引入实时决策支持工具,以提高供应链的响应能力。再次,应用使能技术,包括 ERP 系统(为实现企业间的集成,SAP 公司开发了企业应用编程接口 BAPI 标准)、一套完整的标准(网络通信协议、数据结构、过程自动化等方面标准)、中间件(如面向报文的中间件 MOM)、网关、适配器等技术。除了技术以外,人的因素也是非常重要的,企业的全体员工必须随着企业系统的重构而对他们进行相应的教育和培训。

(19)1996 年 12 月,HP 公司开发了可用于创建虚拟供应链的 HP 过程管理开发框架(HP Process Management Development Framework),它通过 Internet 或 Intranet 加强虚拟供应链上各实体之间的通信,以改进企业预测、库存和更好地满足客户需求。

1.3 物流与供应链管理的目标与基本原则

1.3.1 物流与供应链管理的目标

1. 企业物流管理的目标

在外延更广泛的企业目标下,企业物流管理者在追求其职能部门目标的同时,也推动着企业向整体目标迈进。企业物流管理的目标可以从财务和实际运作两个角度讨论。从财务角度具体而言,企业物流管理的目标是通过发展物流活动组合能力使企业在长期内得到尽可能高的投资回报。这一目标往往体现在物流系统设计对收入的影响及设计成本两个方面。假设物流活动水平对企业收入的影响已知,那么可以得到一个具有可操作性的物流财务目标,即在长期内,使年收入(由所提供的客户服务水平决定)减去物流系统运营成本与物流系统年均投资之比最大。如果资金的时间价值很高,那么,该目标更确切的表述为,使现金流的现值最大化或使内部报酬率最大化。保证企业生存的最重要的单项目标是使企业长期内累计投资回报最大化。

而从企业实际运作的角度讲,物流被看成是企业与其供应商和客户相联系的能力。一个企业的物流,其目的在于帮助按最低的总成本创造客户价值。物流管理的目标主要包括快速反应、最小变异、最低库存、整合运输、产品质量以及生命周期支持等。

快速反应关系到企业能否及时满足客户的服务需求的能力。信息技术提高了在尽可能短的时间内完成物流作业,并尽快交付所需存货的能力。快速反应的能力把物流作业的重点从根据预测和对存货储备的预期,转移到从装运到装运方式对客户需求作出迅速反应上来。

最小变异就是尽可能控制任何会破坏物流系统表现的、意想不到的事件。这些事件包括客户收到订货的时间被延迟、制造中发生意想不到的损坏、货物交付到不正确的地点等。传统解决变异的方法是建立安全储备存货或使用高成本的溢价运输。信息技术的使用使积极的物流控制成为可能。

最低库存的目标是减少资产负担和提高相关的周转速度。存货可用性的高周转率意味着分布在存货上的资金得到了有效利用。因此,保持最低库存就是要把存货减少到与客户服务目标相一致的最低水平。

最重要的物流成本之一是运输。一般来说,运输规模越大及需要运输的距离越长,每单位的运输成本就越低。这就需要有创新的规划,把小批量的装运聚集成集中的、具有较大批量的整合运输。

由于物流作业必须在任何时间、跨越广阔的地域来进行,对产品质量的要求被强化,因为绝大多数物流作业是在监督者的视野之外进行的。由于不正确的装运或运输中的损坏导致重做客户订货所花的费用,远比第一次就正确地履行所花费的费用多。因此,物流是发展和维持全面质量管理不断改善的主要组成部分。

某些对产品生命周期有严格需求的行业,回收已流向客户的超值存货将构成物流作业成本的重要部分。如果不仔细审视逆向的物流需求,就无法制订良好的物流策略。因而,产品生命周期支持也是设计的重要目标之一。

2. 企业供应链管理的目标

美国学者 Cooper 指出:供应链管理的目标,是通过贸易伙伴间的密切合作,以最小的成本和费用提供最大的价值和最好的服务。企业供应链管理的目标可以分为长期与短期两个。供应链管理的短期目标为提高产能、减少库存、降低成本及减低产品销售循环所需之时间;而其长期目标主要为提高顾客满意度、市场占有率以及公司收益。

可以看出,企业物流管理与供应链管理的目标基本上是保持一致的。作为供应链管理的一部分,企业物流管理的目标从财务上更加倾向于企业投资回报的最大化,而在具体运作上则侧重于快速反应、最小变异、最低库存、整合运输、产品质量以及生命周期支持等。企业供应链管理的目标更倾向于企业发展与综合实力的增强,从企业战略管理的高度审视目标的达成与否。实际上,无论是从财务角度,还是从战略角度,物流管理与供应链管理的最终目标都可以归结为满足客户服务要求,增强企业市场竞争能力,保持企业竞争优势。

1.3.2 供应链管理的基本原则

根据世界著名的 Mercer 管理顾问公司的报告,有近一半接受调查的公司经理将供应链管理放在公司的 10 项大事之首。调查还发现,供应链管理能够提高投资回报率、缩短订单履行时间、降低成本。Andersen 咨询公司根据其多年的咨询工作实践,提出了供应链管理实施操作中所普遍遵循的 7 项基本原则,这些原则在企业供应链管理实践中的成功运用为企业所带来利益,已经初步证明了其对实践的指导意义。

(1)根据客户所需的服务特性来划分客户群。传统意义上的市场划分基于企业自己的状况,如行业、产品、分销渠道等,然后对同一区域的客户提供相同标准的服务,并在划分的群体内部和群体间来平均成本与收益,这无疑将导致企业无视顾客的差异化需求,损害顾客对企业的期望价值。供应链管理则强调根据客户的状况和需求,决定服务方式和水平。由于不同行业、产品、地域以及不同营销渠道和层级的顾客有可能对产品及服务产生相似的需求,因此,这种划分方法将产生传统方法所难以达到的效果。

(2)根据客户需求和企业可获利情况,设计企业的物流网络,保证物流网络设计的经济性和灵活性。企业一般对其存货、仓库和运输活动组织起来的物流网络在设计上采取整体的方法来满足单一的需求标准。有些企业完全忽视顾客需求的差异性而将物流网络设计成满足所有顾客的平均服务需求,而有些企业则付出较高代价去刻意满足特殊顾客群体的特殊需求。这些物流网络的设计方法造成客户需求与企业获利之间的矛盾,严重损害着企业的竞争能力。在进行供应链管理时,企业应该充分考虑和协调客户需求与获利机会,不仅要解决两者通常所存在的矛盾,而且要使两者相互促进地完成既定目标。例如,一家造纸公司发现两个客户群存在截然不同的服务需求:大型印刷企业允许较长的提前期,而小型的地方印刷企业则要求在24小时内供货,于是它建立的是三个大型分销中心和46个紧缺物品快速反应中心。

(3)监听市场信号,并相应地统一整个供应链的需求计划。传统上,企业各部门总是依照最初拟定的各项计划运作,这样往往会使企业忽视市场信号或对市场信号不敏感,进而在市场快速变化时始终处于被动应变状态。而在良好的供应链管理中,销售和营运计划必须监测整个供应链,以及时发现需求变化的早期警报,并据此安排和调整计划。实际上,出色的供应链管理在开发合作预测并保持需要的跨作业能力中,要求随市场信号的变动,需求计划的制订与调整要超越企业界限,进一步延伸至包含供应商的供应链的第一个环节中去。

(4)采取时间延迟策略。制造商的生产目标往往以成品需求预测为基础,然而,由于市场需求的剧烈波动,距离客户接受最终产品和服务的时间越早,需求预测就越不准确,进而企业就不得不维持较大的中间库存。时间延迟策略的原理是产品的外观、形状或生产、组装、配送应尽可能推迟至接到顾客订单再确定。运用时间延迟技术,可实现最大的柔性而降低库存量,使得流通在产品最终价值增值上发挥积极的作用。例如,一家洗涤用品企业在实施大批量客户化生产的时候,先在企业内将产品加工结束,然后在零售店完成最终的包装。

(5)与供应商建立双赢的合作策略。通过与供应商相互协作可以降低整个供应链的成本。在制造商对供应商提出较高要求的同时,他们也应该明白,为了降低市场价格和增加利润，伙伴们必须共担减少整个供应链成本的目标，该思想的必然结果是利益共享机制。制造商与供应商的“零和游戏”假设将严重削弱整个供应链的获利能力，因为供应链是作为一个整体而存在的，链条上所有单元都处于同一价值链上的不同位置，发挥着相互补充的功效，只有相互合作，才能共同获取最大利益。

(6)在整个供应链领域建立信息系统。信息系统首先应该处理日常事务和电子商务；然后支持多层次的决策信息，如需求计划和资源规划；最后应该根据大部分来自企业之外的信息进行前瞻性的策略分析。

(7)制定整个供应链的衡量标准，建立整个供应链的绩效考核准则。传统企业的绩效考核标准往往是针对企业内部的，然而，在供应链一体化管理中，需要的是针对整个供应链的统一考核衡量标准，而不仅仅是局部的个别企业的孤立标准。只有标准统一，才能找出供应链运作中的薄弱环节，制定相应整改措施，以提高整个供应链运作效率。供应链的最终验收标准是客户的满意程度。

1.4 学习物流与供应链管理的意义

在“2000年现代物流与电子商务国际研讨会”上，联合国驻华系统协调员、联合国开发计划署驻华代表柯斯汀·莱特娜女士指出：“物流及供应链管理正迅速成为全球，包括中国在内的商业领域中最为核心的问题。”现代物流管理不仅是企业的第三利润源泉，而且成为企业有效配置资源、降低企业成本、增强竞争优势的重要战略措施。

长期以来，人们把创造利润的环节集中关注在生产领域，因此把在生产过程中节约物质消耗而增加的利润称作“第一利润源泉”，把因降低活劳动消耗而增加的利润称作“第二利润源泉”，而往往忽略降低物流费用而增加的“第三利润源泉”的存在。物流环节被美国著名的管理学家彼得·德鲁克认为是“一块经济界的黑大陆”，事实上具有极大的“利润创造空间”。英国著名经济学家马丁·克里斯托夫曾指出：“市场上只有供应链，没有企业。”“真正的竞争不是企业与企业之间的竞争，而是供应链与供应链之间的竞争。”

供应链扩大了原有物流系统，它超越了物流本身，使企业反应速度更快、服务功能更系统化、手段更现代化，而且形成一种网络组织。在一条供应链中，企业服务范围向上可延伸到市场调查与预测、采购及订单处理，向下可延伸到配送、物流咨询、物流方案选择与规划、库存控制、贷款回收与结算等，这些服务最具有增值性，能否提供这些增值服务已成为衡量一个物流企业是否真正具有竞争力的标准。供应链管理使原有流通渠道与企业物流的对立走向企业物流的共生，在这种新型的物流管理体制下，相关企业加强合作，有效控制供应链上物流、资金流、价值流、信息流等，提升以价值链为联系的各相关企业的竞争优势。

21世纪的市场竞争正从企业之间的竞争转向更高层次的"扩展企业"——供应链之间的竞争。我国对于物流与供应链管理的研究与应用起步较晚，与西方发达国家尚存在较大差距。随着我国加入WTO以及世界经济一体化，我国企业步入了前所未有的激烈竞争环境中，在与国外公司及国际性跨国公司的竞争较量当中，凭借我国原有分散企业以个体为竞争单元的竞争模式，显然无法与上下游企业形成的一体化供应链相匹敌。因此，为了大幅度提升我国企业的竞争能力，使其适应当今国际市场的"超竞争"环境，并能够在竞争中获取胜利，作为企业管理者和在校学习并即将成为企业管理者的学生，应该尽快学习、掌握与创新未来企业竞争获胜的利器——现代物流与供应链管理，为振兴国家，也为增加个人社会价值奠定基础。

本章要点

1. 现代物流管理是将物料或商品在空间与时间位移过程中发生的信息、运输、库存、搬运以及包装等物流活动综合起来的一种新型的集成式管理，它的任务是以尽可能低的成本为顾客提供最好的服务。物流管理的内容包括：对物流活动诸要素的管理，对物流系统诸要素的管理以及对物流活动中具体职能的管理。

2. 供应链是指由原材料加工为成品并送到用户手中这一过程中涉及的合作企业和部门所组成的网络。供应链管理是一种集成的管理思想和方法，是通过前馈的信息流和反馈的物料流及信息流，将供应商、制造商、分销商、零售商，直到最终用户连成一个整体的管理体系。

3. 供应链管理模式从制造资源计划、准时生产制、精细生产和精细供应逐步演化发展过来，目前各个领域的技术都在供应链管理中得到广泛运用，如离散事件仿真、面向对象的量化分析方法、虚拟仿真环境、代理技术、决策支持、专家系统、信息技术、Internet、JIT、TQM、运筹工程、生产工程、工业工程、并行工程、系统工程等。

4. 供应链管理中应用的是一种虚拟化策略，在供应链中，相邻节点企业表现出一种需求与供应的关系，彼此都有部分功能的虚化，相互依赖，共享资源，使企业具有高度的弹性和灵活性，以快速适应环境变化，而企业间以核心能力连接，优势互补，实现资源整合和共同利益，同时也有利于企业分散风险，涉足新的经营领域，实行多元化经营。

5. 企业物流管理的目标可以从财务和实际运作两个角度讨论。从财务角度具体而言，企业物流管理的目标是通过发展物流活动组合能力使企业长远得到尽可能高的投资回报。从企业实际运作的角度讲，物流被看成是企业与其供应商和客户相联系的能力。

6.供应链管理的目标,是通过贸易伙伴间的密切合作,以最小的成本和费用提供最大的价值和最好的服务。企业供应链管理的目标可以分为长期与短期两个。短期目标为提高产能、减少库存、降低成本及减低产品销售循环所需之时间;而其长期目标主要为提高顾客满意度、市场占有率以及公司收益。

7.供应链管理实施操作中所普遍遵循的7项基本原则:①根据客户所需的服务特性来划分客户群;②根据客户需求和企业可获利情况,设计企业的物流网络,保证物流网络设计的经济性和灵活性;③监听市场信号,并相应地统一整个供应链的需求计划;④采取时间延迟策略;⑤与供应商建立双赢的合作策略;⑥在整个供应链领域建立信息系统;⑦制定整个供应链的衡量标准,建立整个供应链的绩效考核准则。

思考与练习

1.物流管理与供应链管理的基本概念是什么?

2.物流管理与供应链管理有何区别与联系?

3.简述供应链管理与传统管理模式的区别。

4.简述现代物流与供应链管理的兴起。

5.物流管理与供应链管理的目标分别是什么?它们之间是何种关系?

6.实施供应链管理应遵循哪些基本原则?

7.学习物流与供应链管理的意义何在?

参考文献

1. The Council of Logistics Management. http://www. CLM1. org

2. The International Journal of Logistics Management. http://www. ijlm. org

3. The State of [U. S.] Logistics 2001. www. cass@cassinfo. com. select Delaney's Dugout

4. U. S. Bureau of Export Administration. http://www. bxa. doc. gov

5. Maps. http://www. lib. utexas. eduLibsPCL/Map_collection/Map_collection. html

6. World Bank. http://www. worldbank. org

7. http://www. ittimes. com. cn/a1/b7/20010603/151929. shtml

8. Jerry Bendiner. Understanding Supply Chain Optimization. APICS-The Performance Advantage, 1998, (1)

9. Phillip W Balsmeier and Wendell J Voisin. Supply Chain Management: A Time-Based Strategy, Industrial Management. 1996,38(5)

10. 葛星. ZARA 供应链的“极速传奇”. 物流时代,2005,16

11. 李飞. 自选王——超级市场策划与设计. 北京:首都经济贸易大学出版社,1997

12. 罗纳德·H. 巴罗. 企业物流管理:供应链的规划、组织和控制. 北京:机械工业出版社,2002

13. 王焰. 一体化的供应链:战略、设计与管理. 北京:中国物资出版社,2002

14. 黄河,但斌,刘飞. 供应链的研究现状及发展趋势. 工业工程 2011,4(1)

15. 马玉芳. 现代物流管理与供应链管理的区别与联系. 科技进步与对策,2001(4)

16. 李军,张红旺. 虚拟化策略与企业的供应链管理. 科技进步与对策,2002(9)

17. 单汨源,邓益华. 供应链管理:现代企业的新型管理模式. 建设机械技术与管理,2002(2)

第 2 章

物流的基本概念

开篇案例——海尔物流：不断增强核心竞争力

海尔集团成立于1984年，经过多年的励精图治，已经由一家濒临破产的小厂成长为中国第一品牌并跻身世界品牌100强。目前，海尔的产品通过全球3.8万多个营销网点销往世界160多个国家和地区。在供应方面，海尔有978家供应商，其中不乏世界500强企业，如GE、爱默生和巴斯夫等。如何有效地利用外部资源和提高物流效率一度成为海尔物流面临的最大课题。

海尔物流本部成立于1999年，当时负责海尔集团的物流工作，包括采购、原材料配送和成品配送。海尔的物流革命经历了物流资源重组、供应链管理、物流产业化三个发展阶段。

(1)物流资源重组，任务是建立组织机构，整合集团内部物流资源，降低物流成本。海尔发展现代物流离不开企业的业务流程再造，于1998年9月开始在进行以订单信息流为中心的业务流程再造。内容包括：将原来集团的组织结构从层级式的职能管理方式改变为现有的扁平化组织结构。通过这种流程再造，集团所有部门都能同步快速响应订单。产品本部的职责是创造订单，通过了解市场和用户的需求，开发出能够满足需求的产品，同时将用户的需求转化为可执行的订单。订单信息通过信息系统同步传递到产品事业部和物流推进本部。产品事业部的职责是执行订单，物流推进本部在流程中的作用是加速订单流，根据销售订单转化的采购订单进行原材料的JIT采购，并配送给产品事业部生产成品，随后物流推进本部再负责将成品配送到全国的用户手中。

同时，海尔物流还建成了两个现代化的国际物流中心，在这两个物流中心里，海尔采用先进的过站式物流运作模式，不再是储存物资的“水库”，而是一条流动的“河”，河中流动的是按订单采购来的生产必需的物资，这就要求物流推进本部在低库存乃至零库存的要求下，依托库存信息系统及时准确地满足各产品事业部连续大规模的生产制造需求。

(2)供应链管理。任务是实施供应链一体化管理,提高核心竞争力。海尔物流创新地实施了"一流三网"同步模式,即以订单信息流为核心,建立全球供应链网络、全球配送网络、计算机网络,三网同步流动,为订单信息流提供增值。正是因为有"一流三网"的支撑,海尔得以用JIT采购、JIT原材料配送、JIT分拨物流,实现同步流程。商流与海外推进本部从全球营销网络获得的订单可以同步传递到产品事业部和物流推进本部,物流推进本部按照订单安排原材料采购、配送,产品事业部组织安排生产;产品下线后再通过物流的配送网络送到用户手中。例如,美国海尔销售公司在网上下达一万台的订单,订单一在网上发布,所有的部门都可以看到,并同时准备到位,大大缩短了订单的响应周期。

(3)物流产业化。任务是推进本部在做好企业内部物流、增强企业核心能力的基础上,向物流企业转化,致力于社会化业务的拓展,使之成为企业新的经济增长点。海尔物流通过资源的整合与优化,对内优化集团的需求链,对外大力开展社会化的物流业务,实现了从"企业物流"到"物流企业"的转型。海尔物流希望凭借自己高品质的服务为所有企业建立起高效的需求链体系,成为中国最大的、客户首选的第三方物流增值服务提供商。信息化与网络化是海尔现代物流最基本的特征。因此,自2000年开始以来,海尔物流的信息化建设不但已经搭建起电子采购平台,ERP平台使企业内部的需求链快速地响应用户,大大提升了企业内部的核心竞争力,而且搭建起第三方物流的平台,能够为社会化客户提供附加值的增值服务。

资料来源:牛鱼龙:《中国物流百强案例》,重庆大学出版社,2007:93—94

2.1 物流的业务环节

物流活动基于作业功能可分为基本活动和支援活动,基本活动包括运输、储存、包装、装卸、搬运等,支援活动则有流通加工和物流信息活动,它们共同构成了物流的业务环节。就物流过程中的一次流转,各环节表现的逻辑关系如图 2-1 所示。

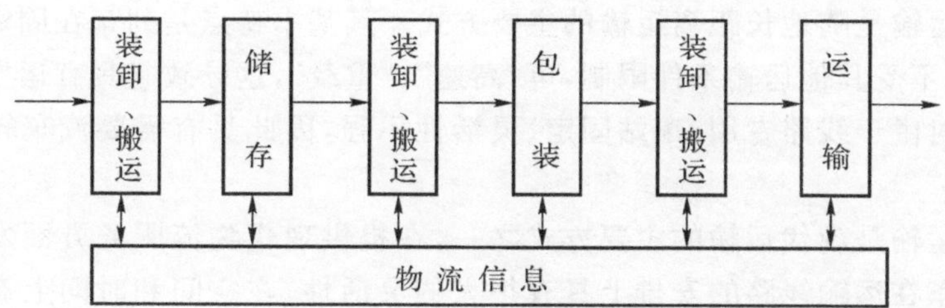

图 2-1 物流环节的逻辑关系

2.1.1 运输环节

运输是物流各环节中最主要的部分，是物流的关键。运输的任务是对物品进行较长距离的空间移动，物流部门通过运输解决商品在生产地点和需求地点之间的距离问题，从而创造其空间效益，实现使用价值。没有运输连接生产和消费，生产就失去了意义。

1. 运输的方式及特点

运输方式有铁路运输、公路运输、船舶运输、航空运输和管道运输等(见表 2-1)。

表 2-1 主要运输方式的特征

运输方式	优 点	缺 点
铁路	1. 大批量货物能够一次性有效运送 2. 运费负担小，特别是大批货物中长距离运输时 3. 由于采用轨道运输，事故相对少，安全 4. 铁路运输网络完善，可运达各地 5. 受天气影响小	1. 近距离运输费用高 2. 不适合紧急运输要求 3. 长距离运输时，由于需要配车，中途停留时间较长 4. 非沿线目的地需要汽车转运
公路	1. 可以进行“门到门”的连续运输 2. 适合于近距离运输，较经济 3. 使用灵活，可以满足多种需要 4. 输送时包装简单、经济	1. 运输单位小，不适合大量运输 2. 长距离运输费用较高
船舶	1. 适合运费负担能力较小的大量货物的长距离运输 2. 适合于体积宽大、重量大的少量货物的运输	1. 运输速度慢 2. 港口装卸费用高 3. 航行受天气影响较大 4. 运输的正确性和安全性较差
航空	1. 运输速度快 2. 适合运费负担能力较大的大量货物的长距离运输	1. 运费高，不适合低价值货物和大量货物的运输 2. 重量受到限制 3. 只适于机场周围的城市

铁路运输是陆地长距离运输的主要方式。其基本特点是列车在固定的轨道线路上运行，不受其他运输条件限制，可“高速”、“重载”，这导致它具有运费较低的优点。但同时由于线路专用、车站固定、灵活性不强，因此具有需要汽车转运等方面的缺点。

汽车运输是现代运输的主要方式之一，在提供现代物流服务方面发挥着核心作用。汽车在运输线路的安排上具有很大的灵活性，在空间和时间上有很大的自由度，因此可以实现从发货人到收货人的“门到门”的运输。且由于减少了转运的次数，货物包装简化。但其缺点也很明显，如运量小、费用高、安全性差等。

船舶运输包括海上运输和内河运输两种。在大批量和远距离的货物运输中价格便宜，对货物体积、重量限制不多，且是隔海区域间代替陆地运输的必要方式。但也具有航行周期长、易受天气影响等缺点。

航空运输在运输业中所占比重较低，但其重要性越来越明显。其缺点是运价要远高于其他运输方式，但运输速度极快。一般说来适用于紧急物品、保鲜物品和体积小价值高的物品的运输，但受地理条件限制，离机场距离较远的地方利用价值不大。

管道运输是使用管道输送流体货物的一种运输方式。管道运输具有运量大、效率高、成本低、安全性高、占地少、不受天气影响等优点，但仅适用于流体资源等的运输。

2. 运输方式的选择

运输方式的选择是运输合理化的重要内容。运输的安全性、准确性、低成本、短时间是选择的标准，因此在选择运输方式时要综合考虑运输品的种类、运输量、运输距离、运输速度和运输费用。

在运输品种类方面，物品的形状、单件重量体积、危险性、变质性等是制约性的因素，如鲜活易腐品适宜于汽车、航空运输。在运输量方面，一次性运量大的运输品应尽可能选用铁路运输和船舶运输。运输距离的长短与货物到达的目的地有关，陆上的长距离运输一般用铁路，中短途运输用汽车。运输时间方面则必须满足交货期的要求。运输成本或运输费用与运输量和运输距离有关，若干运输方式的上述两种关系如图 2-2、图 2-3 所示。此外，运输品的价格也关系到承担运费的能力。

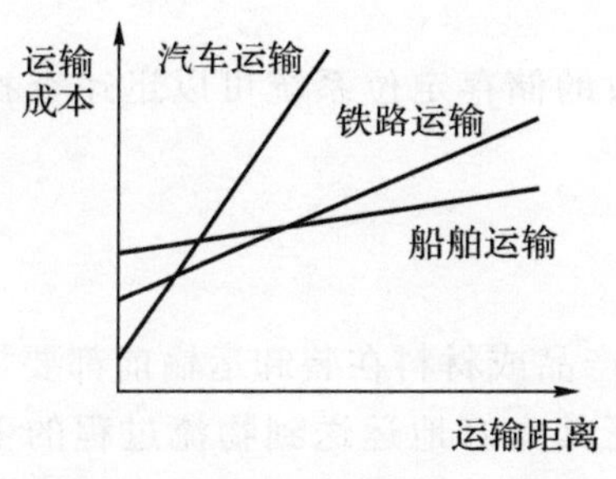

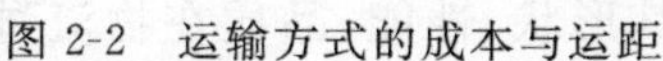
图 2-2 运输方式的成本与运距

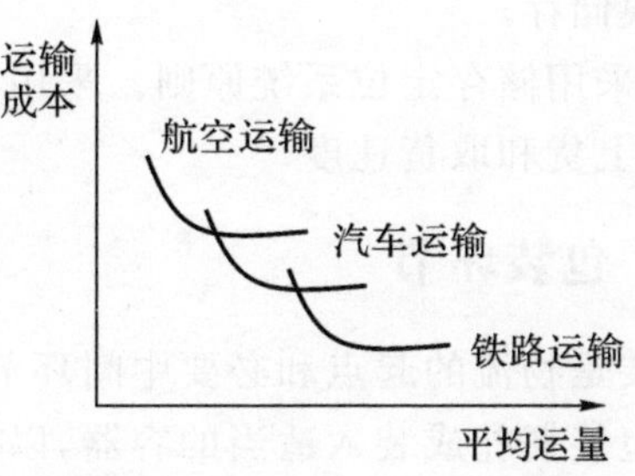

图 2-3 运输方式的成本与运量

2.1.2 储存环节

储存是指对离开生产过程但尚未进入消费过程这一间隔时间内的物资进行保管，以及对其数量、质量进行管理控制的活动，包括对物资进行检验、整理、保管、加工、集散等。它为物资提供场所价值和时间效益，在物流系统中起着缓冲、调节和平衡的作用，对调节生产、消费之间的矛盾，促进商品生产和物流发展都有十分重要的意义。

1. 商品储存的过程

商品储存过程包括四个步骤：接收、存放、拣取、配送（见图 2-4）。

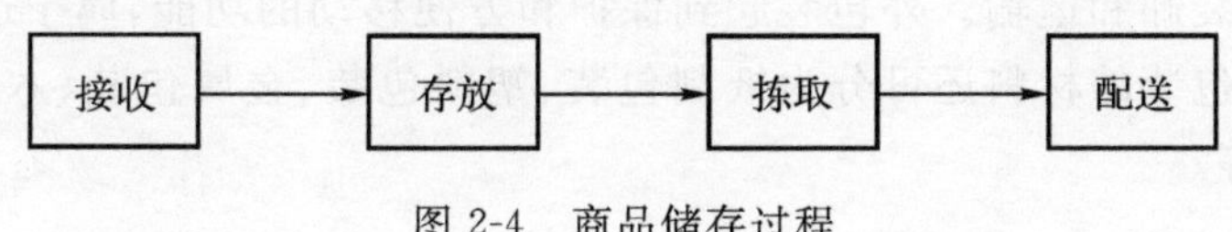

图 2-4 商品储存过程

商品储存规划内容主要包括四个方面：①分配储存场所；②布置储存场所；③设计堆垛；④建立储存秩序。

2. 储存合理化的原则

(1)按照价值、数量分类原则。按照物品的价值高低和数量多少进行分类储存，解决各类物品的结构关系、储存量等问题。

(2)高层堆码原则。物品应尽可能向高处码放，有效利用库内容积。

(3)先入先出原则。尤其对易变质、易破损、易腐败的物品，更应实行先入先出原则。

(4)周转最快原则。加快周转速度，增加仓库吞吐能力，减少货损，降低仓储成本。

(5)适度集中储存原则。根据储存点与用户之间的距离选择集中储存或分散的小规模储存。

(6)采用储存定位系统原则。采用有效的储存定位系统可以迅速查找货物位置,提高上货和取货速度。

2.1.3 包装环节

包装是物流的起点和必要中间环节。产品或材料在装卸运输前都要加以某种程度的包装捆扎或装入适当的容器,以保证其完好地运送到物流过程的下一环节或消费者手中。包装的作用是保护物品,使其形状、性能、品质在物流过程中不受损坏;同时包装还具有将物品集合为数量单位的方便功能,便于其在以后的保管、装卸和运输环节中的处理;最后,包装使物品醒目、美观,有促进销售的功能。

1. 包装的种类

按包装的形态划分,包装分为单个包装、内包装和外包装。

单个包装又称小包装,是最直接的包装,通常与物品形成一体,在销售中直接送达用户。其目的是提高商品的价值或保护物品,属于商业性包装。

内包装是包装货物的内部包装,其中含多个或单个物品包装,目的是防止水、湿气、光热和冲击对物品造成破坏,属于保护性运输包装。

外包装是包装货物的最外层包装,即将物品放入箱、袋、罐中,并作标示、印记,以便于保管、装卸和运输。外包装起到保护和方便移动的功能,属于运输包装。

此外,按包装的材料还可分为纸制包装、塑料包装、金属包装、木制包装、玻璃与陶瓷包装等。

2. 包装合理化的原则

(1)包装简洁化。在强度、寿命、成本相同的条件下,应采用更轻、更薄、更短、更小的包装。

(2)包装标准化。标准化的包装规格、单纯化的包装形状和种类有助于整体物流效率的优化。

(3)包装机械化。为了提高作业效率和包装现代化水平,各种包装机械的开发和应用十分重要。

(4)包装单位大型化。随着交易单位的大量化和物流过程中的装卸机械化,包装的大型化趋势也在增强。

(5)包装资源节省化。应加大包装物的再利用程度,减少过度包装,开发和推广新型包装方式,以减少对包装材料的使用。

2.1.4　装卸搬运环节

装卸搬运是物流各环节中出现频率最高的一项活动。它是在同一地域范围内改变物品的存放状态和空间位置的活动。它伴随着运输和保管而产生，并连接相关物流环节，因此装卸搬运效率对物流整体效率影响很大；同时装卸搬运作业内容复杂、耗费人力、财力。装卸搬运活动的合理化对于物流整体的合理化至关重要。

1. 装卸搬运作业的种类

装卸搬运作业主要分为堆拆作业、分拣配货作业和搬运移送作业。

堆拆作业分为堆装、拆装作业和堆垛、拆垛作业两类。堆装作业是把物品移动到运输设备或保管设备的指定地点，并按要求的形态码放的作业；拆装作业则相反。堆垛作业主要是指保管设备中高度 2 米以上的堆码作业；拆垛作业则相反。

分拣是在堆装、堆垛作业前后或配货作业前把物品按品种、入出单位类别、运送方向等进行分类，并放到指定地点的作业；配货作业则是在指定位置将物品按品种、下一步作业种类及发货对象进行分类的作业。

搬运作业是指为了上述作业而进行的物品移动作业，包括水平、垂直、斜向搬运；移送作业则是设备、距离、成本等方面在移动作业中比例较高的物品移动作业。

2. 装卸搬运作业合理化的原则

(1)降低装卸搬运次数原则。可通过合理安排作业流程、采用合理作业方式、仓库内合理设计与布局将装卸搬运次数限制在最小范围内。

(2)移动距离最小原则。可在货位布局、运输设备停放位置、出入库作业程序等设计上加以充分考虑。

(3)提高装卸搬运灵活性原则。物品码放的状态要有利于下次搬运，在堆装堆垛时要考虑便于拆装拆垛，在入库时要考虑便于出库等。

(4)合理运用机械原则。将人与机械合理组合到一起，发挥各自的长处，提高作业效率。

(5)利用重力原则。应减少反复从地面搬起重物，并借助物品本身的重力实现物品的移动，如具有一定倾斜度的滑辊、滑槽等的运用。

(6)集装单元化原则。将零放物品归整为同一格式的集装单元。

(7)保持物流顺畅原则。物品处理量不宜出现过大的波动。

2.1.5 流通加工环节

流通加工是物流过程中不可缺少的一个环节。它是流通过程中辅助性的加工活动。流通和加工的概念本属于不同范畴，加工是改变物质的形状或性质，流通则是改变物质的空间与时间状态。流通加工是为了弥补生产过程加工不足，以便更有效地满足用户或本企业的需要，而在流通过程中完成的一些加工活动，这时流通加工就是物流过程的一个组成部分。流通加工是生产加工在流通领域中的延续，也是流通领域在职能方面的扩充（见图 2-5）。流通加工多发生在保管环节前后，它可以完善运输、保管、装卸等活动对象的使用价值，增加其附加价值，满足用户多样化的需要，同时也提升物流活动本身的价值。

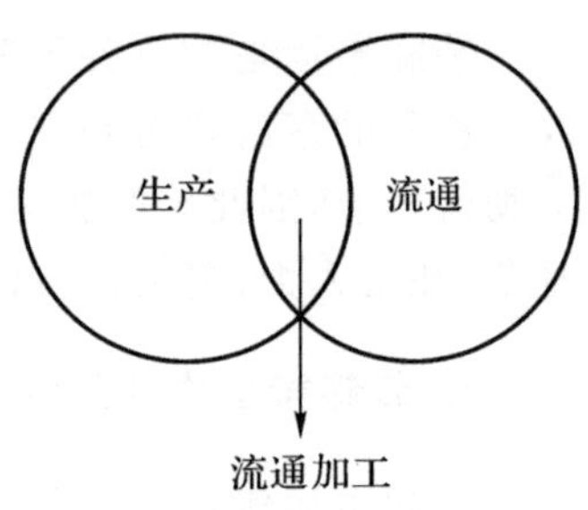

图 2-5 流通加工的定位

按照加工的目的和作用，流通加工可分为以下几种类型。

（1）以方便运输为主要目的的加工。如分体运输的产品在销售地的组装，使得运输方便经济，并将组装环节移至流通领域。

（2）以保存产品为主要目的的加工。为了使产品的使用价值得到妥善保存，延长产品在生产与使用时间间的距离而进行的加工，包括生活消费品的流通加工和生产资料的流通加工。如水产品的冷冻加工、金属材料的涂防锈油等。

（3）适应多样化需求的加工。其目的在于通过加工使产品品种、规格、质量适应用户需要，解决产需分离现象。

（4）综合利用的加工。在流通中将货物分解、分类处理。

2.1.6 信息环节

物流信息是连接物流过程其他各环节的纽带（见图 2-1），它是物流活动顺利进行的保障和取得高效益的前提。物流信息包含的内容和对应的功能有狭义和广义的理解。狭义的物流信息是与物流活动（运输、保管、装卸、包装、流通加工等）有关的信息，在物流活动的管理决策中需要详细而准确的物流信息的支持。广义的物流信息还包括与其他流通活动有关的信息，如商品交易信息和市场信息等。在现代经营管理活动中，物流信息与商品交易信息和市场信息相互交叉、融合，相互间有着密切的联系。

2.2　物流作用类型

2.2.1　供应物流

生产企业、流通企业或用户购入原材料、零部件或商品的物流过程称为供应物流(supply logistics)。也就是物资生产者、持有者到使用者之间的物流。供应物流与生产系统、搬运系统、财务系统等企业内部及企业外部的资源市场、运输条件等密切相关。在 2001 年 8 月正式颁布实施的《中华人民共和国国家标准物流术语》(GB/T18354－2001)中,供应物流的定义是:为生产企业提供原材料、零部件或其他物品时,物品在提供者与需求者之间的实体流动。

对于制造企业而言,是指对于生产活动所需要的原材料、燃料、半成品等物资的采购、供应等活动所产生的物流。对于流通企业而言,是指交易活动中,从买方角度出发的交易行为中所发生的物流。对于企业而言,是指企业生产所需的一切生产资料的采购、进货运输、仓储、库存管理、用料管理和供料运输。

供应物流的基本程序是先取得资源,然后将所需资源合理组织到企业,再根据企业内各部门需要组织内部物流。

企业的供应物流有三种组织模式:①委托社会销售企业代理供应物流;②委托第三方物流企业代理供应物流;③企业自供物流方式。

2.2.2　生产物流

生产物流(production logistics)包括从工厂的原材料购进库起,直到工厂成品库的成品发送出去为止的物流活动的全过程。在 2001 年 8 月正式颁布实施的《中华人民共和国国家标准物流术语》(GB/T18354－2001)中,生产物流的定义是:生产过程中,原材料、在制品、半成品、产成品等在企业内部的实体流动。

生产物流和工厂企业的生产流程同步,企业在生产过程中,原材料、半成品等按照工艺流程在各个加工点之间不停顿地移动、流转开成了生产物流,如果生产物流中断,生产过程也将随之停顿。

1. 影响生产物流的主要因素

(1)生产类型。生产类型是生产的产品产量、品种和专业化程度在企业技术、组织和经济上的综合反映和表现。同时,生产过程的组织形式及生产管理方法也决定了与之匹配的生产物流类型。企业产品产量越大,产品的品种就越少,生产专业化程度越高,而物流过程的稳定性和重复性也就越大;反之,企业的产品产量越小，产品的品种就越多，生产专业化程度也越低，而物流过程的稳定性和重复性亦越小。

(2)生产规模。生产规模是指单位时间内的产品产量，通常以年产量来表示。企业生产规模越大，生产过程的构成就越齐全，物流量就越大；反之，生产规模很小，生产过程的构成就没有条件划分得很细，物流量就很小。

(3)专业化与协作水平。社会专业化和协作水平提高，企业内部生产过程就趋于简化，物流流程缩短。

2. 生产物流的组织形式

(1)生产物流的空间组织。生产物流空间组织的目标是如何缩短物料在工艺流程中的移动距离。通常有 3 种专业化组织形式：①工艺专业化。同类生产设备集中在一起，一个车间仅能完成一个工艺阶段(同一工种)，经过多个车间才能实现全部生产。②对象专业化，即流水线。把一个重复的过程分解为若干个子过程，每个子过程可以与其他子过程并行进行。③成组工艺。把尺寸、形状、工艺相似的零件组成一个个零件族，按各种零件族的工艺要求配备相应的工装设备，采用适当的布置形式组织成组工艺，从而达到扩大批量的目的，使得多品种小批量生产也能获得近似于大批量生产的经济效果。

(2)生产物流的时间组织。生产物流时间组织的目的是加快物料流动，减少物料成批等待时间，实现物流的快节奏性、连续性。通常，企业有三种典型的移动组织方式：①顺序移动，按时间先后顺序组织物料的流动。②平行移动，无时间先后，同时组织物料的流动。③平行顺序移动，结合上述两者，穿插进行。

2.2.3 销售物流

生产企业或流通企业售出产品或商品的物流过程称为销售物流(distribution logistics)，也就是指物资的生产者或持有者与用户或消费者之间的物流。销售物流活动主要是为了满足客户需要和提高市场营销绩效服务的。在 2001 年 8 月正式颁布实施的《中华人民共和国国家标准物流术语》(GB/T18354－2001)中，销售物流的定义是：生产企业、流通企业出售商品时，物品从供方向需方的实体流动。

对于工厂而言，销售物流是指售出产品。对于流通领域而言，销售物流是指在交易活动中从卖方角度出发的交易行为中的物流。对于企业而言，销售物流是可以进行资金的回收并组织再生产的活动。

1. 销售物流的主要环节

销售物流包括以下几个主要环节：产成品包装、产成品储存、订单处理、发送运输和装卸搬运。

2. 销售物流服务的要素

销售物流服务包括以下三个要点:时间要素、可靠性要素和方便性要素。

(1)时间要素:主要是指订货周期时间,即从客户确定对某种产品有需求与被满足之间的间隔。它主要受以下几个变量的影响:①订单传送;②订单处理;③备货;④装运。

(2)可靠性因素:是指根据客户的要求,将所订的货物安全、准时、无误地送到客户指定的地点。

(3)方便性因素:是指销售物流的方法必须灵活。客户对产品包装、运输方式、运输路线、交货时间等的要求各不相同,为了更好地满足客户要求,就必须确认客户的不同要求,为不同客户设计适宜的服务方法。

3. 销售物流的组织模式

销售物流有三种组织模式:①由生产企业自己组织销售物流;②委托第三方组织销售物流;③由购买方上门取货。

【案例】 德尔菲公司的销售物流

总部设在美国阿拉斯加的德尔菲公司生产深海鱼油和各种保健品。虽然它在产品设计和开发方面始终保持优势。虽然德尔菲公司有6个大型仓库、8家最重要的承运人和12个相互独立的管理系统,但从顾客订货到顾客交货之间存在着漫长的时间、巨大的存货以及太多的缺货。德尔菲公司发现复杂、昂贵和无效率的物流系统使其面临着利润下降,过多的承运人和过多的系统正在造成全面失去管理控制。为了重新获得控制,德尔菲公司不得不重新组织其物流作业。

德尔菲公司关闭了所有在美国的仓库,建立一个世界性的"处理中心",它们将从仅为当地顾客服务转变为向全球顾客服务。该中心位于美国的制造工厂附近,充当着德尔菲公司产品的物流交换所。单一的地点不仅能帮忙预测一些必要的流动,而且由于减少了交叉装运的总量,还降低了运输成本。

同时,德尔菲公司进一步将先进的系统和通信用于监督和控制世界范围的存货。它将联邦速递作为全球化承运人网络,确保货物及时抵达目的地的物点,向世界上位于任何地点的商店进行24—48小时内再供货。并计划发动一项邮购业务,在48小时内将货物递送到世界上任何地点的最终顾客的家门口。

(资源来源:根据 www.uns56.com 的资料整理而成)

2.2.4 逆向物流

逆向物流包括回收物流(returned logistics)和废弃物物流(waste material logistics)。逆向物流与传统供应链反向，是为了恢复价值或合理处置而对原材料、中间库存、最终产品及相关信息从消费地到起始点的有效实际流动所进行的计划、管理和控制过程。

在《中华人民共和国国家标准物流术语》(GB/T18354－2001)中，回收物流的定义是:不合格物品的返修、退货以及周转使用的包装容器从需方返回到供方所形成的物品实体流动。

在《中华人民共和国国家标准物流术语》(GB/T18354－2001)中，废弃物物流的定义是:将经济活动中失去原有使用价值的物品，根据实际需要进行收集、分类、加工、包装、搬运、储存等，并分送到专门处理场所时形成的物品实体流动。

1. 逆向物流的特点

逆向物流作为企业价值链中特殊的一环，与正向物流方向相反，总是相伴发生。逆向物流的特点如下。

(1)分散性。逆向物流产生的地点、时间、质量和数量是难以预见的。这是由于逆向物流发生的原因通常与产品的质量或数量的异常有关。

(2)缓慢性。逆向物流需要通过不断汇集才能形成较大的流动规模。废旧物资的产生也需要经过加工、改制等环节，甚至只能作为原料回收使用。同时，废旧物资的收集和整理也是一个较复杂的过程。

(3)多样性。逆向物流回收的产品或废弃的物资特点是数量少、种类多，因此逆向物流的处理系统与方式复杂多样。

(4)混杂性。不同种类、不同状况的废旧物资常常是混杂在一起的，因此回收的产品在进入逆向物流系统时往往难以划分产品类型。

2. 逆向物流的原则

逆向物流虽不能直接给企业带来效益，但其对环境保护和资源可持续利用来说，意义十分重大。一方面，逆向物流处理得好可以增加资源的利用，降低能源的消耗，降低经济成本，有效减少环境污染，提高经济效益。另一方面，逆向物流如果处理不当，则会造成许多公害。对逆向物流的重视是实现经济可持续发展的必然选择，因此在实施逆向物流时应注意以下几个原则。

(1)“事前防范”原则。处理回收的各种物料会增加企业的经济支出，同时增加供应链的总物流成本，因此逆向物流实施过程应坚持“预防为主、防治结合”的原则。

(2)绿色原则。将环境保护的思想观念融入企业物流管理过程中。

(3)效益原则。包括经济效益和生态环境效益,两者是对立统一的。经济效益与目前和局部的利益更密切相关,而环境效益则关系更宏观和长远的利益。后者是前者的自然基础和物质源泉,而前者是后者的经济表现形式。

(4)信息化原则。应用信息技术可以提高逆向物流系统的效率和效益。

(5)法制化原则。市场自发产生的逆向物流活动难免带有盲目性和无序化的特点,需要通过相应的法律法规进行制约。

(6)社会化原则。从本质上讲,社会物流的发展是由社会生产的发展带动的,当企业物流管理达到一定水平,对社会物流服务就会提出更高的数量和质量要求。

2.3　物流业务模式

企业的物流战略是其总体战略的一个组成部分,为了实现企业的总体战略,规划其物流的业务模式是非常重要的,科学地选择企业的物流业务模式是实现物流战略的关键,恰当的物流业务模式可以帮助企业实现物流战略的三大目标:降低成本、减少资本和改进服务。

企业物流一般可以分为生产阶段的内部物流和采购销售阶段的外部物流,内部物流包括生产过程中的库存控制、机器调度和运作质量控制等,外部物流包括客户服务、运输、库存管理、信息流动和订单处理等。一般的物流概念主要指外部物流,按照企业外部物流的实现形式,一般可以将它分为企业自营物流、第三方物流(TPL)、物流联盟和第四方物流等几种模式。

自营模式主要是指企业自备仓库、自备车队等,企业拥有一个自我服务的体系。第三方物流是指企业利用一家外部的物流公司完成其全部或部分物料管理和产品配送职能。物流联盟是指企业选择少数稳定且有较长时间业务往来的相关企业与之形成长期互利的、全方位的合作关系,通过彼此之间的优势互补,实现各自的物流目标和战略。第四方物流是指一个物流集成商,他调集和管理组织自己的以及具有互补性的服务提供商的资源、能力和技术,以提供一个综合的物流解决方案,它是建立于第三方物流和物流联盟基础之上并发展而来的一个新的物流模式。

上述四种物流业务模式中,第三方物流、物流联盟和第四方物流均属于企业的物流外包业务,区别在于外包业务中企业之间的合作程度存在差异。实际上物流外包过程中,企业之间的合作既可能是一次性买卖关系,也可能是长期的协议关系，还可能是共享系统的战略联盟关系。图2-6说明了这些外包关系。

总之，企业物流的业务模式可以分为自营物流、第三方物流、物流联盟和第四方物流等。第三方物流、物流联盟和第四方物流又同属于物流的外包业务，第四方物流是由第三方物流和物流联盟发展而来的一种新的物流模式。

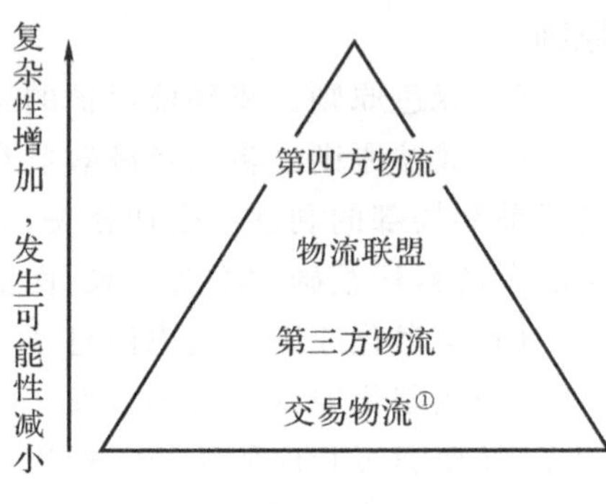

图 2-6　外包关系图谱

2.3.1　自营物流

从历史的角度看，企业对物流服务的需求最初是以自我提供的方式实现的，自营物流是企业早期物流的重要特征，企业为了提高物流效率和服务水平，需要对物流进行管理，于是在经营过程中，物流管理成为一项重要内容。

自营物流实际上是企业物流的纵向一体化行为，企业通过自营物流直接支配物流资产，控制物流职能，保证货物畅通和顾客服务质量，从而有利于保持企业和顾客的长期关系，有利于企业掌握对顾客的控制权，此外，企业通过自营物流，可以更好地防止企业商业秘密的外泄和扩散。尽管如此，对于自营物流，企业仍然应该审慎对待因为自营物流需要大量的资金购买物流设备，建设物流仓库和构建物流网络，这不仅会分散企业的资金，影响核心能力的构建，而且这些资金一般占用率较高，并且投资回收期较长，因此对于缺乏资金的企业尤其是中小型企业，自营物流的投资必然造成其沉重的财务负担。此外，对于中小企业而言，由于自身物流需求的有限性，为了谋求规模经济，需要向市场提供物流服务，这必然给企业带来一定的市场风险。

鉴于自营物流的利弊，企业在进行物流模式决策时，需要权衡利害以作判断，一方面需要考虑资金状况、人才储备和市场风险；另一方面需要考虑企业物流活动的重要程度、渠道和顾客的控制力要求以及商业秘密的保护程度等。只有在综合分析的基础上才能作出科学的决策。总之，自营物流的改造和发展应该根据实际情况区别对待，对于企业自身而言，那些已经成为包袱的物流业务，完全可以外包给专业公司来经营；而那些与自身业务关联性非常强、必须由自己来经营的物流业务，则必须考虑到如何以先进的物流管理观念、技术、硬件来降低成本，优化流程。

① 交易物流是指建立在一次交易或一系列独立交易基础之上的物流关系。现代的物流外包业务一般指长期的协议关系和共享合作，所以，我们没有将交易物流纳入物流的业务模式之中。

2.3.2　第三方物流

20 世纪 90 年代以来，现代的第三方物流作为一个新兴的产业形态，得到了高速的发展，引起广大企业界和理论界的关注。根据 UPS 环球物流提供的资料显示，欧洲 1290 亿欧元的物流服务市场中，约有 1/4(310 亿欧元)是第三方物流；2007 年，美国第三方物流业的收入由 2000 年的 500 亿美元增长到 1300 亿美元。根据中国证券报调查报告，目前超过 90%的外资企业有外包需求。从 2003 到 2008 年，我国社会物流总额的复合增长率达到 24.77%，远远高于同期 GDP 的增长速度。

1. 第三方物流的基本含义

第三方物流的概念源自于管理学中的外包。外包意指企业动态地配置自身和其他企业的功能和服务，利用外部的资源为企业内部的生产经营服务。将外包引入物流管理领域，就产生了第三方物流的概念。

对于第三方物流的定义有不同理解，有美国学者把第三方物流定义为“用外部公司去完成传统上由组织内部完成的物流功能，这些功能包括全部物流功能所选择的部分功能”；也有学者把第三方物流定义为“外协所有或部分公司的物流功能，提供复杂、多功能物流服务，以长期互益的关系为特征”。中国国家标准《物流术语》中对第三方物流的表述是“由供方与需方以外的物流企业提供物流服务的业务模式”。

第三方物流与传统的企业物流模式有很大的不同，如图 2-7 所示。

2. 第三方物流的基本特征

(1)第三方物流是提供多种服务功能的物流活动。传统的外协只限于一项或一系列分散的物流功能，如运输公司提供运输服务，仓储公司提供仓储服务；第三方物流一般来说是提供多功能、全方位的物流功能，它注重的是客户物流体系的整体运作效率。

(2)第三方物流要求建立长期战略合作伙伴关系。第三方物流不仅仅是传统意义上的运输，其业务深深触及客户企业的销售计划、库存管理、生产计划等各个环节，远远超过了与客户一般意义上的买卖关系，而是紧密地结合成一体，形成了一种战略合作伙伴关系。

(3)第三方物流是非常个性化的物流服务。第三方物流是一种长期的合作关系，第三方物流系统有时甚至成为客户营销战略体系的一部分。因此，第三方物流提供商应尽可能地满足客户的个性化需要，必须完全按照客户的业务流程来定制，

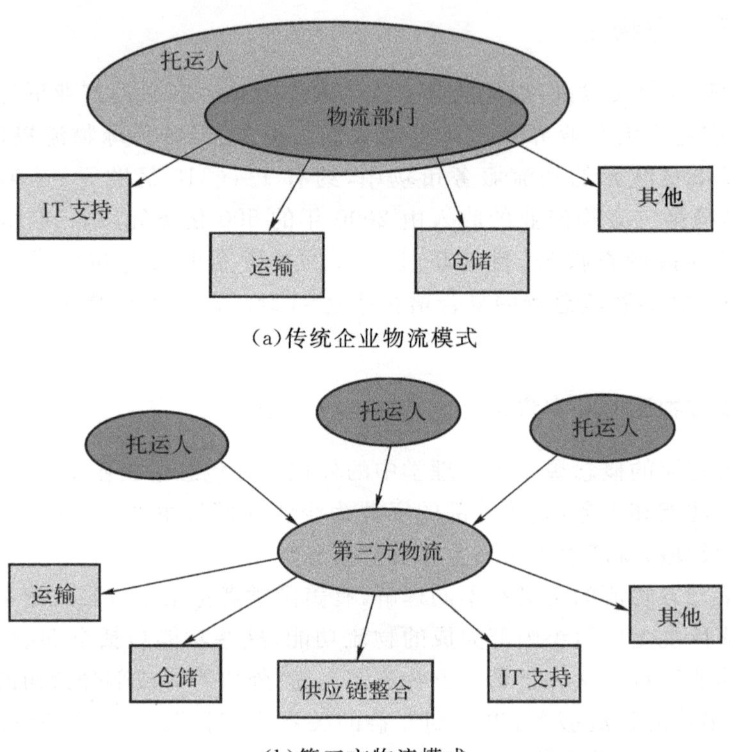

(a)传统企业物流模式

(b)第三方物流模式

图 2-7　第三方物流与传统物流模式的比较

资料来源：Jiong Songand Amelia C. Regan. Industries in Transtion, Metrans 2nd Annual Transportation Conference. Feb. 2001

以提升客户的竞争力。

(4)第三方物流企业既是战略投资人，又是风险承担者。与传统的运输服务相比，第三方物流提供商的利益与客户的利益是一致的，第三方物流服务的利润不是来自运费、仓储费用等直接收入，而是来源于与客户一起在物资领域创造的新价值。换句话说，第三方物流企业追求的不是短期的经济效益，而是以一种投资人的身份为生产经营企业服务的，这是它身为战略同盟者的一个典型特点。

3. 第三方物流的产生原因

由于科学的不断进步和经济的不断发展，全球的市场竞争环境发生了巨大的变化，技术进步与需求多样化使得产品寿命周期不断缩短，企业面临着缩短交货周期、节约物流成本、提高顾客服务水平的多重压力，所有这些都要求企业将资源集中用于最核心的业务，而将其他活动交给第三方物流供应商。

在对欧洲第三方物流发展的研究中表明，客户服务需求的增加和运输业利润的减少是发展第三方物流的推动因素。对于制造企业来说，第三方物流可以带来巨大的经济效益，选择第三方物流服务可以极大地节约物流作业成本；可以减少对物流设施的投资，把有限的资源集中在核心业务上；可以通过外包的形式利用第三方物流公司的专业技术，克服内部劳动力效率不高的问题；可以极大地提高服务水平。根据美国田纳西州立大学的研究结果，使用第三方物流服务可以带来如表 2-2 所示的好处。

表 2-2　第三方物流的利益调查结果

作业成本降低	服务水平改进	集中核心业务	雇员减少	资产减少	库存下降
62%	62%	56%	50%	48%	10%～30%

推动第三方物流产生的动力主要来源于需求方对高水平服务的需求。不同的企业选择第三方物流的原因各不相同，由图 2-8 可以看出，企业决定使用第三方物流服务的最主要因素是为了降低物流作业的成本。

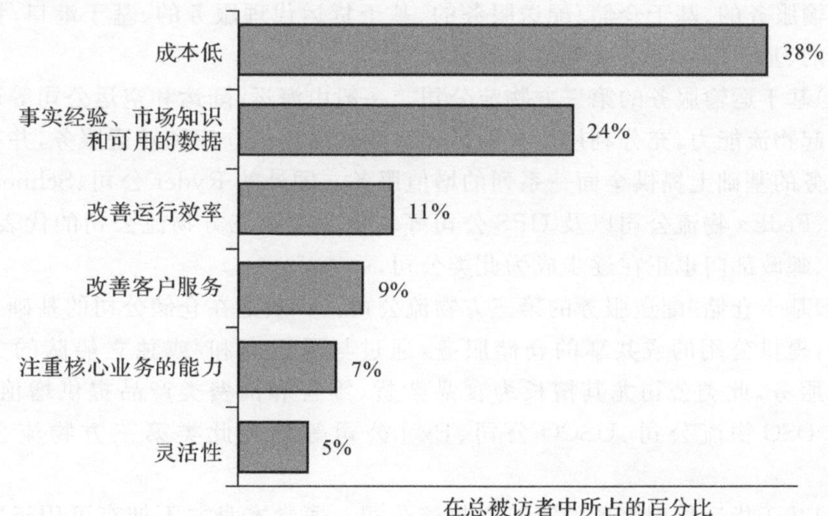

图 2-8　决定使用第三方物流服务的因素

资料来源：Lieb R. C.，Randall H. L. A comparison of the use of third party logistics services by large American manufacturers. *Journal of Business Logistics*, Vol 17 No. 1, 1996, pp 305-320.

【案例】 Penske 的第三方物流服务

通用汽车公司在美国大约有 400 个供应商负责把各自的产品送到 30 个装配

工厂。由于卡车满载率低，库存和配送成本急剧上升，通用汽车公司为降低成本、改进内部物流管理、提高信息处理能力，委托 Penske 专业物流公司为它提供第三方物流事务。

调查了解半成品的配送线路之后，Penske 公司建议通用汽车公司在 Cleveland 使用一家有战略意义的配送中心，配送中心负责接收、处理、组配半成品，由 Penske 派员工管理。同时 Penske 也提供 60 辆卡车和 72 辆拖车，除此之外，还通过 EOI 系统帮助通用汽车公司调度供应商的运输车辆以便实现 JIT 送货。为此，Penske 设计了一套最优送货路线，增加供应商的送货频率，减少库存水平，改进外部物流活动，运用全球卫星定位技术，使供应商能随时了解行驶中的送货车辆的方向。与此同时，Penske 通过在配送中心组配半成品后，对装配工厂实施共同配送的方式，既降低卡车空载率，也减少了通用汽车公司的运输车辆。

资料来源：裴宇航：第三方物流案例分析，《物流技术》，2001(6)：35

4. 第三方物流的类型

从全球范围内看，第三方物流服务商可以根据其核心能力和历史背景分为以基于运输服务的、基于仓储/配送服务的、基于货运代理服务的、基于港口/铁路终端服务的、基于信息与系统集成的等五大类。

(1)基于运输服务的第三方物流公司。一般由海运、陆运和空运公司等运输部门建立起物流能力，充分利用广大的运输终端网络提供仓库和转运服务，并在提供运输服务的基础上提供全面一系列的增值服务。国外的 Ryder 公司、Schneider 物流公司、FedEx 物流公司以及 UPS 公司等均是此类第三方物流公司的代表，我国的铁路、邮政部门也正在逐步成为此类公司。

(2)基于仓储/配送服务的第三方物流公司。一般是在仓储公司的基础上发展起来的，提供公用的或共享的仓储服务，通过与承运商和/或独立船队的关系提供配送服务，此类公司尤其擅长为食品杂货、零售和消费类产品提供增值服务。国外的 DSC 物流公司、USCO 公司、Exel 公司等均是此类第三方物流公司的代表。

(3)基于货运代理服务的第三方物流公司。通常本身并不拥有可用于物流服务的资产，主要侧重货运过程的协调，寻求通过管理实物、财务和海关/管制制度来提供“综合物流服务”的机会，在此基础上提供增值服务。国外的 AEI 公司、Kuehne & Nagle 公司、Fritz 公司等都是基于货运代理服务公司的代表。

(4)基于港口/铁路终端服务的第三方物流公司。主要基于终端运作服务，并将业务延伸至运输和配送，通常为散货、消费类和工业类产品提供仓储、转运、分运以及终端配送服务。典型的公司有 PSA 公司、CWT 公司等。

(5)基于信息与系统集成的第三方物流公司。原本主要是致力于建立系统的系统集成商,现在开始转向管理信息系统的外包业务,在为了给客户增加更多的价值的同时,系统集成商也主动提供有关电子商务、物流和供应链管理的工作。随着信息技术和电子商务的发展,此类服务业务增长速度很快,典型的公司有 Transplace 公司、Nistevo 公司、通用信息服务公司等。

5. 第三方物流的演变

近二十年来,随着科学技术尤其是信息技术的发展,第三方物流发生了巨大的变化,由过去简单的契约式物流向集成式供应链管理发展。按照第三方物流服务涉及范围的广度和深度以及与客户的关系密切程度,第三方物流的演变过程可以分为运输/合同分销阶段、物流外包阶段以及供应链管理的集成阶段三个阶段。三个阶段的特点和区别如表 2-3 所示。

表 2-3 第三方物流演变过程比较

	运输/合同分销阶段	物流外包阶段	供应链管理的集成阶段
服务	功能简单	多功能	多功能集成,增加广度和复杂性
关系	简单的交易关系	长期的协议	战略合作伙伴
涉及的范围	本地/区域性	跨区域	全球化,门到门
竞争趋势	分散	合并/联盟	通过战略联盟使小型变大
核心力	资产和过程执行	从资产型向信息型转变	以信息和知识为主
买方价值	减少	地域扩张	优化成本及服务

资料来源:朱农飞:第三方物流发展的趋势,《中国家电企业物流管理与技术高级研讨会》,2001

(1)运输/合同分销阶段。从 20 世纪 70 年代末到 80 年代末为运输/合同分销阶段。此阶段,第三方物流服务以简单的契约式为主,服务主要面向本地或局部区域的某一个单项功能,诸如干线运输、仓储、货运代理等。这种模式的特点在于:第三方物流服务一般只具有单项或一系列分散的物流功能,如运输公司提供的合同运输、合同仓储服务等;这种非一次性合同物流服务往往带有客户的一些附带要求,如临时保管、装卸、配送、交付、收款等;物流提供者与客户之间通过长期合同或非一次性交易实现物流服务,兑现对客户要求的承诺。这种物流服务模式可以涵盖从初级产品(诸如制糖原料等产品)到高级产品(诸如电器产品等)的运输、仓储等服务,所需通用或专用技术、网络组织能力要求都不高。

(2)物流外包阶段。从 20 世纪 80 年代末到 90 年代末,严格意义上的第三方物流才开始出现，这种定制服务模式是外部组织通过合同方式向客户企业提供所需带有大量定制特点的系列服务。这种模式的特点是物流业务量大，按客户要求提供定制的个性化服务，在第三方物流服务供需企业之间建立了在长期合作合同基础上的战略联盟关系。大量定制服务模式的规模效益比较明显，所以第三方物流服务的客户企业较少，甚至只以一家客户为主就足以维持生存与发展。一般为主要客户服务的时间较长，可长达几年，这一点明显异于早期的契约式物流。

(3)供应链管理的集成阶段。从20世纪90年代末开始，第三方物流进入了供应链集成式发展的阶段。这种集成化服务模式充分运用互联网或局域网作为电子商务、物流运营与控制的技术平台，采用与客户签订长期合同的方式，提供客户所需的全过程集成的物流服务。此模式强调了基于互联网或局域网平台的电子信息技术支持的面向客户全过程的集成物流服务，诸如利用电子商务功能网上受理物流业务，能够实现客户需要的全过程实时货物跟踪、车辆跟踪服务以及其他可视化物流服务需求的能力。在此种模式下，第三方物流服务商与客户的关系已经上升到战略伙伴的高度。

6. 我国第三方物流的发展现状与前景

我国第三方物流业的发展较快，市场需求潜力较大。2008年，中国社会物流总额达到89.9万亿元，同比增长19.5%，仍然保持了较快增长态势。“十一五”以来，现代物流作为国家重点发展的战略性产业得到了社会各界的广泛关注与支持，第三方物流发展在服务内涵、经营模式、功能建设等方面进一步加快了改革进程，服务链不断延伸、专业化不断加强。同时，专注特定的目标市场，充分发挥专业优势，使我国第三方物流服务的内涵得到进一步延伸和扩展。

我国第三方物流企业的综合实力普遍比较落后。根据美国田纳西州立大学的一份研究报告，美国大多数企业在使用第三方物流服务后，作业成本可降低62%。而目前，在我国，企业使用第三方物流服务以后作业成本只能降低28%。另据相关调查，我国只有39%的物流供给企业拥有物流信息系统，大多数物流企业都还停留在“卡车加仓库”和人海战术的初级水平上，因此其所提供服务的完整性、服务质量以及工作都远不如国外同行。据统计，目前德国的物流成本已下降到国民生产总值的10%左右，日本则下降到6.5%，而我国的物流成本却占国民生产总值比重的30%以上。

此外，我国第三方物流还存在使用比例偏低、服务范围狭窄、服务规模偏小、服务满意度偏低、思想观念上的滞后等缺点。

总体上讲，第三方物流在我国处于起步阶段，企业物流和公众物流服务仍然是社会物流的主要形式。中国正在成为第三方物流发展最迅速的国家之一，发展潜力巨大，前景十分美好。预计 2011 年中国第三方物流市场将达到 53 亿美元，年均复合增长率达到 27%。首先，许多跨国企业正在将更多的业务转向中国，并通过外包广泛的物流功能来降低供应链成本；其次，中国公司有为了降低成本而增加物流外包的需求；最后，政府的激励措施也是刺激中国第三方物流市场迅速发展的重要因素。

2.3.3 物流联盟

联盟是介于独立的企业与市场交易关系之间的一种组织形态，是企业间由于自身某些方面发展的需要而形成的相对稳定的、长期的契约关系。物流联盟是以物流为合作基础的企业战略联盟，它是指两个或多个企业之间，为了实现自己物流战略目标，通过各种协议、契约而结成的优势互补、风险共担、利益共享的松散型网络组织。在现代物流中，是否组建物流联盟，是作为企业物流战略的决策之一，其重要性是不言而喻的。物流联盟有狭义和广义之分，狭义的物流联盟存在于非物流企业之间，广义的物流联盟涵盖整个物流外包业务，包括第三方物流、狭义的物流联盟和第四方物流，见图 2-6，图中物流联盟是其狭义概念。本节主要讨论物流联盟的狭义概念。

1. 物流联盟的产生及优势

(1)物流联盟产生的原因。利益是物流联盟产生的最根本原因。企业之间拥有共享的利益是物流联盟形成的基础。物流市场及其利润空间是巨大的。据有关资料显示，西方发达国家物流成本占其 GDP 的比重为 10%左右，而我国则处于 15%～20%，如此大的市场与我国物流产业的效率低下形成鲜明的对比，生产运输企业通过物流或供应链的方式形成联盟，有利于提高企业的物流效率，实现物流效益的最大化。

通过横向或纵向的结盟，企业可以专注于其核心业务，增强其核心竞争力。因此企业之间的战略联盟可以实现强强联合，形成所谓的“扩展企业”。在这一组织形式内，每个企业都能发挥各自的优势，从而达到“扩展企业”内各个企业“共赢”的效果。

中小企业为了提高物流服务水平，通过联盟方式解决自身能力的不足。近年来随着人们消费水平的提高，零售业得到了迅猛的发展，这给物流业带来了发展机遇的同时，也带来了新的挑战。因物流发展水平的长期落后，如物流设备、技术落后，资金不足，按行政条块划分物流区域等，很多企业尤其是中小企业不能很快适应新的需求，于是通过联盟的方式来解决这个矛盾。

从交易的过程看，物流联盟的建立有利于联盟伙伴之间在交易过程中减少相关交易费用。物流联盟的建立使得联盟内成员企业的交易对象较为固定,可以节省交易搜寻费用;联盟内成员企业通过彼此提供个性化物流服务而建立起来的相互信任和承诺,可以减少交易过程中的各种违约风险,从而可以节约交易费用。

国际互联网技术的广泛应用使跨地区的物流企业联盟成为可能。由于信息高速公路的建成,使得世界距离大大缩短,异地物流企业利用网络也可以实现信息资源共享,为联盟提供了有利的条件。

随着我国改革开放的进一步深入,特别是成功加入 WTO,我国物流企业面临前所未有的来自国际跨国物流公司的竞争压力,具有巨大潜力的中国物流市场成了这些跨国物流公司竞相角逐的领地。世界最大的物流公司——丹麦的马士基公司全面进军中国的物流业,并在上海建立全国配送中心。面对如此强劲的竞争对手,我国的物流企业只有结成联盟,通过各个行业和从事各环节业务的企业之间的联合,实现物流供应链全过程的有机融合,形成一股强大的力量,共进退、同荣辱,才有可能立于不败之地。

(2)物流联盟的优势。物流联盟具有以下优势。

• 大企业可以通过物流联盟迅速开拓全球市场,完成其全球物流配送,从而使其业务在全球范围内展开。许多企业在进军国外以及全球市场时都会遭遇渠道问题,投资和风险较大,是这些企业市场开拓的瓶颈。如果能与具备该市场地渠道的公司进行合作并结成联盟,则可以很好地解决这一问题。

• 长期供应链关系发展成为物流联盟形式,有助于降低企业的风险。单个企业的力量是有限的,它对一个领域的探索失败了损失会很大,如果几个企业联合起来,在不同的领域分头行动,就会减少风险。而且联盟企业在行动上也有一定协同性,因此对于突如其来的风险,能够共同分担,这样便减少了各个企业的风险,提高了抵抗风险的能力。

• 企业(尤其是中小企业)通过物流服务提供商,结成联盟,能有效地降低物流成本(通过联盟整合,可节约成本 10%~25%),提高企业竞争能力。

• 强化运作管理。企业之间恰当的联盟可以通过降低系统成本和周转次数来改善运作过程,从而使得设备和资源都可以得到更有效的使用。例如,生产季节性互补产品的公司合作可以更有效地使用仓库和运输车辆。

• 物流联盟的建立可以增进联盟内企业之间的组织学习,并增强各自的技术力量。例如,某供应商需要一种特殊的加强型信息系统来接洽某些消费者,如果与已经具备这种系统经验的企业结成联盟,会使该供应商更容易解决技术难题。

2. 物流联盟的方式及不足

供应链联盟可分类为资源补缺型、市场营销型和联合研制型三种。物流联盟的方式可分为以下几种。

(1)纵向联盟,即垂直一体化,这种联盟方式是在供应链管理一体化的基础上形成的,即从原材料到产品生产、销售、服务形成一条龙的合作关系。垂直一体化联盟能够按照最终客户的要求为其提供最大价值的同时,也使联盟总利润最大化。但是这种联盟一般不太稳固,主要是在整个供应链上不可能每个环节都能同时达到利益最大化,因此打击了一些企业的积极性,使它们有随时退出联盟的可能。

(2)横向联盟,即水平一体化,由处于平行位置的几个企业结成物流联盟。这种联盟能使分散物流获得规模经济和集约化运作,降低物流运营成本,并且能够减少社会重复劳动。但也有不足的地方,如它必须有大量的商业企业加盟,并有大量的商品存在,才能发挥它的整合作用和集约化的处理优势。此外,这些商品的配送方式的集成化和标准化也不是一个可以简单解决的问题。

(3)混合联盟,即既有处于上下游位置的物流企业,也有处于平行位置的物流企业的加入而形成的物流联盟。这种形式的物流联盟除了具有纵向和横向联盟的优势外,一般均会在不同程度上带有上述两个联盟的缺点。

以上主要从联盟方式的角度分析了物流联盟的不足,除此而外,无论是纵向联盟、横向联盟还是混合联盟,均存在以下的一些主要问题(从联盟内的企业角度出发):①担心被置于物流管理之外,失去对物流渠道的控制能力;②担心风险提高并导致物流失败,从而影响企业经营效益;③难以衡量共营物流所获得的收益,很难判断联盟是否实现了成本节约;④担心企业核心技术和商业机密的外泄,从而可能影响并削弱企业未来的市场地位。

3. 物流联盟的建立方法

联盟要给成员带来实实在在的利益。联盟采取的每一项措施都要考虑每个成员的利益,使联盟的每个成员都是受益者,并能协调处理成员间的摩擦,从而提高客户服务能力并有效地降低物流运营成本。

合作伙伴必须具有相容的企业文化、共同的战略远见和相互支持的运作理念。企业文化并不必须是一致的,而战略意图和理念必须是相容的,以保证核心能力和力量是互补的。比如,制造商和服务供应者建立联盟,部分原因是为了改进仓库运作和提高运输可靠性以及增加联合项目,以支持并加强它们特殊的市场战略竞争优势。

联盟应该从小的规模开始,这样能够降低联盟风险并较早取得合作经验,以便为今后更大规模的联盟做好准备并树立起对联盟绩效的信心。

联盟成员的领导层相对稳定。如果联盟成员经常更换领导层,后一任领导可能不认同前一任领导的决策,导致联盟不稳定性加大,因此领导层的相对稳定是联盟长期稳固发展的重要因素。

双向的绩效衡量方法以及正式和非正式的绩效反馈机制。为了便于连续的绩效追踪和评定，必须将所定的联盟目标转换成为专门的绩效指标，对于所使用的绩效指标和测量频率应该由联盟各方共同决定，并且应该是双向的。绩效的反馈可以通过正式的或非正式的方式进行，正式的方式主要指年度、季度和月度审计，主要目的在于检查和更新战略目标、追踪和审视战略目标及物流运作绩效；非正式方式主要指每周和每日的跟踪测试和检查，主要目的在于解决实际物流问题和确认潜在的改进机会。

【案例】 运用物流联盟获取竞争力

美国某电器和电力转换设备制造商对其创建的物流系统（特别是信息操作系统）颇引以为豪，该企业年销售额为15亿美元，有9个生产厂，并通过8个仓库和分销点向全国分销产品。由于物流成本的压力，这家公司不得不寻找一个伙伴来共享其分拨系统。分拨渠道货流量增加带来的经济效益不仅提高了客户服务质量，而且降低了成本。

该制造商与欧洲一家工业品制造公司结成战略联盟，这家欧洲公司在美国拥有两家工厂，年销售额约为2.5亿美元，其产品要首先形成库存，再通过3家仓库供应美国市场。

两个伙伴之间的合作首先在加州地区通过共用仓库的形式展开，这样该电器和电力转换设备制造商就可以收回某些固定的仓储成本，提高加州市场运输设备的利用率。来自欧洲的合作伙伴借此也轻易地进入了以前难以充分进入的加州市场，而且与其他方式相比，仓储和配送成本较低。

（资料来源：罗纳德·H.巴罗：《企业物流管理》（中文版），机械工业出版社，2002:513—514）

【案例】 博远物流联盟

山东博远物流发展有限公司是一家以钢材流通为主业的现代物流企业。在企业成立两年时，就由原先的几人发展到现今的近百人，总资产增长了10多倍，达到4亿多元人民币。

该公司集中联盟其他企业力量以更强大的姿态集中采购，取得在价格、服务等方面由企业分散采购无法享有的优惠。同时，通过成立这种互利互惠、合作共赢的联盟方式，该公司兴建了“博远物流经济园”、“山东博远钢材市场”，利用政府给予的政策支持广泛吸纳客户入驻，并引进了先进的钢材剪切设备及运输车辆等为客户提供采购、仓储、剪切加工及配送等一条龙服务。这就大大降低了单个企业的采购成本与运行等各种费用，从而提高了联盟各企业的竞争力，对用户端来讲也可得到更多的实惠。

“博远物流钢铁联盟”网络覆盖山东全省及省外其他地区。联盟并未设立固定的办公机构，其运作方式主要是采用现代通讯手段或定期聚会等形势来汇总或分享相关信息，共同商定后由山东博远物流发展有限公司牵头来操作采购。联盟企业享受协议价，各企业间互利互惠，合作共赢。

（资料来源：根据 http://www.examda.com/wuliuanli20071106/10162553.html 的资料整理而成）

2.3.4 第四方物流

1.第四方物流的产生

第三方物流是一种由物流业务的供需双方之外的第三方来完成物流服务的物流运作方式，它兴起于20世纪80年代后期的美国，由于在管理上实行“及时供货”和“零库存”，在技术上广泛运用计算机和电子数据交换，在服务上采用专业化，从而有效地降低了企业的物流成本并使企业能够专注于其核心业务。据估计，第三方物流可以为企业尤其是中小企业减少二至三成的经营成本。因此，第三方物流在全球范围内正呈蓬勃发展之势，并已成为企业物流领域的一大热点。

虽然第三方物流解决了企业物流方面的诸多问题，提高了物流效率，但是它仍然具有一些不足之处。

(1)物流产业是一个社会化的系统工程，其最终目标是实现整个地区、国家乃至全球范围内物流的高效率运作，第三方物流受自身能力的限制(第三方物流服务提供商前身大都为仓储及运输企业)，其物流信息、技术不可能满足整个社会系统对物流的需要，更不能充分利用和整合社会资源解决当今物流瓶颈，实现经济运行的最大效率。第三方物流虽然在某个和某几个企业看来，物流运作是高效率的，但从整个地区、国家来说，第三方物流企业各自为政，这种加和的结果不一定能够实现高效率。

(2)电子商务的广泛应用产生了新的“物流瓶颈”，这对物流发展提出了新的更高的要求。目前，电子商务在全球范围内得到了越来越广泛的应用。在电子商务环境下，经济交易的信息流和资金流可以通过电子数据的方式进行传送，其占用时间近乎为零。在这种情况下，物流对未来的经济发展会起到非常大的决定和制约作用，因此，未来经济的发展水平，在很大程度上将取决于物流的水平。目前，第三物流虽然在一定范围内可以实现企业物流运行的高效率，但是在解决经济发展中物流瓶颈尤其是电子商务中的物流瓶颈是远远不够的。

(3)随着物流市场的扩张，物流企业不可避免地进入了许多陌生的领域。在许多领域中，物流业务开展需要相应的专门知识和专门能才，现有的物流企业包括第三方物流往往缺乏特定产品的运输与流通加工等方面的专门知识和专门能才。

(4)由于第三方物流企业数量的不断增加和分工的不断细化，使得企业在使用第三方物流时面临更多的和更复杂的选择。由于第三方物流的核心能力在于实施和执行，而不是企业物流的决策规划，因此第三方物流的存在并不能因之减少企业进行第三方物流的选择和管理所花费的大量人力和财力。

总之，第三方物流由于缺乏对企业物流系统的决策规划，缺乏对整个物流系统及供应链进行整合规划所需的技术战略知识，无法有效解决电子商务环境下的物流瓶颈，所以需要发展一种新的、能够为物流系统提供战略决策的、由服务商参与、规划并整合的物流系统，于是第四方物流便应时而出。

第四方物流最早由安盛咨询公司率先提出，它是"一个供应链集成商，能调集和管理组织自己的以及具有互补性的服务提供商的资源、能力和技术，以提供一个综合的供应链解决方案"，从而为顾客带来更大的价值。显然，第四方物流是在解决企业物流的基础上，整合社会资源，以实现物流信息充分共享、社会物流资源充分利用的物流方案提供商。

2. 第四方物流的特点

第四方物流不仅控制和管理特定的物流服务，而且对整个物流过程提出策划方案，并通过电子商务将这个过程集成起来，以便为顾客提供最佳的增值服务，即迅速、高效、低成本和人性化服务等。具体来说，它具有以下的一些特点。

(1)第四方物流为客户提供了一个综合的供应链解决方案，并且集成了管理咨询和第三方物流服务提供商的能力。它通过供应链再建、功能转化和业务流程再造，将客户与供应商的信息和技术系统一体化，使整个供应链规划和业务流程能够有效地贯彻实施。

(2)第四方物流通过影响整个供应链来获得价值，因而能够为整条供应链上的客户带来利益。由于第四方物流关注的是整条供应链，而非仓储或运输单方面的效益，所以通过基于整个供应链之上的物流规划和设计，可以有效地降低物流运营成本，提高各方(第三方物流、网络工程、电子商务、运输企业及客户等)的资产利用率，实现多方共赢。

(3)第四方物流可以实现供应链过程协作和供应链方案的再设计。第四方物流最高层次的目标就是实现对原供应链方案的再设计，要达到这一目标需要第四方物流来协调供应链过程的各个环节以及各方利益。供应链方案的再设计就是基于传统的供应链管理咨询技巧，使得公司的业务策略和供应链策略协调一致。

3. 第四方物流的工作方式

与第三方物流不同，第四方物流由第四方物流服务提供商运用自身的特长，为客户提供物流系统的规划决策，因此，企业可以将自己的物流规划工作外包给第四方物流服务提供商，而自己可以进一步专注于自己的核心技术（见图 2-9）。按照安盛咨询公司的设计和说明，第四方物流的工作方式主要包括：正向协作、解决方案整合和行业革新。

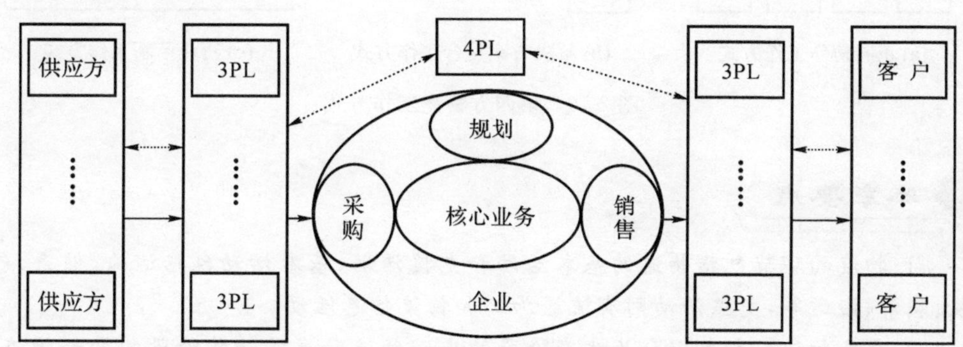

图 2-9　第四方物流分包企业的物流规划能力

正向协作的工作方式（见图 2-10(a)）依赖第四方物流和第三方物流之间的工作联系，在该工作方式中，第四方物流和第三方物流通过合作对物流系统的解决方案进行规划与整合。这样的解决方案利用了双方的能力和市场，第四方物流可以为第三方物流提供商（SP）提供广泛的服务，包括技术、供应链战略技巧、进入市场的能力和项目管理专家等。第四方物流将在第三方物流内部工作，它们之间的关系由合同确定或者以联盟的形式加以构建。

解决方案整合工作方式中（见图 2-10(b)），第四方物流为一个客户（C_1）管理和运作综合供应链解决方案。解决方案整合将整合第四方物流和补充服务提供者的资源、能力、技术，并且第四方物流需要对多个补充服务提供的能力进行整合，从而提供一个综合的供应链解决方案，该方案实现了客户供应链各个组成部分的价值传递。

行业革新工作方式中（见图 2-10(c)），第四方物流为同一行业中的多个客户发展和执行一套聚焦于同步化和合作的供应链解决方案，行业解决方案的形成将为各方带来极大的收益，但是，这种工作方式十分复杂，对任何一个组织包括第四方物流来说，都是一种挑战。

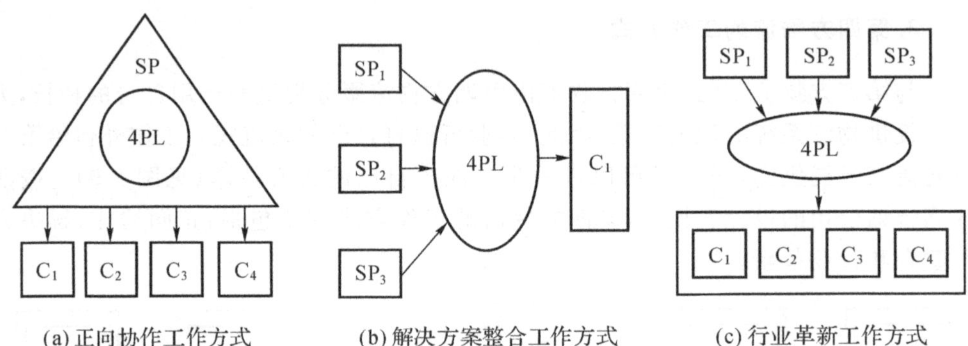

(a)正向协作工作方式　(b)解决方案整合工作方式　(c)行业革新工作方式

图 2-10　第四方物流工作方式

本章要点

1. 物流的环节包括物流的基本活动和支援活动，基本活动包括运输、储存、包装、装卸、搬运等，支援活动则有流通加工和物流信息活动。

2. 企业物流一般可以分为生产阶段的内部物流和采购销售阶段的外部物流，一般可以将它分为企业自营物流、第三方物流、物流联盟和第四方物流等几种模式。

3. 从企业竞争战术的角度来考虑，决定企业采用自营还是外包物流最重要的决策变量有两个：一是物流外包和自营比较，是否能够提高企业物流运营效率；二是物流外包和自营比较，是否能够降低企业物流运营成本。

4. 第三方物流是提供多种服务功能的、非常个性化的物流活动，成功的第三方物流要求双方建立长期战略合作伙伴关系，第三方物流服务商既是战略投资人，又是风险承担者。

5. 从全球范围内看，第三方物流服务商可以根据其核心能力和历史背景，分为以基于运输服务的、基于仓储/配送服务的、基于货运代理服务的、基于港口/铁路终端服务的、基于信息与系统集成的等五大类。

6. 物流联盟可以实现联盟内成员企业之间的优势互补，便于培育和发挥各自的核心能力，促进组织学习，并且能够降低经营风险等，因而可以有效地降低各个企业的物流运营成本。物流联盟可以采取纵向合作、横向合作以及混合合作等方式。

7. 第四方物流是一个供应链集成商，它调集和管理组织自己的以及具有互补性的服务提供商的资源、能力和技术，以提供一个综合的供应链解决方案，从而为顾客带来更大的价值。显然，第四方物流是在解决企业物流的基础上，整合社会资源，以实现物流信息充分共享、社会物流资源充分利用的物流方案提供商。

思考与练习

1. 物流环节包括哪些?
2. 为什么说运输环节是物流过程的关键?
3. 如何理解流通加工环节的性质和定位?
4. 物流业务主要有哪几种模式? 它们各有何特点?
5. 自营物流的利弊。
6. 第三方物流具有什么经济效益?
7. 第三方物流有哪些类型,各有什么特点?
8. 试阐述第三方物流的演变过程及各阶段的特点。
9. 试论述我国第三方物流的发展现状并请提出相关对策。
10. 物流联盟具有哪些优势和不足?
11. 请说明第四方物流的起因和特点。
12. 第四方物流有哪几种工作方式? 请逐一予以说明。

参考文献

1. Michael Hammer, James Champy. Reengineering the Corporation: a manifesto for business revolution. HarperCollins Publishers Inc. 1993

2. Coyle, Bardi, Langley. The Management of Business Logistics: A Supply Chain Management Perspective, 7th Edn.

3. Jiong Song, Amelia C Regan. Industries in Transtion: Freight ransportation in termediaries in the information age, Metrans 2nd Annual Transportation ConferenceFeb. 2, 2001

4. 袁中英,李建蓉,万玻. 现代物流. 西南交通大学出版社,2008

5. 牛鱼龙. 中国物流百强案例. 重庆:重庆大学出版社,2007

6. 陈廷斌,吴赜书. 供应链与物流管理. 北京:清华大学出版社,2008

7. 李荧. 供应链与物流管理. 北京:电子工业出版社,2006

8. 叶怀珍. 现代物流学. 北京:高等教育出版社,2003

9. 中投顾问出品. 2009—2012年中国第三方物流行业投资分析及前景预测报告,2009

10. 储雪俭. 现代物流管理教程. 上海:上海三联书店,2002

11. 翁心刚. 物流管理基础. 北京:中国物资出版社,2002

12. 孟祥茹,吕延昌,孙学琴. 现代物流管理. 北京:人民交通出版社,2002

13. 郝渊晓. 现代物流管理学. 广州：中山大学出版社，2001
14. 靳伟. 物流各环节的基本功能. 中国物资流通，2002(5)
15. 周明. 物流管理. 重庆：重庆大学出版社，2002
16. 丁立言等. 物流基础. 北京：清华大学出版社，2000
17. 丁立言，张铎. 物流管理. 北京：清华大学出版社，2000
18. 曾祥云，王强. 第三方物流管理的内涵与特征研究. 中国流通经济，2002，16(2)
19. 董千里. 第三方物流三种服务模式评析. 中国道路运输，2002(1)
20. 张义. 我国第三方物流产业发展研究. 渝州大学学报(自然科学版)，2002，19(2)
21. 裴宇航. 第三方物流案例分析. 物流技术，2001(6)
22. 刘志学. 现代物流手册. 北京：中国物资出版社，2001
23. 罗纳德・H. 巴罗. 企业物流管理. 北京：机械工业出版社，2002
24. 马士华，林勇，陈志祥. 供应链管理. 北京：机械工业出版社，2000
25. 唐纳德・J. 鲍尔索克斯，戴维・J. 克劳斯. 物流管理. 北京：机械工业出版社，1999
26. 张新，田澎. 第四方物流及对物流规划功能的外包. 工业工程与管理，2002
27. 奚祥英. 第四方物流在我国的应用及发展. 武汉理工大学学报(信息与管理工程版)，2002
28. 陈颖慧. 第四方物流在我国发展模式及格局的探讨. 世界海运，2002
29. 高艺林. 工商企业发展现代物流的策略选择与影响因素分析. 中国流通经济，2001
30. 刘源. 建立我国第四方物流新模式的探讨. 郑州航空工业管理学院学报，2001
31. 56net. 浅谈第四方物流的特点与优势. 商品储运与养护，2001
32. 田宇，朱道立. 物流联盟形成机理研究. 物流技术，2000
33. 盛玉花. 物流联盟及其运作方式探讨. 中国物流网，http://www.56.com.cn
34. 丁立信，张铎. 物流基础. 北京：清华大学出版社，2000
35. 孟祥茹等. 现代物流管理. 北京：人民交通出版社，2002
36. 中国物流信息网. http://www.china－56.net
37. 中国物流资源. http://www.56source.com/index.asp
38. www.56source.com
39. www.cn56net.com
40. www.it56.com
41. www.china－56.net

第 3 章

现代物流技术

开篇案例——中铁快运的物流技术

中铁快运股份有限公司，简称中铁快运，是中铁行包快递有限责任公司与原中铁快运股份有限公司合并重组后的铁道部直属专业运输企业。中铁快运经营网络遍及全国 31 个省、自治区和直辖市，在国内 275 个城市设立 736 个经营网点，门到门服务网络覆盖国内 380 多个大中城市。

中铁快运将全国分为东北、华北、西北、华东、华中、华南和西南 7 大区域，共设立 35 家管理分公司，统一管理设置在全国 300 多个大中城市的 500 多个营业网点。同时，为满足广大客户日益提高的物流服务需求，经过多年的建设，中铁快运已经初步建立起了由铁路、公路、航空 3 种运输方式相结合的综合运输网络。其中公路运输干线已开行了 100 多条，连接全国各主要大中城市的定点、定线公路运输班车，实现覆盖全国东北、华北、西北、西南、华南、华中和华东 7 大经济区域的干线公路运输网络。为解决客户物流长距离的运输对时限的需求，中铁在北京、沈阳、上海、南京、成都、西安、乌鲁木齐、重齐、贵阳、昆明、海口、广州、福州、大连等地开辟了数十条航空运输线路。同时，依托中国铁路开行的铁路旅客列车行李车，形成覆盖全国主要大中城市的安全、准时、快捷铁路行李车运输网络。

中铁快运在物流网络建设中，通过对物流地理的分析和大城市路径的优化设计，以打造区域配送网络为目标，在国内几大主要城市建设了区域分拨中心，建立起区域仓储配送网络优势。目前投入运营的有超过5 万 m^2，在建的有11 万 m^2。在每个区域内，依托区域内城市间的铁路行李车、公路运输班车，形成密集、高效、准时、安全的货物快速集散网络，实现区域内城市间货物的快速送达和集散。

中铁快运现有仓库主要分布在北京、上海、青岛、深圳等地，包括普通库、立体库、控温控湿库等。利用现代科技进行仓库的管理是现代仓库的必然趋势，中铁快运现已开发完成《中铁快运物流仓库及配送信息管理系统》。它是利用现代化的设备技术，通过计算机来严格控制库内所有作业流程。采用无线网络射频技术使所有库内作为成为实时操作，替代了传统的纸张传递信息，大大提高了现有设备使用和人员工作效率以及数据的准确性；利用条形码技术提高数据采集的效率和准确性，使差错率降低到十万分之一，是目前国内外较为先进的仓库管理信息系统。

（资料来源：牛鱼龙：《中国物流百强案例》，重庆大学出版社，2007）

3.1 物流技术概论

物流技术是提高物流生产力的决定性因素，物流技术的创新与发展，是推动物流业发展的重要动力源。当代，物流技术已经成为衡量一个国家物流发展水平的重要标志。

3.1.1 物流科学与物流技术

物流科学与物流技术两者之间彼此区别，而又密切联系。

物流科学自产生以来就成为最有影响的新科学之一。物流科学是以物的动态流转过程为研究对象，揭示物流活动之间存在相互关联、相互制约的内在联系。物流科学为提高物流系统的效率，更好实现物流的时间效益和空间效益起到了十分重要的作用。

物流技术从严格意义上讲并不是一种独立的新技术，它是多学科领域的技术在物流领域的综合利用。物流技术是指流通技术或物资输送（含停止）技术。它的作用是把生产出的物资进行移送、储存，把各种物资从生产者一方转移给消费者，为社会提供无形服务的技术。随着科学的综合化趋势的出现，技术体系自身也向综合化方向发展。

3.1.2 物流技术性质与分类

物流技术一般是指物流活动中所采用的自然科学与社会科学方面的理论、方法，以及设施、设备、装置与工艺的总称。它不但包括物流活动中所运用到的各种操作方法，如流通加工技术、物品包装技术、物品标识技术、物品实时跟踪技术等，而且还包括物流活动中所运用到的各种管理技能，如物流规划、物流评价、物流设计、物流策略等。因此，物流技术大体上可以分为硬件技术和软件技术两个方面。

（1）物流硬技术。包括：①材料技术，如集装材料、包装材料等；②机械技术，如装卸机械、包装机械、运输机械、加工机械等；③设施，如仓库、车站、港口、机场、配送中心等。

（2）物流软技术。包括：①预测，根据数字参数预测物流数量的技术，如时间序列技术、因果关系技术等；②设计，对流通形态与硬技术进行规划研究与改进的技术，如选址的分析技术、最小总成本设计和物流战略的选择等；③运用，对运输工具的选择使用、装卸方法、库存管理、劳务管理等；④评价，如成本计算、生产率评价等。

3.1.3 现代物流技术简介

在现代物流学产生之后，物流技术发展的特点是将各个环节的物流技术进行综合化、复合化而形成最优系统技术。因此，现代物流技术呈现出多元化特征，如物流技术的信息化、全球化、数字化、网络化、智能化、柔性化、敏捷化、可视化、节能化、绿色化、微型化、集成化、安全化等。其中，全球化和信息化是现代物流技术最重要的特征。从物流的功能活动角度看，现代物流技术包括集装技术、运输技术、仓储技术、包装技术、配送技术、流通加工技术及物流信息技术等。

1. 集装化技术

集装化是指用集装箱器具或捆扎方法，把物品组成标准规格的单元货件，以加快装卸、搬运、存储、运输等的物流活动。集装化已运用于物流全过程的各个环节。按集装化的具体方式，集装化主要可以分为集装箱化、托盘化、货捆化、网袋化、框架化、滑板化、半挂车等 7 种方式，其中集装箱和托盘是目前运用最为广泛的两种技术。

(1)集装箱化。以集装箱作为货物单元的一种集装化形式。集装箱是现代商品生产流通和现代商品运输的产物，是目前国际上运用最为广泛的运输设备之一。集装箱是一种具有足够强度，可长期反复使用的运输设备，适宜于一种或多种运输方式运送，途中转运时，箱内货物不需换装。集装箱既是货物的新型运输包装，又是现代运输工具的重要组成部分，它的出现使传统包装运输方式发生了根本性变化，被认为是运输业的一场革命。

(2)托盘化。以托盘作为货物单元的一种集装化形式。托盘是用于集装、堆放、搬运和运输的，放置作为单元负荷的货物和制品的水平平台装置。它是由木材、金属、纤维板制作的低平台，作为储运补给品的一个单元，是一种装卸物资的轻便平台。托盘最早是在装卸领域出现并发展的，在应用过程中又进一步发展托盘为储存设施和成为一个运输单位的重要功能，使托盘成为物流系统化的重要装备工具，对现代物流的形成起了很大的作用。现在，托盘已是和集装箱一样重要的集装方式，形成了集装系统的两大支柱。

(3)货捆化。主要适用于木材、钢材、建材等货物流通。比如，俄罗斯的木材在各种成捆设备上用半刚性吊索捆成货捆，在整个运输过程中不解捆。钢材、建材、金属制品等都可用瓦楞纸包住，然后用金属线捆成集装单元，也可直接捆成货捆。

(4)网袋化。网袋化也是一种应用普遍的集装化形式,网袋与集装袋的自重和容积都很小,既不占很大的空间,又便于回送,可以很方便地实现各种散货的集装化。

(5)框架化。管件、玻璃等各种易碎产品可以通过各种集装框或集装架实现集装化,集装箱、集装架多采取回送的办法实现流通。

(6)滑板化。滑板是与托盘尺寸一致的平板,它既具有托盘的优点,又解决了托盘材料消耗大、流通周转复杂等问题。纸箱装食品和纺织品等包装一致、比重较小的货物都可以通过滑板实现集装化。

(7)半挂车。半挂车相当于一种带轮的大型集装箱,对铁路和水运来说,它是平板车和滚装船运输的一种集装化货物,但对公路运输来说,它是一种运输工具,即汽车列车或牵引火车。

2. 货物运输技术

运输是指用设备或工具,将物品从一地点向另一地点运送的物流活动。在物流活动中,运输始终处于非常重要的地位,是物流系统的主要内容之一。它解决了供应者和需求者之间空间上的分离,是创造空间效用的主要功能要素。按运输设备及运输工具的不同,可以将货物运输分为铁路运输、公路运输、水上运输、航空运输、管道运输等五种基本运输方式,五种运输方式在运载工具、线路设施、营运方式等方面各有不同,因而各有优势,各有其不同的适用范围。

在当今市场竞争不断加剧的环境条件下,企业对缩短运输时间、降低运输成本的要求越来越强烈,为了更好地实现物流服务,作为物流服务的有机组成部分,运输必须在速度、时间、安全性、网络及运输方式衔接的便利性、信息的及时性与准确性等方面满足客户要求,全面提高自身和客户的经济效益。现代运输工具的专用化、大型化、高速化的发展趋势正迎合了现代物流发展的需要。

(1)专用化。专用化是提高物流效率的基础,其趋势主要体现在两个方面,一是运输工具专用化,二是运输方式专用化。运输工具专用化是指以运输工具为主体的运输对象专用化,某些运输工具专门运输某一类货物,如液化汽船、罐车、集装箱船等。运输方式专用化中比较典型的是海运,几乎在世界范围内放弃了客运,主要从事货运。

(2)大型化。大型化是实现物流规模效用的基本手段,大型化的趋势在海运中表现尤为明显。例如,进入20世纪90年代以来,超巴拿马型船只已经在全球集装箱船队中占据了很大的比例,而世界许多船厂和班轮公司仍在研究大型全集装箱船,它们的载箱能力在8000～12000标准箱。这些大型集装箱船的运用,可以节省固定成本,带来规模效应。根据伦敦德鲁里航运公司的研究,载箱能力6000标准箱的超巴拿马型集装箱船在营运中每一个箱位可节省的20%的费用。

(3)高速化。各种运输方式的高速化已经成为现代运输的标志。在公路运输、铁路运输、水路运输以及管道运输等方面高速化的趋势都是非常明显的。例如,在铁路方面,日本的新干线车速达 200 多 km/h,而正在试运营的磁悬浮列车最高试验速度已经达到 500km/h,而在水运方面,水翼船的时速已经达到 70km/h,气垫船时速更高,而飞翼船的时速则可达到 170km/h。现代运输方式的高速化,节约了物流运输的时间,为全球物流一体化创造了条件。

3. 货物仓储技术

物流中的“仓储”是一个非常广泛的概念,包括储备和库存。物流的主要任务是解决供需双方时间和空间的分离,如果说运输是为了克服供需双方空间上的差异,那么仓储就是以改变“物”的时间状态为目的,从而克服产需之间的时间差异的活动。

(1)立体自动化仓储。立体自动化仓储作为 1970 年以后出现的新的保管方式,是现代物流系统的重要组成部分。立体自动化仓库是一种多层存放货物的高价仓库系统(见图 3-1),由计算机自动控制与管理系统、货架、堆剁机和出入库输送设备等组成,能按指令自动完成货物的存取,并能对库存货物进行自动管理。立体自动化仓库技术是现代物流技术的核心,它集高架仓库及规划、管理、机械、电气于一体,是一门综合性的技术。

图 3-1　自动化立体仓库

立体自动仓储系统不需人工搬运工作就可以实现收发作业，大大提高了仓储作业的效率。同时，自动化立体仓储系统集信息、存储、管理于一体，采用微电子技术，使它具有占地面积小、仓储作业迅速准确的特点，在自动检测、故障判断、参数记录、报表打印等方面全部自动化。与传统的仓储相比，自动化立体仓库可节约70%的占地面积和70%的劳动力。

(2)虚拟仓库。随着 Internet 的普及，虚拟仓库也逐渐为人们所使用，比如许多汽车生产商零部件系统的全球运作，通过虚拟仓库可以在全球范围内的汽车零部件销售商处获得客户所需要的零部件供给。虚拟仓库是指建立在计算机和网络通信基础上，进行物品的存储、保管和远程控制的物流设施，可实现不同状态、时间、空间、货主的有效调度和统计管理。

传统的仓储系统主要是以地域集中化的方式进行的，而随着信息技术的发展和应用，仓储可以不受地域的限制，运用 Internet 技术，可以有效地进行远程控制和有组织地获得地域分散的库存储备。使用虚拟仓库进行存储的优点在于：用于存储的仓库可以分散，有效消除了地域限制；仓库的大小也有了很大的弹性，有了更大的选择余地；可以使存储和需求尽可能地靠近，减少了供应链的总成本；降低了仅在某一地持有存货的风险；有效地消除了仓库大小和产品多样化带来的限制，为大幅度提高库存效率创造了条件。

4. 货物包装技术

包装是指在流通过程中为了保护产品、方便储运、促进销售，按一定技术方法而采用的容器、材料及各种辅助物的总称，也指为了达到上述目的而采用容器、材料和各种辅助物过程中施加一定技术方法的操作活动。按在流通领域中的作用，包装大致可以分为两类：一类是消费者包装；另一类是工业包装。前者强调市场的包装，而后者强调物流的包装。

物品种类繁多，性能与包装要求各异，因此在包装设计和作业中，必须根据物品的类别、性能及其形态选择相适应的包装技术和方法。目前在物流系统中比较典型的包装技术有防湿防水包装、防霉包装、防震包装等三大类。

(1)防湿防水包装技术。防湿防水包装通常的做法是采用某些防水材料作阻隔层，并用防水黏结剂或衬垫、密封等措施，以阻止水侵入包装内部。常用的外壁材料如木材、金属、瓦楞纸等，内衬材料如石油沥青纸、防潮柏油纸等。

(2)防霉包装技术。防霉包装的运用可根据产品和包装的性能和要求的不同，而采取不同的防霉途径和措施，从材料方面来说，可以选用耐霉材料，如钢铁、铝、铜等金属材料；从产品方面来说，要对产品通过结构设计、制造工艺、表面隔离以及添加防腐剂处理的方法达到防霉的要求。

(3)防震包装技术。防震包装的关键是确定防震材料的种类和设计防震包装的结构形式。防震包装材料有泡沫材料、气泡塑料材料、防震胶垫等;防震包装的结构一般有全面缓冲防震技术方法、现场发泡缓冲防震技术方法、浮吊缓冲防震技术方法等。

5. 物流配送技术

(1)配送的定义与特点。配送是物流中一种特殊的、综合的活动形式,是指在经济合理区域范围内,根据客户要求,对物品进行拣选、加工、包装、分割、组配等作业,并按时送达指定地点的物流活动。配送的实质是送货,但配送又不等同于一般性的运送活动,其具有以下特点。

- 配送是从物流据点至用户的一种特殊送货形式。与工厂送货不同,工厂送货一般是直达型送货,输送工厂生产的产品,而配送是中转型送货,用户需要什么送什么。
- 配送不是单纯的运输或输送,它还包括集货、存储、分货、拣选、配货等活动。有些配送活动甚至还附带加工。
- 配送是以供应者送货到户式的服务性供应,是一种"门到门"的服务。
- 配送是在全面配货基础上,完全按用户要求,如种类、品种搭配、数量、时间等,所进行的运送,是配和送的有机结合形式。

(2)配送中心工作流程。物流的配送大多是通过配送中心完成的。配送中心旨在通过对现有资源的优化配置,把货物安全、准确、按时地送到客户手中,从而达到顾客满意。配送中心的工作流程如图 3-2 所示。

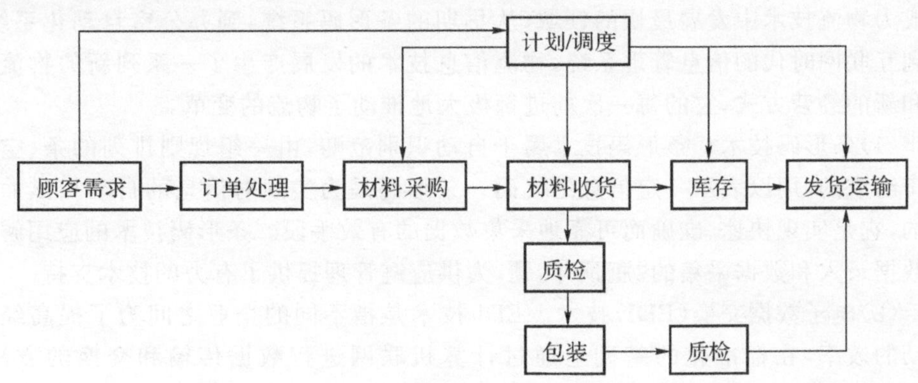

图 3-2　配送中心的工作流程

资料来源:甄文祥:DRP(配送资源计划)系统及其应用,《工业工程与管理》,2001,6(2):35－37

6. 流通加工技术

流通加工是指物品在生产地到使用地的过程中,根据需要施加包装、分割、计量、分拣、组装、价格贴付、标签贴付、商品检验等简单作业的总称。流通加工的目的是为了促进销售、维护产品质量和提高物流效率，对物品进行加工，使物品发生物理、化学或形状的标化。目前，流通加工技术主要有剪板加工、集中开木下料、冷冻加工、分选加工、精制加工等技术。

(1)剪板加工。剪板加工常用于生产资料的流通，它是在固定地点设置剪板机进行下料加工，如中国储运公司就利用现代剪裁设备从事钢板及其他钢材的下料加工。

(2)集中开木下料。集中开木下料是在木材的流通中运用比较多的一项加工技术，在流通加工点，将原木锯裁成各种锯材，同时将碎木、碎屑集中加工成各种规格板材。

(3)冷冻加工。冷冻加工在食品的流通中运用较为广泛，它是为了解决鲜肉、鲜鱼等在流通中保鲜及搬运装卸的问题，采取低温冻结方式的加工。

(4)分选加工。分选加工主要是针对农副产品规格、质量离散较大的情况，为获得一定规格的产品而采取人工或机械分选方式的加工。

(5)精制加工。精制加工通常是在产地或销售地设置加工点，去除农副产品无用部分，进行切分、洗净、分装的加工。

7. 物流信息技术

物流信息技术是指运用于物流领域的信息技术的总称，是物流现代化极为重要的领域之一，是物流现代化的重要标志。随着信息技术的高速发展，物流信息技术成为物流技术中发展最快的领域，从早期的条形码系统，到办公室自动化系统，再到互联网时代的信息管理系统，物流信息技术的发展产生了一系列新的物流理念和新的经营方式，它的每一次前进都极大地推动了物流的变革。

(1)条形码技术。条形码技术属于自动识别范畴，由一组规则排列的条、空及字符组成的，用以表示一定信息的代码。条形码是为实现对信息的自动扫描而设计的，它是实现快速、准确而可靠地采集数据的有效手段。条形码技术的应用解决了数据录入和数据采集的“瓶颈”问题，为供应链管理提供了有力的技术支持。

(2)电子数据交换(EDI)技术。EDI 技术是指不同的企业之间为了提高经营活动的效率，在标准化的基础上通过计算机联网进行数据传输和交换的方法。EDI 的目的是通过建立企业间的数据交换网来实现票据处理、数据加工等业务。物流 EDI 的优点在于在整个供应链上，各方通过建立标准化的信息格式和处理方法，可以实现信息共享，提高物流效率，降低物流成本。

(3)全球卫星定位系统(GPS)。GPS 原是美国国防部为其星球大战计划而建立起来的，是一种具有在海、陆、空进行全方位实时导航与定位能力的系统。GPS 由地面控制站、GPS 卫星网和 GPS 接收机三部分组成。地面主控站实施对 GPS

卫星的轨道控制及参数修正;GPS 卫星网向地面发射两个频率的定位导航信息;GPS 接收机接收 GPS 卫星信号进行解算,即可确定 GPS 接收机的位置。

(4)地理信息系统(GIS)。GIS 是 20 世纪 60 年代开始迅速发展起来的地理学研究新成果,是多种学科交叉的产物。它以地理空间数据为基础,采用地理模型分析方法,适时地提供多种空间的和动态的地理信息,是一种为地理研究和地理决策服务的计算机技术系统。

(5)射频(RF)技术。射频技术是一种基于电磁理论的通信技术,它的基本原理是电磁理论。射频系统的优点是不局限于视线,识别距离比光学系统远,射频识别卡具有可读写能力、可携带大量数据、难以伪造和智能等优点。射频技术适用于有物料跟踪、运载工具和货架识别等要求非接触数据采集和交换的场合,由于 RF 标签具有可读写能力,对于需要频繁改变数据内容的场合尤为适用。

3.2 运输技术

运输是物流作业中最重要的因素之一,原材料和货物都需要通过运输来实现空间上的转移。在目前的市场环境中,有许多运输方式可以选择,不同的运输方式其费用、风险和效果等都不相同。对于一个物流管理者来说,正确地安排运输,可以提高整个物流系统的运行效率和绩效。

目前主要有 5 种基本的运输方式:公路、铁路、水路、航空和管道,运营特征如表 3-1 所示。各运输方式的成本结构特点如下:

(1)公路:建设的固定成本高,变动成本适中(主要包括燃料、维修等)。

(2)铁路:在设备、端点站、轨道等方面的固定成本比较高,变动成本低。

(3)水路:船舶和设备的固定成本适中,变动成本低,具有运输大吨位的能力。

(4)航空:固定成本低,变动成本高。

(5)管道:固定成本最高(主要用于管道建设),变动成本最低。

表 3-1 各种运输方式运营特征

运营特征	公路	铁路	水路	航空	管道
速度	2	3	4	1	5
可得性	1	2	4	3	5
可靠性	2	3	4	5	1
能力	3	2	1	4	5
频率	2	4	5	3	1
合计得分	10	14	18	16	17

注:分值越低表示越好。

3.2.1 公路运输

公路运输是最普及的一种运输方式,主要承担短距离、小批量的运输。图3-3所示为集装箱卡车。

图3-3 集装箱卡车

1. 公路运输的特点

公路运输是所有运输方式中影响面最为广泛的一种运输方式。其特点如下。

(1)运输机动灵活。公路运输富于活动性,运输网一般比铁路、水路网的密度大,分布面广。公路运输在时间方面的机动性也比较大,车辆可随时调度、装运,各环节之间的衔接时间较短。公路运输对客、货运量的多少具有很强的适应性。

(2)全运程效率高。由于汽车体积较小,中途一般不需要换装,可以减少转换运输工具所需等待时间。公路运输可实现"门到门"直达运输:不仅可以沿分布较广的路网运行,还可以离开路网深入到工厂企业、农村田间、城市居民住宅等地。

(3)受外界影响小。车的行驶受地形限制较小,即使遇到恶劣气候,也较为不受其影响;能保证运输质量,及时送达,货损货差小。

(4)资金周转快。公路运输所需固定设施简单,投资兴办容易,且回收期短。据有关资料表明,在正常经营情况下,公路运输的投资每年可周转1～3次,而铁路运输则需要3～4年才能周转一次。

(5)安全性较低。由于汽车车种复杂、道路不良、驾驶人员疏失等因素,易发交通事故。

(6)环境污染严重。汽车尾气对环境污染严重,汽车所排出的尾气和引起的噪声严重地威胁着人类的健康,是大城市环境污染的最大污染源之一。

2. 公路运输的基本设施

公路运输系统主要由公路及其相关建筑物、交通控制设备、普通道路交通控制系统、高速公路交通控制系统、汽车和汽车站组成。

(1)公路及其相关建筑物。连接城市、乡村,并供汽车行驶的、具备一定技术条件和设施的道路称为公路。我国公路根据所适应的交通量水平分为五个等级,分别为高速公路、一级、二级、三级和四级公路，各级公路所适应的交通量如表 3-2 所示。

表 3-2 公路分级表

等级	高速	一级	二级	三级	四级
AADT(辆/d)	＞25000	15000～30000	3000～7500	1000～4000	1500(双车道)
标准车	小客车	小客车	中型货车	中型货车	中型货车
出入口控制	完全控制	部分控制			
设计年限(年)	20	20	15	10	10

注：AADT 为标准的年平均日交通量。

资源来源：程国全，王转，张庆华：《物流技术与装备》，高等教育出版社，2008：62

(2)交通控制设备。分为交通标志、路面标线和路标、交通信号三类，主要是对车辆、驾驶员和行人起限制、警告和引导作用。

(3)普通道路交通控制系统。分为点控制、线控制和面控制三类。

(4)高速公路交通控制系统。是对高速公路上匝道(进出口)、交会和行驶速度进行控制的系统。高速公路交通控制系统由各种检测器、信号机、可变标志、通信传输系统、设有控制中心的中心处理机及其外围设备、交通状况显示板和使上述设备协调工作的软件系统组成。

(5)汽车。是公路运输的基本运输工具。按用途一般可分为轿车、客车、载货汽车、牵引车、专用运输车和特种车六类。

(6)汽车站。不仅是公路运输系统的基本设施，也是汽车运输企业组织公路客货运输的基层单位。按经营业务分类，可分为客运站、货运站和客货兼营站。

【案例】 沃尔玛的运输学问

沃尔玛公司是世界上最大的商业零售企业，在物流运营过程中，他们有时采用空运，有时采用船运，还有一些货物采用卡车公路运输。多种运输方式可以适应不同地区的道路状况、气候，但是不同的运输方式也产生了巨大的运输成本。如何降低运输成本，是沃尔玛物流管理面临的一个重要问题，为此他们主要采取了以下措施。

(1)沃尔玛使用一种拥有 16 米加长货柜的卡车，产品可以从车厢的底部一直装到最高，充分利用空间，节约成本。

(2)沃尔玛的车辆都是自有的，司机也其员工。车队大约有 5000 名非司机员工，还有 3700 多名司机，车队每周每一次运输可以达 7000～8000 千米。车队的口号是“安全第一，礼貌第一”。沃尔玛定期在公路上对运输车队进行调查，惩处违章。

(3)沃尔玛采用全球定位系统对车辆进行定位。在任何时候，调度中心都可以知道这些车辆的位置,并进行车辆和产品的调度。

(4)沃尔玛连锁商场的物流部门24小时进行工作。因此,无论白天或晚上,都能为卡车及时卸货。另外,沃尔玛的运输车队利用夜间进行从出发地到目的地的运输,从而做到了当日下午进行集货,夜间进行异地运输,翌日上午即可送货上门。

(5)沃尔玛的运输成本比供货厂商自己运输产品要低,所以厂商也使用沃尔玛的卡车来运输货物,从而做到了把产品从工厂直接运送到商场,大大节省了产品流通过程中的仓储成本和转运成本。

沃尔玛的集中配送中心充分调动各方面资源,做出了一个最经济合理的安排,从而使沃尔玛的运输车队能以最低的成本高效率地运行,大大降低了物流成本。

(资料来源:马绝尘:沃尔玛降低运输成本的学问,《中国物流与采购》,2003,19)

3.2.2 铁路运输

铁路运输对人类发展起到至关重要的作用。自19世纪初出现铁路以来,世界各国纷纷投资建设铁路并形成网络。作为一种重要的现代陆地运输方式,一方面,铁路的铺设促使人类开发更多的资源,并利用这些资源丰富生活;另一方面,由于科技的发展改善了铁路运输的技术层次,使铁路在行车控制与能源利用效率方面都更加趋于完善。图3-4所示为集装箱专列火车。

图3-4 集装箱专列火车

1. 铁路运输的特点

(1)运输能力大,成本低廉且运输距离长。铁路运输采用大功率机车牵引列车运行,可承担长距离和大运输量的运输任务,而且由于列车运行阻力小,能源消耗低,故系统价格低廉。

(2)计划性强。铁路运输一般都按照时刻表运行,不仅可以保证货物运输的准时送达,而且可以更好地进行运输计划。

(3)安全程度高、污染性低。铁路运输受气候季节影响小,是各种运输方式中安全系数最高的,而且在噪声污染和空气落尘污染方面较公路都要低很多。

(4)灵活性差。铁路线路固定,只能按照预定的线路运行,且站点与站点间距比较长,短距离运输成本高。

2. 铁路运输的基本设施

铁路运输的主要技术设施有固定设备和活动设备。固定设备主要包括路轨、车站、通信信号设备、检修设备、给水设备及电气化铁路的供电设备等;活动设备主要有机车、车辆(客车、货车)。其中,铁路机车有蒸汽机车、内燃机车、电力机车,铁路车辆有平车、敞车、棚车、漏斗车、保温及冷藏车、特种车。

3.2.3 水路运输

水路运输简称水运,是指利用船舶航行于内河或海洋等水域,完成旅客与货物运送的经济活动。它主要由船舶、航道和港口组成,与铁路运输共同发挥综合交通运输体系中主要运力的作用。图3-5所示为集装箱船。

图3-5 集装箱船

1. 水路运输的特点

(1)运输量大。船舶货舱与机舱的比值比其他运输工具都大,可以作为货物运输的舱位及载重量均比陆运或空运大。

(2)单位运输成本低,能源消耗低。运输同样的货物至同样距离,水运所消耗的能源最少,水运的运输成本约为铁路运输的1/25～1/20,公路运输的1/100。

(3)续航能力大。商船出航,所携带的燃料、粮食及淡水,可历时数十日,且商船一般具有独立生活的各种设备,可以支持独立生活。

(4)受天气和商港限制。水路运输受暴风雨雪及大雾的影响和限制。另外,船舶到达港口后,还会因港湾水深或装卸设备的缺乏等,而受到入港和作业的限制。

(5)投资额巨大且回收周期长。船舶的订造或购买都需巨额资金。船舶是固定资产,折旧期长,一般以20年为准。

2. 水路运输的基本设施

水路运输的基本设施包括水路运输工具和港口设施。

(1)水路运输工具。主要是各类船舶,其中作为军事用途的称为舰艇或军舰,用于交通运输、渔业、工程及研究开发的称为民用船舶。

(2)港口设施。港口是供船舶安全进出和锚泊,进行水陆或水水转运,以及为船舶提供各种服务设施的场所。按港口的功能可分为商港、工业港、渔港、轮渡港、军港、旅游港。图 3-6 所示为某港口图片。

图 3-6 港口

港口的水域设施包括港池、锚地和航道。港口的陆上设施包括港口铁路、港口道路、仓库与堆场、港口装卸机械、港口给水与排水系统、港口供电、船舶基地和港口通信系统。航标是为了保证进出港船舶的航行安全。如为航行船舶提供定位信息,提供碍航物及其他航行警告信息,并根据交通规则指示航行、指示物殊区域等。每个港口、航线附近的海岸均有各种助航设施。

3.2.4 航空运输

航空运输是指使用航空器运送人员、行李、货物和邮件的一种运输方式。

1. 航空运输的特点

(1)运输速度快。速度快是航空运输最主要的特征。现代喷气式客机的巡航速度为 800～900km/h,比汽车、火车快 5～10 倍,比轮船快 20～30 倍。

(2)适用范围广。不仅可供客货运输,而且还可以用于邮政、农业、渔业、林业、救济、工程、警务、气象、旅游观光和军事。

(3)建设周期短,投资少。发展航空运输,从设备条件上讲,只要添置飞机和修建机场就可以基本满足。与修建铁路和公路相比,建设周期短、占地少、投资省、收效快。

(4)不受地形限制，灵活机动。飞机在空中飞行，受地形影响很少，受航线条件限制程度也远比其他方式小。它可以将地面上任何距离的两个地方连接起来，进行定期或不定期的飞行。

(5)运输安全、舒适。飞机飞行不受低空气流影响，平稳舒适。同时，由于科学技术的进步和民航客机适航性要求高，航空运输的安全性是各种运输方式中最高的。

(6)运输成本高。航空运输受飞机机舱容积和运载量的制约，运载成本和运价较高。

2. 航空运输的基本设施

(1)飞机。指用于从事客货运输的非军用飞机。

(2)航空港。航空港是航空运输用飞机场及服务设施的总称，主要由飞行区、客货运输服务区和机场维修区三个部分组成。

3.2.5　管道运输

管道运输是指用加压设施加压流体(液体或气体)或流体与固体混合物，通过管道输送到使用地点的一种运输方式。其运输形式是靠物体在管道内顺着压力方向循序移动实现的，和其他运输方式的重要区别在于管道设备是静止不动的。

在我国，自来水和城市的煤气输配送是和人们生活最为密切相关的管道运输。2000 年，中国管道运输里程就达到了 2.48 万 km，建成输原油管线、输成品油管线、输气管线和输水管线四种主要管道。图 3-7 所示为输油管道。

图 3-7　输油管道

1. 管道运输的特点

(1)运输成本低。管道运输基本没有运动部件，维修费便宜，且管道一旦建成，可以长期无需人力就能连续不断地运送大量物资。

(2)货物损耗少。管道运输为封闭式运输，几乎没有货物的损耗。

(3)有利于环境保护和生态平衡。长输管道绝大部分为埋设，占地少，受气候变化影响小，且管道运输相对安全，不会产生环境污染。

(4)灵活性差。管道设备固定，运输货物的种类受限制程度大，运输系统的输送能力不易改变，且只能进行定向定点运输。

2. 管道运输的基本设施

（1）管道。是管道运输系统中最主要的部分，它的制作材料依输送货物种类及输送过程中所要承受的压力大小而定。

（2）储存库。在管道两端为管道运输提供足够容纳其所承载货物的场所。

（3）压力站（泵站）。是管道运输动力的来源，靠压力推动货物经由管道从甲地输送到乙地。

（4）控制中心。控制中心配有监测器及管理与维护人员，随时检测、监视管道运输设备的运转情况，以防止意外事故发生。

3.3 装卸搬运技术

3.3.1 装卸搬运概述

（1）装卸搬运的含义。装卸是指在同一地域（地点）范围内（如车站、机场、码头、工厂、仓库内部等），以改变物料的存放状态或支承状态为主要内容和目的的活动。搬运是指在同一场所内，对物品进行水平移动为主的物流作业。在实际操作中，装卸与搬运是密不可分的，两者是伴随在一起发生的。

（2）装卸搬运的作用。①装卸搬运是连接物流各阶段之间的桥梁。②装卸搬运连接各种不同的运输方式，使多种方式联合运输得以实现。③装卸搬运是许多生产和流通领域的重要组成部分和保障系统。

（3）装卸搬运的特点。①装卸搬运是物流每一项活动开始及结束时必然发生的活动，它是伴随生产与流通的其他环节发生的，是附属性、伴生性的活动。②装卸搬运作为生产领域与流通领域的其他环节的配套"保障"和"服务"性作业，只提供劳动服务，而不产生有形的产品。③装卸搬运不会提高作业对象的使用价值的功能，不会改变作业对象的物理、化学、几何、生物等方面的性质，也不会改变作业对象的相互关系。

3.3.2 装卸搬运作业的分类

（1）按装卸搬运的作业场所分类。根据装卸搬运作业场所的不同，装卸搬运作业可以分为车船装卸、港站装卸、场库装卸三类。

车船装卸：在载运工具之间进行装卸和换装作业，例如汽车、铁路车辆在铁路货场和站台旁的装卸作业、装卸时进行的加固作业，以及清扫车辆、揭盖篷布、移动车辆、栓斤计量等辅助作业。

港站装卸：在机场、车站、港口码头进行的装卸作业，包括码头前沿与后方间的搬运作业，港站堆场的堆码拆取作业，分拣、理货、配货、中转作业。

场库装卸：在仓库、堆场、集散点、物流中心等处进行的装卸作业。

(2)按装卸搬运的机械及机械作业方式分类。根据装卸搬运的机械及机械作业方式的不同，装卸搬运作业可以分为“吊上吊下”、“叉上叉下”、“滚上滚下”、“移上移下”四类。

“吊上吊下”方式：采用各种起重机械从货物上部起吊，依靠起吊装置的垂直移动实现装卸，并在吊车运行的范围内或回转的范围内实现搬运或依靠搬运车辆实现小搬运。这种装卸方式属垂直装卸。

“叉上叉下”方式：采用叉车从货物底部托起货物，并依靠叉车的运动进行货物位移，搬运完全靠叉车本身，货物可不经中途落地直接放置到目的地。这种装卸方式属水平装卸。

“滚上滚下”方式：通常用于船上装卸货物，或拖车将半挂车、平车拖拉至船上后，拖车开下离船，而载货车辆(包括汽车)连同货物一起运到目的地，再原车开下或拖车上船拖拉半挂车、平车开下。这种装卸方式属港口装卸的一种水平装卸方式。

“移上移下”方式：是在两车之间(如火车及汽车)进行靠接，然后利用各种方式，把货物水平、上下从一个车辆推移到另一个车辆上。

(3)按装卸搬运的作业特点分类。根据装卸搬运中作业特点的不同，装卸搬运作业可以分为连续装卸与间歇装卸两类。

连续装卸方式：主要用于同种大批量散装或小件杂货通过连续输送机械，连续不断地进行作业，中间无停顿，货间无间隔。在装卸量较大、装卸对象固定、货物对象不易形成大包装的情况下适合采取这一方式。

间歇装卸方式：这种装卸方式有较强的机动性，装卸地点可在较大范围内变动，主要适用于货流不固定的各种货物，尤其适于包装货物、大件货物和散粒货物。

(4)按装卸搬运操作内容分类。根据装卸搬运中操作内容的不同，装卸搬运作业可以分为堆码拆取作业、分拣配货作业和搬送移送作业。

堆码拆取作业：堆码是将物品从预先放置的场所移送到运输工具或仓库等储存设施的指定场所，再按所规定的位置和形态码放的作业；拆取是与堆码逆向的作业。

分拣配货作业：将货物按品类、到站、货主等不同特征进行分类的作业，按去向、品类构成等一定原则要求，将已分类的货物集合为车辆、集装箱、托盘等装货单元的作业。

搬送移送作业：为了进行装卸、分拣、配送等活动而进行的各种移动货物的作业，包括水平、垂直、斜向搬送及其组合。

(5)按被装物的主要运动形式分类。根据装卸搬运中被装物的主要运动形式不同，装卸搬运作业可以分为垂直装卸、水平装卸两类。

(6)按装卸搬运对象分类。根据装卸搬运中对象的不同，装卸搬运作业可以分为散装货物装卸、单件货物装卸、集装货物装卸三类。

3.3.3 装卸搬运的合理化原则

(1)防止无效搬运。无效搬运是指在装卸搬运活动中超出必要的装卸、搬运量的作业。为了有效地防止和消除无效作业，可以从以下几个方面入手：①尽量减少装卸次数。②提高被装卸物料的纯度。③使用适宜的包装。④缩短搬运作业的距离。⑤提高装卸搬运的连续性。⑥装卸搬运作业应按流水作业原则运作，各工序间应密切衔接，必须进行的换装作业也尽可能采用直接换装的方式。

(2)充分利用重力。在进行装卸搬运时，应考虑重力因素，利用货物本身的重量和由高处向低处移动产生物料移动的动力，有利于节省能源，减轻劳力。

在装卸搬运时尽量消除或削弱重力的影响，也会求得减轻体力劳动及其他劳动消耗的合理性。

(3)提高装卸搬运的灵活性。是指在装卸作业中进行物料装卸作业的难易程度。为了便于装卸搬运，总是期望物料处于最容易被移动的状态。所以，在堆放货物时，事先要考虑到物料装卸作业的方便性。装卸搬运的灵活性，根据物料所处的状态，即物料装卸搬运的难易程度，可依次分为0、1、2、3、4级。

0级：物料杂乱地堆在地面上的状态。

1级：物料装箱或经捆扎后的状态。

2级：箱子或被捆扎后的物料，下面放有枕木或其他衬垫，便于叉车或其他机械作业的状态。

3级：物料被放于台车上或用起重机吊钩钩住，即刻移动的状态。

4级：被装卸、搬运的物料，处于已经被启动、可直接作业的状态。

为了说明和分析物料搬运的灵活程度，通常采用平均活性指数的方法。将某一物流过程物料所具备的活性情况，累加后计算其平均值，用“δ”表示。δ值的大小是确定改变搬运方式的信号。例如，当$\delta<0.5$时，是指所分析的搬运系统半数以上处于活性指数为0的状态，即大部分处于散装情况，其改进方式可采用料箱、推车等存放物料；当$0.5<\delta<1.3$时，则是大部分物料处于集装状态，其改进方式可采用叉车和动力搬动车；当$1.3<\delta<2.3$时，装卸、搬运系统大多处于活性指数为2，可采用单元化物料的连续装卸和运输；当$\delta>2.7$时，则说明大部分物料处于活性指数为3的状态，其改进方法可选用拖车、机车车头拖挂的装卸搬运方式。

(4)利用机械化,实现规模效应。在装卸搬运过程中,尽可能地使整个过程机械化,这样不仅可以把工作人员从重体力劳动中解放出来,而且可以提高劳动生产率和作业安全性。其主要包括以下几方面内容:①确定装卸任务量。②根据装卸任务和装卸设备的生产率,确定装卸搬运设备需用的台数和技术特征。③根据装卸任务、装卸设备生产率和需用台数,编制装卸作业进度计划。④下达装卸搬运进度计划,安排劳动力和作业班次。⑤统计和分析装卸作业成果,评价装卸搬运作业的经济效益。

(5)系统化。物流活动由运输、保管、搬运、包装、流通加工等活动组成,应把这些活动当成一个系统处理,使物流量尽可能均衡,以求其合理化。

3.3.4 装卸搬运的方法

装卸搬运的方法按其作业对象分类,可分为单件作业法、集装作业法和散装作业法。一些零散货物、长大笨重货物、不宜集装的危险货物以及行包等多采用单件作业法;集装作业法是将货物先行集装再进行装卸搬运的方法;煤炭、矿石、粮食、化肥等大宗货物都采用散装装卸方式。

(1)单件作业法。对于一些零散货物(诸如搬家货物等)长大笨重货物、不宜集装的危险货物以及行包等常采用这种作业方法。依作业环境和工作条件可以采用人工作业法、机械化或半机械化作业法。

(2)集装作业法。集装作业法是将货物集装化后再进行装卸作业的方法。

• 托盘作业法。托盘作业法是用托盘系列集装工具将货物组成货物单元,以便于采用叉车等设备实现装卸搬运作业机械化的作业方法。一些批量不很大的散装货物,如粮食、食糖、啤酒等也可采用专用箱式托盘形成成组货物单元,再辅之以相应的装载机械、泵压设备等的配套,实现托盘作业法。图 3-8 所示为各式托盘。

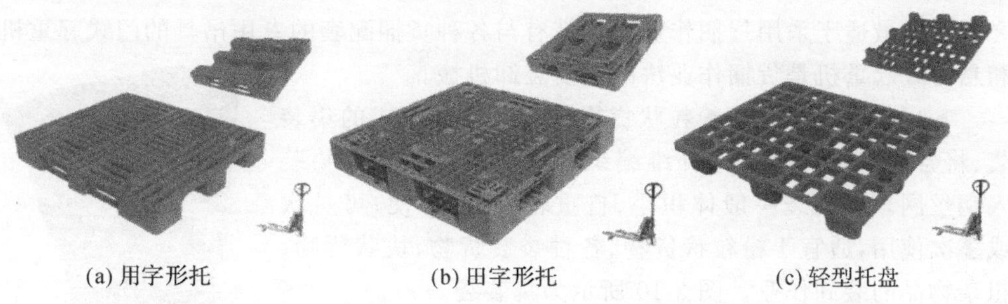

(a) 用字形托　　(b) 田字形托　　(c) 轻型托盘

(d) 笼式托盘

(e) 箱式托盘

图 3-8　各式托盘

• 集装箱作业法。集装箱的装卸(见图 3-9)作业分为垂直装卸法和水平装卸法。垂直装卸法在港口可采用集装箱起重机,目前以跨运车应用为最广。在车站以轨行式龙门起重机方式为主。水平装卸法在港口是以挂车和叉车为主要装卸设备。在车站主要采用叉车或平移装卸机的方式,在车辆与挂车间或车辆与平移装卸机间进行换装。

图 3-9　集装箱装卸

• 框架作业法。即框架通常采用木制或金属材料制作,要求有一定的刚度、韧性,质量较轻,以保护商品。管件以及各种易碎建材,如玻璃产品等,一般适用于各种不同集装框架实现装卸机械化。

• 货捆作业法。用捆装工具将散件货物组成一个货物单元,使其在物流过程中保持不变,从而能与其他机械设备配合,实现装卸作业机械化。木材、建材、金属之类货物最适于采用货捆作业法。带有与各种货捆配套的专用吊具的门式起重机和悬臂式起重机是货捆作业法的主要装卸机械。

• 网袋作业法。将粉粒状货物装入纤维编织成的集装袋、将各种袋装货物装入纤维编织网或将各种块状货物装入钢丝网。集装袋一般体积小、自重轻,回送方便,可一次或多次使用,适宜于粉粒状货物、各种袋装货物、块状货物、粗杂物品的装卸作业。图 3-10 所示为集装袋。

图 3-10　集装袋

• 挂车作业法。即先将货物装到挂车里,然后将空车拖上或吊到铁路平板车上的装卸作业方法。通常将此作业完成后形成的运输组织方式称背负式运输,是公铁联运的常用组织方式。

(3)散装作业法。

• 重力法。即利用货物的势能来完成装卸作业的方法。其主要适用于铁路运输,汽车也可利用此法。重力法卸车主要指底门开车或漏斗车在高架线或卸车坑道上自动开启车门,煤或矿石依靠重力自行流出的卸车方法。

• 倾翻法。即将运载工具的载货部分倾翻,从而将货物卸出的方法。其主要用于铁路敞车和自卸汽车的卸载,汽车一般是依靠液压机械装置顶起货厢实现卸载的。

• 机械法。即采用各种机械,使其工作机构直接作用于货物,如通过舀、抓、铲等作业方式达到装卸目的的方法。

• 气体输送法。即利用风机在气体输送管内形成单向气流,依靠气体的流动或气压差来输送货物的方法。

3.4 仓储技术

仓储是指通过仓库对物资进行储存、保管以及进行相关的物流作业,是物流活动的基础要素。仓库是保管、储存物品的建筑物和场所的总称。它不仅是物流系统中的重要基础设施,而且是物流运营过程中的重要节点。

3.4.1 仓储的作用

(1)储存和保管货物的职能。这也是仓库最基本的功能。货物在仓库里通过相应仓储设备的存放和保管,保证货物的完好。

(2)流通加工职能。虽然建立仓储场所会增加新的成本,但仓库是保证社会再生产、加快商品流通、节约流通费用的重要手段。同时,在货物进入市场前完成整理、包装、质检、分拣等程序,不仅可以防止伪劣产品流入市场,而且可以缩短后续环节的工作时间。

(3)调节供需的职能。物流过程由一系列“供给”和“需求”组成,仓库在物流中起着“蓄水池”的作用。它调节供给和需求的关系,使它们在时间和空间上协调一致。例如,在市场需求不确定时,储备一定量的产品可以有效地防止缺货成本的产生,提高客户服务水平,并在一定程度上保证了下游生产的节奏运行,使得生产计划更好实施,并降低生产成本。

(4)调节生产和营销的需要。通过仓储,可以将生产单位的产品集中起来,根据需要分散到各地,能够有效地防止缺货现象的发生,缩短了货物运送时间和反映客户需求的时间。同时仓储还可以将小批量、分散的产品运输任务集中,优化运输路线，从而降低成本。

【案例】 伊利公司的物流真相

作为全国资源型的龙头企业，内蒙古伊利实业集团股份有限公司(以下简称伊利集团)的产品分为液态奶、冷饮和奶粉三大类，其中大部分产品的流通归属于冷链运输范畴。在国内冷链运输标准缺失，冷链物流受社会环境约束的条件下，“大象”伊利如何畅游？这个问题一直颇受业内关注。

数年前，伊利集团产品运输全部是从内蒙古向外输送，但是随着伊利集团物流量逐年大幅增加，原有的运输资源已经对产品流通产生了制约，运作方式不仅耗费巨大金钱和时间成本，而且严重制约了伊利集团的发展。集团在进行了全面的市场调查和周密的可行性分析后，制订出“兵分两路”和“织网”计划。计划的成功实施大大节省了运输成本，提高了物流效率，进一步保证了产品的质量和新鲜度。

“兵分两路”计划：一方面从工厂直接送达客户；另一方面则在全国重点城市布局分仓，通过分仓配送满足中小客户的需求，极大地开拓了旗、县级市场，增加了伊利集团的市场份额及销售收入，对整个销售市场起到了积极的补充和调剂作用，成为不可或缺的一部分。例如，伊利集团在武汉设立分仓，通过五定班列、车皮、零散集装箱等方式直接将产品运输到分仓，然后各分仓再按照客户所处的位置以铁路中转或公路配送到客户的手中。伊利液态奶产品目前就是采用这种物流方式。

“织网”计划：伊利集团在全国十多个销售大区设立了现代化乳业生产基地。在这样的布局条件下，伊利在四川、山东、安徽、湖北等地的生产基地不仅可以供给本区域内的市场需求，还可以供应周边地区，从而形成一个庞大的网络体系，大大降低了物流成本，同时也大大增强了对食品安全的保障。

经过两项计划调整后的伊利集团拥有国内乳品行业最完整、最丰富的产品线，具体运输方式包括海洋运输、铁路集装箱、冰保车、机保车、集装箱五定班列运输、公路运输、铁海联运、公海联运以及行包发运和分仓建立等。例如，在铁道部中铁集装箱总公司的大力支持下，伊利集团正式开通五定班列。这种方式增大了铁路运输能力，有力保障并弥补了原有铁路运力的不足。伊利集团已经开通了呼和浩特市至广州、成都、上海、宁波，包头至广州、上海，东北至武汉、长沙，以及巴盟至成都等一系列五定班列，为集团的物流系统提供了极大的保障。其中，五定班列的运量已经占到整个伊利集团运量的55%，成为伊利物流名副其实的中坚力量。同时，海洋运输也承担了非常重要的一部分运输任务，约占15%。伊利集团在广东、海南、香港、澳门和海外市场已经全面引入海洋运输形式，

在承运商方面，不同事业部对承运商的要求不一。伊利集团酸奶事业部对配送环节保质保量的要求特别高。如对配送的温度、湿度和卫生条件要求非常严格。同时，对于车辆是否符合管理规定，他们会安排运输管理人员在装、卸货和运输环

节加强控制，这些内容都将归入对承运商的考核制度。

目前，伊利集团物流成本占整个集团成本体系的6.5%左右，与前些年相比有了明显降低。但是，由于油价上涨以及生产成本不断提高等因素，近年来，伊利集团的物流成本也呈现出回升的趋势。“降低物流成本，关键在于创新。”伊利集团相关负责人表示，“在保证食品安全的前提下，通过产业布局调整和提高物流技术来降低物流成本，已经成为我们面临的一项新任务。”关于伊利集团物流管理的下一步规划，该公司新闻发言人表示，作为企业，应该考虑的重要问题是如何用物流服务赢得市场，增加市场占有率和收益。今后，伊利集团将进一步“两手抓”物流工作。“一手”要使物流成为销售实力的具体体现，为市场提供及时、安全、快捷的服务；“另一手”则不断探索新的物流模式，尽快发挥分仓作用，实现客户和产品之间“零”距离。

（资料来源：http://www.56zhongguo.com）

3.4.2　仓储作业流程

仓储作业包括商品从入库到出库之间的装卸、搬运、储存养护和流通加工等一切与商品、设备、人力相关的作业。仓储作业的具体流程如图 3-11 所示。

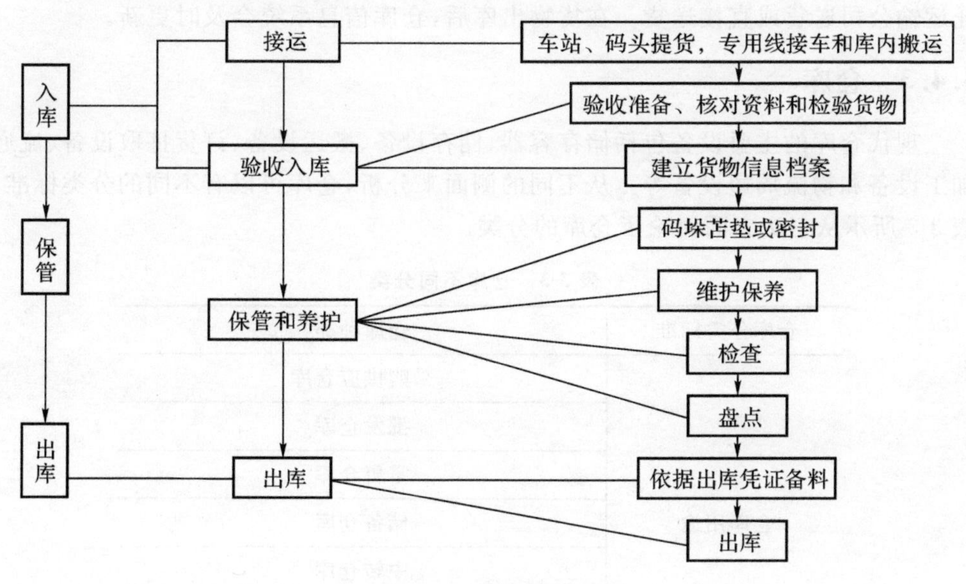

图 3-11　仓库作业流

（资料来源：程国全，王转，张庆华：《物流技术与装备》，高等教育出版社，2008：126）

（1）货物入库。包括货物接运、验收和办理入库手续。货物接运的主要任务是及时准确地从交通运输部门提取入库货物，包括验收准备；核对证件，进行购买订单核对;实物检验,处理验收发生的问题,货物入库登记。验收的主要任务是对产品进行损坏检查,并确认所接受的产品是否同订购的一致。入库是将产品从收货装卸平台移动到仓库的存储区,包括确认产品及其储存位置,将产品移到合适的位置,并更新仓库储存记录。

(2)货物储存和保管。根据货物受环境影响的程度和保管条件不同可将其分别放置。良好的储存策略可以减少出入库移动距离,缩短作业时间,提高空间利用率,降低运行费用。常见储存方法有:①定位储存,将不同要求的货物存放在固定的储位;②随机储存,每种货物随机储存;③分类存储,按产品的特性和大小进行分类储存;④分类随机储存,每一类货物有固定的存放储区,但每种货物的储位是随机的;⑤共同储存,根据各种货物进出库的时间,不同货物可共用相同的储位。

为了有效地掌握货品的数量和质量,必须定期或不定期地进行盘点,即将到期和超过使用期的物品进行分类标识和处理。同时,配合需求变动和品项变化及时调整仓储区域与储位分配。

(3)拣货与货物出库。将订单信息通过拣货单传给仓库储存人员,仓储人员从存货区将客户订购的物料拣出。常见的货物出库有两种方式:一种是用料单位凭存货单位的出库凭证到仓库自提;另一种是仓库凭存货单位的出库凭证备料后,委托运输公司送货或直接送货。在货物出库后,仓库信息系统会及时更新。

3.4.3 仓库

现代仓库的主要设备包括储存容器、储存设备、搬运设备、订货拣取设备、流通加工设备和物流周边设备等。从不同的侧面来分析,仓库可以有不同的分类标准。表 3-3 所示从三个方面讨论了仓库的分类。

表 3-3 仓库不同分类

仓库分类标准	仓库种类
仓库用途	采购供应仓库
	批发仓库
	零售仓库
	储备仓库
	中转仓库
	加工仓库
	保税仓库

续表

仓库分类标准	仓库种类
保管货物的特性	原料仓库
	产品仓库
	冷藏仓库
	恒温仓库
	危险品仓库
	水面仓库
仓库的管理体制	自用仓库(第一方或第二方物流仓库)
	公用仓库(第三方物流仓库)

仓库常用的物流设备及设施包括以下五大类。

(1)储存设备。包括仓储设备(如单元负载式、水平和垂直旋转式、轻负载式等自动仓库)、重型货架(如普通重型货架、直入式钢架、重型流动棚架等)和多品种少量储存设备(如轻型货架、轻型流动货架和移动式货柜等)。

(2)物料搬运设备。动力型搬运设备包括自动化的搬运设备、机械搬运设备、输送带设备、分类输送设备、堆卸托盘设备和垂直搬运设备等;非动力型搬运设备包括手推车、平板拖车、滚轮车、重力型传送带。

(3)订单拣取设备。包括一般性订单拣取设备和自动分类分拣设备等。

(4)流通加工设备。流通加工设备类型很多,与配送有关的主要包括裹包集包设备、外包装配设备、印花条码标签设备等;拆箱设备、称重设备等;与原材料加工有关的剪板机、切割机等。

(5)物流周边配合设备。包括楼层流通设施、装卸货平台、装卸载设施、容器暂存设施和废料处理设施等。

3.4.4 货架

货架是物流发展到一定程度的产物,从字面理解,泛指存放货物的架子。在仓库设备中,货架是指专门用于存放成件物品的保管设备。货架的出现提高了生产效率,节省了仓储空间,为企业节约了成本。仓库功能的改善以及管理水平的提高,不仅要求提供数量众多、功能完善的货架,而且要求货架与机械化、自动化相适应。

(1)货架的分类。为满足不同的物品、储存单位、承载容器及存取方式的需求,按存取作业方式的不同可以分为以下三类:①人工或叉车存取,包括托盘货架、流动式货架、阁楼式货架、可移动式货架、后推式货架、悬臂式货架、驶入式货架、可携带式货架、窄巷道式货架；②自动化设备配合存取，包括垂直旋转式货架和水平旋转式货架；③全自动存取，包括整体式自动仓库货架和分离式自动仓库货架。

(2)货架的作用。①物品能立体储存，充分利用仓库空间，提高仓库容量利用率，扩大仓库储存能力；②仓库货架中的货物能分类储存，便于清点、划分、计量等；③能预订物品储存位置，货物存取方便，做到先进先出，流畅库存周转；④保证存储货物的质量，可以采取防潮、防尘、防盗、防破坏等措施，以提高物资存储质量，存入货架中的货物，互不挤压，减免货物在储存环节中可能的损失；⑤满足大批量货物、品种繁多的存储与集中管理需要，配合机械搬运设备来存取货品，节省人工和时间；⑥满足现代化企业低成本、低损耗、高效率的物流供应链管理的需要。

3.5 包装与集装技术

3.5.1 包装分类与功能

包装是为了保护物流过程中的产品完好地运送到用户手中，方便储运，促进销售，并满足用户和服务对象的要求。包装是指为了达到上述目的而在采用容器、材料和辅助物的过程中施加一定技术方法等的操作活动。

(1)包装的分类。按包装在流通过程中的作用分为销售包装和运输包装，其中销售包装又分为单个包装、内包装、中包装，运输包装分为单件运输包装和集合运输包装。按包装制品材料分为纸制品包装、塑料制品包装、金属包装、竹木器包装、玻璃容器包装和复合材料包装等。按包装使用次数分为一次用包装、多次用包装和周转包装等。按产品种类分为食品包装、药品包装、机电产品设器包装、危险品包装等。按包装功能分为运输包装、贮藏包装和销售包装等。按包装技术方法分为防震包装、防湿包装、防锈包装、防霉包装等。

(2)包装的功能。①保护产品功能。保护产品在流通过程中完好是包装的首要功能。其主要体现在防止物品破损，防止商品发生化学变化，防止受鼠咬、虫蛀，防止异物混入和污物污染，防止散失和丢失。②方便储运功能。包装单元的尺寸、重量、形态必须为装卸、运输、储存提供便利。同时，还要有利于不同商品的区分及计量，包装及拆装要简便、快速，包装材料易于处理，不污染环境。③促进销售功能。迎合消费者的包装会唤起购买欲望，达到销售产品的目的。④美化产品功能。良好的包装能起到美化产品，并通过包装的装潢艺术吸引消费者。⑤方便消费功能。合理的包装可以方便消费者的使用。

3.5.2 包装材料和容器

包装材料和容器是构成包装实体的主要物质，包装材料的选择对保护产品十分重要。包装材料和容器种类很多，性能差异很大，选择包装材料和容器时应根据包装物品的特性和流通条件，做到既保证包装强度，又不浪费。同时，还要注意包装材料和容器对环境和人体的危害。

1. 包装材料的分类

(1)纸质包装材料。在包装材料中，纸的应用最广，耗量最大。优点是价格低、质地细腻均匀、耐摩擦、耐冲击、容易黏合、不受温度影响、适于包装生产机械化。缺点是防潮性、密闭性、透明性差。

(2)木质包装材料。一般用作物品的外包装。优点是抗震、抗压。缺点是易吸收水分、易变形开裂、易腐、易受白蚁侵害，且木质资源有限。

(3)金属包装材料。将金属压成薄片制作容器用作物品的包装，一般使用钢铁和铝材。优点是牢固、易于加工、不透气、防潮、避光、可再生使用。缺点是成本高、在流通中易变形、易锈蚀。

(4)塑料包装材料。在包装中的应用日益广泛，塑料箱、塑料袋、塑料瓶、塑料盘、塑料绳等应用的范围越来越广。优点是有一定的强度、弹性，耐折叠、耐摩擦、抗震动、防潮、气密性好、耐腐蚀、易于加工。缺点是易老化、有异味、废弃物难处理、易产生公害及环境污染。

(5)玻璃包装材料。优点是无毒、无味、透明、美观、阻隔性好、不透气、原料丰富、价格低廉、可以多次周转使用、耐热、耐压、耐清洗、可高温杀菌、可低温贮藏。缺点是自重大、易破损、运输费用高、印刷等二次加工性能差。

(6)复合包装材料。将两种或两种以上具有同物性的材料，通过各种方法复合在一起。优点是可以根据不同的需求复合制成所需的材料和容器。缺点是复合成本高，制成周期长。

2. 包装容器的分类

(1)包装袋。按盛装重量分为集装袋、一般运输包装袋和小型包装袋。

(2)包装盒。刚性或半刚性的容器，呈规则几何形状，可关闭。

(3)包装箱。刚性或半刚性的容器，一般呈长方体箱形，内部容积较大。常用的有瓦楞纸箱、木箱、托盘集合包装、集装箱、塑料箱。

(4)包装瓶。主要用于包装液体和粉状货物。按外形可分为圆瓶、方瓶、高瓶、矮瓶、异型瓶等。瓶口与瓶盖的封盖方式有螺纹式、凸耳式、齿冠式、包封式等。

(5)包装罐(筒)。要求包装材料强度较高,罐体抗变形能力强。这是典型的运输包装,适合包装液体、粉状及颗粒状物品。按容量可分为小型包装罐、中型包装罐和集装罐三种;按制造材料分为金属罐和非金属罐两种。

3.5.3 包装机械

包装过去主要依靠人力作业,进入大量生产、大量消费时代后,包装的机械化应运而生。包装机械化从逐个包装机械化开始,然后向装箱、封口、捆扎等外包装关联作业推进。实现包装的机械化是提高包装作业效率、减轻工人包装作业强度、实现省力的基础。

目前出现了液体、颗粒、粉剂自动包装机,塑料带捆扎机,自动封箱机,超声波自动封口机,真空包装机,封口机,打码机,吸塑料包装机,贴体包装机,电磁感应封盖机以及自动贴标机等。图3-12所示为全自动包装机。

图 3-12　全自动包装机

(1)包装机械的作用。①提高包装质量,机械包装使用统一标准,且机器操作准确、包装紧密,保证了包装的质量。②提高劳动生产率,用机械包装代替手工劳作,不仅大大提高了生产效率,而且使包装更加标准化、规格化。③降低包装费用,大规模机械包装不仅降低了人工成本,而且提高了包装的合格率,大大降低整体包装费用。④改善劳动条件,机械包装使工人从原来繁重的流水线工作转为简单的机器操作,降低劳动强度,改善了劳动条件。

(2)包装机械的分类。目前常用的分类方法是按照包装工序进行分类。包装工序中的完成核心包装的有裹包、灌装、充填等,完成辅助包装的有洗涤、烘干、检测、输送和堆垛。①裹包包装机械:用于包装块状产品。②充填包装机械:用于包装粉状、颗粒状的固态物品。③灌装包装机械:用于包装流体和半流体物品。④封口机械:用于各种包装容器的封口。⑤贴标机械:用于将商标纸或标签粘贴于包装件上的机械。⑥捆扎机械:用于捆扎产品及外包装。⑦热成型包装机械:用于将产品封合在预成型的泡罩与底板之间。⑧真空包装机械:用于抽出产品包装内的气体。⑨收缩包装机械:通过对薄膜进行处理,紧裹产品,形成收缩包装件。

3.5.4 包装方法

(1)一般包装法。首先选择适合包装物的内、外包装(盒)的形状尺寸;接着合理置放、固定和加固内装物，对于松泡产品要先进行体积压缩；最后进行包装外的捆扎。

(2)缓冲包装法。利用缓冲材料的缓冲作用，减少或避免被包装物品在装卸搬运、运输过程中受外界的冲击力及振动力等作用而造成损伤和损失。缓冲包装的设计，要合理地选定缓冲材料并确定其衬垫厚度。缓冲包装方法一般分为全面缓冲、部分缓冲和悬浮式缓冲。

(3)防潮包装法。采用防潮材料对产品进行包封，以防止包装内部水分的增加，达到抑制微生物的生长和繁殖，延长内装物的储存期。

(4)防锈包装法。在运输储存金属制品与零部件时，通过消除和减少致锈的各种因素，采取适当的防锈处理，以防止因锈蚀而降低价值或性能。

(5)防霉腐包装法。为防止细菌侵袭而采取的包装方法。该方法的实质是劣化某一环境因素，以达到抑制或杀灭微生物，防止内装物霉变、腐烂，达到保护物品的目的。防霉腐包装法包括防潮包装和耐低温包装两类。

3.5.5　集合包装技术

集合包装技术是一种先进的包装技术，它是指将一定数量的包装件或产品装入具有一定规格、强度和长期周转使用的更大包装容器内，形成一个合适的搬运单元的包装技术。推行集合包装，有利于节约包装费用，提高经济效益。集合包装器主要有集装箱、托盘、集装袋等。

(1)集合包装的优点。①有利于实现产品装卸、运输的机械化作业，大大减轻装卸作业的劳动强度，节省劳动力，提高装卸作业效率。②有利于加快流通各环节的作业速度，从而加快产品全流通过程的速度。③有利于产品运输的安全，减少货物流通过程中的破损，防止被盗和丢失。④节约包装费用、降低运输成本。⑤促进包装规格标准化。

(2)集合包装的基本原则。①通用化，集合包装与物流系统的设备与工艺相适应，各种集装工具之间要相互协调，以便在“门对门”运输过程中畅通无阻。②标准化，为了方便和流通，集装工具的外形、重量、刚度、耐久性试验方法、装卸搬运加固规则、编号及标准，都需按照统一标准。③系统化，集合包装需要一个成套物流设施、工艺和管理，联系生产与生产、生产与消费在内的动态系统。

3.5.6　包装现代化

包装现代化是指在包装产品的包装设计、制造、印刷、信息传递等各个环节上，以最低的包装费用，采用先进、适用的技术和管理方法，使物资产品经过包装顺利地进入消费领域。

随着经济的高速发展，商品竞争愈趋激烈，产品种类繁多，人们的消费需求已从重视物质向重视精神满足的方向变化，广大消费者要求包装便于携带、取放、开启和处理。产品的生产与包装不断趋向于以消费者需求为目的，这就促使了包装的现代化。要实现包装的现代化，就需要大力发展现代化的包装产品，加快开发现代化的包装机械设备和推广普及先进的包装技术，加快新型包装材料的研制和生产。在物资的运输包装方面，要充分发挥集装箱、集装袋、纸箱和托盘的作用，逐步实现包装集装化；同时，包装要和运输工具、储存、装卸手段相互配套，以便实现包装的系列化、规格化和标准化。

包装工业已经成为国民经济的一个重要产业，以先进的科学技术对包装工业进行技术改造，是促进我国包装工业发展的主要途径。目前，我国已经形成了由纸制品、塑料制品、玻璃制品、金属制品、包装印刷、包装机械、包装科研测试多门类构成的现代包装工业体系，它分布在国民经济的 20 多个部门，是一个横向型的跨部门、跨地区的大行业。因此，实现包装现代化有利于推动包装工业的发展，进而促进物流的现代化。

本章要点

1. 从物流的功能活动角度看，现代物流技术包括集装技术、运输技术、仓储技术、包装技术、配送技术、流通加工技术及物流信息技术等。

2. 运输是物流的基本功能环节。目前主要有 5 种基本的运输方式：公路、铁路、水路、航空和管道运输。

3. 公路运输的特点是建设的固定成本高，变动成本适中；铁路运输的特点是在设备、端点站、轨道等方面的固定成本比较高，变动成本低；水路运输的特点是船舶和设备的固定成本适中，变动成本低，具有运输大吨位的能力；航空运输的特点是固定成本低，变动成本高；管道运输的特点是固定成本最高（主要用于管道建设），变动成本最低。

4. 装卸是指在同一地域（地点）范围内，以改变物料的存放状态或支承状态为主要内容和目的的活动。搬运是指在同一场所内，对物品进行水平移动为主的物流作业。在实际操作中，装卸与搬运是密不可分的，两者是伴随在一起发生的。

5. 装卸搬运的合理化原则：防止无效搬运、充分利用重力、提高装卸搬运的灵活性、利用机械化实现规模效应、系统化。

6. 装卸搬运方法有单件作业法、集装作业法和散装作业法。

7. 仓储是指通过仓库对物资进行储存、保管以及进行相关的物流作业，是物流活动的基础要素。仓储作业包括商品从入库到出库之间的装卸、搬运、储存、养护和流通加工等一切与商品、设备、人力相关的作业。

8. 仓库是保管、储存物品的建筑物和场所的总称。它不仅是物流系统中的重要基础设施，而且是物流运营过程中的重要物流结点。现代仓库的主要设备包括储存容器、储存设备、搬运设备、订货拣取设备、流通加工设备和物流周边设备等。

9. 包装是为了保护物流过程中的产品完好地运送到用户手中，方便储运，促进销售，并满足用户和服务对象的要求。

10. 包装的方法包括一般包装法、缓冲包装法、防潮包装法、防锈包装法和防霉腐包装法。

11. 集合包装技术是一种先进的包装技术，它是指将一定数量的包装件或产品装入具有一定规格、强度和长期周转使用的更大包装容器内，形成一个合适的搬运单元的包装技术。

思考与练习

1. 什么是物流技术？物流技术包括哪几大方面？
2. 运输包含哪几种形式？各类运输各有什么特点？
3. 公路运输的基本设施是什么？它在哪些方面优于其他几种运输方式？
4. 简述装卸搬运在物流中的作用和意义。
5. 简述主要的装卸搬运方法。
6. 装卸搬运工作应遵循什么原则？
7. 简述仓储作业流程。
8. 货架在物流活动过程中有哪些职能？
9. 简述包装的功能。
10. 什么是包装现代化？如何更好实现包装现代化？
11. 试谈谈你对物流技术未来发展趋势的认识。

参考文献

1. 程国全，王转，张庆华. 物流技术与装备. 北京：高等教育出版社，2008
2. 袁中英，李建蓉，万玻. 现代物流. 成都：西南交通大学出版社，2008
3. 牛鱼龙. 中国物流百强案例. 重庆：重庆大学出版社，2007
4. 陈廷斌，吴赜书. 供应链与物流管理. 北京：清华大学出版社，2008
5. 李荻. 供应链与物流管理. 北京：电子工业出版社，2006
6. 叶怀珍. 现代物流学. 北京：高等教育出版社，2003
7. 马绝尘. 沃尔玛降低运输成本的学问. 中国物流与采购，2003(19)
8. 江文. 世界集装箱港口市场前景. 中国远洋航务公告，2000(2)

9. 吴振铎. 集装箱运输与现代物流. 中国集体经济,2000(7)
10. 李宗平,杜文. 流现代化与运输工具的发展趋势. 物流技术,2001(3)
11. 黄建设. 海上运输新发展及新一代概念船舶. 船舶工业技术经济信息,2000(8)
12. 卢山,李伊松. 现代物流技术. 中国物资流通,1999(12)
13. 郝渊晓. 现代物流技术学. 广州:中山大学出版社,2001
14. 周全申. 现代物流技术与装备实务. 北京:中国物资出版社,2002
15. 丁立信,张铎. 物流基础. 北京:清华大学出版社,2000
16. 孟祥茹等. 现代物流管理. 北京:人民交通出版社,2002
17. 丁立言. 物流基础. 张铎. 北京:清华大学出版社,2000
18. 丁立言. 物流系统工程. 张铎. 北京:清华大学出版社,2000
19. www. 56zhongguo. com
20. info. tjkx. com
21. www. china-56. net

第 4 章

物流系统控制

开篇案例——透视“零库存”：一汽大众应用物流系统纪实

一汽大众汽车有限公司 2000 年末仅捷达车就有七八十个品种、十七八种颜色，而每辆车都有 2000 多种零部件需要外购。从 1997 到 2000 年末，公司捷达车销售从 43947 辆一路跃升至 94150 辆，市场兑现率已高达 95%～97%。与这些令人心跳的数字形成鲜明对比的是公司零部件居然处于“零库存”状态，而制造这一巨大反差的就是一整套完善的物流控制系统。

一个占地 9 万多平方米，可同时生产三种不同品牌的、亚洲最大的整车车间，它的仓库也一定非常壮观吧？可这里的人却告诉记者：“我们这儿没有仓库，只有入口。”

走进一个标有“整车捷达入口处”牌子的房子，只见在上千平方米的房间内零零星星地摆着几箱汽车玻璃和小零件，四五个工作人员在有条不紊地用电动叉车往整车车间送零件。在入口处旁边的一个小亭子里，工作单位正坐在电脑前用扫描枪扫描着一张张纸单上的条形码——他正在把订货单发往供货厂。这时，一辆满载着保险杠的货车开了进来，两个工作人员见状立即开着叉车跟了上去。几分钟后，这批保险杠就被陆续送进了车间。

一汽大众的零部件的送货形式有三种：第一种是电子看板，即公司每月把生产信息用扫描的方式通过网络传递到各供货厂，对方根据这一信息安排自己的生产，然后公司按照生产情况发出供货信息，对方则马上用自备车辆将零部件送到公司各车间的入口处，再由入口处分配到车间的工位上。刚才看到的保险杠就采取这种形式。第二种叫“准时化”(Just in time)，即公司按过车顺序把配货单传送到供货厂，对方也按顺序装货直接把零部件送到工位上，取消了中间仓库环节。第三种是批量进货，供货厂每月对于那些不影响大局又没有变化的小零部件分批量地送一两次。他说，过去这是整车车间的仓库，当时库里堆放着大量的零部件，货架之间只有供叉车勉强往来的过道，大货车根本开不进来。不仅每天上架、下架、维护、倒运需要消耗大量的人力、物力和财力，而且储存、运送过程中总要造成一定的货损货差。现在每天平均两个小时要一次货，零部件放在这里的时间一般不超过一天。订货、生产零件、运送、组装等全过程都处于小批量、多批次的有序流动当中。公司原先有一个车队专门在各车间送货，现在车队已经解散了。为什么短短几年的时间一汽大众就会有如此大的变化？公司生产服务部的规划员丁一飞自豪地说：我们用不到 300 万元人民币打造了“傻子工程”。

在该公司流行着这样一句话：在制品是万恶之源。用以形容大量库存带来的种种弊端。在生产初期，捷达车的品种比较单一，颜色也只有蓝、白、红三种。公司的生产全靠大量的库存来保证。随着市场需求的日益多样化，传统的生产组织方式面临着严峻的挑战。1997 年，“物流”的概念进入了公司决策层。考虑到应用德方的系统不仅要一次性投入 1500 万美元，而且每年的咨询和维护费用也需要数百万美元，中方决定自己组织技术人员和外国专家进行物流管理系统的研究开发。1998 年年初，公司开发的物流控制系统获得成功并正式投入使用。如今，这仅仅用了不到 300 万元人民币的系统已经受住了十几万辆车的考验。在整车车间，记者看到生产线上每辆车的车身上都贴着一张生产指令表，零部件的种类及安装顺序一目了然。计划部门按装车顺序通过电脑网络向各供货厂下计划，供货厂按照顺序生产、装货，生产线上的工人按顺序组装，一伸手拿到的零部件保证就是他正在操作的车上的。物流管理就这样使原本复杂的生产变成了简单而高效的“傻子工程”。令人称奇的是，整车车间的一条生产线过去只生产一种车型，其生产现场尚且拥挤不堪，而如今在一条生产线同时组装两到三种车型的混流生产方式下，不仅做到了及时、准确，而且生产现场比原先节约了近 10%。此外，零部件的存储减少了，公司每年因此节约的成本达六七亿元人民币。同时，供货厂也减少了30%～50%的在制品及成品储备。先进的管理带来了实实在在的效益，也引发了一场深刻的管理革命。难怪公司总经理陆林奎感慨地说：一个单位谁是头儿？电脑！

随着物流控制系统的逐步完善，电脑网络由控制实物流、信息流延伸到公司的决策、生产、销售、财务核算等各个领域中，使公司的管理步入了科学化、透明化。现在公司主要部门的管理人员人手一台微机，每个人以及供货厂方随时可以清楚地了解每一辆车的生产和销售情况。公司早已实现了“无纸化办公”，各部门之间均通过“e-mail”联系。德国大众公司每年的改进项目达 1000 多个，一汽大众依靠电脑网络实现了与德方同步改进，从而彻底改变了过去那种对方图纸没送来就干不了活儿的被动局面。工作方式的改善，不仅使领导层得以集中精力研究企业发展的战略性问题，也营造了一个充满激烈竞争的环境，促使每个员工不断提高自身的业务素质。

（资料来源：http://www.156net.com/Carry3/eg06.htm）

4.1 物流系统概述

4.1.1 物流系统基本概念

物流系统是指在一定的时间和空间里，由所需位移的物料、包装设备、装卸搬运机械、输送工具、仓储设施、相关人员以及通信联系等若干相互制约的动态要素构成的具有特定功能的有机整体。物流系统的目的是实现物资的空间效益和时间效益，在保证社会再生产顺利进行的前提下，实现各种物流环节的合理衔接，并取得最佳的经济效益。

物流系统具体要实现5S目标：①优质服务（service）：无缺货、无损伤和无丢失现象，且费用便宜；②迅速及时（speed）：按用户指定的时间和地点迅速送达；③节约空间（space saving）：发展立体设施和有关的物流机械，以充分利用空间和面积，缓解城市土地紧缺的问题；④规模适当（scale optimization）：物流网点的优化布局，合理的物流设施规模、自动化和机械化程度；⑤合理库存（stock control）：合理的库存策略，合理控制库存量。

物流系统是社会经济大系统的一个子系统或组成部分。同时，根据运行环节，其自身又可以划分为物资的包装、装卸、运输、储存、流通加工、回收复用、情报以及管理等诸多子系统。这些子系统共同构成了物流系统。并且，物流各子系统又可分成下一层次的系统。例如，运输系统又可以进一步细分为水运系统、空运系统、陆路运输系统及管道运输系统等。物流子系统的组成不是一成不变的，它由物流管理目标和管理分工自成体系。因此，物流子系统不仅具有多层次性，而且具有多目标性。

随着计算机科学和自动化技术的发展，物流管理系统也从简单的方式迅速向自动化管理演变，其主要标志是自动物流设备，如自动导引车（AGV-Automated guided vehicle）、自动存储、提取系统（AS/RS-Automated storage/retrieve system）、空中单轨自动车（SKY-RAV-Rail automated vehicle）、堆垛机（Stacker crane）等，以及物流计算机管理与控制系统的出现。

发展至今，物流系统是典型的现代机械与电子相结合的系统。现代物流系统由半自动化、自动化以至于具有一定智能的物流设备和计算机物流管理与控制系统组成。任何一种物流设备都必须接受物流系统计算机的管理控制，接受计算机发出的指令，完成其规定的动作，反馈动作执行的情况或当前所处的状况。智能程度较高的物流设备具有一定的自主性，能更好地识别路径和环境，本身带有一定的数据处理功能。

现代物流设备是在计算机科学和电子技术的基础上，结合传统的机械学科发展起来的机电一体化的设备。从物流系统的管理和控制来看，计算机网络和数据库技术的采用是整个系统得以正常运行的前提。仿真技术的应用使物流系统设计处于更高的水平。物流已经成为并行工程的基础和CIMS的组成部分。

4.1.2 物流系统模式

物流系统和一般系统一样，具有输入、转换及输出三大功能，通过输入和输出使系统与社会环境进行交换，使系统和环境相依存。

1. 物流系统要素

物流系统和一般的管理系统一样，都是由人、财、物、信息和组织管理等要素组成的有机整体。

人是物流的主要因素，是物流系统的主体。人是保证物流得以顺利进行和提高物流管理水平的最关键的因素。物流系统的计划、控制、实施都是由人做出的，提高人的素质，发挥人的主观能动性，是建立一个合理化的物流系统，并保证其高效运行的根本。

财是物流系统中不可缺少的资金要素。物流过程是以货币为媒介实现交换的物流过程，因此，物流过程也是资金运动过程。这种资金运动同时贯穿于物流服务过程。现代社会物流系统建设也是资本投入的一大领域，物流系统的实现离不开资金要素。

物是物流系统中的基础要素。物流系统的物，既包括各种物流实体，也包括物流系统中的各种设施、装备和工具。物流实体主要指物流劳动对象，如原材料、成品、半成品、能源等物质条件。物流设施、装备和工具包括：物流站、货场、物流中心、物流线路、建筑、公路、铁路、港口、各种加工、运输、装卸机械设备以及维护保养工具等。这些都是物流系统中物的要素。物是组织物流系统运行的基础条件，没有物，物流系统便成了无本之木。

物流信息是物流系统的决策要素。物流系统的一切活动，都依赖于物流信息，对物流信息的采集、分析和处理，为物流系统决策提供了依据。离开了物流信息，物流这部“机器”就会停止运转。

组织与管理是物流系统的支持要素。组织与管理是物流系统的“软件”，起着联结、调运、运筹、协调、指挥各要素的作用，物流的组织与管理是以物流系统的体制、制度、标准为支撑条件来保证物流环节协调运行，从而保证物流系统的实现。

2. 物流系统基本模式

以上要素对物流发生的作用和影响，构成了对物流系统的“输入”。物流系统所拥有的各种手段和特定功能，在外部输入要素作用下，对输入进行必要的转化活动，使系统产生满足外部环境要求的“输出”。物流系统要素相互关系构成物流系统的基本模式，如图 4-1 所示。

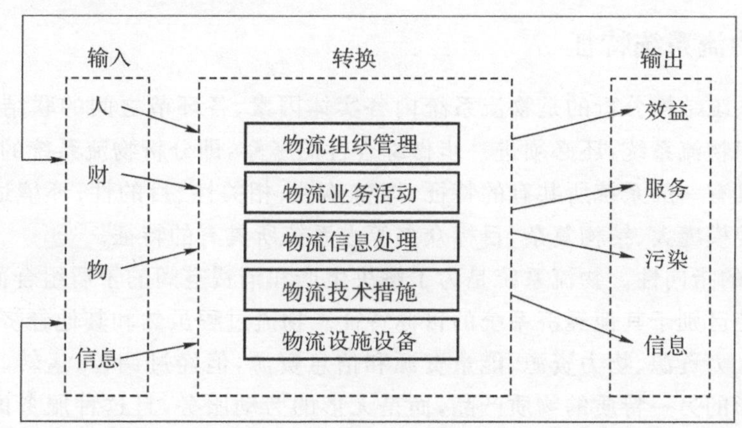

图 4-1　物流系统基本模式

图 4-1 是物流系统一般的、基本的模式。物流系统的输入、输出、处理(转换)、限制(制约)、反馈等功能，根据物流系统的性质，具体内容有所不同。

(1)输入。也就是通过提供人、财、物和信息等手段对某一系统发生作用，统称为外部环境对物流系统的输入。

(2)处理(转换)。它是指物流本身的转化过程。从输入到输出之间所进行的生产、供应、销售、服务等活动中的物流业务活动称为物流系统的处理或转化。具体内容有：物流设施设备的建设；物流业务活动，如运输、储存、包装、装卸、搬运等；信息处理、技术措施及组织管理工作。

(3)输出。物流系统与其本身所具有的各种手段和功能，对环境的输入进行各种处理后所提供的物流服务称为系统的输出。具体内容有：效益、服务、污染和信息。

(4)限制或制约。外部环境对物流系统施加一定的约束称之为外部环境对物流系统的限制和干扰。具体有：资源条件，能源限制，资金与生产能力的限制；价格影响，需求变化；仓库容量；装卸与运输的能力；政策的变化等。

(5)反馈。物流系统在把输入转化为输出的过程中，由于受系统各种因素的限制，不能按原计划实现，需要把输出结果返回给输入，进行调整，即使按原计划实现，也要把信息返回，以对工作做出评价，这称为信息反馈。信息反馈活动包括：各种物流活动分析报告；各种统计报告数据；典型调查；国内外市场信息与有关动态等。

在物流系统中，输入、输出及转换活动往往是在不同的领域或不同的子系统中进行的。即使是在物流大系统中，系统的目的往往也不同，所以，具体的输入、输出及转换有不同的内容，不会是全然不变的。

4.1.3 物流系统特征

物流系统结构分析的是物流系统内各实体因素、各环节之间的联结状况。要更深入认识物流系统，还必须进一步做综合性的考察，即分析物流系统的特征。物流系统既具有一般系统所共有的特征，即整体性、相关性、目的性、环境适应性，同时还具有规模庞大、结构复杂、目标众多等大系统所具有的特征。

（1）目的指向性。物流系统是为了解决生产和消费空间的矛盾组合而成的，这是物流系统区别于其他经济系统的目标特征。物流过程虽然和其他经济系统一样需要输入人力资源、物力资源、能量资源和信息资源，但经过调控、运转、消耗输出的不是有形的另一特质的物质产品，而是无形的劳动服务，且这种服务的内容、要求、方式是用户事先规定了的，即约定在先，服务在后。目标功能的特殊性，揭示了评价物流效益应把用户的满意度作为首要标准。相应，物流管理的重点是过程和严格的目的指向性。

（2）时空序列性。物流是由众多立体型的子系统连接而成具有时间序列的总系统。运输、装卸搬运、包装、储存、流通加工、配送等环节都是由流体、组织者、载体以及路线这些实体要素结合成具有特定功能的立体子系统，这些立体子系统又按照不同具体需要联结成先后有序的总系统，如图 4-2 所示。这一特征要求物流管理特别强化空间布局和时间序列观念。

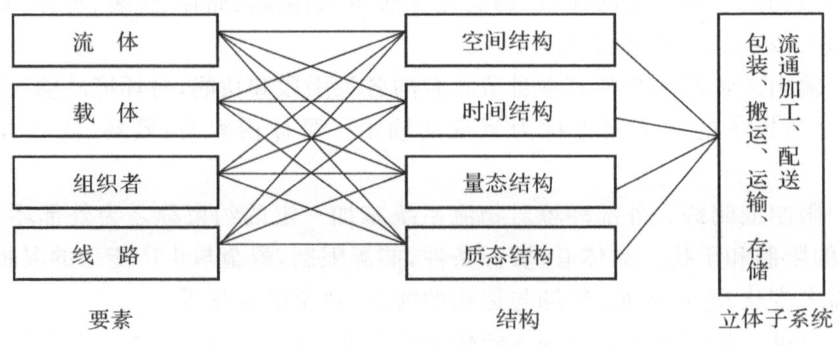

图 4-2　物流系统结构状态

(3)开放动态性。物流系统不仅内部有复杂的结构，而且和外部环境也经常有着广泛紧密的联系。一般的物流系统总是联结多个生产企业和用户，随需求、供应、渠道、价格的变化，系统内的要素及系统的运行经常发生变化。这就是说，国民经济的发展状况、社会物资的生产与需求状况、科学技术的水平、生产力的布局、商流及企业间的合作关系，都随时随地地影响着物流，物流受到社会生产和社会需求的广泛制约。物流系统是具有满足社会需要、适应环境能力的开放动态系统。为适应经常变化的社会环境，必须对物流系统的各组成部分经常不断地改进、完善，这就要求物流系统具有足够的灵活性与可改变性，不断地根据外部环境的变化调整自己的要素组合和结构，通过自我调控实现从无序向新的有序的转换，求得和外部环境相适应。在有较大的社会变化的情况下，物流系统甚至需要重新进行系统的设计。

(4) 人—机复合性。物流系统是由人和形成劳动手段的设备、工具所组成。它表现为物流劳动者运用运输设备、装卸搬运机械、仓库、港口、车站等设施，作用于物资的一系列生产活动。在这一系列的物流活动中，人是系统的主体。因此，在研究物流系统的各方面问题时，应该把人和物有机地结合起来，作为不可分割的整体加以考察和分析，而且应该始终把如何发挥人的主观能动作用放在首位。

(5) 大跨度性。物流系统是大跨度系统，具体表现在两个方面：一是地域跨度大，二是时间跨度大。在现代经济社会中，企业间物流经常会跨越不同地域，国际物流的地域跨度更大。通常采取依存的方式解决产需之间的时间矛盾，这样时间跨度往往也很大。大跨度系统带来的主要是管理难度较大，对信息的依赖程度较高。

(6) 可分离性。作为物流系统，无论其规模多么庞大，都可以分解成基于各个相互联系的子系统。这些子系统的多少和层次的阶段，是随着人们对物流的认识和研究的深入而不断扩充的。系统与子系统之间，子系统与子系统之间，存在着时间和空间上及资源利用方面的联系；也存在总的目标、总的费用以及总的运行结果等方面的相互联系。

(7) 复杂性。物流系统运行对象——“物”，遍及全部社会物质资源，资源的大量化和多样化带来了物流的复杂化。物流占用大量的流动资金，参与物流的人员及物资资源数量庞大，物资供应经营网点遍及世界各地。这些人力、物力、财力资源的组织和合理利用，是一个非常复杂的问题。同时，在物流活动的全过程中，始终贯穿着大量的物流信息。物流系统要通过这些信息把各个子系统有机地联系起来。如何把信息收集全面、处理好，并使之指导物流活动，亦是非常复杂的事情。物流系统的边界是广阔的，其范围横跨生产、流通、消费三大领域，给物流组织系统带来了很大的困难。而且随着科学技术的进步，生产的发展，物流技术的提高，物流系统的边界范围还将不断地向内深化、向外扩张。

(8) 多目标函数性。物流系统的总目标是实现宏观和微观的经济效益。但是，系统要素间有着非常强的“背反”现象，常称之为“交替损益”或“效益背反”现象，在处理时稍有不慎就会出现系统总体恶化的结果。通常，对物流数量，人们希望最大；对物流时间，人们希望最短；对服务质量，人们希望最好；对物流成本，人们希望最低。显然，要满足上述所有要求是很难办到的。所有这些相互矛盾的问题，在物流系统中广泛存在。而物流系统又恰恰要求在这些矛盾中运行。要使物流系统在诸方面满足人们的要求，显然要建立物流多目标函数，并在多目标中求得物流的最佳效果。

4.1.4 物流系统研究技术

物流系统综合了物流学和系统科学，它是系统的基本理论和方法在物流领域中的应用，对物流系统的研究，要综合运用各学科的基本理论和方法，形成一个新的科学技术体系，主要技术内容如下。

(1)系统仿真技术。系统仿真是利用系统模型在仿真的环境和条件下，对系统进行研究、分析和试验的方法。物流系统活动范围非常广泛，各子系统功能部分相互交叉，互为因果，复杂的物流系统设计很难做试验，而物流系统的系统仿真，可以研究真实系统的现象或过程，设计出使物流费用最小的物流网络系统。

(2)系统最优化技术。系统优化问题是系统设计的重要内容之一。所谓优化，就是在一定的约束条件下，求出使目标函数为最大(或最小)的解。物流系统是一个多参数多目标的复杂系统，物流系统参数多数是可变参数，且相互制约，互为条件。系统最优化就是在参数发生变化时，根据系统的目标，有效地确定可变参数的值，使系统经常处于最优状态。

系统最优化主要通过建立数学模型来处理系统问题，如物资调运的最短路径、最大流量、最小输送费用(或最小物流费用)、物流网点合理选择、库存优化策略等模型。常用物流系统优化方法有数学规划法、动态规划法、探索法、分割法等。

(3)网络技术。网络技术是现代化管理方法中的一个重要组成部分。网络技术的应用，可以统筹安排物流系统中各个环节。特别是对于关系复杂、多目标决策的物流系统研究，网络技术分析是不可忽视的基本方法。网络技术是以时间为基础，用表达工作之间相互联系的“网络图”来反映整个系统的全貌，并指出影响全局的关键所在，从而对整体系统做出比较切实可行的全面规划和安排。

(4)分解协调技术。分解协调技术就是将复杂的大系统分解为若干相对简单的子系统，对各子系统进行局部优化；然后，根据大系统的总任务、总目标的要求，使各子系统与外部环境相互协调配合，在各子系统局部优化的基础上，通过协调控制，实现大系统的全局最优化。例如，物流系统可分解为运输子系统、储存子系统、包装子系统、装卸子系统、配送子系统、流通加工子系统以及信息子系统等若干子系统。对物流系统的各子系统局部优化，并从系统的整体利益出发，不断协调各子系统及物流环境的相互关系，达到物流系统的费用低、服务好、效益高的总目标。

除以上几种物流技术方法外，预测、决策论和排队论技术方法也广泛地应用于物流系统的研究。随着物流系统的深入研究，将会出现更多更有效的物流技术，使物流形成一个新的科学技术体系。

4.1.5　物流系统控制的基本内容

图 4-3 描述了物流系统控制所相关的内容以及考虑的问题。从物流系统的功能角度来说，主要包括存储系统和运输系统。存储系统是针对物流的储备而存在，它的存在一方面使得物流的交货响应能力提高，另一方面也带来一些存储成本，包括场地成本、资金占用、人工成本等；运输系统是针对物流的移动而存在，它的作用就是使物流在某一恰当的时间，以恰当的方式到达一个恰当的地点，运输系统的成本和效率与运输批量大小、批次、运输方式等直接相关。从企业运营环节来说，包括采购、生产、销售等，每一个环节都与物流的存储和运输有关。从管理内容来说，可以从成本、质量和价格等多个角度进行管理。

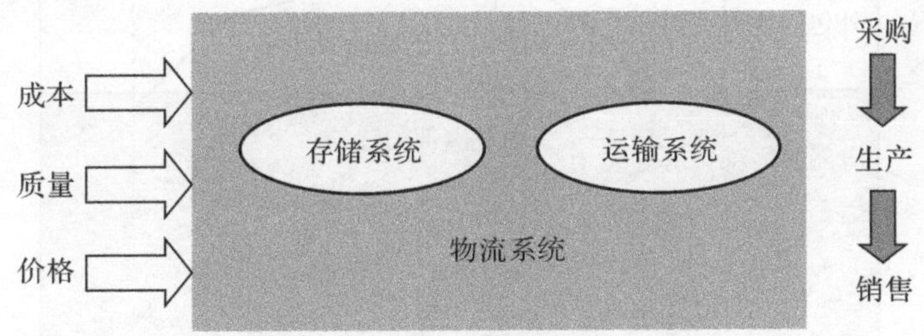

图 4-3　物流系统控制的基本内容

本章主要从两个纬度对物流系统控制进行分析，一个是从管理内容讨论，即成本、质量和价格管理；一个是从物流系统功能讨论，即存储和运输管理。

4.2　成本管理

成本管理是物流系统控制中的重要管理环节，成本的大小直接影响到物流系统运行的绩效和整个企业的运行成本，并最终与企业的竞争能力直接相关。根据物流系统在不同企业中的重要程度不同，其成本管理的重要性也有所不同。对于一些实物运输量较大的企业，物流成本的高低直接与企业的生存发展能力有关，物流成本的高低直接影响价格竞争优势的强弱。

4.2.1 总成本分析

在分析一个企业的物流系统成本时，要有总成本的概念。在具体的成本控制工作中，要根据企业业务特点的不同，采取不同的成本最小化策略。在企业物流业务的外包决策中，应该基于战略思路来选择总成本最小的决策。

(1)总成本的构成。物流系统的总成本见图 4-4，从物流费用的支出性质来说，包括支付给外部协作方的费用，也包括自身内部消耗的与物流有关的费用。从物流费用消耗的环节来说，包括采购环节、生产环节、销售环节。图示中的物流冰山比较形象地表示了物流费用的整体状况，它好像是浮在海面上的冰山，一部分露在上面，而很大一部分则沉在水下。物流费用也一样，人们往往只注意比较明显的对外支付的物流费用，而对企业内部消耗的物流费用往往容易忽视。但是实际上，我们在讨论物流系统成本管理的时候，必须站在全局的角度来分析总的物流费用成本。

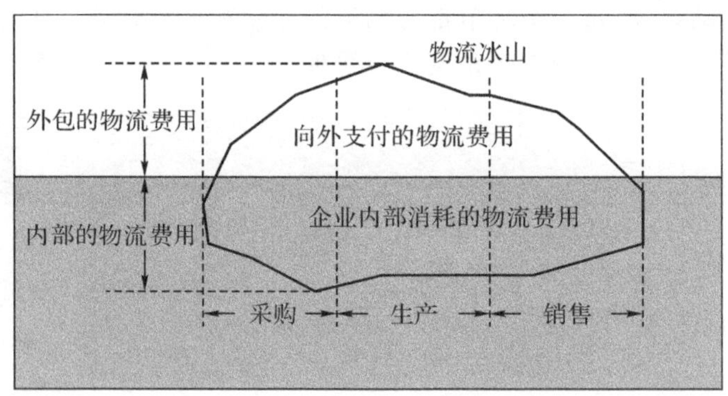

图 4-4　物流费用的总体状况

物流费用在企业运行全过程中产生，包括原材料采购过程中的各项物流费用、生产过程的物流费用、产品从工厂到配送中心再到用户的物流费用等。这些费用的具体内容包括运输费、包装费、装卸费、保管费、人工费、折旧费、修理费、动力费等。

(2)会计业务中的成本。在传统的会计业务处理中，其反应的物流费用往往只是物流总费用成本的一部分，有时是比较小的一部分，比如与生产过程有关的搬运、包装、相关的人员和设备费用等往往不记入物流费用。也就是说，通常的会计业务处理中的物流成本计算是很不全面的。

会计业务中的成本管理的另一个问题是费用归并问题。通常的会计实践是以标准的或正常的记账方法为基础来进行费用归并。一般情况下，费用被归并为工资、租金、折旧和管理费用等。在这种分配方式下，很难进行关于运营责任的分配和确认。在一般的会计实践中，为了解决这个问题，采取分解费用、落实到组织的各个细分单位，这种分解有助于解决总成本分析的问题，但是不能彻底解决分摊问题。而且，按照这种组织分摊的思路，成本往往被分解到各责任部门，但是事实上，很多与物流绩效相关的各种费用，常常是跨部门的，比如库存管理，从资金占用和仓储费的角度，希望降低库存量，这样虽然会降低库存成本，但可能会导致延迟交货，并有可能使运输成本上升，最终可能使物流总成本上升。

由此可见，按照传统的会计业务处理方式，很难对物流系统成本进行整体的管理。

(3)以活动为基础的成本管理。以活动为基础的成本管理方法，就是试图将所有的有关费用与具体的增值活动联系起来。比如将不同的成本分摊到某一个客户或产品。以活动为基础的成本管理的特点在于，将费用分配到消费一定资源的活动，而不是一个组织部门或预算单位，从而避免不恰当地将成本均摊到不同的业务活动中。因为这些活动具有不同的程序，消耗不同的资源数量，因此均摊的方法将导致利润率计算的失真。如果我们以一个订单处理为成本归集对象，那么我们通过将相关的成本归集到这个订单处理的活动过程，就可以判断这个订单是否能为企业带来利润。

从成本与物流活动的关系看，可以把成本分为直接成本、间接成本和日常费用。直接成本是指那些为完成物流工作而特别引起的费用；间接成本是一些与具体物流活动没有直接对应关系的费用，比如在固定设备、运输、库存等方面的固定投入，这些成本一般通过某种方式被分摊到物流作业中；日常费用是物流系统中日常发生的一些费用，如照明、动力等。尽管物流系统的总成本应包括以上这些方面，但是在具体的成本考核过程中，要注意一个原则：对被考核对象，只考核它能够控制的因素。

4.2.2 成本最小化策略

通常情况下，可以将物流总成本从库存和运输两个方面进行分析和管理。

就库存而言，应包括所有有关库存的运行成本和客户订货的所有费用。具体来说，库存运行成本包括存储、资金成本、保险、过时淘汰和税费等，客户订货成本包括全部的库存控制费用、订货准备、交易活动和管理活动的费用。

运输的总成本包括租用运输工具的费用和附加费用，以及各类与运输方式和规则有关的风险费用和管理费用。如果是企业自己解决运输问题，则运输总成本中应包括与直接成本、间接成本和日常费用相关的各个项目。

(1)运输节约与运输成本最小化。运输节约来自于集中运输,其手段就是通过建立仓库来调节运输流量。这些仓库包括单一的仓库,也包括仓库网络。当通过仓库集中转运的运输总成本低于直接运输的时候,就需要建立仓库点。总运输成本与仓库数量的关系如图 4-5 所示。随着运输网络中仓库集运点的增加,总运输成本会减少,但是在超过一定数量的仓库设置后,总运输成本会上升。这种成本上升的原因在于能够被转运的数量减少。因此从仓库集运的角度看,应该存在一个运输成本最小化的仓库布置的合理数量。

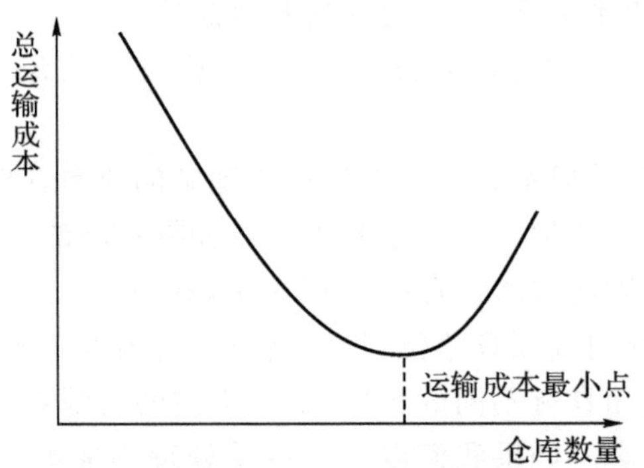

图 4-5　总运输成本与仓库数量的关系

(2)库存成本最小化。如果说,运输主要与货物的空间转移有关,那么,库存的存在主要与时间因素相关。在物流系统中提前部署库存可以改进服务响应时间。仓库数量与库存成本的关系如图 4-6 所示。随着仓库部署的增加,总库存成本会上升,但是同时由于仓库网络的布置,使得单个仓库的临时库存储备要求降低,从而使总成本的升速降低。

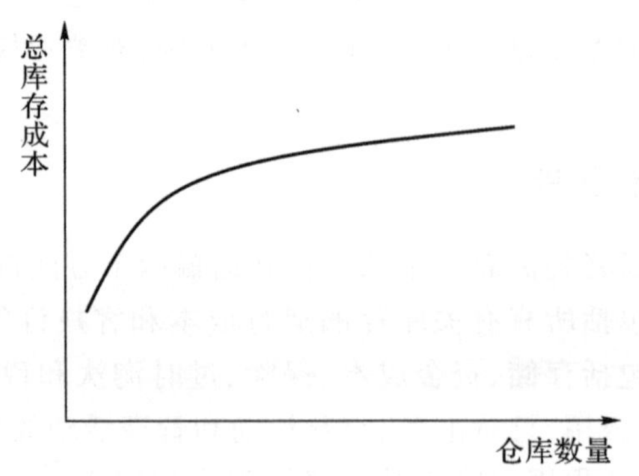

图 4-6　总库存成本与仓库数量的关系

(3)总成本最小化。物流系统的总成本包括运输总成本和库存总成本,把两者的曲线叠加在一起,就可以得到总成本的曲线,如图 4-7 所示。从中可以看到存在总成本最小化的点。

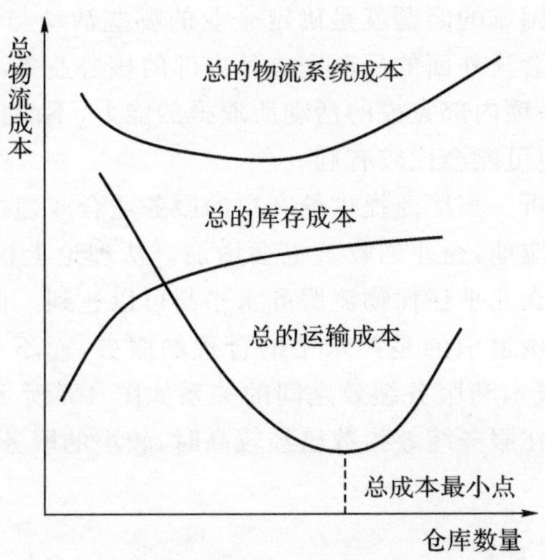

图 4-7 物流总成本与仓库数量的关系

(4)服务与成本。仓库数量的增加能够改善对客户的服务响应度和服务能力,但是同时也会直接导致成本增加。在具体物流系统中,必须考虑服务和成本之间的平衡,从而获得比较合理的方案。

4.2.3 外购的决策

物流系统的外购决策就是将本来由自己进行的物流活动交给外部企业来进行。物流系统成本控制与是否外购的决策直接相关。传统的外购决策中,考虑经济因素比较多,而现在,一些大企业更多地将注意力扩展到考虑战略因素。

(1)经济因素。经济因素的考虑主要与交易费用有关。所谓交易费用,就是那些与执行一项特定任务有关的费用。当内部处理的交易费用高于从外部购买服务的费用时,企业往往会考虑外购服务。如果内部成本低于外购成本时,物流活动建议在内部处理。在以下这些情况下,供应商的讨价还价能力较强从而导致服务价格偏高,而内部成本会显得相对较低,比如,当外部服务供应商的数量比较少时,服务需要专用设备,提供服务的供应商处于某种有利地位。对于物流的外购决策来说,物流数量大小直接影响外购决策的结果。比如,一项库存需求变化较大的业务,如果按库存峰值的状态来设计自有仓库,那么在库存较少的情况下,仓库的固定成本摊到单位产品的成本就会很高。在这种情况下,租用外部仓库通常是一种合理的选择。

(2)战略因素。在外购决策中,最主要考虑的战略因素就是能力问题。具体来说,就是从外部资源对本企业的核心和非核心业务的贡献角度来评估外购决策。从战略因素看,比较困难的问题就是确定企业的哪些活动与核心能力有关。通常情况下,一个企业不会让外面的厂商完成其内部的核心业务,否则就有可能削弱其核心竞争力。如果一项内部完成的活动所取得的能力,不能扩展企业的核心能力,那么把这项活动外包可能会比较有利。

(3)成本收益分析。当厂商提供给客户的服务适合或超过客户的期望时,客户的需求将会增加,相应地,企业的收益也会增加。从理论上讲,如果一家企业愿意支付所需的成本,那么几乎任何物流服务水平都可以达到。但是,从成本收益平衡角度讲,一个厂商应该追求的是高水平的合理的服务,而不是一味地迎合客户需求。企业的物流总成本和服务绩效之间的关系如图 4-8 所示,服务绩效的提高需要成本的投入,同时在服务绩效指数已经较高时,较小的服务指数提高需要较多的成本投入。

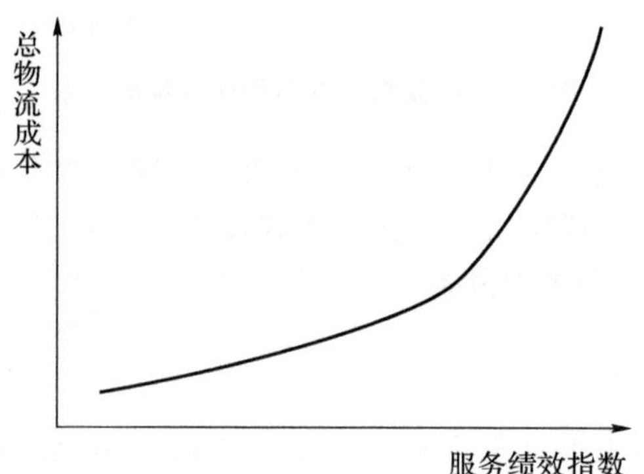

图 4-8　总物流成本与服务绩效指数的关系

4.3　质量管理

4.3.1　物流质量概念

1. 物流质量的内容

物流质量包括物流对象、物流手段、物流方法、物流过程的质量。具体来说,主要包括以下内容。

(1)商品质量。物流的对象是一些具有具体质量的物体,它要求符合一定的等级、规格、尺寸、特性、外观等。这些质量在生产过程中形成,并在物流过程中得以转移和保护,并最终实现对客户的商品质量承诺。对客户的商品质量承诺,既需要生产来形成,又需要由物流过程来保证。

(2)服务质量。物流业务中有比较强的服务特征,其服务质量要求因客户的不同而有所不同。这些服务质量的内容包括:批量和数量的满足,交货期的满足,较高的服务响应度,运输方式的满足,成本水平的满足,其他的有关信息提供、纠纷处理等的服务满足。

(3)过程质量。是指在物流运行的各环节、工种、岗位上的具体工作质量。这些过程质量是实现和保证商品质量、服务质量的基础。

(4)系统质量。物流质量不仅取决于单项工作的质量,同时与整个物流系统的质量因素有关。这些系统的因素包括:人的因素、体制的因素、设备的因素、工艺方法的因素、计量与测量的因素、环境因素。通过改善这些因素,能有效地提高物流管理的质量。

2. 物流质量管理的特点

物流质量管理包括如下特点。

(1)管理的内容比较全面。物流质量管理包括商品质量管理、服务质量管理、过程质量管理和系统质量管理等多个方面,并以最终的交货成本和交货可靠性为目的,具有较强的全面性。

(2)管理的范围比较广泛。物流质量管理所覆盖的范围包括物流对象的包装、装卸、搬运、存储、配送、流通加工等多个环节,需要进行全过程的质量管理。只有保证过程中各个环节的质量,才能最终保证物流的总体质量。

(3)与全员的积极参与相关。物流质量的保证,还与参与相关工作的部门和人员有关,需要这些部门和人员之间的相互配合。只有在这些部门和人员的共同努力下,才能使物流的质量得到保证。

4.3.2 质量管理指标

物流管理的质量管理指标,可以分为总体质量指标、存储质量指标和运输质量指标。

(1)总体质量指标。总体质量指标是与物流服务的整体目标相关的质量管理指标,以下是一些总体质量指标。

- 服务水平指标 F。

  F=满足要求次数/用户要求次数

或者用缺货率 Q 来表示：Q=(缺货次数/用户要求次数)×100%

- 满足程度指标 M。

  M=满足要求数量/用户要求数量

- 交货水平指标 J_1。

  J_1=按交货期交货次数/总交货次数

- 交货期质量指标 J_2。

  J_2=规定交货期－实际交货期

- 商品完好率指标 W。

  W=(交货时完好的商品量/物流商品总量)×100%

- 物流吨费用指标 C。

  C=物流费用/物流总量

(2)存储质量指标。

- 仓库吞吐能力实现率 T。

  T=(期内实际吞吐量/仓库设计吞吐量)×100%

- 商品收发正确率 S。

  S=(某批吞吐量－出现差错总量)/同批吞吐量×100%

- 商品完好率 W_1。

  W_1=(某批商品库存量－出现缺损的商品量)/同批商品库存量×100%

- 仓库容量利用率 R。

  R=存储商品的实际数量或容积/库存数量或容积×100%

- 设备完好率 W_2。

  W_2=期内设备完好台数/同期设备总台数×100%

- 设备利用率 L。

  L=全部设备实际工作时数/设备总工作能力时数×100%

- 仓储吨日成本 C。

  C=仓储费用 / 库存量

(3)运输质量指标。

- 正点运输率 Z。

  Z=正点运输次数/运输总次数×100%

- 满载率 M。

  M=车辆实际装载量/车辆装载能力×100%

- 运力利用率 Y。

  Y=实际吨公里数/运力往返运输总能力×100%

4.3.3　顾客满意

从顾客满意管理的角度来分析物流系统是非常有意义的。对于一个企业来说,它的非常重要的问题,就是将各种服务与顾客的期望结合起来,从而建立一种有利可图的交易活动。物流业务同样也需要与顾客期望结合起来,才能真正提高运行绩效。

(1)顾客服务定义。顾客服务是一个过程,在这个过程中,相对低廉的成本投入创造了重要的价值增值。对于物流系统来说,其内在的价值也就在于此。

(2)基本服务。对于物流服务来说,其基本服务内容包括三个方面:可得性、作业完成、可靠性。①可得性,是指当顾客需要货物时,企业能够交付货物的能力。可得性可以通过各种方法实现,最基本的方法是根据顾客订货的预测进行库存准备。这时仓库的数量、地点和储存策略等都是在物流系统管理中需要考虑的问题。②作业完成,是指通过一系列活动,完成顾客对货物的需求。对作业完成的衡量角度包括速度、一致性、灵活性和故障处理水平等。③可靠性,就是可靠地实现已计划的存货可得性,并完成相关作业的能力。

(3)增长的顾客期望。随着市场竞争日趋激烈,以及技术手段的不断提高,顾客对物流服务的期望值正在不断提高。这些期望包括对交货期、交货质量的更高要求。

(4)增值服务。增值服务是在满足顾客的基本服务的基础上,提供特殊的服务。增值服务涉及大量的业务活动。这些服务一般可以围绕着顾客的个性要求、企业的促销活动、制造过程、服务速度等展开。

4.4　价格管理

商品的价格中包括了物流服务价格,商品的价格形式和价格水平直接与物流管理有关。

4.4.1　价格的分类

对于供货厂商来说,可以从物流的角度,将价格基本分为两类:①离岸价格,或者产地交货价,即厂方只负责在生产地或其他地方交货,从交货地到目的地的运输问题,不在本价格考虑范围之内。②到货价格,即厂方负责将货物交到客户的指定地,其报价中已经包括了从工厂到客户指定地的运输费用。由于存在不同的交货地点,到货价格往往有多种定价方式。比如单一区域定价、多个区域定价、基地点定价等。

(1)单一区域定价。即不管买方处于什么地方，他们都只需要按一个价格支付。这种价格一般反映了厂方交货的平均成本。但是，在这样处理的情况下，必然有一部分客户在补贴其他一部分客户的运输成本，因为不同的客户交货地，其运输费用并不相同。

(2)多个区域定价。就是为不同的区域制定不同的价格，这种定价的依据在于距离的远近。这样做有利于比较合理地分配运输成本。

(3)基地点定价。即确定一个基地点，货物到目的地的价格由基地点基本价格和从基地点到目的地的运输成本组成。这种价格的计算与实际交货的路径无关，也就是说，不管货物从哪个地方运出，对于客户来说，他所负担的费用变化与从基地点到目的地的运费有关。

4.4.2 定价与物流运作

定价问题与物流运作的很多方面有关，比较典型的包括数量折扣问题、提货折扣问题、促销定价问题、歧视定价问题。

(1)数量折扣问题。数量折扣就是根据客户的订购数量的大小，给予不同的价格折扣，以鼓励顾客购买更多数量的商品。这种折扣情况下，大宗客户将比小客户获得更为有利的交易条件。对于厂商来说，对于大批量的订单，其单位商品的物流处理成本会比小批的订单低一些，因此可以部分消化数量折扣。当然，很多情况下，厂商的数量折扣不仅仅与物流成本有关，而更多的是从促销角度考虑。

(2)提货折扣问题。提货折扣就是由客户自行提货，供应商在标准价格的基础上给予一个折扣，并同时不再承担从厂方到目的地的运费。这种价格对于客户来说，可以自行安排运输，尤其对于就近的客户来说，这种折扣安排就更具有吸引力。对于厂方来说，可以避免处理小批量订单的麻烦。

(3)促销定价问题。促销定价就是使用短期促销来刺激购买者。许多厂商会通过促销来刺激消费者。这种促销行为会带来消费量的涌动，这对物流管理提出了新的要求。

(4)歧视定价问题。不同地区的差异定价和其他价格折扣，都可能存在价格歧视的问题。这种价格歧视有可能导致顾客的不满，从而对企业带来不利的影响。

4.4.3 运输定价策略

物流价格组成中，很大一部分来自于运输。对于供应商来说，合理制定运输价格会直接影响其市场销售业绩。从定价的依据来分，可以将运输定价策略分为：服务成本定价、服务价值定价、组合定价、净费率定价。

(1)服务成本定价。就是通过对成本的累计计算，再加上毛利率来进行定价。

这种定价方式代表了基本的或最低的运输收费，一般用于低价值货物或在高度竞争情况下使用。

(2)服务价值定价。就是根据客户感觉到的服务价值进行定价。比如，不同货物其价值不同，对于一些高价值的货物，客户有可能愿意接受高一些的服务价格，来获得一些额外的服务。

(3)组合定价。就是在最低的服务成本定价和最高的服务价值定价之间找到一个中间价格。这种价格的确定，与市场行情有关。

(4)净费率定价。为了避免复杂的运费计算，有些服务商提供简单的价格表，这些价格中包括运输的各项费用。这种定价可以使客户避免复杂的计算。

4.5 库存管理

存货成本在货物的物流成本中占据重要的份额，同时对货物的生产销售等产生重要影响。合理的库存能在保证供应的前提下，大幅度降低成本。本节主要就库存的基本概念、存货资源计划和存储管理模型进行讨论。

4.5.1 库存的基本概念

1. 存货的风险

对于一个企业来说，它保留存货是有风险的。这些风险包括：当企业将资金投入存货时，这些资金存在机会成本，或者说企业实际上承担了利息费用；另外，库存的产品有可能丢失或变成陈旧物。这些因素都对企业的存货管理构成压力。

企业在存货方面的风险结构和风险大小，与它在配送渠道中的地位直接相关。我们通常把配送渠道中的企业分为制造、批发和零售企业。一般来说，制造商的存货负担包括原材料和零部件、在制品和制成品等，制造商的库存品种一般比零售商的库存品种要少一些，但是其库存的时间会较长。零售商的库存的主要问题是品种比较多，也就是说其承担的风险涉及比较广泛。批发商的风险特点介于制造商和零售商之间，同时由于一些销售季节的原因，它需要预先备货，因此在一定时期内会承担较长时间的库存风险。

2. 存货的功能

存货的功能主要如下。

(1)产地专业化。产品从原材料、零部件到完成品的过程，往往分布在各地进行，以获得比较经济的基于专业化的成本节省。这种专业化利益的实现，需要以一定的存货成本为代价。

(2)经济运行。企业在生产某种产品时,往往具有一定的经济批量的要求,即当以某种数量生产时,其成本最低,而这种经济批量往往与客户的订货数量不一致,这种不一致需要通过库存来调节。

(3)平衡供求。在一些产品中,生产的速度往往与需求的周期性变化不一致。一般来说,生产的数量往往比较稳定,而需求有可能有季节性的变化,这种季节性的变化,需要通过库存来进行平衡。

(4)缓冲不确定因素。在实际管理中存在着未来的供货补给不确定性和客户需求的不确定性,这些不确定性可以通过库存的设置来缓冲。

3. 物流存储系统

我们可以把物流业务中有关存储的活动看作是一个系统,即物流存储系统。

(1)系统输入和输出。为了满足生产的需要,库存物资需要不断地发往客户单位,这种物资的流出,可以看做是物流存储系统的输出。输出的方式可以是间断式或连续式。间断式是指输出数量不是连续变化,而是会发生阶段性的突变;连续式是指输出数量是连续变化的,相对比较平稳。

(2)存储系统费用。存储系统费用是库存管理中的重要经济指标,这些费用主要包括订货费、保管费、缺货损失费等。订货费是指为了补充库存,办理一次订货所发生的有关费用,包括订货过程中发生的订购手续费、联络通信费、人工核对费、差旅费、货物检验费、入库验收费等。订货费往往与一批货物的数量多少没有太大关系,因此从订货费的角度讲,订货批量越大越好。批量越大,单位产品摊销的订货费就越低。保管费是指每单位货物存储时间所需花费的费用。当订货量越大时,平均库存量就越大,从而存储保管费的支出就越大。因此从保管费的角度讲,订货批量越大越不好。缺货损失费是指中断供应影响生产和交货的损失费用。从缺货损失费的角度讲,存储量越大,缺货的可能性越小,因而缺货损失费也越小。

4. 合理存储

合理存储包括合理存储量、合理存储结构、合理存储时间和合理存储网络几个方面内容。

(1)合理存储量是指能在下一批货物到来之前,保证本期货物正常供应的存货数量水平。影响合理存储量的因素包括需求量、商品生产时间、交通运输条件、管理水平和设备条件等。

(2)合理存储结构是指商品的不同品种、规格之间保持合理的存储量比例结构。由于外部环境的变化,对存储结构合理性的要求也会发生变化,所以企业需要根据情况变化，及时调整存储结构。

(3)合理存储时间与销售速度有关，同时也与商品的特点有关，合理的存储时间的确定应考虑多方面的因素。

(4)合理存储网络是指布局合理的仓库网点。这些网络的合理布局有利于降低库存，提高交货速度等。

4.5.2 库存控制系统

1. 库存控制系统的任务

库存控制系统是解决订货时间和订货数量问题的联动系统。一个运行良好的库存控制系统一般应该达到以下的一些要求：以相对较低的成本来保证足够的物料和货物需求；对货物的储存时间和流量进行监控；及时向管理部门提供有价值的报告。

库存控制系统所要考虑的问题包括：

(1)对需求进行预测，并根据实际情况对预测误差进行处理；

(2)选择库存模型，如经济订货增长量(EOQ)、经济订货周期(EOI)、经济生产量(EPQ)、物料需求计划(MRP)、一次性订货量(SOQ)等；

(3)测定存货成本，包括订购、存储、缺货成本等；

(4)记录和盘点货物的办法；

(5)验收、搬运、保管和发放物品的办法；

(6)用以报告例外情况的信息程序。

2. 库存控制系统的常见种类

(1)连续库存系统。这个系统以经济订货量和订货点的原理为基础。在该系统中，当存货量降到一定水平时，需要进行补充供应，以保证一定数量的存货水平。

(2)双堆库存系统。其特点是没有连续的库存纪录，属于固定订货量系统。当存货消耗一堆时开始订货，其后的需求由第二堆来满足。

(3)定期库存系统。在这个系统中，存货量按固定的时间间隔进行检查。

(4)非强制补充供货库存系统。这个系统是连续系统和定期系统的混合物。库存水平按固定的时间间隔进行检查，但订货要在库存余额降到预定的订货点时才进行。

(5)物料需求计划库存系统。在这个系统中，各材料和零件的存货水平根据最终物品的需求决定。

3. 各库存控制系统的特点

所有的库存控制系统都有各自的优缺点，其使用范围也不同。例如，连续系统最适合于高价物品，对于这类物品要经常检查；双堆系统用于不重要的或价值较低的、无需经常检查的场合；定期系统适用于零售领域和供货渠道较少的场合。各库存控制系统的特点如表 4-1 所示。

表 4-1　各库存控制系统的特点

因素	库存系统				
	连续	双堆	定期	非强制性补货	物流需求计划
订货数量	固定	固定	可变	可变	可变
订货点	固定	固定	可变	可变	可变
检查周期	可变	可变	固定	固定	固定/可变
需求率	固定/可变	固定/可变	固定/可变	固定/可变	固定
前置时间	固定/可变	固定/可变	固定/可变	固定/可变	固定/可变
保险存货量	中	中	大	很大	小/无

4.5.3　确定型存储模型

所谓确定型存储模型，就是假设货物需求是不随时间变化的，因此需求量、提前订货时间是已知的相对确定的值。实际上，当我们所面临的货物需求问题，其参数波动性不大时，一般可以适用确定性存储模型。

1. 经济订货批量(EOQ)模型

经济订货批量模型(economic order quantity，EOQ)适用于整批间隔进货，不允许缺货的情况。具体来说，就是某种物资单位时间的需求量为常数，存储量以单位时间消耗该常数量库存数的速度下降，经过一定时间后，存储量下降为零，此时开始订货并随即到货，库存量由零上升为最高库存量，然后开始下一个存储周期，形成多周期存储模型。存储量变化的特点如图 4-9 所示。

在上述模型中，由于需求量和提前订货时间都是确定已知的，因此可以根据最小总费用的原则来确定订货批量和进货间隔期。这个订货批量就是经济订货批量。具体的计算方法如下。

在 EOQ 模型中，存储某种物资，不允许缺货，其存储参数是：①T：存储周期或订货周期；②D：单位时间需求量；③Q：每次订货批量；④C_1：存储单位物资单位时间的存储费；⑤C_2：每次订货的费用；⑥t：提前订货时间为零，即订货后瞬间全部交

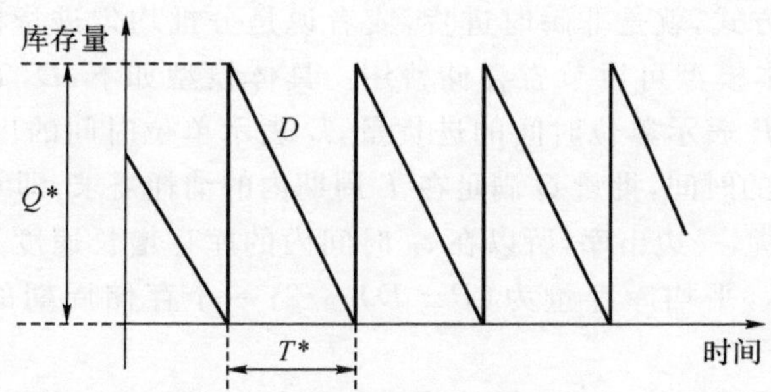

图 4-9 经济订货批量模型

货。则有：

在一个存货周期中的最高库存为 $Q=DT$；

在一个存货周期中的平均库存为 $0.5Q$；

在一个存货周期中的总费用为 $C=0.5QTC_1+C_2$；

单位时间内总费用 $C_z=0.5QC_1+C_2/T=0.5QC_1+C_2/(Q/D)=0.5QC_1+C_2D/Q$。

这个费用的情况如图 4-10 所示。单位时间的订货费用随着订货批量的增大而减小，单位时间的存储费用随着订货批量的增大而增大，从图中可以看到单位时间的总费用存在一个最低点。在这里我们不讨论具体的计算方法，只说明最后的计算结果：

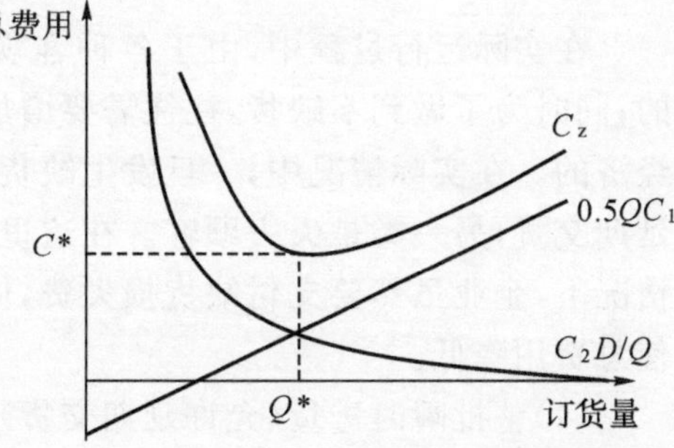

图 4-10 EOQ 模型中总费用和订货量的关系

经济订货批量 $Q^*=\sqrt{2C_2D/C_1}$；

经济订货周期 $T=\sqrt{2C_2/DC_1}$；

最小存储总费用 $C=\sqrt{2C_1C_2D}$。

需要说明的是，在上述的分析计算中，作了一个假设，即订货和到货同时发生，两者之间的时间间隔为零。而实际情况中，两者之间往往需要一定的时间间隔，为了保证供应的连续性，需要提前订货。具体做法是，当库存降低到某一水平时，就开始订货，在订货以后到货以前的这段时间，继续消耗原有库存；在库存为零之前，到货完成，从而保证货物的供应。

2. 非瞬时进货

在企业的实际运作过程中，经常会出现这样的情况，即从订货点开始的一段时间内，一方面按一定进度进货，另一方面按生产需要出库，入库完毕时，库存达到最大值。这种进货方式，就是非瞬时进货，或者说是分批均匀进货模型。与典型的EOQ模型相比，本模型可以节省存储费用。具体模型如下：D,T,C_1,C_2 含义同上，不允许缺货；P 表示单位时间的进货量，D 表示单位时间的出库量，$P>D$；t_P 表示进货批量 Q 的时间，批量 Q 满足在 T 周期内的消耗需求，即 $Q=Pt_P=DT$。

由于一边进货，一边出库，所以在 t_P 时间内的库存增长速度是$(P-D)$，最高库存为$(P-D)t_P$，平均库存量为$(P-D)t_P/2$；一个存储周期的存储总费用为 $C_1(P-D)Tt_P/2+C_2$

由于 $t_P=D/PT, T=Q/D$，得单位时间内的总费用 $C_z=C_1(P-D)Q/2P+DC_2/Q$，因此

经济订货批量 $Q^*=\sqrt{2C_2D/C_1}\cdot\sqrt{P/(P-D)}$

经济订货周期 $T^*=\sqrt{2C_2/DC_1}\cdot\sqrt{P/(P-D)}$

最小存储总费用 $C^*=\sqrt{2C_1C_2D}\cdot\sqrt{(P-D)/P}$

3. 允许缺货的EOQ模型

在实际运行过程中，由于各种客观原因存在，完成不缺货的情况是难以做到的；同时为了做到不缺货，往往需要增加库存水平，从而增加存储费用，因此也是不经济的。在实际情况中，一旦发生缺货，往往会导致两类结果，一类是缺货后可以延期交货，另一类是失去顾客。在这里，我们只讨论允许延期交货的情况。在这种情况下，企业虽然要支付缺货损失费，但是可以减少存储费用，延长订货周期，从而使总费用降低。

(1)整批瞬时进货(允许延期交货)。

具体模型参数如下：D,Q,T,C_1,C_2 含义同上；t_1 为正常供货时间，t_S 为缺货时间，$T=t_1+t_S$；Q_S 表示缺货数量；C_3 表示缺货单位时间和单位数量所支付的缺货损失费用。

单位时间内的总费用为

$$C_z=C_1(Q-Q_S)^2/2Q+C_2D/Q+C_3Q_S^2/2Q$$

计算得

经济订货批量 $Q^*=\sqrt{2C_2D/C_1}\cdot\sqrt{(C_1+C_3)/C_3}$

经济缺货量 $Q_S=\sqrt{2DC_1C_2/C_3(C_1+C_3)}$

经济订货周期 $T^*=\sqrt{2C_2/DC_1}\cdot\sqrt{(C_1+C_3)/C_3}$

单位时间的最小存储费用 $C^*=\sqrt{2DC_1C_2}\cdot\sqrt{C_3/(C_1+C_3)}$

(2)分批均匀进货(允许延期交货)。经计算可得

经济订货批量 $Q^* = \sqrt{2C_2D/C_1} \cdot \sqrt{P/(P-D)} \cdot \sqrt{(C_1+C_3)/C_3}$

经济缺货量 $Q_S = \sqrt{2DC_2/C_3} \cdot \sqrt{(P-D)/P} \cdot \sqrt{C_1/(C_1+C_3)}$

经济订货周期 $T^* = \sqrt{2C_2/DC_1} \cdot \sqrt{P/(P-D)} \cdot \sqrt{(C_1+C_3)/C_3}$

单位时间的最小存储费用 $C^* = \sqrt{2DC_1C_2} \cdot \sqrt{(P-D)/P} \cdot \sqrt{C_3/(C_1+C_3)}$

有上述公式中,可以看到分批均匀进货实际上是前述几个模型的一般形式。当 P 和 C_3 很大时,就是整批瞬时进货且不允许缺货模型;当 P 很大而 C_3 有限时,就是整批瞬时进货且允许缺货模型;当 P 有限而 C_3 很大时,就是分批均匀进货且不允许缺货模型。

4.5.4 随机型存储模型

在确定型存储模型中,有两个基本假设。一是假设需求量保持不变,即出库的速度是均匀的;二是假定订货能够按时到达。在实际情况中,这两种假设都不完全成立,比如订货有可能延迟并导致缺货现象;需求有可能发生突然增加的现象而导致缺货,等等。为了消除这些随机波动的影响,需要对需求量和订货点进行分析,并确定安全库存量。

如图 4-11 所示 A 的情况,当库存量降低到订货点的水平,就按一定数量进行订货,订货后如按时到货,不需要使用安全库存量。如果订货后不能按时到达,就需要动用安全库存,其情形如图 4-11 所示的 C。如果在订货和到货期间,发生过量使用的情况,库存会加速下降,这时就需要动用更多的安全库存,其情形如图 4-11所示的 B。

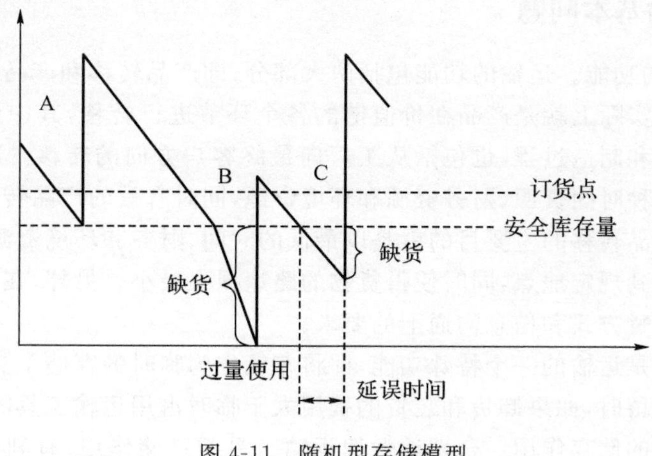

图 4-11　随机型存储模型

(1)订货点的确定。由于需求量和提前订货时间随机波动,订货点可以利用历史数据分析,获得平均的货物消耗速度和平均的提前订货时间(或最大提前期)。同时为了抵消随机波动的影响,需要增加安全库存量。计算方法如下:

订货点库存量=单位时间平均需要量×平均提前订货时间+安全库存量

或者

订货点库存量=单位时间平均需要量×最大提前订货时间+安全库存量

(2)安全库存量的确定。安全库存量可以根据需求量和提前订货时间随机变化情况确定,具体如下:

$$安全库存量=安全系数\times\sqrt{最大提前订货时间\times需求量变化偏差值}$$

其中,安全系数决定于生产中允许缺货的概率,允许缺货的程度越小,安全系数就越大。需求量变化偏差值根据需求波动的上下幅度来确定。

安全库存量也可以根据预定服务水平确定安全库存量。如果提前订货时间和实际需求量的变化服从某种统计分布,且统计资料比较可靠,可以运用统计方法,从满足预定的某一服务水平(不缺货概率)角度出发,来确定必要的保险存储量。

4.6 运输管理

运输是物流作业中最重要的因素之一,原材料和货物都需要通过运输来实现空间上的转移。在目前的市场环境中,有许多运输方式可以选择,不同的运输方式其费用、风险和效果等都不相同。对于一个物流管理者来说,正确地安排运输,可以提高整个物流系统的运行效率和绩效。

4.6.1 运输基本问题

(1)运输的功能。运输的功能包括两大部分,即产品转移和产品存储。

产品转移实际上就是产品在价值链的各个环节进行转移,其中包括从原材料到成品的采购和制造过程,也包括从工厂向最终客户方向的转移。这种产品的转移需要消耗各种时间资源、财务资源和环境资源,同时有效的产品转移使得产品的价值提高。产品转移的主要目的就是以最低的时间、财务和环境资源成本,将产品从原产地转移到规定地点,同时使得货物的路途损失最小。另外,在转移过程中应满足客户在交货方式和信息沟通上的要求。

产品存储是运输的一个特殊功能,即将车辆作为临时的存储工具。比如,当产品需要短暂停留时,如果卸货和装货的费用大于临时占用运输工具的费用,就需要发挥运输工具的储存作用。合理地发挥运输工具的存储作用,有利于降低物流系统的总成本。

(2)运输的原理。运输管理的基本原理包括规模经济原理和距离经济原理。

规模经济原理就是随着装运规模的扩大,单位重量的运输成本会降低。规模经济性之所以存在是因为转移一担货物有关的固定成本不会因为总运输重量的增加而增加,因此单位重量所承担的固定费用就降低了。

距离经济原理就是每单位距离的运输成本随着距离的增加而减少。这是因为一些相对固定的费用被更长的运输距离所分担,这些相对固定费用包括货物装卸费用、调度费用等。

在评估各类运输方案时,这些原理是必须考虑的重要因素。

4.6.2　运输服务的提供者

(1)单一方式经营人。单一方式经营人就是只利用一种运输方式服务的承运人,该承运人的业务主要集中在一项业务上,从而获得比较高的专业化效率。但是这些专业化方式也给多式联运带来较多问题,对于一个托运人来说,他需要和每个单一的承运人进行洽谈和交易,使得交易成本和管理成本升高,效率降低。比如铁路运输就是单一方式的承运人,这种承运方式下,承运人只负责从火车站到火车站的服务,托运人需要自己解决前往火车站和离开火车站的问题。

(2)专门化承运人。对于小批量物品的运输,直接交给铁路或航空等单一方式经营人,往往会由于固定的最低费用率太高而变得不合算;同时,如果需要多式联运的话,托运人需要花大量的精力来处理与各承运人的协调问题。因此,这种情况下委托专门化承运人是一种比较有效的方法。这些专门化承运人主要从事小批量装运服务和包裹递送服务,比如专业快递公司和邮局都属于这一类承运人。这些公司的服务包括基本包裹递送服务和增值包裹递送服务。基本的包裹递送服务具有比较大的普遍性,一般根据重量和距离来收取费用;增值包裹递送服务主要包括在快速递送和优先服务方面的增值服务。

(3)多式联运经营人。多式联运经营人将各种不同的运输方式综合起来,从而利用各种运输手段的内在经济性,在最低的成本下提供综合性服务。这种服务在客户的角度看来是一站式的运输服务。比如公路铁路联运就是一种比较常见的多式联运组合,它将汽车在短途运输方面的灵活性和火车在长途运输方面的低成本综合起来,从而获得较优的运输效果。多式联运的类型包括公路铁路联运车、集装箱船舶运输、航空货运和卡车运输协调方式等。由于两种运输方式的结合具有较好的经济潜力,所以多式联运概念对托运人和承运人都具有吸引力。从目前的发展情况看,多式联运的快速发展与集装箱的广泛应用有密切联系。

(4)非作业性质的中间商。非作业性质的中间商一般不拥有和经营运输设备,但是向其他厂商提供经纪服务。一个典型的非作业性质的中间商先从各种托运人手中汇集一定数量的托运货物，然后以一定的货运量水平购买城市之间的运输。中间商收取的运输费用往往要低于公共的承运人，它的利润主要来自于托运人支付的费用和批量购买城市之间运输的费用之间的差异。这些非作业性质的中间商类型包括货运代理人、托运人协会、经纪人等。

4.6.3 运输决策

通过正确的运输决策，可以提高运输资源的利用率。

(1)运输分析决策。运输分析的主要工作就是规划路线和计划运输设备的使用时间，从而在满足客户需求的基础上，使车辆和人员的使用效率最高。运输决策根据其影响的时间长短，可以分为战略性决策和战术性决策。战略性决策涉及长期的资源分配，一般主要确定能使用几个月或几年的固定的运输路线。战术运输决策主要是针对短期资源的配置，比如每天和每周的路线。运输分析的目标就是在满足客户要求的前提下运输成本最低。比较典型的运输分析问题包括：发送者如何将货物分组来形成运输路线？发送的顺序如何？车辆如何调度？等等。

(2)运输分析技术。路线和时间的分析计划是运输分析的重要问题，其分析技术可以分为试错方法、精确方法、迭代方法。

试错方法利用经验约束技术，通过顺序增加和删除停靠站来制定路线。精确方法是利用线性规划的方法来确定最佳路线，这种方法运算量比较大，一般需要计算机来进行运算。对于一些比较复杂的问题，则对计算机的容量和运算速度提出了很高的要求。迭代方法是利用仿真、成本计算或图表能力的组合来支持决策者的决策程序，并由决策制定者对方案进行确认评价，根据评价结果进行策略调整，通过多次迭代，获得相对最优的结果。迭代方法比较依赖于决策者的经验和技巧。将以上三种方法组合起来，可以取得比较好的效果。

评价运输方案的好坏，可以从两个方面来进行，即包容性和精确性。包容性是指对特殊情况或例外情况的适应能力，这种能力使得方案能比较有效地应用于实际场合。精确性是指方案的绩效接近于最优效果，这些效果包括更低的车辆运作费用、更好的客户服务、更高的车辆运行效率等。

(3)运输分析数据。运输分析所需的数据包括三类：道路网络数据、运输需求数据、运输能力数据。道路网络数据包括道路结点之间的联系、道路距离、运输时间以及任何特定的限制，诸如重量限制或过路费等。运输需求数据说明客户对转载货物和运输的周期性要求，一般以平均需求量为基础来确定能力，同时留有一定的余地以适应最高需求时期。运输能力数据包括车辆的数目、车辆的限制、运作成本和其他限制条件等。

本章要点

1. 物流系统是指在一定的时间和空间里，由所需位移的物料、包装设备、装卸搬运机械、输送工具、仓储设施、相关人员以及通信联系等若干相互制约的动态要素构成的具有特定功能的有机整体。物流系统具体要实现5S目标：优质服务、迅速及时、节约空间、规模适当、合理库存。

2. 物流系统由人、财、物、信息和组织管理等要素组成，包括输入、转换、输出、制约及反馈五个环节。

3. 物流系统有目的指向性、时空序列性、开放动态性、人—机复合性、大跨度性、可分离性、复杂性和多目标函数性等八个特征。

4. 当前常用的研究物流系统的技术有系统仿真技术、系统最优化技术、网络技术和分解协调技术。

5. 物流系统控制，就是通过对物流的运行系统进行控制管理，以期达到希望获得的运行绩效。在这个问题中的关键概念是：系统、控制、物流、目标。对于物流系统运行过程来说，其管理控制手段可以分为3类：反馈控制、前馈控制和过程控制。

6. 从物流系统的功能角度来说，主要包括两个部分：存储系统和运输系统。存储系统是针对物流的储备而存在，它的存在一方面使得物流的交货响应能力提高，另一方面也带来一些存储成本，包括场地成本、资金占用、人工成本等；运输系统是针对物流的移动而存在，它的作用就是使物流在某一恰当的时间，以恰当的方式到达一个恰当的地点，运输系统的成本和效率与运输批量大小、批次、运输方式等直接相关。从企业运营环节来说，包括采购、生产、销售等，每一个环节都与物流的存储和运输有关。从管理内容来说，可以从成本、质量和价格等多个角度进行管理。

7. 在分析一个企业的物流系统成本时，要有总成本的概念。在具体的成本控制工作中，要根据企业业务特点的不同，采取不同的成本最小化策略。在企业物流业务的外包决策中，应该基于战略思路，来选择总成本最小的决策。人们往往注意比较明显的对外支付的物流费用，而对企业内部消耗的物流费用往往容易忽视。但是实际上，我们在讨论物流系统成本管理的时候，必须站在全局的角度来分析总的物流费用成本。

8. 运输节约来自于集中运输，其手段就是通过建立仓库来调节运输流量。这些仓库包括单一的仓库，也包括仓库网络。当通过仓库集中转运的运输总成本低于直接运输的时候，就需要建立仓库点。随着运输网络中仓库集运点的增加，总运输费用会减少，但是在超过一定数量的仓库设置后，总运输成本会上升。这种成本上升的原因在于能够被转运的数量减少。因此从仓库集运的角度看，应该存在一个运输成本最小化的仓库布置的合理数量。

9. 在物流系统中提前部署库存可以改进服务响应时间。随着仓库部署的增加，总库存成本会上升，但同时由于仓库网络的布置，使得单个仓库的临时库存储备要求降低，从而使总成本的升速降低。

10. 所谓外购，就是放弃自己制造的选择，而从外部购买服务。物流系统的外购决策就是将本来由自己进行的物流活动交给外部企业来进行。物流系统成本控制与是否外购的决策直接相关。传统的外购决策中，考虑经济因素比较多，而现在，一些大企业更多地将注意力扩展到考虑战略因素。

11. 物流质量包括物流对象、物流手段、物流方法、物流过程的质量。物流管理的质量管理指标，可以分为总体质量指标、存储质量指标和运输质量指标。

12. 对于一个企业来说，它保留存货是有风险的，同时也具有产地专业化、经济运行、平衡供求、缓冲不确定因素等功能。合理存储包括合理存储量、合理存储结构、合理存储时间和合理存储网络等几个方面内容。

13. 所谓确定型存储模型，就是假设货物需求是不随时间变化的，因此需求量、提前订货时间是已知的相对确定的值。实际上，当我们所面临的货物需求问题，其参数波动性不大时，一般可以适用确定性存储模型。具体 EOQ 模型、非瞬时进货模型、允许缺货的 EOQ 模型等。随机型存储模型的几个主要问题是订货点的确定、安全库存量的确定等。

14. 运输的功能包括两大部分，即产品转移和产品存储。产品转移实际上就是产品在价值链的各个环节进行转移，其中包括从原材料到成品的采购和制造过程，也包括从工厂向最终客户方向的转移。这种产品的转移需要消耗各种时间资源、财务资源和环境资源，同时有效的产品转移使得产品的价值提高。产品转移的主要目的就是以最低的时间、财务和环境资源成本，将产品从原产地转移到规定地点，同时使得货物的路途损失最小，另外，在转移过程中应满足客户在交货方式和信息沟通上的要求。产品存储是运输的一个特殊功能，即将车辆作为临时的存储工具。比如，当产品需要短暂的停留时，如果卸货和装货的费用大于临时占用运输工具的费用，就需要发挥运输工具的储存作用。合理地发挥运输工具的存储作用，有利于降低物流系统的总成本。运输管理的基本原理包括规模经济原理和距离经济原理。

思考与练习

1. 什么是物流系统？它与物流有何区别？

2. 什么是物流系统控制？

3. 如何分析物流系统？从哪些角度来进行讨论？

4. 物流系统成本管理中需要注意哪些问题？

5. 运输管理的基本原理是什么？在物流系统管理中，主要通过什么手段来降低运输成本？

6. 仓库的部署与物流成本的关系如何？

7. 物流质量包括哪些方面？

8. 确定型存储模型的特点是什么？

参考文献

1. 唐纳德·J. 鲍尔索克斯，戴维·J. 克劳斯. 物流管理——供应链过程的一体化. 北京：机械工业出版社，1999

2. 丁立言，张铎. 物流基础. 北京：清华大学出版社，2000

3. 丁立言，张铎. 物流系统工程. 北京：清华大学出版社，2000

4. 詹姆斯·A. 菲茨西蒙斯，莫娜·J. 菲茨西蒙斯. 服务管理——运营、战略和信息技术. 北京：机械工业出版社，2000

5. 罗伯特·N. 安东尼，维杰伊·戈文达拉扬. 管理控制系统. 北京：机械工业出版社，1999

6. 董千里. 高级物流学. 北京：人民交通出版社，2001

7. 徐文静. 物流战略规划与模式. 北京：机械工业出版社，2002

8. 丁立言，张铎. 国际物流学. 北京：清华大学出版社，2000

9. 马士华，林勇，陈志祥. 供应链管理. 北京：机械工业出版社，2000

10. 朱道立，龚国华，罗齐. 物流和供应链管理. 上海：复旦大学出版社，2001

11. 朗会成，蔡连侨. 物流经理业务手册——掌握工作方法与技巧的捷径. 北京：机械工业出版社，2002

第 5 章

物流信息系统

开篇案例——沃尔玛的物流信息系统

山姆·沃尔顿于 1962 年创立沃尔玛公司。在短短几十年间,它由一家小型折扣商店发展成为世界上最大的零售企业。在沃尔玛实现短时间发展壮大、超越对手,坐上世界零售企业的头把交椅的各种因素中,强大的物流信息系统起着至关重要的作用。依靠自身的信息系统,沃尔玛每年要满足全球 4000 多家连锁店对 8 万多种商品的配送需要,每年的运输总量超过 780000 万箱,总行程达 65000 万千米。所有这一切,如果没有完善的物流信息系统是根本不可能实现的。

沃尔玛之所以成功,很大程度上是因为它至少提前 10 年(与竞争对手比较)将尖端科技和物流系统进行巧妙搭配。早在 20 世纪 70 年代,沃尔玛就开始使用计算机进行管理;20 世纪 80 年代初,他们又花费 4 亿美元购买商业卫星,实现全球联网;20 世纪 90 年代,采用全球领先的卫星定位系统(GPS),控制公司的物流,提高配送效率,以速度和质量赢得用户的满意度和忠诚度。

1. 建立全球第一个物流数据的处理中心

沃尔玛在全球第一个实现集团内部 24 小时计算机物流网络化监控,使采购库存、订货、配送和销售一体化。例如,顾客到沃尔玛店里购物,然后通过 POS 机打印发票,与此同时,负责生产计划、采购计划的人员以及供应商的电脑上就会同时显示信息,各个环节就会通过信息及时完成本职工作,从而减少了很多不必要的时间浪费,加快了物流的循环。

2. 独领风骚的卫星通信系统

早在 20 世纪 80 年代,沃尔玛就建立起自己的商用卫星系统。在强大的技术支持下,如今的沃尔玛已形成了“四个一”,即“天上一颗星”——通过卫星传输市场信息;“地上一张网”——有一个便于用计算机网络进行管理的采购供销网络;“送货一条龙"——通过与供应商建立的计算机网络连接，供货商自己就可以对沃尔玛的货架进行补货；"管理一棵树"——利用计算机网络把顾客、分店或山姆会员店和供货商像一棵大树有机地联系在一起。

3. 沃尔玛的新飞越：全面采用射频技术

射频识别技术(RFID)，是一种非接触式的自动识别技术，它通过射频信号自动识别目标对象并获取相关数据。2004 年，沃尔玛要求其前 100 家供应商，在 2005 年 1 月之前向其配送中心发送货盘和包装箱时使用射频识别技术，2006 年 1 月前在单件商品中投入使用。2005 到 2007 年，沃尔玛供应商每年约使用 50 亿张电子标签，沃尔玛公司每年可节省 83.5 亿美元。目前全世界已安装了约 5000 个 RFID 系统。凭借这一信息技术，沃尔玛如虎添翼，取得了长足的发展。信息技术的投资强化了沃尔玛的核心竞争能力。今天，沃尔玛的许多竞争对手不得不佩服沃尔玛的眼光。正如经济分析师罗伯特·德瑞克指出："沃尔玛运用科技手段促进业务发展为各界树立了成功的典范。"高科技的运用使一个传统企业出现了惊人的发展。它不仅使管理者随时控制进货和出货，降低成本，让自己的每一美元以最快的速度繁殖生息，而且它带来了传统零售行业管理理念的全新变革。

在高科技的基础上，沃尔玛可以把成本降到最低，实现"天天平价"的目的。同时与供应商的关系更加密切：供应商可以进入沃尔玛的电子数据交换系统，了解自己产品的销售情况，从而进行有计划的组织生产，大大降低因盲目生产导致产品积压而带来的损失。

(资料来源：邵举平：《物流管理信息系统》，清华大学出版社，北京交通大学出版社，2005)

5.1 物流信息系统概述

物流在现代经济发展中发挥着越来越大的作用。随着信息技术的发展，物流信息系统在企业得到了广泛运用。物流信息系统利用现代信息技术对物流活动中的各种信息进行实时、集中、统一的管理，使物流、资金流、信息流三者同步进行，及时反馈物流市场、客户和物品的动态信息，为客户提供实时的信息服务，为企业提供管理决策依据。

5.1.1 物流信息系统的概念

物流信息系统(logistic information systems, LIS)作为企业信息系统中的一类，可以理解为通过对与物流相关信息的加工处理来达到对物流、资金流的有效控制和管理，并为企业提供信息分析和决策支持的人机系统。它具有实时化、网络化、系统化、规模化、专业化、集成化、智能化等特点。物流信息系统以物流信息传递的标准化和实时化、存储的数字化、物流信息处理的计算机化等为基本内容。

物流信息系统整合了传统物流的功能性业务，如运输、仓储、配送、增值服务等内容。以信息网络技术为支撑的物流信息系统，优化了供应链，降低了流通成本，增加了产业附加值，实现了管理创新。通过物流信息系统的建设，可以提高物流企业以及生产流通企业的效率，带来巨大的经济绩效。

物流信息系统强调从系统的角度来处理物流企业经济活动中的问题，把局部问题置于整体之中，力求整体最优化，并能使信息及时、准确、迅速送到管理者手中，提高管理水平。在解决复杂的管理问题时，可广泛应用优化模型定量分析。同时，把大量的事务性工作交由计算机完成，使人们从繁琐的事务中解放出来，有利于管理效率的提高。

5.1.2　物流信息系统产生的背景

1. 物流信息系统产生的商业背景

在竞争日益激烈的环境下，如何整合上游供应商和下游客户，缩短物流过程，降低产品库存，加速对市场的反应，这是所有企业需面对的问题。然而，在过去，很多企业对商品的物流环节的管理相对比较薄弱，对物流没有统一的规划，导致物流与信息流和资金流不能有序流通，当市场发生变化时，不能快速地进行产品调整。

针对这些问题有必要为供应商、制造商、分销商和贸易商提供一套物流信息系统，用物流信息系统将库存管理、供应链管理和分销管理整合起来，将物流、信息流、资金流在制造商、供应商、分销商、批发商、零售商、仓储和客户组成的网络中协调和集成管理，从而实现商品在流通领域中的全过程管理，优化企业之间的合作关系，进而提高企业的竞争能力。

2. 物流信息系统产生的技术背景

随着人们对物流理解的深入，物流不仅仅是把货物从一个地方移动到另一个地方，更重要的是把货物移动的相关信息准确地传递给合作伙伴和最终客户。如何根据需要及时动态地优化调整物流，而信息技术在这里起着非常关键的作用。

计算机网络的日益发展，使人们对通过网络获取信息的依赖性逐渐变强，这不仅体现在获取和提交信息量的增大，更体现在对获取信息的实时性和方便性的迫切需求上。为此，人们从硬件、软件和网络等方面作出了不懈努力。

(1)在硬件方面，出现了更多便携式的移动设备，如笔记本电脑、掌上电脑、个人数据助理(personal digital assistant，PDA)等，这些移动设备称为可移动计算机。

(2)在软件方面，出现了诸如 Palm OS、Windows CE、Web Browser 等适用于移动客户端的操作系统以及针对移动条件的数据库管理软件。

(3)在网络方面，发展了各种无线通信网络，并综合利用固定网络和无线网络来传输数据，实现了固定网络和无线网络的无缝连接。

另外，20 世纪 80 年代中期，数据仓库概念的提出为信息分析奠定了基础，并为数据驱动型的决策支持提供了数据基础。例如，沃尔玛的数据仓库始建于 20 世纪 80 年代，1988 年数据仓库容量为 12 千兆字节(GB)，到 1997 年达到 24 兆兆字节(TB)，沃尔玛的成功在很大程度上取决于利用数据仓库对商品购物篮进行分析，找到了不同商品购买的相关性，从而进行商品摆放等问题的决策。由此可见，数据仓库的出现提高了企业决策的准确性。

3. 物流信息系统产生的社会背景

电子计算机技术的迅速发展，网络的广泛延伸，使整个社会进入了信息时代。在这个网络时代，只有融入信息社会，企业才可能有较大的发展。更何况，信息技术的发展已经为信息系统的开发打下了坚实的基础。企业作为社会的一员，物流作为一种社会服务行业，必然要建立属于物流业自己的信息系统。

随着社会经济的发展和科学技术的进步，生产专业化程度进一步提高，产业组织和企业组织更趋复杂，这也呼唤着物流信息系统的出现，并要求不断加以革新，顺应发展。人们生活水平也在不断提高，生活方式也逐渐趋向多元化和个性化，购买行为的变化会直接影响物流信息系统的建设。

5.1.3　物流信息系统的分类

物流信息系统有多种类型，可以从不同角度对物流信息系统进行分类，比较典型的分类如图 5-1 所示。

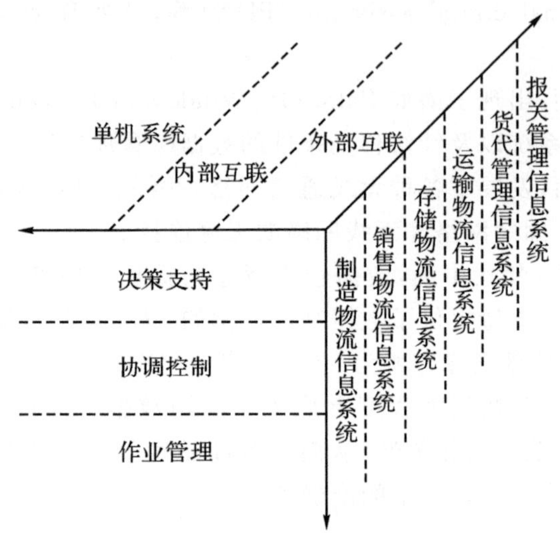

图 5-1　物流信息系统的分类

（1）按管理决策的层次分类。按管理决策的层次进行划分，物流管理系统可以划分为物流作业管理系统、物流协调控制系统和物流决策支持系统，各系统功能如图 5-2 所示。

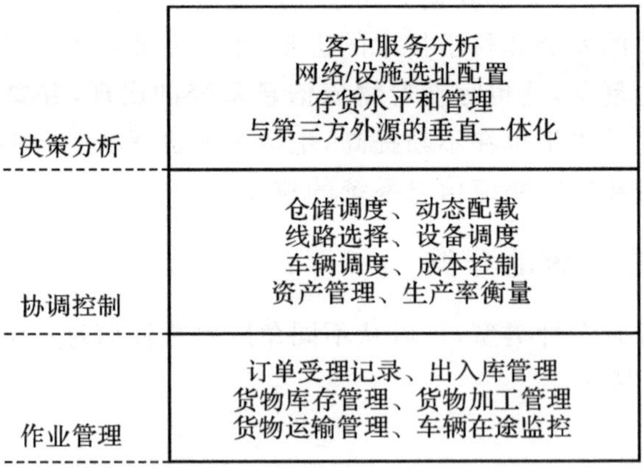

决策分析	客户服务分析 网络/设施选址配置 存货水平和管理 与第三方外源的垂直一体化
协调控制	仓储调度、动态配载 线路选择、设备调度 车辆调度、成本控制 资产管理、生产率衡量
作业管理	订单受理记录、出入库管理 货物库存管理、货物加工管理 货物运输管理、车辆在途监控

图 5-2　物流信息系统按决策层次划分

（2）按系统的应用对象分类。供应链上不同的环节、部门所实现的物流功能不尽相同。根据物流信息系统在供应链上的作用和所处的地位，物流信息系统可以分为面向制造企业的物流信息系统，面向零售商、中间商、供应商的物流信息系统，以及面向物流企业的物流信息系统，如图 5-3 所示。

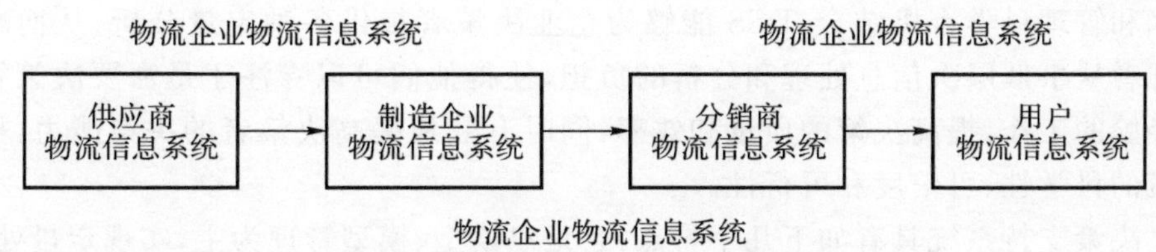

图 5-3 物流信息系统按应用对象划分

(3)按系统采用的技术分类。物流信息系统的实现有多种形式,根据其采用技术的不同,可以分为单机系统、内部网络系统以及与合作伙伴与客户互联的系统。

• 单机系统。在这种模式下,系统的应用也往往只局限于料账管理、打印报表和简单的统计。物流信息系统与企业的其他系统,如财务、人事等系统的运作各不相干、各自独立运行。这时,物流企业虽然解决了手工制作单证的问题,但内部数据往往难以实现共享,存在大量重复劳动,可能造成同样的数据需要在不同的系统中重复输入的情况。

• 内部网络系统。这类系统在物流企业中常常采用大型数据库技术及网络技术。内部局域网建成后,物流企业各部门间的信息流动基本实现无纸化,内部数据可以较好地实现共享。物流企业内部不同地区的子公司之间可以采用企业内联网(Intranet)技术,利用增值网络,将企业分布在不同地理区域的机构有机地结合在一起,同时结合 Internet 技术,随时随地地向客户和公司的管理层提供所需的各种信息,从而保证供应链各环节的有机结合。

• 与合作伙伴和客户互联的系统。在这种模式中,企业内部网络系统与外部合作伙伴及客户的管理信息系统的接口已经做好,数据可通过专门的通信通道进出物流企业,形成了物流企业的 Extranet。这种系统将企业内部网络 Intranet 和 Internet 有机结合在一起,充分利用 Internet 技术所带来的便利,以较低的成本和能够迅速扩张的能力,为公司的管理层和协作伙伴以及客户提供各种信息。

5.1.4 几种典型的物流信息系统

(1) 决策支持系统(decision support system, DSS)。决策支持系统是一个能对决策提供支持的交互式计算机系统。它能为决策者提供有价值的信息及创造性思维与学习的环境,并能支持决策者对半结构化问题的求解。一般情况下,决策支持系统可分为智能决策支持系统、分布决策支持系统和群体决策支持系统。

DSS 以日常业务处理系统的数据为基础,利用数学的方法或模型,对业务数据进行综合分析,预测未来业务的变化趋势,在企业发展、市场经营战略等重大问题上为领导层提供决策帮助。通过综合应用决策科学的理论和方法,并与计算机技术和管理科学有机结合，DSS 能够为企业决策者提供各种定量分析，从而减轻管理者从事低层次信息处理和分析的负担，使得他们可以专注于最需要决策智慧和经验的工作，提高决策的质量和效率，同时有效地提高决策者的决策能力，提高决策的科学性、可信度和可行性。

决策支持系统具有如下几个特点：它是以模型、模型管理为主，实现定量处理；系统的运行不仅需要企业外部、内部的原始数据，还需要按照决策问题的要求进行加工后的数据。因此，不仅需要数据库的支持，还需要数据仓库的支持，不仅需要单一的数据，还需要多方的数据；对用户来说，系统只是支持而不是替代，即系统能为用户提供多个备选方案，并按照设定的评价指标集对方案进行评价，但是最终方案的选择还是用户；决策支持系统的支持能力是有限的。

(2) 运输信息系统。运输信息系统主要处理各种运输问题，它应当支持多网点、多机构、多功能作业的立体网络运输，特别对于网络机构庞大的运输体系，运输管理信息系统能够协助管理人员进行资源分配、作业匹配、路线优化等操作，同时运输管理系统与 RF、GPS/GIS 系统实现无缝连接，在充分利用条码的系统内可以实现全自动接单、配载、装运和跟踪。这里需要补充的是，运输信息系统还应有基本资料的管理(包括车辆信息、行使路线信息等基本资料的维护)、油料管理(包括油料的采购、库存转移和领用管理)、物料管理(包括对物料的采购、领用和破损处理等)和成本管理(包括控制车队日常运营成本时产生效益的主要手段和途径)。

(3) 库存信息系统。库存信息系统是物流信息系统中应用较为广泛的系统，也可以说是各类型物资及物流管理信息系统的基础系统。无论进行何种管理，库存信息都是首先要掌握和收集的。库存信息系统主要有以下几个应用方面的目的：一是便于掌握各分销地点的库存量及生产企业库存量；二是对具体的某一仓库进行库存管理；三是在高层货架仓库中建立库存信息分系统等。

(4) 配送信息系统。配送信息系统是物流信息系统的重要组成部分，配送的成败决定着企业和经营部门对市场的占有和控制。美国通用电气公司的综合信息及销售管理系统是配送系统中较为有名的例子：该公司将分布于 49 个州的 65 个销售部门、11 个州的 18 个产品仓库及 21 个州的 53 个制造厂联结起来，及时掌握和分析库存情况，一旦有订货，则由中央机进行集中信息处理(在 15s 内即可处理完毕)，然后通过网络将发货信息传递到距用户最近(或运费最低)的配送点命令发货。由此可见，配送信息系统的主要目的是：向各分销点或营业点提供配送物资的信息，根据订货查询库存及配送能力，发出配送指令，发出结算指示及发货通知，汇总及反馈配送信息等。

(5) 订单处理系统。一个企业从发出订单到收到货物的时间称为订货提前期，而对于供货方，这段时间称为订货周期。在订货周期中，企业要相继完成 5 项重要活动:订单准备、订单传输、订单录入、订单履行、订单状况报告,这就是订单处理的流程。

在订单处理流程的任一环节缩短了时间,都可以为其他环节争取时间或者缩短订货周期,从而保证了客户服务水平的提高。生产企业的订货周期就是购买者的订货提前期,如果生产企业的订货周期比较短,并且很稳定,那么购买者就可以降低再订货点,减少保险库存,节约大量存货成本。由此可见,生产企业订货周期的长度及波动性对于购买企业的成本和灵活性具有重大的影响,是购买企业在选择供应商时的重要参考指标,它直接影响企业的市场竞争力。从客户的角度来看,评价企业对客户需求的反应灵敏程度,是通过分析企业的订货周期的长短和稳定性来实现的。因此,完善的订单处理系统对企业是十分重要的。

5.1.5 物流信息系统在物流管理中的作用

商流和物流是流通的组成部分,两者关系密切。在过去两者合二为一,但在物流发展过程中,商流和物流逐渐产生了分离,如图 5-4 所示。

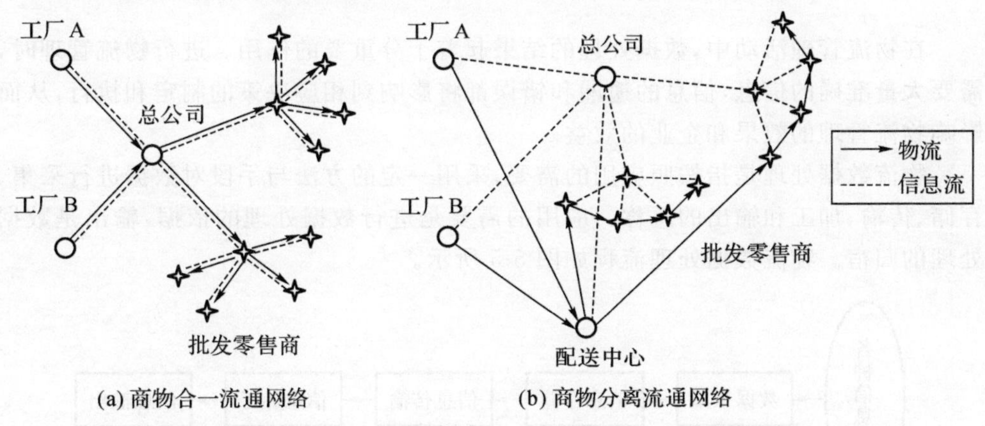

图 5-4 商流与物流

在现代物流中,物流主要是信息沟通的过程,物流的效率依赖于信息沟通的效率,商流、物流和信息流是分不开的,商流和物流都是在信息流的控制下运作的,信息流控制物品、资金流动的时间、方向、大小和速率。

现代物流趋向于商流和信息流一体化,通过构建现代物流中心或信息处理中心这一全新的现代物流体系,使商流、物流和信息流在物流信息系统的支持下实现互动,从而能提供准确和及时的物流服务。

物流信息系统可以同时完成对物流的确认、跟踪和控制,它不仅使企业自身的决策快、反应快、灵活机动,对市场的应变能力强,而且增强了和客户的联系沟通,能最大可能地满足客户的需要，为客户创造更多的价值，因而易锁定原有的客户，吸引潜在的客户，从而增强企业的竞争优势。

物流信息系统的引进和完善有效地为物流企业解决了单点管理和网络化业务之间的矛盾、成本和客户服务质量之间的矛盾、在有限的静态资源和动态市场之间的矛盾、现在和未来预测之间的矛盾。它通过直接切入物流企业的业务流程来实现对物流企业各生产要素进行合理组合和高效利用，降低经营成本，直接产生明显的经营效益。它有效地把各种零散数据变为商业智慧，赋予物流企业新型的生产要素——信息，大大提高了物流企业的业务预测能力和管理能力，通过“点、线、面”的立体式综合管理，实现了物流企业内部一体化和外部供应链的统一管理，有效地帮助物流企业提高服务质量，提升物流企业的整体效益。

5.2 物流信息系统的结构与功能

5.2.1 物流数据处理的流程

在物流管理活动中，数据处理的结果起着十分重要的作用。进行物流管理时，需要大量准确的信息，信息的遗漏和错误都将影响到相应决策的制定和执行，从而影响物流管理的效果和企业的效益。

物流数据处理是指按照应用的需要，采用一定的方法与手段对数据进行采集、存储、传输、加工和输出的总称。应用的需要是进行数据处理的依据，输出是数据处理的归宿。物流数据处理流程如图 5-5 所示。

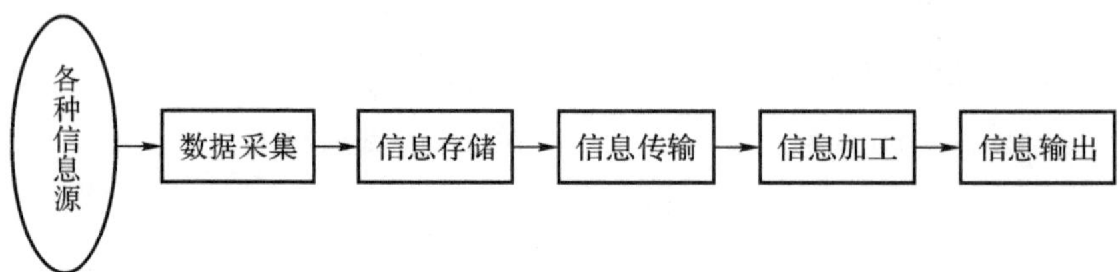

图 5-5　物流数据处理流程

（1）数据采集和输入。物流数据采集是指通过采集子系统从系统内部或外部将数据采集到预处理系统中，并处理成为系统要求的格式和形式，然后再通过输入子系统输入到物流信息系统中。这一过程是其他功能得以发挥的前提和基础，如果一开始采集和输入的信息不完全或不正确，在接下来的过程中得到的结果就可能与实际情况完全相左，这会导致严重的后果。因此，在衡量一个信息系统性能时，应注意它采集数据的完善性、准确性，校验能力，以及预防和抵抗破坏的能力等。

(2) 信息存储。物流数据经过采集和输入阶段后，在其得到处理之前，必须在系统中存储下来。即使在处理之后，若信息还有利用价值，也要将其保存下来，供以后使用。物流信息系统的存储功能就是要保证已得到的物流信息不丢失、不走样、不外泄、整理得当、随时可用。无论哪一种物流信息系统，在涉及信息的存储问题时，都要考虑到存储量、信息格式、存储方式、使用方式、存储时间、安全保密等问题。如果这些问题没有得到妥善解决，信息系统是无法投入使用的。

(3) 信息传输。物流信息在物流系统中，需要准确、及时地传输到各个职能环节，否则信息就会失去其价值。这就需要物流信息系统具有克服空间障碍的功能。物流信息系统在实际运行前，必须充分考虑所要传递的信息种类、数量、频率、可靠性要求等因素。只有这些因素符合物流系统的实际需要时，物流信息系统才有实际使用价值。

(4) 信息加工。物流信息系统的最根本目的就是要将输入的数据加工处理成物流系统所需要的物流信息。数据和信息是有所不同的，数据是得到信息的基础，但数据往往不能直接利用，而信息是从数据加工得到的，它可以直接利用。只有得到了具有实际使用价值的物流信息，物流信息系统的功能才算发挥。

(5) 信息输出。信息的输出是物流信息系统的最后一项功能，也只有实现了这个功能，物流信息系统的任务才算完成。信息的输出必须采用便于人或计算机理解的形式，在输出形式上力求易读易懂，直观醒目。

这五项功能是物流信息系统的基本功能，缺一不可。而且，只有这五个过程都没有出错，最后得到的物流信息才具有实际使用价值，否则会造成严重的后果。

5.2.2　物流信息系统的结构

从系统的观点，构成物流企业信息系统的主要组成要素有硬件、软件、数据库和数据仓库、相关人员以及企业管理制度和规范等。

(1)硬件。硬件包括计算机、服务器、通信设施等，它是物流信息系统的物理设备、硬件资源，是实现物流信息系统的基础，它构成物流信息系统运行的硬件平台。物流信息系统的物理结构如图 5-6 所示。

(2)软件。在物流信息系统中，软件一般包括系统软件、实用软件和应用软件。系统软件主要有操作系统、网络操作系统等，它控制、协调硬件资源，是物流信息系统必不可少的软件。实用软件的种类很多，对于物流信息系统，主要有数据库管理系统、各种开发工具、群件等，主要用于管理数据资源、开发应用软件、实现通信等。应用软件是面向问题的软件，与物流企业业务运作相关，实现辅助企业管理的功能。不同的企业可以根据应用的要求，来开发或购买软件。

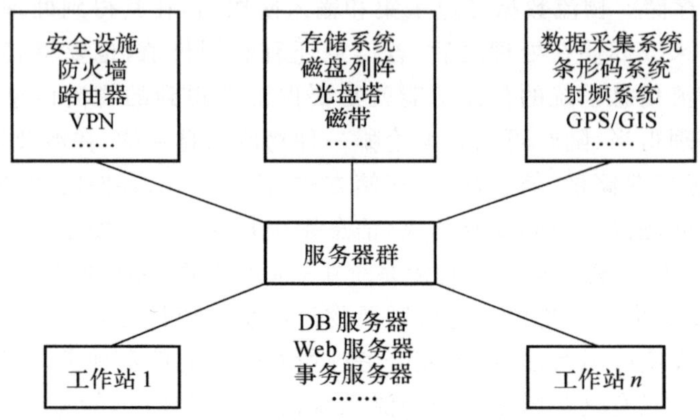

图 5-6 物理信息系统的物理结构

(3) 数据库与数据仓库。数据库与数据仓库用来存放与应用相关的数据，是实现辅助企业管理和支持决策的数据基础，目前大量的数据存放在数据库中。随着物流信息系统应用的深入，采用数据挖掘技术的数据仓库也应运而生。

(4) 相关人员。系统的开发涉及多方面的人员，包括企业高层领导、信息主管、中层管理人员、业务主管、业务人员、系统分析员、系统设计员、程序设计员、系统维护人员等。不同人员在物流信息系统开发过程中起着不同的作用。对于一个物流企业来说，应该配备什么样的专业队伍，取决于企业对 LIS 的认识，取决于企业对 LIS 开发的管理模式。

(5) 物流企业管理思想和理念、管理制度与规范。在物流行业，新的管理思想和理念不断产生，如供应链管理理念、第三方物流等。物流企业本身决策者和管理者及其客户所能接受和贯穿的管理思想和理念的程度决定物流信息系统的结构，是物流信息系统的灵魂。物流企业管理制度与规范通常包括组织结构、部门职责、业务规范和流程、岗位制度等，它们是物流信息系统成功开发和运行的管理基础和保障。

5.2.3 物流信息系统的主要功能

物流信息系统是把各种物流活动与某个一体化过程连接在一起的通道，一体化过程建立在四个功能层次上：交易系统、管理控制、决策分析和战略计划系统。物流信息系统、管理控制、决策分析以及战略计划制定的强化需要以强大的交易系统为基础。

其中交易系统是用户启动和记录个别的物流活动的最基本的层次；管理控制要求把主要精力集中在功能衡量和报告上。功能衡量对于提供有关服务水平和资源利用等的管理反馈来说是必要的，管理控制以可估价的策略上的、中期的焦点问题为特征，它涉及评价过去的功能和鉴别各种可选方案；决策分析是主要把精力集中在决策应用上，协调管理人员鉴别、评估和比较物流战略和策略上的可选方案，但与管理控制不同的是，决策分析强调有效，而不是强调效率；战略计划系统主要集中在信息支持上，以开发与提炼，物流战略，这类决策往往是决策分析层次的延伸，但是通常更加抽象、松散，并且注重于长期，包括通过战略联盟使协作成为可能，厂商的能力和市场机会的开发与提炼，以及顾客对改进的服务所作的反应。所以，物流信息系统的功能如下。

(1)市场交易活动功能。交易活动主要包括记录接货内容、安排储存任务、作业程序选择、制定价格及相关人员查询等。物流信息的交易作用就是记录物流活动的基本内容。其主要特征是：程序化、规范化和交互式，强调整个信息系统的效率性和集成性。

(2)业务控制功能。物流服务的水平和质量以及现有管理个体和资源的管理，要有信息系统做相关的控制，应该建立完善的考核指标体系来对作业计划和绩效进行评价和鉴别，这里强调了信息系统作为控制工作和加强控制力度的作用。

(3)工作协调功能。在物流运作中，加强信息的集成与流通，有利于工作的时效性，提高工作的质量与效率，减小劳动强度系数。这里，物流信息系统也有重要作用发挥。

(4)决策和战略支持功能。物流信息管理协调系统可以协助工作人员和管理层进行活动的评估和成本—收益分析，从而更好地进行决策。强调物流信息管理系统支持决策和战略定位作用。

5.3　物流信息自动采集技术

在现代物流管理领域中，信息流和实物流是分离的，但信息流终究要为实物流服务，实现信息流和实物流的互联，主要依赖于自动识别和采集技术，包括条形码技术、射频识别技术、磁识别技术、声音识别技术、图形识别技术、光字符识别技术、生物识别技术等。在物流领域主要是指条形码技术和射频识别技术，它们的应用，显著地提高了物流管理的效率。

5.3.1　条形码信息采集技术

条形码最早出现于 20 世纪 40 年代，历经多年发展，是比较成熟的标准化的物流信息编码和采集技术。

1. 条形码的概念

条形码是一种可印刷机器语言，是由一组按特定编码规则排列的条、空组成的图形符号，可表示特定的信息内容。条形码自动识别系统由条形码标签、条形码生成设备、条形码识读器和计算机组成。条形码标签绝大多数是纸质基材，由信息系统控制打印生成，具有经济、抗电磁干扰能力强等特点。在物流过程中，识读器根据条、空对光的反射率不同，利用光电转换器件，获取条形码所示信息，并自动转换成计算机数据格式，传输给计算机信息系统。条形码信息采集技术具有录入速度快、可靠性高、实用性强等优点。

在物流领域中，条形码是通过标准化来实现数据共享的。条形码技术的标准化是指在条形码技术的社会实践中，对重复性事物和概念，制定、发布和实施统一的标准。通过推行条形码技术标准化，有利于充分发挥条形码在国际贸易中的通用语言效能。在标准化实践中，条形码的码制是指条形码符号的类型，每种类型的条形码符号都是由符合特定编码规则的条和空组合而成，都有固定的编码容量和条形码字符集。条形码技术从产生到现在，种类有几百种之多，但常用的只有十几种，而国际上公认的只有三种，即 EAN 码、交叉 25 码和 UCC/EAN－128 码。这三种码制基本上能够满足物流应用的要求。

2. 一维条形码

这种条形码是由一个接一个的“条”和“空”排列组成的，条形码信息靠条和空的不同宽度和位置来传递，信息量的大小是由条形码的宽度和印刷的精度来决定的，条形码越宽，包容的条和空越多，信息量越大；条形码印刷的精度越高，单位长度内可以容纳的条和空越多，传递的信息量也就越大。这种条形码技术只能在一个方向上通过“条”与“空”的排列组合来存储信息，所以叫它“一维条形码”。

通常，任何一个完整的一维条形码都是由两侧的空白区、起始符、数据字符、校验符、终止符和供人识别字符组成的。一维条码符号中的数据字符和校验符是代表编码信息的字符，扫描识读后需要传输处理，左右两侧的空白区、起始符、终止符等都是不代表编码信息的辅助符号，仅供条码扫描识读时使用，不需要参与信息代码传输。

(1)EAN 码。EAN 码是国际物品编码协会(International Article Numbering Association)在全球推广应用的商品条码，是定长的纯数字型条码，它表示的字符集为数字 0～9。在实际应用中，EAN 码有两种版本，标准版(EAN－13 码)和缩短版(EAN－8 码)。我们日常购买的商品包装上所印的条码一般都是 EAN 码。①标准版商品条码采用 EAN－13 码制，由 13 位数字组成。其结构如图 5-7 所示，由左侧静区、起始字符、左侧数据字符、中间分隔字符、右侧数据字符、校验字符、终止字符、右侧静区组成。②缩短版商品条形码采用EAN－8码，是EAN－13码的压缩版，由8位数字组成。与标准版商品条形码相比，缩短版商品条码没有制造厂商代码，仅有前缀码、商品项目代码和校验码。

图 5-7 EAN－13 条形码的符号结构

(2)交叉25码(Code 2 of 5 Interleaved)。交叉25码在仓储和物流管理中被广泛采用。交叉25码是一种连续型、非定长、具有自校验功能，且条、空都表示信息的双向条码。条码符号由左侧静区、起始字符、数据字符、终止字符和右侧静区构成。

(3)UCC/EAN－128码。UCC/EAN－128条形码是一种可变长度的连续型条码，它用一组平行的条、空及其相应的字符来表示。由左侧静区、起始字符、数据字符、校验字符、终止字符和右侧静区构成。UCC/EAN－128条形码有A、B、C三套字符集，覆盖了全部128个ASCⅡ码字符。UCC/EAN－128条形码是由国际物品编码协会、美国统一编码委员会UCC(Uniform Code Council)和自动识别制造商协会共同设计而成的。我国制定的《贸易单元128条码》等国家标准采用了UCC/EAN－128条形码。UCC/EAN－128能够表达更丰富的信息，主要用于对应用标识的表示，如产品批号、数量、规格、生产日期、有效期、交货地等。条形码应用标识由应用标识符和数据两部分组成，应用标识符是指明跟随在应用标识符后面的数字表达的含义，应用标识符由2～4位数字组成。应用标识符标准规范不仅是一个标准，更是信息交换的工具，它将物流与信息紧密结合起来，成为连接条码与EDI的纽带。

3. 二维条码

一维条码自出现以来，发展速度很快，极大地提高了数据录入和采集的效率。但是，一维条码所携带的信息量有限，在应用中，更多的是对“物品”进行标识，而不是对“物品”进行描述。一维条码必须依赖数据库的支持才能表达更多的信息，这在一定程度上限制了它的应用。现代高新技术的发展，迫切要求条形码在有限的几何空间内表达更多信息以满足各种需要，二维条码正是在这种形势下于20世纪90年代产生的。目前二维条码主要有PDF 417码、Code 49码、Code 16K码、Data Matrix码和MaxiCode码等(见图5-8)，主要分为层排式和棋牌式两大类。二维条码主要用于以下方面：电子商务中的单证；证件(如护照、身份证、驾驶证等)；物流中心、仓储中心等的物品盘点；商业机密、政治情报、军事机密、私人信函等。

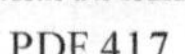
PDF 417

Code 49

Data Matrix

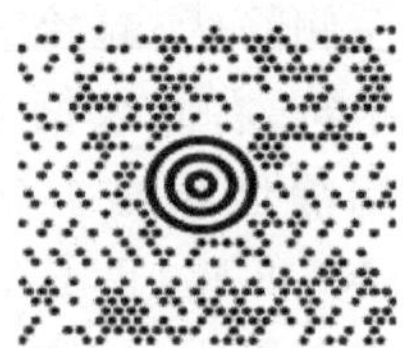
MaxiCode

图 5-8　二维条码

二维条码的优点如下。

(1)信息密度大。二维条码通过利用垂直方向的尺寸来提高条码的信息密度，通常情况下其密度是一维条码的几十到几百倍，这样就可以把产品信息全部存储在一个二维条码中，要查看产品信息，只要用识读设备扫描二维条码即可，不需要依赖数据库，真正实现了用条码对“物品”的描述。

(2)纠错能力强。二维条码可以表示数以千计字节的数据，如果没有纠错功能，当二维条码的某部分损坏时，该条码便变得毫无意义，因此二维条码中引入了错误纠正机制。这种纠错机制使得二维条码成为一种安全可靠的信息存储和识别方法，这是一维条码无法比拟的。

(3)编码范围广。多数二维条码都具有字节表示模式，即提供了一种表示字节流的机制。能够设法将各种数字化信息(如文字、图像、声音、指纹等)转换成字节流，然而再将字节流用二维条码表示。

(4)保密性能好。加密机制的引入是二维条码的又一优点。可以采用密码防伪、软件加密，以及利用所包含的信息如指纹、照片等进行防伪，因此具有极强的保密防伪性能。

(5)成本低廉。利用现有的点阵、激光、喷墨、热敏/热转印、制卡机等打印技术，即可在纸张、卡片、PVC 甚至金属表面上印出二维条码。

4. 条形码采集与传输系统

条形码所载信息由条形码识别系统采集到物流信息系统中。条形码自动识别系统主要构成元素包括：能够自动读入条形码的装置——条形码自动阅读器(扫描器和译码器)；把读入的信息传送到处理器的通信系统；处理器。

(1)条形码的读入。自动识别的第一步是条形码的读入。条形码的读入由扫描器和译码器完成。扫描器利用光电转换技术对条形码符号进行扫描，获取条形码信息。物流信息系统中使用的扫描器主要有以下三种：①手动式条形码阅读器。如手持式光笔 CCD 条形码阅读器和手持式激光条形码阅读器。②固定式条形码阅读器。扫描器固定不动，条形码在扫描器前移动通过时进行扫描，可对条形码远距离自动识别，不需要任何人工操作，因此在物流识别与跟踪中广泛使用。③全向式条形码阅读器。这种阅读器如同摄像头，当条形码进入摄像区域时，条形码的整体信息直接被摄入。其特点是阅读器与符号之间不必相对移动，无论条形码以什么角度进入阅读区域都能正确读入。为满足对物流信息采集的连续性、实时性和多采集点的要求，有必要采用一定结构的条形码数据采集系统。经常使用的多通道管理器可对多点条形码信息进行管理。此外，运用射频技术可使数据采集系统具有更好的柔性。

(2)信息的解译。译码器分析阅读器读入的信号，并译解出条形码的编码信息。衡量一个译码器优劣的主要指标是误码率和首读率。误码率表示对一组数据进行识别，其中可能出现一个错误数据的概率。首读率是对一组条形码进行一次性识别，其中识别成功的概率。一个符合质量标准的译码器，在条形码符号印刷质量比较好的情况下，误码率要求在 10^{-9}～10^{-8} 以下，首读率在 90%以上。

(3)条形码信息的传输。阅读并被译解的信息通常需要传送到中央处理计算机进行处理。一般在条形码译码器内部，可由单片机或专用集成电路来完成译码与传送。它与中央处理计算机采用串行接口或键盘接口。由于条形码识别与生产控制流程、信息管理作业等相关，因此还需要建立相应的条形码数据采集系统，将各点、位获取的条形码信息通过网络传输，集中进行处理。

5.3.2 射频信息采集技术

2003 年 11 月 4 日，全球最大的连锁超市集团——美国沃尔玛公司宣布一项重大决策，要求其 100 家最大的供货商于 2005 年 1 月 1 日前在商品包装上必须使用 RFID 标签；余下的 8 万多家供货商最迟在 2006 年 1 月 1 日前采用该技术。从历史上看，条形码技术正是由沃尔玛等全球连锁超市推动发展起来的，所以此举很可能是 RFID 即将在商业物流中普及，应用并取代条形码技术的主流地位的一个明显征兆。

此外，IBM、Intel 及 Microsoft 等业界巨头厂商也纷纷宣布发展 RFID 技术；国际上的许多相关组织机构以及各国政府也在积极制定相关的标准和政策。这些似乎表明，RFID 技术的商业应用已经进入实用化、快速发展的阶段。

1. RFID 的概念

无线电技术在自动识别领域的应用技术被称为射频识别技术(radio frequency identification, RFID)。射频技术的基本原理是电磁理论，利用无线电波对记录媒体进行读写。射频系统的优点是不局限于视线，识别距离比光学系统远，射频识别卡具有可读写能力，可以携带大量数据，难以伪造并具有一定的智能性。射频识别特别适合于物料跟踪、运载工具识别等要求非接触数据采集和交换的场合。

射频识别技术是自动识别技术中最优秀、应用领域最广泛的技术之一，具有环境适应性强、可在全天候下使用、免接触、抗干扰能力强、可以穿透非金属物体进行识别处理等优点，在物流管理中有着广阔的应用前景。

2. RFID 系统的构成和基本工作原理

(1)最基本的 RFID 系统由三部分构成：①射频标签(tag)：也称为非接触 IC 卡、RF 卡、ID 卡等，由耦合元件及芯片组成，每个标签具有唯一的电子编码(EPC)，附着在要标识的目标物体上。②阅读器(reader)：也称为读写器、读出装置等，是用来读取(有时还可以写入)标签信息的设备。③天线(antenna)：在标签和阅读器间传递射频信号。

此外，一个完整的 RFID 应用系统还包括：①中间件(application interface)：又称 RFID 管理软件，它能够为后台业务系统提供强大的支撑，从而驱动更广泛、更丰富的 RFID 应用。②应用系统硬件(application hardware)：主要由无线终端、无线网关和服务器构成。终端一般是一台手提电脑加扫描器，具有无线通信功能。③应用系统软件(application software)：记录数据、实现物流管理等功能。

(2)RFID 技术的基本工作原理：标签进入磁场后，接收解读器发出的射频信号，凭借感应电流获得的能量发送出存储在芯片中的产品信息(passive tag，无源标签或被动标签)，或者主动发送某一频率的信号(active tag，有源标签或主动标签)；解读器读取信息并解码后，送至中央信息系统进行有关数据处理。

3. RFID 标签的类型

RFID 射频标签具有多种类型，并且有多种不同的分类方式，主要包括：

(1)按供电方式分为有源卡和无源卡。有源卡是指卡内有电池提供电源，其作用距离较远，但寿命有限、体积较大、成本高，且不适合在恶劣环境下工作；无源卡内无电池，它利用波束供电技术将接收到的射频能量转化为直流电源为卡内电路供电，其作用距离相对有源卡短，但寿命长，且对工作环境要求不高。

(2)按载波频率分为低频射频卡、中频射频卡和高频射频卡。低频射频卡频率主要有 125kHz 和 134.2kHz 两种，中频射频卡频率主要为 13.56MHz，高频射频卡频率主要为 433MHz、915MHz、2.45GHz、5.8GHz 等。低频系统主要用于短距离、低成本的应用中，如多数的门禁控制、校园卡、动物监管、货物跟踪等。中频系统用于门禁控制和需传送大量数据的应用系统；高频系统用于需要较长的读写距离和高读写速度的场合，其天线波束方向较窄且价格较高，在火车监控、高速公路收费等系统中应用。

(3)按调制方式的不同可分为主动式和被动式。主动式射频卡用自身的射频能量主动地发送数据给读写器;被动式射频卡使用调制散射方式发射数据,它必须利用读写器的载波来调制自己的信号,该类技术适合用在门禁或交通应用中,因为读写器可以确保只激活一定范围之内的射频卡。在有障碍物的情况下,用调制散射方式,读写器的能量必须来去穿过障碍物两次。而主动方式的射频卡发射的信号仅穿过障碍物一次,因此主动方式工作的射频卡主要用于有障碍物的应用中,距离更远(可达 30 米)。

(4)按作用距离可分为密耦合卡(作用距离小于 1 厘米)、近耦合卡(作用距离小于 15 厘米)、疏耦合卡(作用距离约 1 米)和远距离卡(作用距离 1 到 10 米,甚至更远)。

(5)按芯片分为只读卡、读写卡和 CPU 卡。

4. RFID 系统的分类

根据 RFID 系统功能的不同,可把 RFID 系统分为 EAS(electronicarticlesurveillance)系统、便携式数据采集系统、物流控制系统和定位系统四类。

(1)EAS 系统。EAS 技术是一种设置在需要控制物品出入的门口的 RFID 技术。这种技术的典型应用场合是商店、图书馆、数据中心等地方,当未被授权的人从这些地方非法取走物品时,EAS 系统会发出警告。在应用 EAS 技术时,首先在物品上黏附 EAS 标签,当物品被正常购买或者合法移出时,在结算处通过一定的装置使 EAS 标签失活,物品就可以取走。物品经过装有 EAS 系统的门口时,EAS 装置能自动检测标签的活动性,发现活动性标签,EAS 系统会发出警告。EAS 技术的应用可以有效防止物品的被盗,不管是大件的商品,还是很小的物品。应用 EAS 技术,物品不用再锁在玻璃橱柜里,可以让顾客自由地观看、检查商品,这在自选日益流行的今天有着非常重要的现实意义。

(2)便携式数据采集系统。便携式数据采集系统是使用带有 RFID 阅读器的手持式数据采集器采集 RFID 标签上的数据。这种系统具有比较大的灵活性,适用于不宜安装固定式 RFID 系统的应用环境。手持式阅读器(数据输入终端)可以在读取数据的同时,通过无线电波数据传输方式(RFDC)实时地向主计算机系统传输数据,也可以暂时将数据存储在阅读器中,再一批一批地向主计算机系统传输数据。

(3)物流控制系统。在物流控制系统中,固定布置的 RFID 阅读器分散布置在给定的区域,并且阅读器直接与数据管理信息系统相连,信号发射机是移动的,一般安装在移动的物体、人上面。当物体、人流经阅读器时,阅读器会自动扫描标签上的信息并把数据信息输入数据管理信息系统存储、分析、处理,达到控制物流的目的。

(4)定位系统。定位系统用于自动化加工系统中的定位以及对车辆、轮船等进行运行定位支持。阅读器放置在移动的车辆、轮船上,或者自动化流水线中移动的物料、半成品、成品上,信号发射机嵌入到操作环境的地表下面。信号发射机上存储有位置识别信息,阅读器一般通过无线的方式或者有线的方式连接到主信息管理系统。

5. RFID在物流管理中的应用

目前,物流行业广泛采用的是条形码标签。这种标签的缺点是识读成功率低,识读距离比较近,必须逐一扫描。这在某种程度上影响了物流速度。而RFID标签的优点恰恰弥补了条形码技术的不足。它的应用将会给物流行业带来革命性的变化。

(1)零售环节。RFID可以改进零售商的库存管理,实现适时补货,有效跟踪运输与库存,提高效率,减少差错。同时,智能标签能对某些时效性强的商品的有效期限进行监控;商店还能利用RFID系统在付款台实现自动扫描和计费,从而取代人工收款。RFID标签在供应链终端的销售环节,特别是在超市中免除了跟踪过程中的人工干预,并能够生成100%准确的业务数据,因而具有巨大的吸引力。因此,RFID有助于解决零售业两个最大的难题:商品断货和损耗。

(2)仓储环节。在库存管理中,射频识别技术广泛使用于存取货物与库存盘点。它可实现自动化的存货和取货操作。在仓库管理中,将供应链计划系统中的各项计划与射频识别技术相结合能够准确高效地完成各种业务操作,如收、取货物,装箱运输等。当RFID技术应用于库存盘点时,可大幅降低人力,实现商品登记自动化,使盘点工作不再需要人工检查或扫描条码,更加快速准确。

(3)生产环节。在生产制造环节应用RFID技术,可以实现在生产线上对原材料、零部件、半成品和成品的自动识别与跟踪,减少人工识别成本和出错率,从而达到提高生产效率和经济效益。尤其是采用JIT准时制生产方式的自动化流水线上,采用RFID技术后,产品生产流程的各个环节均被置于严密的监控和管理之下,可实现流水线均衡、稳步生产,同时也加强了对质量的控制与追踪。

(4)配送/运输环节。使用RFID技术,不仅可以准确高效地对配送过程中的货物进行分拣、中转、及时送达,还可以方便快捷地记载货物配送信息,提高物流业的服务、管理水平,减少人工,降低配送成本。RFID技术还可有效应用于高速公路自动收费系统,让车辆高速通过收费站的同时自动完成收费,可充分体现它非接触识别的优势。利用射频识别技术的不停车高速公路自动收费系统是未来公路运输业的发展方向。

5.4　空间数据管理技术

物流活动常处在运动和非常分散的状态，因此全球定位系统、地理信息系统、无线电通信移动定位系统等技术能够将物品移动的空间数据进行有效的管理。为使读者初步了解物流信息的动态跟踪技术，本节简要介绍全球定位系统和地理信息系统的基本原理及其它们在物流信息系统中所起的作用。

5.4.1　全球定位系统

全球定位系统(global positioning system，GPS)是美国1973年11月开始研制的第二代被动式无线电导航系统，是美国继阿波罗登月飞船和航天飞机之后的第三大航天工程，它是一种全天候空间基准导航系统，能够为全球绝大多数地方或近地空间的用户连续地提供高精度的三维位置、速度和时间信息。1994年7月系统全部完成，美国政府宣布从2000年5月1日起已经取消对GPS的保护政策，向全世界用户免费开放。

1. GPS 的组成结构

GPS全球卫星定位系统由三部分组成：空间部分——GPS星座；地面控制部分——地面监控系统；用户设备部分——GPS信号接收机。

(1)GPS星座。由21颗工作卫星和3颗备用卫星组成GPS卫星星座，记为(21+3)GPS星座。如图5-9所示，24颗卫星均匀分布在6个轨道平面内，轨道平面相对于赤道平面的倾角为55°。每个轨道平面内的各卫星之间的夹角90°，任一轨道平面上的卫星比相邻轨道平面上的相应卫星超前30°。在2×104km高空的GPS卫星，绕地球一周的时间为12恒星时。每颗卫星每天约有5个小时在地平线以上，同时位于地平线以上的卫星数量随着时间和地点的不同而不同，最少可见到4颗，最多可见到11颗。在用GPS信号导航定位时，为了计算观测站的三维坐标，必须观测4颗GPS卫星，称为定位星座。

图 5-9　空间卫星系统

(2)地面监控系统。目前,地面监控系统主要由分布在全球的1个主控站、3个信息注入站和5个监测站组成。对于导航定位来说,GPS卫星是一个动态已知点。卫星的位置是依据卫星发射的星历——描述卫星运动及其轨道的参数算得的。每颗GPS卫星所播发的星历,是由地面监控系统提供的。地面监控系统另一重要作用是保持各颗卫星处于同一时间标准——GPS时间系统。这就需要地面站监测各颗卫星的时间,求出时钟差。然后由地面注入站发给卫星,卫星再由导航电文发给用户设备。

(3)GPS信号接收机。GPS信号接收机的任务是:能够捕获到按一定卫星高度截止角所选择的待测卫星的信号,并跟踪这些卫星的运行,对所接收到的GPS信号进行变换、放大和处理,以便测量出GPS信号从卫星到接收机天线的传播时间,解译出GPS卫星所发送的导航电文,实时地计算出观测站的三维位置,甚至三维速度和时间,最终实现利用GPS进行导航和定位的目的。

2. GPS的工作原理

(1)三角形测量法。GPS的工作原理并不复杂,它采用"三点定位法"来定位。三点定位法需要有3个坐标已知的参考点,并且知道被测点到参考点之间的距离,以参考点为圆心、以被测点到各参考点的距离为半径画圆周,3个圆周的唯一交点即是被测点的确切位置。这种方法不仅可以用于二维平面定位,同样可以用于三维空间定位。

在GPS中,3个参考点就是3个悬在空中的卫星,例如,它们的位置是已知的,被测点到它们之间的距离可以通过接收从卫星发来的无线电波测量出来,则被测点在地球上的位置可由地面接收装置中的计算机计算出来。对于陆上和海上二维位置(经度和纬度)来说,只要观测3颗卫星就可以;对于空间的三维位置(经度、纬度和高度),需要采集4颗卫星的信号才能计算确定(需要4颗卫星是因为在定位计算中使用时间差而非信号传播时间,因此需要联立4个方程)。

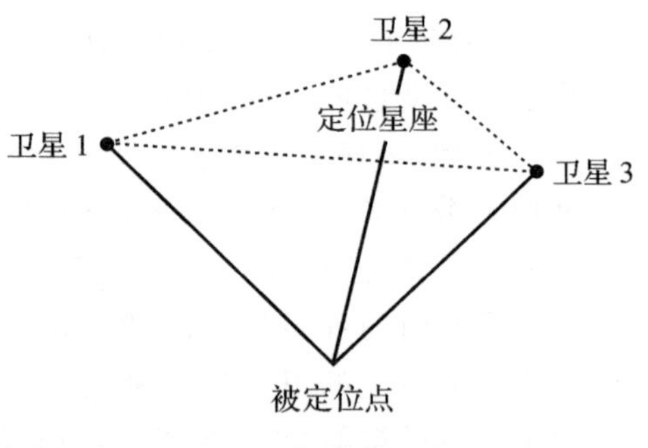

图5-10 三角测量法定位

(2)测定相隔距离。从GPS工作原理可知,地球上所测地点的位置,可以根据它与至少3颗人造卫星的相隔距离来确定。那么,问题就归结到如何测定它到空间中一个飘浮移动的物体的距离大小。从计算方法上讲,此问题似乎很简单,即所求距离等于速度与通过时间的乘积。根据GPS运行的实际情况,经过这段距离的是无线电信号，因此这里的速度就是光速。这样，问题又归结到如何测定无线电信号通过这段距离的时间。只要测定从人造卫星处发出信号到达所测地点接收器所需时间长短，就能计算出相隔距离。

3. GPS 在物流管理中的应用

GPS 系统的建立给导航和定位技术带来了革命性变化，它从根本上解决了人类在地球上的导航和定位问题，可满足不同用户的需要。目前，GPS 的诸多功能在物流领域的运用已被证明是卓有成效的，尤其是在货物配送领域中。由于货物配送过程是实物的空间位置转移过程，所以对可能涉及的货物的运输、仓储、装卸、送递等处理环节，对各个环节涉及的问题如运输路线的选择、仓库位置的选择、仓库的容量设置、合理装卸策略、运输车辆的调度和投递路线的选择都可以通过运用 GPS 进行有效的管理和决策分析，这无疑将有助于配送企业有效地利用现有资源，降低消耗，提高效率。具体来看，目前 GPS 在货物配送中主要运用了下列几方面的功能。

(1)精确导航。GPS 帮助人们准确测定所在地点的位置，但是，有时候知道从一地怎样准确地到达另一地显得更加重要。GPS 起初的设计目标就是为船舶和飞机提供导航信息的。毫无疑问，这项技术不仅适合于海运和空运，同样也适用于陆运。GPS 可以为物流配送提供精确的导航服务。

(2)疏导交通。GPS 随时随地能提醒驾驶员注意险情、道路拥挤堵塞等情况，还能提示该怎么走最合理，能使驾驶者省力地到达目的地。科学家预言，不久的将来装有 GPS 引导系统的飞机、火车、轮船、汽车等效能工具将会出现在地球任何一个角落，人们不再为道路、航线、港口、车站拥挤而烦恼，也用不着为自己托送的货物究竟到了什么地方而迷茫，GPS 引导系统都会给人们指导释疑。GPS 可以为物流配送选择更为合理的路线，节省配送时间。

(3)车辆跟踪。GPS 导航系统与地理信息系统(geographic information system, GIS)、无线移动通信系统(GSM)及计算机车辆管理信息系统相结合，可以实现车辆跟踪功能。目前，已开发出把 GPS/GIS/GSM 技术结合起来对车辆进行实时定位、跟踪、报警、通信等的技术，能够满足掌握车辆基本信息、对车辆进行远程管理的需要，有效避免车辆的空载现象，同时客户也能通过互联网技术，了解货物在运输过程中的细节情况。

(4)货物配送路线规划。货物配送路线规划是 GPS 导航系统的一项重要辅助功能。①动态线路规划。由驾驶员确定起点和终点，由计算机软件按照要求自动设计最佳行驶路线，包括最快的路线、最简单的路线、通过高速公路路段次数最少的路线等。②人工线路设计。由驾驶员根据自己的目的地设计起点、终点和途经点等，自动建立线路库。线路规划完毕后，显示器能够在电子地图上显示设计线路，并同时显示汽车运行路径和运行方法。

5.4.2 地理信息系统

地理信息系统是 1963 年由 Roger F. Tomlinson 提出的，20 世纪 80 年代开始走向成熟的一门综合应用系统，它把各种信息同地理位置和有关的视图结合起来。其在物流管理中有着广泛的应用。

1. GIS 的概念

地理信息系统有时又称为“地学信息系统”或“资源与环境信息系统”。它是一种特定的十分重要的空间信息系统。它是在计算机硬、软件系统支持下，对整个或部分地球表层(包括大气层)空间中的有关地理分布数据进行采集、储存、管理、运算、分析、显示和描述的技术系统。地理信息系统处理、管理的对象是多种地理空间实体数据及其关系，包括空间定位数据、图形数据、遥感图像数据、属性数据等，用于分析和处理在一定地理区域内分布的各种现象和过程，解决复杂的规划、决策和管理问题。

最近，基于 Internet 技术的地理信息系统——Web GIS 在最近得到迅速发展。全球任一客户可通过互联网访问 GIS 服务器，根据用户的权限可以进行测览空间数据、制作专题图，以及进行各种空间检索和空间分析，甚至是更改数据的操作。

2. GIS 的功能

在具体的应用领域中，GIS 可以帮助分析解决下列问题：

(1)定位：研究的对象位于何处？周围的环境如何？研究对象相互之间的地理位置关系如何？

(2)条件：有哪些地方符合某项事务(或业务)发生(或进行)所设定的特定经济地理条件？

(3)趋势：研究对象或环境从某个时间起发生了什么样的变化？今后演变的趋势是怎样的？

(4)模式：研究对象的分布存在哪些空间模式？

(5)模拟：如果发生假设条件时，研究对象会发生哪些变化？引起怎样的结果？

GIS 最明显的作用就是能够把数据以地图的方式表现出来，即把空间要素和相应的属性信息组合起来就可以制作出各种类型的信息地图。专题地图的制作从原理上讲并没有超出传统的关系数据库的功能范围，但是把空间要素和属性信息联系起来后的应用功能大大增强了，应用范围也扩展了。

3. GIS 的优势

与单纯的数据库及 CAD 技术相比，GIS 具有独特的技术优势。

(1)图形显示输出上的优势。GIS 提供良好的图形展示界面。除了 CAD 的显示、出图功能以外，也能根据属性资料做不同的主题展示，将图形根据需要任意缩放。此外，GIS 制图可以解决传统单一主题叠合问题，将统一坐标系下的不同主题有效结合。

(2)分析功能上的优势。CAD 等绘图软件着重于图形的绘制，不具备图形特征的相关属性内容，各点之间不具备拓扑关系，分析功能缺乏。一般的统计软件虽能处理大量的统计资料，但缺乏图形处理能力。只有 GIS 能够将两者有机结合，使得图形资料能够灵活应用，任意叠合、分割、截取和统计分析。而且，GIS 的空间分析功能能够对点、线、面做不同的空间分析，获取相关信息，在物流的最短路径分析、配送区域分割中具有独特作用。

(3)模型模拟上的优势。GIS 的强大功能还表现在它能够根据不同的模型对地物进行模拟，完全在可视化的操作界面下和模拟了解物流业务开展情况。

4. GIS 在物流管理中的应用

物流管理则是以满足消费者的需求为目的，将企业在采购、制造、运输、销售等过程中有关市场的情况统一起来进行思考，进而据此决策的一种战略措施。地理信息系统按照地理特征的关联，将多方面的数据以不同层次联系构成现实世界模型，在此模型上使用空间查询和空间分析进行管理，并通过空间信息模拟和分析软件包进行空间信息的加工、再生，为空间辅助决策的分析打下基础。由于物流对地理空间有较大的依赖性，采用 GIS 技术建立企业的物流管理系统可以实现企业物流的可视化、实时动态管理。

GIS 在物流管理领域中的应用主要是指利用 GIS 强大的地理数据功能来完善物流分析技术，合理调整物流路线和流量，合理设置仓储设施，科学调配运力，提高物流业的效率。目前，已开发出了专门的物流分析软件用于物流分析。完整的 GIS 物流分析软件集成了车辆路线模型、设施定位模型、网络物流模型、分配集合模型和空间查询模型。

(1)车辆路线模型。用于解决一个起始点、多个终点的货物运输中，如何降低物流作业费用，并保证服务质量的问题。物流分析中，在一对多收发货点之间存在着多种可供选择的运输路线的情况下，应该以物资运输的安全性、及时性和低费用为目标，综合考虑，权衡利弊，选择合理的运输方式并确定费用最低的运输路线。

(2)设施定位模型。用于确定一个或多个设施的位置。在物流系统中,仓库和运输路线共同组成了物流网络,仓库处于网络的节点上,节点决定着线路。根据供求的实际需要并结合经济效益等原则,在既定区域内设立多少个仓库、每个仓库的位置在哪、每个仓库的规模大小及仓库之间的物流关系如何等问题,运用此模型均能很容易地得到解决。

(3)网络物流模型。用于解决寻求最有效的分配货物路径问题,也就是物流网点布局问题。例如,将货物从 N 个仓库运往 M 个商店,每个商店都有固定的需求量,因此,需要确定由哪个仓库提货送给哪个商店所耗的运输代价最小。还包括决定使用多少辆车、每辆车的路线等。

(4)分配集合模型。分配集合模型可以根据各个要素的相似点把同一层上所有或部分要素分成几个组,可以解决确定服务范围和销售市场范围等问题,如某一分公司要设立 X 个分销店,要求这些分销店覆盖某一区域,而且要使每个分销店的顾客数目大致相等。

(5)空间查询模型。例如,可以查询以某一商业网点为圆心的某半径内配送点的数目,以此判断哪一个配送中心距离最近,为安排配送做好准备。

5.5 电子数据交换技术

电子数据交换(electronic data interchange,EDI)是指商业贸易伙伴之间信息的标准化、格式化交换,能够提高企业之间交易效率。EDI 技术与条形码、射频、GPS、GIS 等信息技术的配合使用,不仅能够提高企业自身的物流运作效率,而且能够极大地提高企业之间的物流运作效率。

5.5.1 EDI 的含义

电子数据交换开始于 20 世纪 60 年代。它是电子商业贸易的一种工具,将商业文件按统一的标准编制成计算机能识别和处理的数据格式,在计算机之间进行传输。

国际标准化组织(international standards organization, ISO)于 1994 年确认了 EDI 的技术定义:“根据商定的交易或电文数据的结构标准实施商业或行政交易从计算机到计算机的电子传输。”这表明 EDI 应用有了它自己特定的含义和条件,即:

(1)使用 EDI 的是交易的两方,是企业之间的文件传递,而非同一组织内的不同部门;

(2)交易双方传递的文件是特定的格式,采用的是报文标准,现在采用的是联合国的 UN/EDIFACT；

(3)双方各有自己的计算机系统；

(4)双方的计算机(或计算机系统)能发送、接收并处理符合约定标准的交易电文的数据信息；

(5)双方计算机之间有网络通信系统，信息传输是通过该网络通信系统自动实现的。信息处理是由计算机自动进行的，无需人工干预、人为的介入。

所传输的数据是指交易双方互相传递的具备法律效力的文件资料，可以是各种商业单证，如订单、回执、发货通知、运单、装箱单、收据发票、保险单、进出口申报单、报税单、缴款单等，也可以是各种凭证，如进出口许可证、信用证、配额证、检疫证、商检证等。

5.5.2 EDI 系统基本结构

EDI 数据标准化、EDI 软件及硬件、通信网络是构成 EDI 系统的三要素。

(1) EDI 数据标准化。EDI 数据标准由各企业、各地区代表甚至国际组织(ISO)共同讨论、制订的电子数据交换共同标准，可以使各组织之间的不同文件格式，通过共同的标准，获得彼此之间文件交换的目的。

(2) EDI 软件与硬件。实现 EDI，需要配备相应的 EDI 软件和硬件。EDI 软件具有将用户数据库系统的信息，译成 EDI 的标准格式，以供传输和交换。由于 EDI 标准具有足够的灵活性，可以适应不同行业的众多需求，而且每个公司有其自己规定的信息格式，因此，当需要发送 EDI 电文时，必须用某些方法从公司的专有数据库中提取信息，并把它翻译成 EDI 标准格式，进行传输，这就需要 EDI 相关软件的帮助。EDI 软件可分为转换软件、翻译软件和通信软件三大类。

(3) 通信网络。通信线路一般最常用的是电话线路，如果传输时效及资料传输量上有较高要求，可以考虑租用专线(Leased Line)。通信网络是实现 EDI 的手段。EDI 通信方式有多种，包括点对点、一点对多点、多点对多点、网络连接等方式。通过增值网络传送 EDI 文件，可以大幅度降低相互传送资料的复杂度和困难度，大大提高 EDI 的效率。

5.5.3 EDI 系统功能模型和工作原理

在 EDI 中，EDI 参与者所交换的信息客体称为邮包。在交换过程中，如果接收者从发送者所得到的全部信息包括在所交换的邮包中，则认为语义完整，并称该邮包为完整语义单元(CSU)。CSU 的生产者和消费者统称为 EDI 的终端用户。

在 EDI 工作过程中，所交换的报文都是结构化的数据，整个过程都是由 EDI 系统完成的。

(1) 用户接口模块。业务管理人员可用此模块进行输入、查询、统计、中断、打印等,以便及时地了解市场变化,调整策略。

(2) 内部接口模块。这是 EDI 系统和本单位内部其他信息系统及数据库的接口,一份来自外部的 EDI 报文,经过 EDI 系统处理之后,大部分相关内容都需要经内部接口模块送往其他信息系统,或查询其他信息系统才能给对方 EDI 报文以确认的答复。

(3) 报文生成及处理模块。该模块有两个功能:①接受来自用户接口模块和内部接口模块的命令和信息,按照 EDI 标准生成订单、发票等各种 EDI 报文和单证,经格式转换模块处理之后,由通信模块经 EDI 网络发给其他 EDI 用户。②自动处理由其他 EDI 系统发来的报文。在处理过程中要与本单位信息系统相联,获取必要信息并给其他 EDI 系统答复,同时将有关信息送给本单位其他信息系统。

如果因特殊情况不能满足对方的要求,经双方 EDI 系统多次交涉后不能妥善解决的,则可以把这一类事件提交用户接口模块,由人工干预决策。

(4)格式转换模块。所有的 EDI 单证都必须转换成标准的交换格式,转换过程包括语法上的压缩、嵌套、代码的替换以及必要的 EDI 语法控制字符。在格式转换过程中要进行语法检查,对于语法出错的 EDI 报文应拒收并通知对方重发。

(5) 通信模块。该模块是 EDI 系统与 EDI 通信网络的接口,包括执行呼叫、自动重发、合法性和完整性检查、出错报警、自动应答、通信记录、报文拼装和拆卸等功能。

除以上这些基本模块外,EDI 系统还必须具备一些基本功能。

(1)命名和寻址功能。EDI 的终端用户在共享的名字当中必须是唯一可标识的。命名和寻址功能包括通信和鉴别两个方面。在通信方面,EDI 是利用地址而不是名字进行通信的。因而要提供按名字寻址的方法,这种方法应建立在开放系统目录服务 ISO 9594(对应 ITU－T X. 500)基础上。在鉴别方面,有若干级必要的鉴别,即通信实体鉴别、发送者与接收者之间的相互鉴别等。

(2)安全功能。EDI 的安全功能应包含在上述所有模块中。它包括以下一些内容:①终端用户以及所有 EDI 参与方之间的相互验证;②数据完整性;③ EDI 参与方之间的电子(数字)签名;④否定 EDI 操作活动的可能性;⑤密钥管理。

(3)语义数据管理功能。完整语义单元(CSU)是由多个信息单元(IU)组成的。其 CSU 和 IU 的管理服务功能包括:①IU 应该是可标识和可区分的;②IU 必须支持可靠的全局参考;③应能够存取指明 IU 属性的内容,如语法、结构语义、字符集和编码等;④应能够跟踪和对 IU 定位;⑤对终端用户提供方便和始终如一的访问方式。

5.5.4 基于 Internet 的 EDI

由于增值网(VAN)的安装和运行费用较高,许多中小企业难以承受,所以它们大都使用传真和电话进行贸易往来。即使使用 EDI 的大公司也不能完全做到节省费用,因为它们的许多贸易伙伴并没有使用 EDI。Internet 提供了一个费用更低、覆盖面更广且服务更好的系统,使小型公司和企业都能使用 EDI。随着因特网安全性的提高,已表现出部分取代增值网而成为 EDI 网络平台的趋势。

随着 Internet 的发展,EDI 与 Internet 相结合产生了以下几种方式:

(1)基于电子邮件的 EDI(InernetMail)。它是最早把 EDI 带入 Internet 的方式。用 ISP 代替传统 EDI 依赖的增值网(VAN),降低了信道使用的费用。但是,简单电子邮件协议缺少:①保密性,E-mail 在 Internet 上传送明文;②可抵赖性,E-mail很容易伪造,并且发送者可以否认自己是 E-mail 的作者;③确认交付,ST-MP 不能保证你正确交付了 E-mail,无法知道是否丢失。电文加密、电子认证和应用级的确认部分地解决了这些问题。

(2)基于 Web 的 EDI(Web-EDI)。Web-EDI 方式被认为是目前 Internet EDI 中最好的方式。标准 IC 方式的 EDI 不能减少那些仅有很少贸易单证的中小企业的费用,Web-EDI 的目标是允许中小企业只需通过浏览器和 Internet 连接去执行 EDI 交换。Web 是 EDI 消息的接口,典型情况下,其中一个参与者一般是较大的公司,针对每个 EDI 信息开发或购买相应的 Web 表单,改造成适合自己的 IC,然后把它们放在 Web 站点上,此时,表单就成为 EDI 系统的接口。各种 Internet EDI 的方式,尤其是 Web-EDI 方式的使用,使传统 EDI 走出了困惑,特别是使中小企业能够接受。

(3)基于 XML 的 EDI(XML-EDI)。XML 称为可扩充标记语言,是 HTML 的变体。HTML 只确定网页的外观,而 XML 将表明页面的数据代表什么内容,这样可以更方便地将网页转换成商务文件。XML-EDI 方式着重解决转换问题,其原理是引进模板的概念,模板描述的是报文的结构以及如何解释报文,这样无需编程就能实现报文的转换。目前这一语言的标准还在制定中。随着 XML 的发展和完善,这种方式可能会成为未来 EDI 的主要传输方式。

本章要点

1. 物流信息系统作为企业信息系统中的一类，可以理解为通过对与物流相关信息的加工处理来达到对物流、资金流的有效控制和管理，并为企业提供信息分析和决策支持的人机系统。

2. 物流信息系统有多种类型，可以按管理决策的层次、系统的应用对象、系统采用的技术进行分类。

3. 物流信息系统物流数据处理的流程、物流信息系统的结构、物流信息系统的主要功能。物流信息系统结构主要包括：硬件、软件、数据库与数据仓库、相关人员和物流企业管理思想和理念、管理制度与规范。物流信息系统主要功能包括：市场交易活动功能、业务控制功能、工作协调功能、支持决策和战略功能。

4. 条形码技术和射频识别技术是物流信息自动采集的主要技术。条形码是一种可印刷机器语言，是由一组按特定编码规则排列的条、空组成的图形符号，可表示特定的信息内容，能够提高物流信息的标准化水平和采集的效率。射频识别技术是自动识别技术中最优秀、应用领域最广泛的技术之一，在物流管理中有着广阔的应用前景。

5. 全球定位系统和地理信息系统可以为物流管理提供物流运动和地理信息的空间信息技术。在物流定位、配送路线规划、物流跟踪等方面有着广泛的应用前景。

6. EDI 是指商业贸易伙伴之间，将按标准、协议规范化和格式化的经济信息通过电子数据网络，在单位的计算机系统之间进行自动交换和处理，它是电子商业贸易的一种工具。EDI 技术与条形码、射频、GPS、GIS 等信息技术的配合使用，不仅能够提高企业自身的物流运作效率，而且能够极大地提高企业之间的物流运作效率。

思考与练习

1. 什么是物流信息系统？简述物流信息系统的分类。

2. 简述物流信息系统的基本结构和主要功能。

3. 条形码技术与射频技术的优劣势比较。

4. 全球定位系统和地理系统可以为物流管理提供哪些物流数据？

5. 物流信息采集技术、空间数据管理技术、电子数据交换技术之间存在什么样关系？

参考文献

1. 蔡淑琴. 物流信息系统. 北京：中国物资出版社，2002

2. 何发智. 物流管理信息系统. 北京：人民交通出版社，2003

3. 李日保. 现代物流信息化. 北京：经济管理出版社，2005

4. 邵举平. 物流管理信息系统. 北京：清华大学出版社，北京交通大学出版社，2005

5. 刘静. RFID 射频识别技术在物流行业的应用现状与展望. 甘肃科技，2006，22(11)

6. 王微怡，王晓平. 物流信息系统规划与建设. 北京：北京大学出版社 2007

7. 夏火松. 物流管理信息系统. 北京：科学出版社，2007

8. 廖旭旺，康慕宁. 基于互联网的 EDI 研究. 微处理机，2008，(1)

第6章

供应链管理

开篇案例——戴尔：利用供应链竞争

1983年，个人计算机行业还处在发展阶段。当时，一位名叫迈克尔·戴尔的医学院学生，从当地的零售商处购买存货——过时的IBM个人电脑。在戴尔的大学寝室里，这些电脑被升级，再以低廉的价格卖给渴望得到它们的消费者。不久之后，戴尔放弃了大学学业，开始全身心地投入到他日渐壮大的电脑事业中。1985年，戴尔公司不再停留在升级IBM旧电脑的业务中，开始自己制造机器。从那时起，戴尔公司就有着与其他电脑制造商不同的独特模式——直销，使戴尔公司在竞争激烈的PC行业站稳脚跟，并一度成为世界PC产业的领导者。然而，我们有可能忽略了高效率低成本的供应链是支持戴尔直销模式取得如此成功的根本保障之一。

我们任何一个工厂都没有库存也没有仓库。相反，我们能够根据实际的订单为工厂采购原料……我们依据实际订单和订单数量制订工厂生产计划。与此同时，我们通过网络把信息传递给我们的第三方物流提供者——供货商物流中心或配送中心。

供应商有90分钟时间准备好原料并送到戴尔的工厂。供应商有权管理配送中心的物料，也负责为中心进货，再把货物按交货单位运送到工厂。较大的完整配件，如显示器和音响的处理方式有所不同。这些配件不送到工厂，而是直接由供应商的配送中心（这些配送中心离市场比离戴尔的工厂近）送到消费者手中。这样，每台电脑的配件运输成本大约可以节省30美元。只有在这些配件离开了供货商的工厂并准确到达消费者手中后，戴尔才会为它们付账。供应商一般需要约45天之后才会收到款项。

戴尔努力使它所需要的配件至少有两个来源（但有些配件只有一个来源，如英特尔的芯片）。当配件的供应和组装不能跟上整台电脑的装配节奏时，戴尔与供应商一起工作，减少前置时间或提高预测的准确率。戴尔的需求预测来自于外部网络。一些重要组件(如特殊的微处理器)不足会引发一系列问题,但幸运的是,预测组件需求比预测产品成品要容易得多。直销给戴尔带来了优势,帮助它超越了那些利用传统渠道进行销售的制造商。因为与客户直接沟通,戴尔能够按用户的喜好来组装电脑。这种模式使戴尔只需维持 4 天的存货量,而它的竞争者却需要储备 20～30 天的存货量。

(资料来源:辛奇・利维,卡明斯基,西姆奇・利瓦伊:《供应链设计与管理:概念、战略与案例研究》,季建华,邵晓峰译,中国财政经济出版社,2004)

6.1 供应链基础

第二次世界大战后到 20 世纪 80 年代中期是世界经济快速发展的阶段。从 40 年代到 70 年代初,由于需求的旺盛,企业努力追求生产的规模经济和大批量生产,其管理的重点在于对原料、劳动力等做有效率的运用。从 70 年代早期到 80 年代中期,由于生产的快速发展,一些产业出现供过于求的情况,企业的竞争优势转变为品质的提高、成本的降低和技术的改进。同时,一些发达国家的企业开始在全球范围内寻找市场、原材料和加工能力。到 20 世纪 90 年代,全球经济一体化和消费者需求多样化的特点日益明显,企业间的竞争也不断加剧。

在企业扩张过程中,传统的管理模式是“纵向一体化(vertical integration)”,即强调对制造资源的直接占有和对制造过程的直接控制。在经济相对稳定的环境中,“纵向一体化”的方式是较为有效的,但面对快速变化的竞争环境,这种方式带来一些明显的缺陷,比如,过重的投资负担;新建项目的周期过长导致市场时机的延误;企业被迫陷入其不擅长的业务;企业在众多业务领域直接面对竞争对手;企业面临较大的行业风险等。

从 80 年代后期开始兴起“横向一体化(horizontal integration)”,即企业在把握本身的产品方向和市场的前提下,通过外包的方式与其他企业进行合作,从而降低产品成本、提高产品质量、加快产品上市周期,在整体上提高其竞争力。“横向一体化”的企业中包括许多供应商、制造商和分销商,这些企业实际上共同组成了一条合作“链”,这条“链”上的相邻企业之间是一种需求和供应的关系,这条“链”通常被称为“供应链”。为了使供应链上的相关企业能协调运行,便产生了供应链管理这一新的管理模式。同时,信息技术的发展,尤其是网络技术的发展,为跨功能、部门的作业流程管理,以及超越组织边界、整合供货商和顾客等,提供了越来越强大的技术支持,使供应链管理进入一个新的层次。

6.1.1 供应链管理

在一个典型的供应链里，首先需要购买原材料，在一个或多个工厂生产产品，然后运到仓库临时存储，最后运送给零售商或客户。因此，为了减少成本并提高服务水平，有效的供应链战略应该考虑供应链中不同层次上各个环节的交互作用。供应链由供应商、制造企业、仓库、配送中心和零售网点组成，原料、在制品和成品在这些组织或设施之间流动。

Simchi-Levi 等将供应链管理定义为：供应链管理是用于有效集成供应商、制造商、仓库和销售商的一系列方法，通过这些方法，使生产出来的产品以恰当的数量，在恰当的时间，被送往恰当的地点，从而实现在满足服务水平的同时，使系统的成本最小化。

这一定义主要包含如下几层含义。

(1)凡是对成本有影响并在满足顾客需求过程中起作用的环节，都在供应链管理考虑之列：从供应商和制造商开始，经过仓库和配送中心，直到分销商和零售商。

(2)供应链管理的目标是整个系统的效率和效益。

(3)供应链管理围绕供应商、制造商、仓库和分销渠道的有效集成，因此，供应链管理涵盖企业的战略层和运作层，包含所有层次的活动。

6.1.2 供应链模型

为了便于理解供应链体系中企业与企业之间的相互关系，可通过简化的结构模型进行分析。

1. 链状模型

完整的产品形成过程，包括从自然界的资源开始，经过供应商、制造商、分销商，到达最终消费者。被消费后的产品最终回到自然界，从而完成物质循环，如图 6-1(a)所示。通常将自然界包含在模型中并没有太大意义。另外，供应商和制造商的区别也是相对而言的，供应商相对于它的上家来说是制造商，制造商相对于它的下家制造商来说则是供应商，所以一般采用如图 6-1(b)所示模型，供应链上各个成员抽象为链上的节点。

供应链中包含物质、资金和信息的流动，物流一般从沿着供应商、制造商、分销商到顾客的方向流动；资金流的方向则相反；信息流在两个方向上都有流动，但从满足客户需求上来说信息流的起点应在用户端。供应链的方向以物流的方向来定义。

显然，这一链状模型是一个简化模型。在实际供应链中往往存在许多供应商、制造商、分销商，且相互之间往往存在着交叉关系，因此，用网状模型表示供应链更为确切。

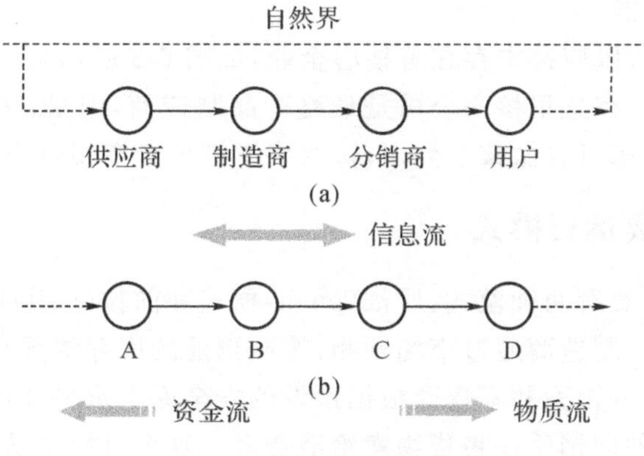

图 6-1　链状供应链模型

2. 网状模型

实际的供应链关系类似于图 6-2，供应链上的某节点企业往往有多家供应商向它供货，同时它也可以为多个企业或用户提供产品。对于供应链系统中，某些节

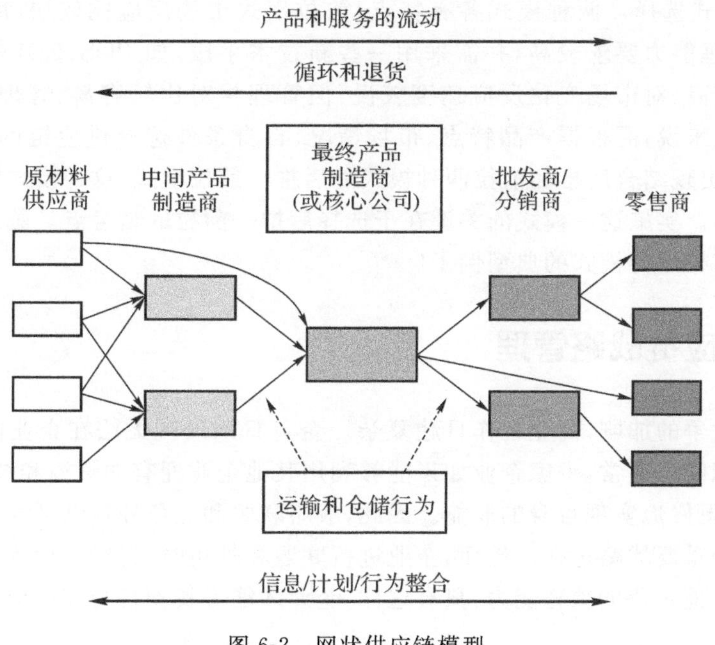

图 6-2　网状供应链模型

点是物流的流入点(入点),某些节点是物流的流出点(出点),一个系统中,可以有多个入点和多个出点。一个企业可以同时承担入点和出点功能,如一个企业同时具有供应和分销功能。

在许多情况下,供应链中存在着核心企业,如图 6-3 所示最终产品制造商被看成核心企业。虽然,在这里核心公司是最终产品制造商,但是,事实上供应链中任何环节所处的公司都可看做核心公司,这取决于管理者审视供应链的角度。

6.1.3 两种主要运行模式

供应链运行主要有两种模式:后推(push)模式和前拉(pull)模式。

(1)后推模式。制造商通过市场预测,按照当前的库存情况和预设的安全库存水平,确定补货量;分销商和零售商根据预设的安全库存水平和历史记录确定预先订货量,并通过各种促销手段将货物卖给消费者。这个过程是从供应链后端(制造商)开始推动的,根据其预测来安排整个供应链中的产品存量,因此称为后推模式。

(2) 前拉模式。零售商收集消费者购买产品的记录,结合其存货基准,确定补货量;供应链的后端(制造商)根据这些记录数据和产品需求预测,来确定产品制造量。在这个过程中,供应链前端(顾客)的需求是拉动供应链运行的主要依据,因此称为前拉模式。

(3) 模式选择。两种模式各有特点,前拉模式市场反应比较快,库存水平较低,但对管理能力要求较高,并需采用一些新技术手段,如 POS、EDI 等。后推模式库存量较高,对市场变化反应速度较慢,但管理相对比较容易、管理成本较低。对具体企业来说,需根据产品特点、市场情况、自身条件选择供应链的运行模式。另外,已经出现结合后推和前拉两种模式的后推—前拉模式,这种模式整合了两种模式的优势。实施这一模式的关键在于选择后推—前拉的结合点。戴尔是成功应用后推—前拉运行模式的典型例子。

6.2 供应链战略管理

随着竞争的加剧,商业运作日趋复杂。企业日渐发现无法在企业内部完成所有的经营职能。通常,一家企业如果能够利用其他企业拥有的资源和技术知识,那么,就可以更好地实现自身的职能。因此,战略联盟和业务外包已经成为企业赢得竞争优势的重要战略选择。然而,企业进行联盟和外包时,仍然需要维持并不断提高有别于其他企业的独特能力,只有这样,企业才能寻找到自身在供应链中的独特价值。

6.2.1　供应链管理中的战略联盟

1. 战略联盟的概念

战略联盟(strategic alliance)是公司之间典型的、多方位的目标导向型的长期伙伴关系,它们共享收益、共担风险。战略联盟会为合作双方带来长期的战略利益。在许多情况下,战略联盟既可以避免全面收购带来的问题,又可以比市场交易带来更多的资源承诺。

企业或许拥有履行某项任务的资源,但供应链上的另一家企业很可能能够更好地完成这项任务。供应链上的位置、企业资源和技能专长,共同决定谁是供应链中最适合履行某项职能的企业。当然,仅仅知道供应链上谁适合履行某项职能并不够,必须采取措施使这项职能的确是由最适合的企业来完成。

2. 战略联盟的框架

在选择合适的战略联盟时,会面临许多战略性难题。乔丹·罗伊斯(Jordan Lewis)在其经典著作《为了赢利的伙伴关系》一书中,引入了一个非常有效的战略联盟分析框架。要确定某种特定的战略联盟是否适合你的企业,必须考虑这一联盟如何有助于解决下列问题:

(1)增加产品的价值。与联盟企业之间的伙伴关系可以增加现有产品的价值。例如,合作关系能够加快产品上市时间、减少修理次数,这些将有助于提高市场对企业的认知价值。类似的,拥有互补生产线的企业之间的伙伴关系可以增加双方企业的产品价值。

(2)改善市场进入。良好的伙伴关系非常有益,它可以带来更好效果的广告宣传,或者更多进入新市场渠道的机会。例如,消费品的制造商可以相互合作,共同关注大型零售商的需求,增加双方的销量。

(3)强化运作管理。企业之间合适的联盟可以通过降低系统成本和周转次数来改善双方的运作,使设备和资源得到更加有效的利用。例如,拥有季节性互补产品的公司可以在全年更有效地利用仓库和运输车辆。

(4)增强技术力量。技术共享的伙伴关系可以提高合作双方的技术基础。同时,新旧技术之间转移的困难可以由一方的专业技术加以解决。例如,供应商可能需要某一项特定升级的信息系统来为某些特定的顾客服务。如果与已经具备该系统专业技术的企业结成联盟,会使该供应商更容易解决这些技术难题。

(5)促进战略成长。许多新机遇具有较高的进入壁垒。伙伴关系可以通过让企业共享资源和专业技术来克服这些壁垒,并发现新的机遇。

（6）提高组织技能。联盟为组织学习提供了大量机会。除相互学习之外，合作各方必须更深入地了解自身，以确保联盟的运作。

（7）建立财务优势。除解决上述竞争性问题之外，联盟还有助于建立财务优势。一方面联盟的销售收入会提高，另一方面联盟的管理成本有可能因为合作一方或双方的专业技能而降低。当然，联盟也会因共担风险而限制投资方向。

6.2.2　供应链管理中的核心能力

战略联盟是企业获取竞争优势的有潜力的战略选择，然而，企业仍然需要经营自己的核心能力或核心竞争力——将其与竞争对手区分开来的能力。这些核心能力不能因为联盟而削弱，如果为了合作成功而将资源从核心能力上转移出去，或者在技术、战略力量上妥协，就会造成反面结果。同样，与竞争对手之间的关键性差异不应该丢弃，但在关键技术共享或由于竞争导致进入壁垒降低时，这种情况就有可能发生。

很明显，确定这些核心能力非常重要。然而，这也相当困难，它取决于业务和企业的性质。核心能力不一定对应着大量的资源投入，它可以是无形的东西，如管理技能或品牌形象。确定公司的核心能力，要考虑该公司的内部能力如何在上述七个关键方面中，使企业区别于其他竞争者。

6.2.3　供应链管理中的外包战略

1. 业务外包的概念

企业在供应链中建立战略联盟时，一方面要保持和提升自身独特的核心能力，另一方面也意味着企业需要将不擅长的业务外包给供应链上更为专业的企业。

供应链管理强调的是把主要精力放在企业的关键业务上，充分发挥其优势。根据企业的自身特点，专门从事某一领域、某一业务，在某一点形成独特的核心能力，同时与全球范围内合适的企业建立战略合作关系，企业中非核心业务外包给其他企业或由合作企业完成，这就是所谓的“业务外包（outsourcing）”。

2. 外包的收益

在整个 20 世纪 90 年代，进行战略外包，即把关键部件的生产进行外包是一个快速降低成本的有效工具。进行业务外包的主要收益如下。

（1）规模经济。进行外包的一个重要目标，是通过将许多不同的购买者的订单集中起来，以获得规模效益，从而降低生产成本。确实，这种集中使供应商在采购和生产过程中充分利用了规模经济。

(2)风险分摊。外包可以将需求的不确定性转嫁给合同生产商。而合同生产商的优势是它们能将来自不同采购者的需求进行集成,从而通过风险分摊的机制来降低需求的不确定性。这样,合同生产商就能够在保证甚至提高服务水平的同时降低部件的库存。

(3)降低资本投入。进行外包的另一个重要原因,是将除需求不确定性以外的资本投入也转嫁给合同生产商。当然,合同生产商会进行这个投资的原因是,它能在几家客户之间分摊这部分费用。

(4)专注于核心竞争力。通过认真地选择外包业务,采购者能够专注于它的核心能力,即它区别于竞争对手并能被用户识别的特殊才干、技能和知识结构。例如,耐克公司将重点放在创新、营销、分拨和销售上,而不是生产上。

(5)提高灵活性。在这里我们提出三个方面:①能更好地应对消费者需求变化的能力;②利用供应商的技术特长,缩短产品开发周期的能力;③获得新技术和创新能力。这三个方面对技术更新非常频繁的行业而言是成功的关键。

3. 外包的风险

外包策略能够带来上述优势的同时,也存在着一些风险。

(1)失去竞争知识。将关键部件外包出去可能会给竞争对手可乘之机。同样,外包也就意味着公司将失去根据自己而不是供应商的时间表引入新技术的机会。最后,将不同部件的生产外包给不同的供应商也许会阻碍新的想法、创新和需要跨职能团队实现的解决方案的开发。

(2)产生目标冲突。供应商和购买者之间往往具有不同甚至相互冲突的目标。例如,当购买者将不同部件的生产外包出去时,希望提高灵活性,这需要具备根据市场需求调整产品,以更好实现供需平衡的能力。但不幸的是,这个目标恰恰与供应商所希望达到的“长期、稳定和平衡的订货”这一目标相矛盾。

【案例】 IBM 的业务外包

1981 年年底,当 IBM 决定要进入 PC 市场时,公司还没有设计和生产 PC 的设备。为了不在这上面浪费过多时间,IBM 几乎将 PC 所有主要部件的生产都外包了出去。例如,微处理器交给了英特尔公司,操作系统由微软提供。通过整合这些公司的专家和技术资源,IBM 能在开始设计的 15 个月之内将计算机推向市场。而且在三年内,IBM 取代了苹果公司成为 PC 市场的老大。到 1985 年,IBM 已经占据了 PC 市场 40%的市场份额。然而,IBM 这项策略的失败之处也开始逐渐显现,因为它的竞争对手康柏公司进入市场时,选择了与 IBM 相同的供应商。而且当 IBM 试图用它新开发的配置了 OS/2 操作系统的新产品线 PS/2 重新控制市场时,其他公司并不买 IBM 的账,原来的系统仍然在市场上占据主导地位。到 1995

年末，IBM的市场份额已下降到8%，落在了市场领导者康柏的10%之后。

6.3 供应链合作伙伴关系构建

在过去，经常发生如下情况：供应商和下游客户（如经销商和零售商）间表现出竞争且不合作的姿态。今天，还有一些企业依然如此，它们的目的是通过降低成本，或者依靠供应链上伙伴的损失来获取更高的利润。然而，这些企业没有意识到，这样做只是改变了同一条供应链中上下游企业之间的利润分配，实际上并没有使供应链获得更多的竞争优势。为产品付出的所有成本在进入市场时，都会通过最终消费者愿意付出的价格得到反映。处于市场领先地位的企业已经意识到上述做法的荒谬，并开始转变观念，将供应链视为一个整体，通过增加产品的总价值，降低产品的总成本，来提升供应链的竞争力。企业必须真正明白现在的竞争已经不仅仅发生在企业和企业之间，而是发生在供应链和供应链之间。因此，供应链中的企业必须建立起紧密的合作关系，才能使整个供应链获得竞争优势，从而使供应链上的所有成员都获得利益。

6.3.1 供应链中的牛鞭效应

在供应链中，如果每个节点企业仅考虑自身目标的最优化，而不考虑对整个供应链的影响，就会产生协作障碍。另外，由于供应链中信息传递所具有的固有特征而产生的“牛鞭效应（bullwhip effect）”，也会造成供应链企业之间的协作问题。

1. 牛鞭效应

在过去十几年中，供应商和零售商已经注意到，尽管某种具体产品的顾客需求的变动并不大，但它们在供应链中的库存和延期交货水平的波动却很大。例如，在研究“帮宝适”市场需求时，宝洁公司的经理们注意到一个很有意思的现象。正如预料，该产品的零售数量相当稳定，没有哪天或哪月的需求会特别高于或低于其他时期。然而，这些经理注意到分销商向工厂下达的订单的变动程度比零售数量的波动要大得多。这种沿着供应商上游推进需求变动程度增大的现象称为“牛鞭效应”。

图6-3列举了一个简单的四阶段供应链：单个零售商、单个批发商、单个分销商和单个制造工厂。零售商观察顾客需求，然后向批发商订货，批发商向分销商订货，分销商向工厂订货。图6-4提供了不同成员的订单与时间之间的函数关系。该图清楚地表明往供应链上游前进需求变动程度增大的现象。

为理解需求变动程度增大对供应链的影响，考虑本图6-3的批发商。批发商接受零售商的订单,并向其供应商——分销商订货。为确定这些订单的订货量,批发商必须预测零售商的需求。如果批发商不能获知顾客的需求数据,批发商必须依据零售商向其发出的订单进行预测。

因为零售商订单变动程度明显大于顾客需求的变动程度,如图 6-4 所示。为实现与零售商同样的服务水平,批发商被迫持有比零售商更多的安全库存,或者需要具备更高的能力。

这种分析同样适用于分销商和制造商,结果导致这些供应链成员需要维持更高的库存水平,从而导致更高的成本。

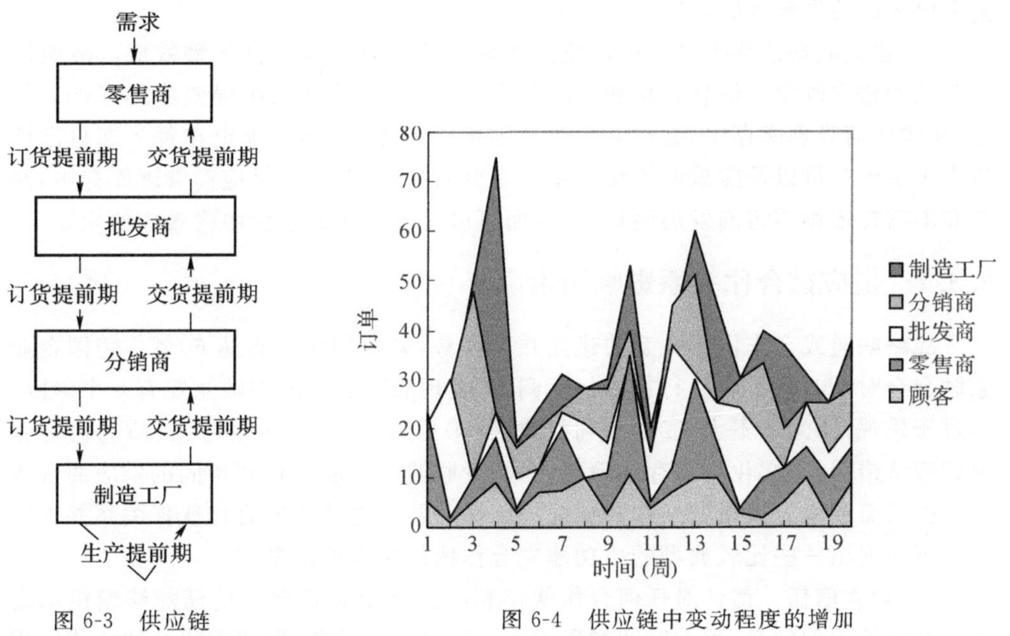

图 6-3　供应链

图 6-4　供应链中变动程度的增加

2. 处理牛鞭效应的策略

牛鞭效应使需求信息沿着供应链逐级放大,导致需求信息出现越来越大的波动。这种波动导致了库存成本增加、响应顾客需求的速度变慢等不利影响。虽然,牛鞭效应很难完全克服,但也存在着一些降低牛鞭效应的策略,包括降低不确定性、降低顾客需求变动程度、缩短提前期以及建立战略伙伴关系。

(1)降低不确定性。减少或消除牛鞭效应最常用的方法是通过集中需求信息,即为供应链的各阶段提供实际的顾客需求的全部信息,来降低整个供应链的不确定性。

(2)降低需求变动程度。通过降低顾客需求的变动性来减少牛鞭效应的影响。

例如，如果我们可以减少零售商所观察到的顾客需求的变动程度，那么即使出现了牛鞭效应，批发商所观察到的需求变动性也会相对减少。

我们可以采用诸如“天天低价”等策略降低顾客需求的变动性。当零售商推行天天低价策略时，他们提供的是单一稳定的商品价格，而不是带有周期性促销的价格。通过消除价格促销，零售商可以消除由于促销引起的需求的急骤变化。因此，“天天低价”策略能够形成更加稳定的、变动程度更小的顾客需求模式。

(3)缩短提前期。需求预测提前期加大了需求变动的增幅。提前期的延长对供应链上各个阶段的需求变动产生显著影响。因此，缩短提前期能够大大地降低整个供应链的牛鞭效应。

(4)建立战略伙伴关系。通过建立战略伙伴关系可以降低牛鞭效应。战略伙伴关系的建立改变了信息共享和库存管理的方式，能够降低牛鞭效应的影响。例如，在供应商管理库存中，制造商管理其零售店的库存，从而决定在每一期自己该持有多少库存量以及应该向零售商发运多少商品。因此，在供应商管理库存中，制造商不需要依赖零售商发出的订单，因而可以比较彻底地避免牛鞭效应的发生。

6.3.2 供应链合作关系影响因素

战略联盟或合作伙伴关系的建立并不容易，失败的比率高达 60%。美国企业家联合会对 455 名首席执行官进行了调查，发现战略联盟的失败主要有 8 个原因：①过于乐观；②沟通不力；③缺少利益共享；④见效慢；⑤缺少财务支持；⑥对运营原则理解错误；⑦文化交流存在障碍；⑧缺少联盟的经验。建立牢固的供应商合作伙伴关系需要双方大量的工作和彼此的承诺。要建立真正的合作伙伴关系并不容易。下面列出一些比较典型的成功建立合作伙伴关系的因素。

(1)建立信任。信任对任何合作伙伴和联盟都至关重要。信任能够使组织之间互换有价值的信息，投入时间和资源去理解彼此的业务，获得超出个体所能实现的结果。

(2)分享企业愿景和目标。所有的合作伙伴都应该明确各自的预期和目标，并将它们分解到合作当中。合作双方必须分享并接受对方的愿景和目标。许多联盟和合作伙伴关系的破裂是因为它们各自的目标没有很好地统一在一起。

(3)共同的利益和需求。当企业之间有一致需求时，双方的合作导致双赢的结局。共同需求不仅会产生有利于协作的环境，还为创新提供了机会。当合作双方分享利益时，它们的合作就会积极和长久。联盟就像婚姻，如果只有一方高兴，那么不会持续很长时间。

(4)高层管理的支持。找到一个合适的合作伙伴需要大量的时间和艰苦的工作。找到以后，双方需要投入大量时间、人员和精力去建设成功的合作伙伴关系。

没有参与，就没有承诺。承诺必须从高层开始。当高层管理人员支持合作伙伴关系时，这种关系就可能成功。由企业高层所表现出来的合作和参与程度，就相当于为复杂问题的解决定了基调。

(5)信息共享和沟通渠道。为使信息顺畅地流动，应该建立正式的和非正式的沟通渠道。如果具备高度的信任，信息系统就可以完全针对客户的需求，为彼此提供高效的服务。

(6)绩效标准。“你无法改进你不能评价的事情”，这句谚语也非常适用于处理买家与供应商关系。良好的运营绩效评价体系提供易于理解的测评指标，容易衡量，并关注买家和供应商共同价值的实现。

(7)持续改进。对供应商的运营评价建立在相互认可的评价体系之上，这为持续改进提供了机会。日本人以准时制思想贯穿整个过程，通过一系列小改进，达到消除整个系统的浪费。买家和供应商都必须持续地改进它们的能力，以满足客户在成本、质量、运送和技术方面的要求。

6.3.3 供应链合作伙伴的选择

不同的企业对于供应链系统来说，所提供增值作用不同；同时在能力比较方面，不同的企业具有的竞争力也不同，这些能力包括产品的生产质量、交货期、柔性、成本等。根据增值作用和竞争能力的不同可以将企业分为四类：一般性、重要的、竞争性和战略核心伙伴企业，如图 6-5 所示。

高增值作用低	低竞争能力高	
高	关键性伙伴企业	战略核心伙伴企业
低	一般性伙伴企业	竞争性伙伴企业

图 6-5　合作伙伴的类型矩阵

在供应链系统的合作伙伴企业选择和关系建立过程中，因根据需求的不同采取不同策略。对于长期需求，应选择战略核心企业，并建立紧密的合作关系；对中期需求，应根据具体情况选择竞争性企业或关键性企业作为合作成员；对于短期需求，则可以考虑建立选择一般性的伙伴企业。

供应链企业的评价和选择应考虑生产质量、交货期、柔性、成本等多方面因素的综合，具体方法包括招标法、采购成本比较法、直觉法、基于活动的成本分析法、层次分析法、神经网络算法等。评价和选择的过程是与环境状态变化相适应的动态过程。

6.3.4 CPFR 协作规划、预测和补货模型

1. CPFR 的概念

供应商管理库存(vendor managed inventory, VMI)和联合管理库存(joint managed inventory, JMI)是供应链管理中两种比较成功的模式,对减缓牛鞭效应有着积极作用。但 VMI 和 JMI 存在着明显缺陷,如 VMI 是供应商管理库存,没能调动下级节点企业的积极性;JMI 没能实现真正的集成,使得库存水平较高,订单落实速度慢。针对 VMI 和 JMI 的不足,1995 年,Wal-mart、Wamer-Lamhert、SAP、Manugistics 和 Benchmarking Parters 等 5 家公司联合成立了零售供应和需求链工作组,进行 CPFR(collaborative planning, forecastingand replenishment)研究和探索,其目的是开发一组业务流程,使供应链中的成员能够利用它实现从零售商到制造商之间的功能合作。

CPFR 是一种协同式的供应链业务流程管理模型,它能同时降低销售商的存货量,增加供应商的销售量。CPFR 的最大优势是能及时准确地预测由各项促销措施或异常变化带来的销售高峰和波动,从而使双方都能做好充分准备,赢得主动。同时 CPFR 采取"双赢"原则,以库存管理为核心兼顾供应链上其他方面的管理。因此,CPFR 能实现供应链伙伴间更为广泛深入的合作,主要体现在以下几个方面:

(1)面向客户需求的合作框架。

(2)基于同一销售预测报告制订生产计划。供应链上各公司根据这个共同的预测报告制订各自的生产计划,从而使供应链的管理得到集成。

(3)供应过程约束限制的解除。供应商减少甚至去掉库存,大大提高了企业的经济效益。另外,贯穿于产品制造、运输及分销等过程的企业间资源的优化调度问题也得以解决,最终为供应链合作伙伴带来了丰厚的收益。

2. CPFR 模型实施步骤

VICS 将 CPFR 的实施分为 9 个步骤,如表 6-1 所示。CPFR 为销售商和供应商提供了一个共享关键信息、共同计划的框架。在 CPFR 模型指导下,供应链合作伙伴制定统一的预测。供应商和销售商通过一起工作形成共同预测,或者首先形成各自的预测,然后使用这些预测形成共同预测。这一协调和信息共享机制使销售商和供应商能够优化他们的供应链活动。由此,生产计划很自然地基于销售商的需求来制定。CPFR 协作的本质是形成了更好的需求预测。这一改善的预测能够提高供应商的供货水平,改善库存水平,降低缓冲库存。成功实施 CPFR 能

够同时实现提高销售和降低库存的目标。

表 6-1　CPFR 过程模型步骤

CPFR 过程模型 9 个步骤	
步骤 1	建立协作关系
步骤 2	制订共同的商务计划
步骤 3	制定销售预测
步骤 4	识别销售预测例外情况
步骤 5	例外情况的协作和解决
步骤 6	制定订货预测
步骤 7	识别订货预测例外情况
步骤 8	例外情况的协作解决
步骤 9	生成订单

资料来源：Fliedner，G. CPFR：an emerging supply chain tool. Industrial Management and Data Systems，2003. 103(1)：14—21.

3. CPFR 的收益

CPFR 提供的信息共享机制为供应链合作伙伴带来了许多收益。Fliedner (2003)列出了几条显著收益。

(1)销售商收益：销售收入增加；更高的服务水平；更快的订单响应速度；更低的产品存货、更少的过时产品和变质产品。

(2)生产商收益：销售收入增加；更高的订单满足率；更低的产品存货；更高的周转率；降低产能要求。

(3)共享供应链收益：直接的物质流动(如可以减少仓库数量)；改善预测精度；更低的系统成本。

6.4　供应链绩效评价

"没有规矩，不成方圆"，这句谚语同样适用于供应链管理。美国战略绩效管理委员会在 1998 年给出的一份报告指出，采用绩效评价的公司更有可能成为行业的领导者，成功处理重大变革的可能性是其他公司的两倍。

供应链的有效管理需要供应链绩效评价体系作为保障。供应链上各公司的绩效评价体系往往存在着较大差异，另外，很多公司在评价绩效时往往单一地考虑本公司利益，而忽视供应链上合作伙伴的利益。因此，设计和实施能够协调和平衡供应链所有成员的绩效评价体系并非易事。绩效评价体系对供应链中所有成员来说必须既清楚又便于交流；同时，经理们还要进行持续地合作，这样才能达到对供应链所有成员都有利的结果。

6.4.1 供应链绩效评价体系

供应链绩效评价体系必须能够有效连接供应链中的各个合作伙伴，以便为终端客户创造突破性价值。供应链绩效评价体系必须能够覆盖整个供应链，以确保每个供应链成员的利益，使它们都能为整个供应链的战略目标作出贡献。在一个成功的供应链里，成员们都会一致认同供应链的绩效评价体系，其关注点应该是为最终客户创造价值，因为客户的满意度决定着供应链所有成员的销售和利润。

为了评价供应链的实施给企业群体带来的效益，所用到的方法就是对供应链的运行状况进行必要的度量。供应链绩效评价在以下几个方面起着积极作用：①对整个供应链的运行效果做出评价；②对供应链内各节点成员企业做出评价；③对供应链内企业与企业之间的合作关系做出评价；④对企业起到激励作用。

供应链绩效评价有着多种体系，如传统的基于成本、收入和利润率的评价体系、平衡计分卡、标杆法、供应链运作参考模型等。这里仅简要介绍十分典型且有效的供应链绩效评价体系：平衡计分卡和供应链运作参考模型。

6.4.2 平衡计分卡

1992年，卡普兰和诺顿推出了通过平衡计分卡（balanced scorecard, BSC）评价绩效的方法。这是一种将公司的绩效评价与战略计划和目标结合起来的方法，因此也改进了管理决策。这一模式得到了广泛应用，1998年财富1000强公司中有60%都使用过BSC。很多公司声称使用BSC后获得了有目共睹的成功，这些公司包括美孚石油、AT&T、英特尔、毕马威会计师事务所等。

BSC为经理们提供了一个正式的战略制定和实施框架，使财务结果和非财务结果之间达到平衡，并兼顾长期和短期规划。图6-6显示的BSC框架由四个角度组成：①财务角度。从收入增长、产品组合、成本下降、生产率、资产利用率和投资战略等方面进行评价。②内部业务流程角度。着重于机构内部主要业务流程绩效评价，包括质量、灵活性、流程的创新成分以及时间基准评价。③客户角度。着重于对客户需求和满意度的评价，包括客户满意度评分、客户流失、获取新客户、客户的价值特征、客户的利润度以及生产份额。④学习与成长角度。针对机构人员、系统和程序的评价，包括无形资产、员工的再培训、信息技术和系统的提高、员工的满意度等。

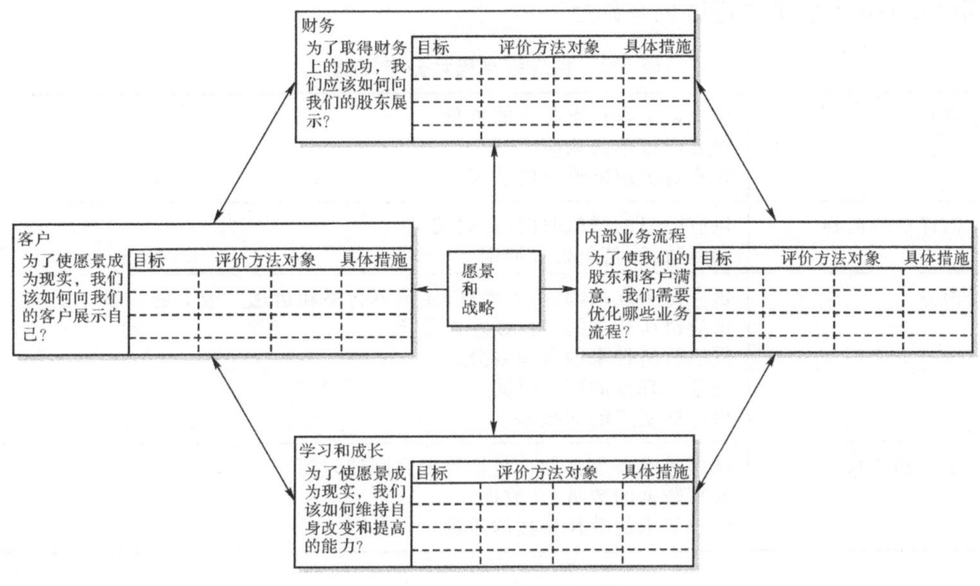

图 6-6 平衡计分卡框架

资料来源：Kaplan，R. S.，Norton，D. P. Using the balanced scorecard as a strategic management system. *Harvard Business Review*，1996.74(1)：75－87.

平衡计分卡绩效评价体系将上述四个角度的内容联系在一起。针对公司战略计划的每个目标进行评价体系设计，包括产出评价体系和取得这些产出的动力评价体系。在这个过程中，资深管理者可以引导公司内部能力的发展方向，使其朝着公司的目标发展。正确的计分卡设计应该支持公司的战略，应由一套连接紧密、相互一致、相互补充的评价体系构成。

制定平衡计分卡的过程从定义公司的战略开始。一旦理解了公司的战略，并得到了资深管理者认同，下一步就可以把这些战略目标转化成绩效评价体系。BSC 四个角度的每一方面都要求 4～7 项绩效评价指标，这样一张计分卡中对每个战略就有大约 20 项相关评价指标。如果公司对自己所期望达到的目标不明确，没有意识到那些有着正确绩效评价的计分卡是和公司所推行的战略密切相关的，那么，公司即便采用了 BSC，仍然有可能失败。

公司在设计一个协作的供应链时也可采用 BSC，把计分卡的内部参照系扩展到包括内部职能和供应链合作伙伴的职能。这样，公司的员工就有了明确的目标：着重于公司的绩效对整个供应链成功所作的贡献。布鲁尔和斯潘推出的一些评价体系把公司的界线扩展到了供应链，如表 6-2 所示。把这些和其他以供应链为基础的评价体系加到传统的、更注重内部评价的平衡计分卡中有助于公司达到目标，同时对公司所在的供应链也有好处。

表 6-2 供应链平衡计分卡评价

客户	供应链上客户服务点的数量 对客户订单的响应时间 客户对供应链价值的认识
内部业务流程	供应链里的增值时间/总时间 选择数量/订单处理周期
财务	供应链中在采购、持有库存、质量不合格和运送失败上的成本 供应链所达到的目标成本百分比 供应链所带来的利润百分比 现金到现金的周转时间 供应链资产的回报率
学习和成长	从产品准备完备到交付给客户之间的时间 共享数据的数量/总数据 客户需求的替代科技的数量

6.4.3 SCOR 供应链运作参考模型

另一个在整合供应链和评价供应链成员运营绩效上广为认可的方法就是供应链运作参考模型(supply chain operations reference model, SCOR 模型)。该模型由供应链委员会在 1996 年推出,这是一个由全球 800 家对供应链管理感兴趣的公司组成的非营利性机构。供应链委员会的成员们一直在对内部成员和外部购买 SCOR 模型软件的公司所使用的模型进行评价和更新。从图 6-7 可以看出,SCOR 模型把卖家的运送运作和买家的采购活动连接起来,这样就把供应链成员的运作整合起来了。

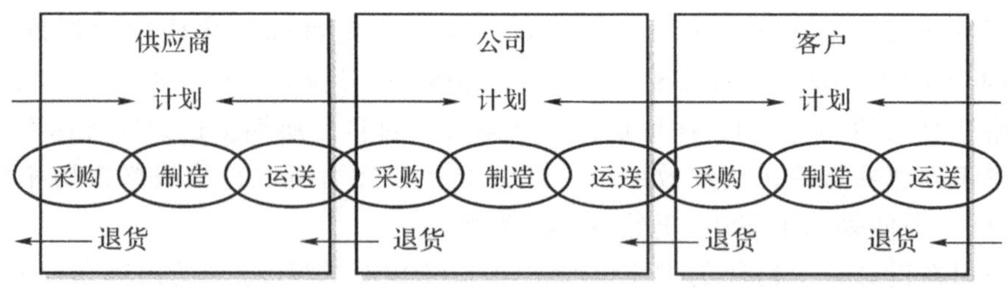

图 6-7 SCOR 模型

全球很多行业的制造和服务公司都把 SCOR 模型作为供应链管理诊断和流程改进的工具。那些成功使用 SCOR 模型的著名公司包括英特尔、IBM、3M、思科、西门子和拜耳。SCOR 模型把供应链的运作划分为五个过程——计划、采购、制造、运送和退货。

(1)计划。需求和供应计划包括根据需求平衡资源;供应链计划的设立/沟通;对商业规则、供应链运营、数据搜集、库存、资本资产、运输和规则需求的管理。

(2)采购。资源储备,按订单生产,按订单设计,包括计划运送时间;收货、验货、产品运输;批准给供应商付款;考察、选择供应商;评价供应商的绩效;管理进货库存和供应商协议。

(3)制造。面向库存生产,按订单生产,按订单设计,包括安排生产活动;生产、检测、包装、分段运输、产品交付;对按订单设计的产品的最终定稿;对在制品、设备、设施和生产网络的管理。

(4)运送。对库存、按订单生产及按订单设计的产品的订单、仓储、运输和安装的管理,包括从订单的询价、报价到安排运输和选择承运商的所有订单步骤的管理;从产品接收、挑选到产品的出库、运输的仓储管理;对客户开具发票;管理成品库存和进口/出口需求。

(5)退货。把采购的物料退还给供应商,以及接受客户对最终产品的退货,包括同意和安排退货;收货、查验、对次品或多余产品的处理;退货更换或担保;管理退货库存。

SCOR 模型中有三个级别标准化流程细节。在级别 1,用户可从 SCOR 结构工具箱挑选合适的流程属性来描述它们的供应链,可以从表 6-3 所列的 13 个绩效属性中选择。在级别 2,SCOR 流程通过流程类别得到了更详细的表述。在每一流程类别里都有用户指定的流程种类。在级别 3 里,流程图通过流程元素或专门任务对级别 2 里的流程进行定义,显示输入、流程元素和输出。最后,公司内部对供应链管理实践的贯彻情况属于级别 4 或以外的级别。

表 6-3　SCOR 绩效属性和级别 1 衡量指标

绩效属性	绩效属性定义	级别 1 衡量指标
配送可靠性	供应链配送绩效:正确产品以正确的地点、时间、状态、包装、质量、文件配送给正确顾客的程度	配送绩效 实现率 完美订单履行
响应度	供应链提供产品给顾客的速度	订单履行提前期
灵活性	供应链响应市场变化的敏捷性	供应链响应时间 生产灵活性
成本	运作供应链的成本	供应链管理成本 货物销售成本 价值增值生产力 保修/退货处理成本

续表

绩效属性	绩效属性定义	级别 1 衡量指标
资产管理效率	组织管理资产以满足顾客需求的有效性	现金到现金周转期 可供应存货天数 资产周转率

资料来源：Stephens, S. Supply chain operations reference model version 5.0: a new tool to improve supply chain efficiency and achieve best practice. *Information Systems Frontiers*, 2001, 3(4): 471—476.

实施 SCOR 模型并不是一项简单的任务，需要公司内部和供应链成员间投入大量时间，并进行有效交流。尽管如此，那些使用 SCOR 模型的公司还是觉得这样做非常有益。例如，美赞臣营养品公司负责全球生产的总监乔·威廉先生说，SCOR 在对照其他公司评价本企业业务单元在供应链运营中的贡献起着重要作用，但是，进行这一评价是"一项大工程"。他又说，SCOR 在某种意义上具有一定的权威性，在对某些方面的阐述上具有公开性。

由以上信息可以看出，SCOR 模型可用于供应链结构的描述、度量和评价。所设计的模型可以在供应链成员间进行有效的沟通、绩效评价和流程整合。一个标准化的参考模型有助于管理团队关注管理结果，提高对于内外部客户的服务质量，提升整个供应链的绩效。实际上，使用 SCOR 软件可以和实际运作企业一样，对任何供应链进行组织、评价并设立标准，为供应链的参与方带来持续的改进和竞争优势的提高。

6.5 供应链中的物流管理

这里讨论的物流，是指供应链范围内企业之间的物资转移活动。为了提高供应链的运行效率，需要采取各种管理策略以实现供应链各企业间的协调合作。

6.5.1 库存管理

1. 库存

面对市场消费需求的变化和供应链不同企业之间的不协调和不确定问题，企业往往通过设置库存来缓和矛盾。企业内部反复出现的库存需求，一般称为多周期库存需求，这些按其本身的属性又可以分为独立需求和相关需求。

独立需求是指库存需求独立于人们的主观控制能力之外的随机的、不确定的和模糊的需求。相关需求是指需求的数量和时间可以根据其他的变量数据推算出来。对于库存控制来说，主要解决三个问题：确定库存检查周期、确定定货量和确定订货时间。

2. 供应链管理中的库存问题

在供应链系统中，库存以原材料、半成品、成品、在制品、在途品存在于供应链的各个环节，传统的库存管理注重于优化单一企业的库存成本，但是在供应链系统中，这种传统的库存管理方式显然不能使供应链系统中的库存水平最优。

(1)三类基本问题。在供应链系统中主要包括信息沟通问题、供应链运作问题、供应链结构问题等三类基本问题。具体来说包括：供应链各节点企业在确定经营策略时的全局意识；供应链各企业整体的运行效率评价和管理问题；信息在供应链各成员间交流的效率；不确定性和库存的平衡关系；库存管理策略对实际情况的适应性问题；供应链各企业间的合作协调；产品设计与供应链库存之间的关系问题等。

(2)供应链中的需求变异加速放大原理。由美国的 Hau L. Lee 教授提出的供应链中的需求变异加速放大原理指出：当供应链中的企业根据其下游企业的需求量来确定其生产决策时，需求信息的不确定性就会沿着供应链逆流而上，而其不确定性会逐级放大，达到最上游的供应商时，其需求的变异系数远大于位于供应链下游的经销商和零售商。传统的库存管理模式不能解决需求变异放大的问题。

(3)供应链不确定性与库存的关系。供应链的不确定性包括企业之间、部门之间的衔接不确定性和企业内部的运作不确定性。加强供应链各企业间的信息共享是降低不确定性的重要手段，具体来说，由于企业间的信息共享，使得企业间信息不对称问题得以减少，企业在需求相对稳定的情况下，就可以大大降低库存水平；同时由于企业间的信息共享，使得原来对于一个单独企业来说是外生变量的下游需求变得确定，从而使企业的生产、决策、管理变得方便，降低了运作不确定性。

3. 供应链中的库存管理策略

为了发挥供应链管理的作用，其库存管理的策略也与传统的库存管理方法有所区别。

(1)供应商库存管理系统(vendor managed inventory，VM2)。其本质上是用户和供应商之间的合作性策略。具体来说，在一般情况下，供应商为了适应不可预测的需求变化，需要建立库存，用户也需要建立库存来应付其内部需求和供应链的不确定性，这种行为实际上导致了重复库存的问题，同时由于变异放大原理，需求信息在供应链中会被进一步扭曲。在 VMI 模式下，以双方成本最低为目标，在双方相互同意的框架下，由供应商来管理库存，同时这个协作框架被不断监督和修正，从而保证该库存管理策略的持续改进。

(2)联合库存管理。联合库存管理是指供应商和用户同时参与、相互协调、共同制订库存计划，加强供应链各节点企业的同步运作，消除需求变异放大的现象，降低了供应链中的不确定性。

(3)多级库存优化。联合库存管理是供应链中单级的局部优化管理模式，而多级库存优化则是全局性的库存管理优化模式，强调供应链资源的全局优化。多级库存管理有非中心化(分布式)策略和中心化(集中式)策略。非中心化策略是各库存点独立地采取各自的库存策略，操作比较简单，但是其实施效果与供应链中的信息共享水平有很大关系，在共享度低的情况下，很难实现供应链系统的最优。中心化策略是指同时决定所有库存点的控制参数，结合各库存点的相互关系，通过协调来实现供应链系统中的库存最优。这种管理方法在供应链层次较多的情况下，操作难度较大。

(4)工作流管理。工作流管理是针对企业战略性库存决策问题所提出的库存管理策略。这种策略认为，库存是企业之间或部门之间没有实现无缝联接的结果，库存管理本质上不是针对物料的管理，而是针对企业业务流程的工作流管理，强调通过企业业务过程的调整来解决库存问题。这种策略强调了企业间的战略合作和协调。

6.5.2 采购管理

1. 传统采购模式

在传统采购模式下，采购企业比较重视通过向多个供应商询价，在价格比较的基础上选择供应商，对质量和交货的控制主要依靠事后把关。这种管理模式体现了以下特征。

(1)采购双方的信息不对称。在传统模式下，采购方为了在供应商价格比较中获得有利地位，往往尽量保护自己的信息；同样，供应方为了在与其他供应商竞争中获胜，也会尽量对自己的信息保密。这样在采购双方之间就形成信息不对称的关系，不能进行有效沟通。

(2)质量控制的难度大。在传统模式下，采购方很难在产品生产过程中了解和参与质量控制，而主要依靠事后的验收控制来进行质量把关。显然这种缺乏合作的质量管理方法，难以有效控制采购物品的质量。

(3)供求双方竞争多于合作。在传统模式下，供求双方的合作是短期的。由于缺乏长期的考虑和安排，往往会在许多具体问题上缺乏合作和协调，导致供应关系中的不确定性增加。

(4)对客户需求的反应较慢。在传统模式下,供应和采购双方之间缺乏信息沟通,当市场需求发生变化时,采购方要改变已经确定的采购合同,难度较大、成本较高,这种情况导致供应采购双方对市场需求变化的反应迟钝。

2. 供应链管理中的采购特点

(1)订单驱动的采购管理模式。与传统的以库存补充要求为驱动的管理特点不同,在供应链管理中,用户需求订单驱动制造订单的产生、制造订单驱动采购订单的产生、采购订单再驱动供应商,这种订单驱动模式使供应链系统能及时响应客户需求,降低整体库存水平。

(2)从传统采购控制向外部资源管理转化。在传统采购模式下,对质量、交货期等的控制主要以事后控制为主。在供应链系统中则强调事中控制,在长期的、互利的合作关系基础上,由采购方和供应方共同来解决问题,具体的做法包括采购方向供应方提供质量管理的信息和技术支持、参与供应方的产品设计和质量控制、协调供应商资源、改善供应商网络的层次结构等。

(3)从一般买卖关系向战略合作伙伴关系转化。传统的基于一般买卖关系的采购模式无法解决一些涉及全局的、战略性的供应链企业的相互关系,而战略合作伙伴关系的建立,使得企业间的采购和供应关系变得透明,减少了信息失真问题,降低了采购成本和风险,并为共同合作解决问题提供条件。

3. 准时采购策略

准时采购策略的基本思路是在恰当的时间、地点,以恰当的数量和质量,提供恰当的物品,其目的就是通过持续改进来消除库存和不必要的浪费。其中供应商数量和关系选择、质量控制是它的核心内容。准时采购实际上是供应链系统中订单驱动的采购模式得以有效进行的重要手段。

准时采购策略的特点包括:一般选择较少的供应商,以便于管理供应商、降低采购成本、与供应商建立长期的稳定关系;对供应商的质量和合作能力要求较高;强调交货的准时性,并通过生产条件改善和有效管理运输等提高交货的准时性;对信息共享的要求较高;采购批量灵活。

为了准时采购管理能有效实施,需要重视三个方面的工作:选择最佳的供应商,并实施有效管理;建立和保持供应商与采购方的紧密合作;实行有效的采购过程质量控制。其中对供应商的管理是准时采购管理的关键环节,在准时采购中供应商和采购方的关系是建立在一种战略“双赢”的基础上,其强调信息交流和共享机制,同时通过合理的供应商评价和激励机制来维护和强化这种长期的战略双赢关系。

6.5.3 顾客响应

在竞争激烈的环境中，顾客的选择余地变得越来越大，如何改善与客户的关系，将客户整合到企业的价值创造活动中，成为提高客户响应和客户满意的关键。而供应链系统的运行目的本质上是为了有效地满足客户需求，因此如何在供应链前端正确、及时地采集客户需求信息，并将它在供应链系统中有效传递和共享，使供应链中的各企业的物流系统能够围绕客户需求同步运行，是供应链管理的重要问题。

(1)在供应链前端收集客户信息。在传统的管理模式下，客户需求的确定常常是通过估计和预测，而缺乏对客户需求变化的及时响应，也缺乏供应链系统与客户之间的交互能力。在网络环境下，通过在销售终端采集顾客的直接消费信息，并通过信息技术的处理，整理客户需求的特点，再将这些信息通过供应链中的信息传递系统在供应链各企业共享，从而使供应链的各企业能及时根据市场变化调整经营策略和行为。同时，网络环境提供了客户与供应链的交互能力，客户可以将自己的需求直接通过网络方便地传递给供应链系统，从而有可能实时地掌握产品的进展情况。这样实际上就把客户整合到了产品价值创造的过程中来，整个供应链的客户响应度和提供产品的客户满意度都大大提高了。

(2)全球供应链需求信息网络。为了使市场的变化信息实时地在供应链系统中共享传递，需要建立供应链系统的需求信息网络，使得供应链中分布于全球各地的成员企业能够直接地、方便地、及时地获得市场需求信息，这样就从根本上解决了需求变异放大的问题，并实现供应链各企业的同步运作。

为了建立供应链的全球需求信息网络，不仅需要基础的网络技术条件，同时需要建立有效的供应链管理机制，在供应链系统的各企业之间建立战略层次的合作协调关系，通过合适的评价激励机制使需求信息的共享成为现实。

6.5.4 物流渠道

物流渠道是指供应链系统物品运送的途径和方式。物流渠道的合理性和运送效率是非常重要的。在整合的物流管理系统中，物流渠道管理与库存管理、采购管理、客户服务是密切相关的。

(1) 物流渠道设计。物流渠道设计是指在战略性考虑的基础上，通过网络分析，优化供应链各节点企业(包括制造工厂、分销中心、仓库等)的位置和数量，使物流系统优化，获得较低的运输成本和库存成本。其本质上是为了实现用户成本和用户响应度的综合最优。物流渠道设计包括局部渠道设计和全局渠道设计。局部渠道设计一般用于分销网点的布置，通常以总成本最低来进行网络优化。全局渠道设计是基于供应链整体的设计方法，其主要的决策问题是同时考虑供应链上游的供应商选择和下游的经销商选择问题，在上游的渠道设计中较多考虑运输费用、技术合作、供货可靠性和协作管理成本等，在下游的渠道设计中还要考虑消费市场特点等。

(2) 第三方物流。第三方物流是指将企业的一些物流运输业务和其他的一些相关业务(如仓库管理、客户订单处理等)外包给专门的物流管理机构来进行，从而降低企业的物流管理成本、提高供应链运行效率，并使企业能够集中精力于自己的核心业务。第三方物流实际上是一个集成的物流管理模式，它将企业的小批量运输业务与其他企业的运输业务相集成，以专业服务的手段，实现物流运输的高效率。显然，在供应链管理中，第三方物流管理，使得供应链的小批量库存策略变得现实，从而提高了供应链的柔性。同时，第三方物流降低了物流运输的不确定风险，改善了供应链企业的市场响应度和服务质量。

(3) 延迟化策略。延迟化策略是为适应大规模顾客定制生产的要求而采取的策略。大规模顾客定制的运行模式下，分销中心如果存储大量顾客定制的个性化产品，则势必造成库存增加，而且在市场需求发生变化的时候会导致反应迟钝。延迟化策略则是采用模块化技术，将顾客的个性化产品推迟到顾客所在地区再进行模块化组装，而在分销中心只存放产品的通用部件。分销网络设计也采取模块化的设计思路。

(4) 在线信息管理。在网络环境下，物流的运送信息可以实现及时地传送到网络，从而使企业在线的物流信息管理成为可能，并最终提高物流运输的效率和灵活性。

本章要点

1. 供应链管理是用于有效集成供应商、制造商、仓库与销售商的一系列方法，通过这些方法，使生产出来的产品以恰当的数量，在恰当的时间，被送往恰当的地点，从而实现在满足服务水平的同时，使系统的成本最小化。

2. 战略联盟是公司之间典型的、多方位的目标导向型的长期伙伴关系，它们共享收益、共担风险。战略联盟是企业获取竞争优势的有潜力的战略选择，但是企业仍然需要经营自己的核心能力或核心竞争力。这些核心能力不能因为联盟而削弱。

3. 供应链管理强调把主要精力放在企业的关键业务上，充分发挥其优势，并根据企业的自身特点，专门从事某一领域、某一专门业务，在某一点形成自己的核心能力，同时将企业中非核心业务外包给其他企业或由合作企业去完成。

4. 沿着供应链前进需求变动程度增大的现象称为“牛鞭效应”。牛鞭效应使供应链成员被迫持有较高的安全库存,或者具备更高的能力。

5. CPFR是一种协同式的供应链业务流程管理模型,它能同时降低销售商的存货量,增加供应商的销售量。CPFR包括九个步骤:建立协作关系、制订共同的商务计划、制定销售预测、识别销售预测例外情况、例外情况的协作和解决、制定订货预测、识别订货预测例外情况、例外情况的协作解决、生成订单。

6. 供应链的有效管理需要供应链绩效评价体系作为保障。平衡计分卡和供应链运作参考模型是两种十分典型且有效的供应链绩效评价体系。供应链绩效评价平衡计分卡包括企业内部和外部合作关系的评价,使公司员工明确关注公司绩效对整个供应链绩效所作的贡献。SCOR供应链运作参考模型是得到广泛认可的供应链整合和绩效评价模型。SCOR模型把供应链的运作划分为五个过程——计划、采购、制造、运送和退货。SCOR模型由一系列分为多个级别的指标体系构成。

思考与练习

1. 什么是供应链?什么是供应链管理?
2. 简述供应链战略管理的基本理念。
3. 简述牛鞭效应产生的原因以及它对供应链管理造成的影响。
4. 用于评价供应链绩效的平衡计分卡应该如何设计?
5. SCOR体现了哪些供应链管理先进思想?如何实施SCOR模型?

参考文献

1. Fliedner G. CPFR: an emerging supply chain tool. *Industrial Management and Data Systems*, 2003, 103(1)

2. Kaplan R S, Norton D P. Using the balanced scorecard as a strategic management system. *Harvard Business Review*, 1996, 74(1)

3. Lee H L, Padmanabhan V, Whang S A. The bullwhip effect in supply chains. *Sloan Management Review*, 1997, 38(3)

4. Lee H L, Padmanabhan V, Whang S J Information distortion in a supply chain: The bullwhip effect. *Management Science*, 1997, 43(4)

5. Simchi-Levi D, Kaminsky P, Simchi-Levi E. *Designing and Managing the Supply Chain: Concepts, Strategies & Case Studies*. Boston: The McGraw-Hill Companies, Inc. 2000

6. Stephens S. Supply chain operations reference model version 5.0: a new tool to improve supply chain efficiency and achieve best practice. *Information*

Systems Frontiers, 2001,3(4)

7. 宋华，胡左浩. 现代物流与供应链管理. 北京：经济管理出版社，2000

8. 李波，洪涛. 供应链管理（SCM）教程. 北京：电子工业出版社，2006

9. 辛奇・利维，卡明斯基，西姆奇・利瓦伊. 供应链设计与管理：概念、战略与案例研究. 季建华，邵晓峰译. 北京：中国财政经济出版社，2004

10. 威斯纳，梁源强，陈加存. 供应链管理. 朱梓齐译. 北京：机械工业出版社，2004

11. 刘伟，王文，赵刚. 供应链管理教程. 上海：上海人民出版社，2008

12. 刘刚. 供应链管理. 北京：化学工业出版社，2005

13. 马丁・克里斯托弗. 物流与供应链管理：创造增值网络. 何明珂，崔连广，郑媛译. 北京：电子工业出版社，2006

14. 骆温平. 物流与供应链管理. 北京：电子工业出版社，2006

15. 鲍尔索克斯，克劳斯，库珀. 供应链物流管理. 李习文，王增东译. 北京：机械工业出版社，2006

第7章

电子商务环境下的物流管理

开篇案例——亚马逊的成功与物流系统

亚马逊是全球最大的网上书店、音乐盒带商店和录像带店。根据2009年第一季度财报，除图书、CD和DVD等传统商品营收增长了7%，达27.2亿美元，发展依然强劲之外，电子产品和其他日常用品的营收增长了近39%，达20.5亿美元。目前亚马逊拥有商品种类达3000多万种。是什么成就了亚马逊今天的业绩？除了和出版商、供货商建立良好的合作伙伴关系外，亚马逊的物流系统在这些经营业绩中功不可没。由于有完善、优化的物流系统作为保障，它才能将物流作为促销的手段，并有能力严格地控制物流成本和有效地进行物流过程的组织运作。在这些方面亚马逊有许多独到之处。

1. 拥有完整的物流、配送网络及分类配送中心

亚马逊在美国、欧洲和亚洲共建立了19个配送中心，面积超过350万平方英尺，同时亚马逊根据不同的商品类别建立了不同的配送中心。这样的配送网络使订货和配送中心作业处理及送货过程更加快速，令亚马逊减少了向主要市场上的用户送货的标准时间，缺货也更少。

2. 以全资子公司的形式经营和管理配送中心，在配送模式上选择外包方式

亚马逊认为，配送中心的合理规划以及高效运作能够提高对市场的反应速度，因此配送中心在亚马逊的经营管理范围之内。同时，亚马逊又将美国的配送业务委托给美国邮政和UPS，将国际物流委托给国际海员公司等专业的物流公司。合理的分工，既把握了业务的核心，增强了公司的竞争优势，同时又降低了经营风险，利用了专业物流公司的优势，节约了物流成本。

3. 采取"组合包装"技术,扩大运输批量

当顾客在亚马逊的网站上确认订单后,就可以立即看到亚马逊销售系统根据顾客所订商品发出的是否有现货,以及选择的发运方式、估计的发货日期和送货日期等信息。如前所述,亚马逊根据商品类别建立不同配送中心,所以顾客订购的不同商品是从位于美国不同地点的不同的配送中心发出的。由于亚马逊的配送中心只保持少量的库存,所以在接到顾客订货后,亚马逊需要查询配送中心的库存,如果配送中心没有现货,就要向供应商订货。因此会造成同一张订单上商品有的可以立即发货,有的则需要等待。为了节省顾客等待的时间,亚马逊建议顾客在订货时不要将需要等待的商品和有现货的商品放在同一张订单中。这样在发运时,承运人就可以将来自不同顾客、相同类别,而且配送中心有现货的商品配装在同一货车内发运,从而缩短顾客订货后的等待时间,也扩大了运输批量,提高了运输效率,降低了运输成本。

4. 完善的发货条款、灵活多样的送货方式及精确合理的收费标准

亚马逊的发货条款非常完善。在其网站上,顾客可以得到以下信息:拍卖商品的发运、送货时间的估算、免费的超级节约发运、店内拣货、需要特殊装卸和搬运的商品、包装物的回收、发运的特殊要求、发运费率、发运限制、订货跟踪等。

亚马逊为顾客提供了多种可供选择的送货方式和送货期限。在送货方式上有以陆运和海运为基本运输方式的"标准送货",也有空运方式。送货期限上,根据目的地是国内还是国外的不同,以及所订的商品是否有现货而采用标准送货、2 日送货和 1 日送货等。根据送货方式和送货期限及商品品类的不同,采取不同的收费标准,有按固定费率收取的批次费,也有按件数收取的件数费,亦有按重量收取的费用。

总之,亚马逊带给我们的启示很多,其中最重要的一点就是物流在电子商务发展中起着至关重要的作用。有人将亚马逊的快速发展称为"亚马逊神话",如果中国的电子商务企业在经营发展中能将物流作为企业的发展战略,合理地规划企业的物流系统,制定正确的物流目标,有效地进行物流的组织和运作,那么对中国的电子商务企业来讲,亚马逊神话将不再遥远。

(资料来源:杨路明:《电子商务物流管理》,机械工业出版社,2007)

7.1 电子商务的基本问题

7.1.1 电子商务的基本概念

【案例】 经济危机下，中国电子商务依然发展迅速

电子商务已经在中国经济和社会生活中扮演不可或缺的重要角色。2008年中国电子商务总体交易规模达到19510亿元人民币，比2007年的16078亿增长了20%以上。其中，面向个人消费者的电子商务交易额增长约为30%。这与2008年不景气的宏观经济形势和低落的市场信心形成了鲜明的对比。IDC指出，中国的电子商务在未来5年仍将处于快速发展的上升轨道之中。

（资料来源：《电子商务服务业及阿里巴巴商业生态的社会经济影响》，IDC（中国））

电子商务（Electronic Commerce，EC）是经济和信息技术发展并相互作用的必然产物。关于电子商务的概念，在不同的时期，中外学者、专家从不同的角度提出过不同的定义。至今为止，还没有一个较为全面、具有权威性的、被大多数人所广泛接受的电子商务的定义。以下是一些较为系统和全面的定义。

（1）联合国经济合作和发展组织（OECD）的定义：电子商务是发生在开放网络上的包含企业之间、企业与消费者之间的交易。

（2）美国政府的“全球电子商务纲要”中的定义：电子商务是指通过Internet进行的各项商务活动，包括广告、交易、支付、服务等活动，全球电子商务将涉及世界各国。

（3）加拿大电子商务协会的定义：电子商务是通过数字通信进行商品和服务的买卖以及资金的转移，它还包括公司间和公司内部利用电子邮件、电子数据进行交换、文件转移、传真、电视会议、远程计算机联网所能实现的全部功能（如市场营销、金融结算、销售以及商务谈判）。

（4）全球信息基础设施委员会电子商务工作组的定义：电子商务是运用电子通信作为手段的经济活动，通过这种方式人们以对带有经济价值的产品和服务进行宣传、购买和结算。这种交易的方式不受地理位置、资金多少或零售渠道的所有权影响，公有及私有企业、公司、政府组织、各种社会团体、一般公民、企业家都能自由地参加广泛的活动，其中包括农业、林业、渔业、工业、私营和政府的服务项目。电子商务能使产品在世界范围内进行交易并向消费者提供多种多样的选择。

（5）IBM公司的定义：电子商务是在网络计算机环境下的商业化应用，不仅仅是硬件和软件的结合，也不仅仅是一般意义下的强调交易的狭义的电子商务，而是把买方、卖方、厂商及其合作伙伴在因特网、企业内部网和企业外部网结合起来的应用。

(6)HP公司的定义:电子商务是通过电子化手段来完成商业贸易活动的一种方式,它使我们能够以电子交易为手段完成物品服务等的交换,是商家和客户之间的联系纽带。

以上的定义没有对错之分,人们只是从不同角度及广义和狭义上,各抒己见。因此,可以这样说,从宏观上讲,电子商务是计算机网络的又一次革命,旨在通过电子手段建立一种新的经济秩序,它不仅涉及电子技术和商业交易本身,而且涉及诸如金融、税务、教育等社会其他成员;从微观角度说,电子商务是指各种具有商业活动能力的实体(生产企业、商贸企业、金融机构、政府机构、个人消费者等)利用网络和先进的数字化传媒技术进行的各项商业贸易活动。这里强调两点,一是活动要有商业背景,二是网络化和数字化。

7.1.2　电子商务的功能和特点

【案例】 招商银行网上银行的成功经验

招商银行从1987年成立,至20世纪90年代中期,网点的规模还很小,全部分支机构的总数不足100家。从1997年起,招商银行把目光瞄准了刚刚兴起的因特网,并迅速取得了网上银行的发展优势地位。

1997年4月,招商银行注册了中国银行业最早的域名之一,金融电子服务从此进入了"一网通"时代。1998年4月,"一网通"推出"网上企业银行",后逐步形成了网上企业银行、网上个人银行、网上商城、网上证券和网上支付等在内的网上银行金融服务体系。凭借网上银行给客户带来的资金结算和财务监管的及时性、便利性和安全性,先后争取到很多重要客户。网上个人银行业务在2002年交易额达到250亿元,完成各类交易500万笔。

网上银行业务极大地提高了招商银行的竞争优势,同时它的成功也促进了中国其他银行发展网上银行系统。

(资料来源:孙建红:《电子商务案例分析》,对外经济贸易大学出版社,2008:230(有删减))

电子商务之所以得到广泛的发展,在于它相对传统的商务活动有许多功能和特点。

1. 电子商务的功能

电子商务的功能模块主要包括:内容管理(Content Management)、协同处理(Collaboration)、交易服务(Commerce)三项。三项功能相互交叉组合,从而使电子商务具有了广告宣传、咨询洽谈、网上订购、网上支付、电子账户、服务传递、意见征询、交易管理等各项功能。

(1)内容管理。内容管理就是管理需要在网上发布的各种信息。通过充分利用信息来增加品牌价值,扩大公司的影响,主要包括对外广告宣传,提供产品和服务的相关信息;对内进行信息传播,通过 Internet 将公司的政策、信息等传递给利益相关者。

(2)协同处理。协同处理能支持群体人员的协同工作,通过提供自动处理业务流程来减少公司运营成本和产品开发周期。具体包括企业内各个部门及企业外合作伙伴的联系及通信,企业内部资源管理。

(3)交易服务。交易服务完成网上交易,并提供交易前、交易中、交易后的各种服务。主要包括网上订购、网上支付、交易管理等功能。

2. 电子商务的特点

(1)方便性。在电子商务的环境下,客户不再受到地域和时间的限制,能够非常便捷地完成过去复杂的商务活动。对客户和消费者而言,可以快速搜索到所需要的产品和服务的供应商,并根据相关的资料进行比较,从而实现满足自身需要的产品和服务。对于供应商而言,可以将自己的产品、服务的品种、特性公布在网站上,并能够及时获得反馈,扩大了与潜在客户的交流渠道。

(2)高效性。电子商务交易的双方从洽谈、签约、货款的支付以及交货通知等整个交易过程都可以在网络上进行,通畅、快捷的信息传递提高了交易的效率。由于电子商务在互联网贸易中的商业报文标准化,使商业报文能在世界各地瞬间完成传递与自动处理活动。而传统的贸易方式用信件、电话、传真传递信息,必须有人的参与,每个环节都要花费不少时间。有时由于人员合作和工作作息等问题,会因延误传输而失去最佳商机。电子商务克服了传统贸易方式的不足,极大地缩短了交易的时间,使整个交易非常快捷与方便。

(3)低成本。电子商务使买卖双方的交易成本大大降低,如买卖双方通过网络进行商务活动,减少了交易的中间环节;卖方可通过互联网进行产品介绍、宣传,避免了在传统方式下广告、发印刷品等大量的费用;互联网使得买卖双方即时沟通供需信息,使无库存生产和无库存销售成为可能,从而使库存成本可以降为零;通过互联网把公司总部、代理商以及分布在其他国家的子公司、分公司联系在一起,及时地对各地市场作出反应,及时生产,快捷配送,从而降低成本。

(4)协调性。商务活动是一种协调过程,它需要雇员和客户、制造商、供应商以及其他商务伙伴间的协调,企业通过电子商务将供应商、制造商、客户连接起来,形成对客户需求的快速响应,既能迅速满足客户的个性化需求,又能降低商品的数量和资金积压。因此,协调性是电子商务的重要特性。

7.1.3 电子商务的应用类型

【案例】 中国互联网络信息资源数量调查报告节选

截至 2006 年，全国网站数为 694200 个，根据网站的经营主体的性质我们将网站进行分类，其中企业网站所占的比例最大，占网站总体的 60.4%，其次为个人网站，占 21.9%，第三是教育科研类网站，占 5.1%，随后依次为政府网站占 4.4%，其他公益性网站占 3.8%，商业网站占 3.5%，其他网站占 0.9%。（企业网站是相对于商业网站而言，指业务主要在网下的企业所建立的网站。引自美国权威调查机构 FORRESTER RESEARCH 的《全球 B2B 电子商务市场现状》中对网站的分类标准）

商业网站提供的主要信息服务包括：网站/网页浏览、新闻、网上社区、网上购物、B2B 电子商务等。提供各类服务的商业网站中，提供“网站/网页浏览”服务的比例最高，占到了 70.4%，其次是“网上购物(B2C/ C2C)”占到 46.5%，“BBS 论坛网上社区讨论组等”为 45.1%，“免费电子邮箱”为 40.8%。

（资料来源：中国互联网络信息中心(CNNIC)）

电子商务作为一种交易平台和环境，有效地拓展了服务范围和业务范围，可以形成从政府到市场、从市场到企业生产、从企业生产到消费者的多方网络化连锁关系，打破行业间的界限，行业之间联手引入各自的消费群体，交叉推介，互为代办，形成成本低、花费少、见效快、效率高的电子商务活动网络，形成电子商务连锁经营的模式，最大可能地实现生产需求、交换的一体化和透明化。

通常按照参与交易的对象进行分类，电子商务最基本的结构模式主要是企业对企业(B2B)、企业对消费者(B2C)、企业对政府机构(B2G)、消费者对政府机构(C2G)和消费者对消费者(C2C)。

(1)B2B 模式。B2B 结构模式是指商业机构(或企业、公司)使用 Internet 和各种商务网络向供应商(企业或公司)订货和付款的电子商务应用模式。

(2)B2C 模式。B2C 电子商务结构是指以 Internet 为主要服务提供手段，实现公众消费和提供服务，并保证与其相关的付款方式的电子化的电子商务运营模式。

(3)B2G 模式。B2G 电子商务结构是指利用 Internet 完成政府与企业之间的政府采购、税收、商检、管理条例发布等各项事务的电子商务应用模式。

(4)C2G 模式。C2G 电子商务结构是指由政府利用电子商务手段进行福利费发放、自我估税和个人税费征收的电子商务运营模式。

(5)C2C 模式。C2C 电子商务结构是指利用 Internet 完成个人与个人之间的信息交换和交易，如个人的网上拍卖等。

电子商务的分类并不是绝对的、完全独立的，按照交易对象划分的 B2B、B2C、

C2G 和 B2G 等是可以集成在一起的。实际上,企业建立了自己的网站和相应的信息系统也就完成了电子商务的物理系统的建设,而其电子商务系统运行效率取决于企业整个供应链系统信息流的集成能力。

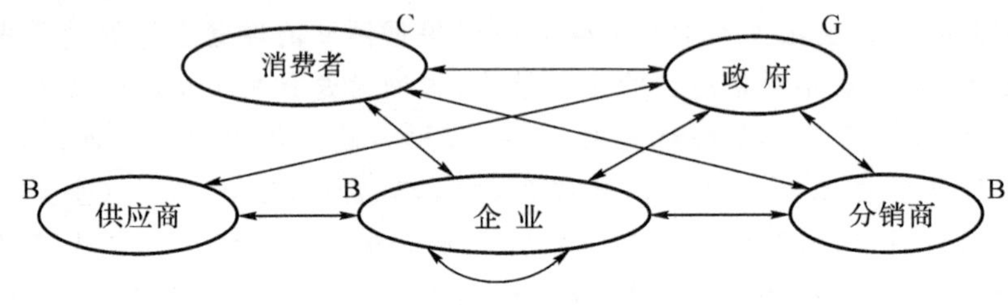

图 7-1 电子商务集成

需要指出的是,电子商务是以计算机为主体的网络方式的革命,它通过电子手段建立一种新的经济秩序,不应该仅仅被看做是一种互联网的在线销售模式,更重要的是,企业与企业之间、企业与消费者之间、企业与政府行政部门之间,甚至政府与市民之间的信息交流实现了数据化的处理过程。

电子商务之所以得到广泛的发展,在于它相对传统的商务活动有许多功能和特点。

7.1.4 电子商务的发展及现状

电子商务产生于 20 世纪 60 年代,发展于 90 年代,经历了由局部的、在专用网上的电子交易,到开放的、基于 Internet 的电子交易过程。特别是近年来,Internet 的快速发展给电子商务注入了新的活力,为电子商务提供了新的发展空间。

1. 电子商务发展的历史

归纳来说,从 20 世纪 60 年代起,商业电子化的发展主要经历了两个阶段。

(1)20 世纪 60—90 年代:基于 EDI 的电子商务。电子商务实际上在网络出现以前就已存在。1994 年之前,企业层面的电子商务主要是通过 EDI 进行的。EDI 指的是商业交易信息(如发票和订单)以一种业界认可的标准方式在计算机与计算机间的传输。对于某些交易来说,在减少交易错误和缩短处理时间方面,EDI 发挥了重大作用,因此人们形象地称之为“无纸贸易”或者“无纸交易”。虽然如此,其仍然有很大的成本消耗。

首先,EDI 通常经过专有增值网络进行,这需要花费一大笔投资;其次,EDI 离不开分布式软件,这种软件既昂贵又复杂,给参与者增添了很大的负担;再次,EDI 是批量传输的,影响了实时生产、采购和定价。

正式由于这些原因,EDI并没有大规模的普及,在中国尤其如此。

(2)20世纪90年代以来:基于Internet的电子商务。20世纪90年代中后期,Internet迅速走向普及,之前一直排斥在Internet之外的商业贸易活动正式进入到Internet王国,电子商务成为Internet应用的最大热点。在此阶段,电子商务又有三个不同的应用时期:

- 基础电子商务。在这一时期,买家和卖家开始尝试在没有中介的情况下开展交易。成功的先行者把它们的网站当做主要的销售渠道(思科和戴尔),它们通常是技术公司,面向懂技术的顾客,没有或只有很少的渠道冲突。对其他大多数公司而言,它们仍然只把网站当做展示产品目录和市场推广材料的地方。时至今日,只有15%的网站能够接受订单,6%的网站能够告知订单处理现状。

- 商务社区。在此时期,第三方目的网站(third-party Web destination)开始把交易双方带到共同的社区之中。商务社区创造了市场透明度,一旦买主和卖主开始定期在社区中会面,各种各样的可能性就会出现。这一阶段还拥有很大的发展空间。

- 协同式商务。这是一种崭新的开始,商业合作伙伴间的几乎每一个业务流程都可以借助网络加以改善或重组。与B2C商务相比,B2B商务涉及的关系要复杂得多。用建筑上的事情作比较,B2C商务像是等待一所房子完工之后买下它,而B2B商务则更像从事一个庞大的建筑项目,需要在专业工作者之间协调多项流程。我们把这样的工作称为"协同",它面临的障碍很多,但也蕴藏着重大的机会。

2. 我国电子商务的发展现状

从20世纪90年代初开始,我国相继实施了"金桥"、"金卡"、"金税"、"金贸"、"金卫"、"金智"等一系列"金"字工程,并且进展顺利,为我国电子商务的发展营造了良好的外部环境。2008年中国电子商务市场规模约为3万亿元人民币,同比增长41.7%,金融危机并未影响电子商务的发展。

我国互联网用户正在呈现着高速增长态势。截至目前我国大陆网民人数已达到3.16亿,位居世界第一,同时我国互联网普及率也达到了23.8%,超过了全球平均水平,其中宽带接入率已经达到90%。3G所带来的网络带宽的优化及终端功能的丰富,为移动互联网的发展提供了沃土,并将进一步拉动经济及电子商务的发展。

7.2 电子商务与物流的关系

【案例】 海尔的"一流三网"同步模式

海尔物流管理的"一流三网"充分体现了电子商务物流的特征:"一流"是以订单信息流为中心;"三网"分别是全球供应链资源网络、全球用户资源网络和计算机信息网络。"三网"同步运动,为订单信息流的增值提供支持。

海尔物流的"一流三网"的同步模式可以实现四个目标:为订单而采购,消灭库存;双赢,赢得全球供应链网络;3 个 JIT,实现同步流程;计算机网络打通企业内外部连接。由此可见,海尔的电子商务极大地促进了物流管理的升级。

(资料来源:杨路明:《电子商务物流管理》,机械工业出版社,2007:59(有删减))

7.2.1 电子商务对物流发展的影响

公司的经营始终是信息流、资金流及物流这三个要素紧密结合在一起的。三个环节的流畅运行才形成了整个商业系统的良性循环。电子商务作为商务活动的新形式,有其便捷性和协同性的特点,对于物流服务有更高质量更快反应的要求,从而极大地促进了物流的发展。

(1)电子商务改变物流的运作方式。电子商务可使物流实现网络的实时控制。在电子商务的实际运作过程中,通过网络可及时准确地掌握产品销售信息与顾客信息。此时存货管理采用拉式方法,按所获得信息组织产品生产和对零售商供货,可以有效地实现对物流的实时控制,实现物流的合理化。例如,在电子商务方案中,可以利用信息网络,通过信息沟通,将实物库存暂时用信息代替,将信息作为虚拟库存,为生产厂商和下游的经销商、物流服务商提供服务,共享库存信息,这样就能够在不降低供货服务水平的同时尽量减少实物库存。在传统的物流活动中,虽然也有依据计算机对物流实时控制,但这种控制都是以单个的运作方式来进行的,而不能把生产厂商到消费者整个链条上的信息进行共享。

(2)第三方物流业将成为物流的主要形式。第三方物流将在电子商务环境下得到极大发展,这是由电子商务的跨时域性与跨区域性所决定的。跨时域性与跨区域性要求其物流活动也具有跨区域或国际化特征。这种模式下,物流成本在商品交易成本中占很大比重,尤其在跨国交易中,没有良好的物流系统为双方服务,这种成本增加的幅度会更大,而各自组建自己的物流系统,不仅难度很大,而且双方在出入境时仍然存在衔接不畅的问题。跨国性的第三方物流企业可以给双方提供最佳的服务,实现门到门的送货。

可以肯定在电子商务时代,B2C 的物流支持都要靠配送来提供,B2B 的物流业务会逐渐外包给第三方物流。同时，电子商务使制造业与零售业实现“零库存”，实际上是把库存转移给了物流的配送中心，因此物流配送中心成为整个社会的仓库。可见，物流业的地位大大提高了。

(3)电子商务将改变物流企业的竞争状态。我们知道，电子商务的发展决定了物流跨时域性与跨区域性特点。在这种情况下，需要一个全球性的物流系统来保证商品实体的合理流动。然而，对于一个企业来说，即使其规模再大，也是难以达到这一要求的。即使规模达到了这样的要求，也很难保证经济效益。在这种情况下，就要求物流企业相互联合起来，在竞争中形成一种协同合作的状态，从而实现物流高效化、合理化和系统化。

(4)电子商务促进物流基础设施的改善。电子商务高效率和全球性的特点，要求物流也必须达到这一目标。而物流要达到这一目标，良好的交通运输网络、通信网络等基础设施则是最基本的保证。除此之外，相关的法律条文、政策、观念等都要不断地得到提高。

7.2.2　物流在电子商务中的地位和作用

(1)物流是电子商务的重要组成部分。电子商务的任何一笔交易，都包含着信息流、商流、资金流和物流(见图 7-2)。信息流包括商品信息的提供、广告促销、技术支持、售后服务等内容，也包括询价单、报价单、付款通知单、转账通知单等。商流是指商品在购、销之间进行交易和商品所有权转移的运动过程，具体是指商品交易的一系列活动。资金流主要是指资金的转移过程，包括付款、转账等过程。

在电子商务环境下，信息流、商流、资金流都可以通过计算机和网络通信设备来实现。

物流是指物质实体(商品和服务)的流动过程，具体是指运输、储存、配送、装卸、保管和物流信息管理等活动。在电子商务中，一些电子出版物，如软件、音像制品等可以通过网络以电子的方式传送给消费者，但绝大多数的商品仍要通过其他途径才能完成从供应商到消费者的物流过程。

供应商与消费者的交互关系如图 7-2 所示。

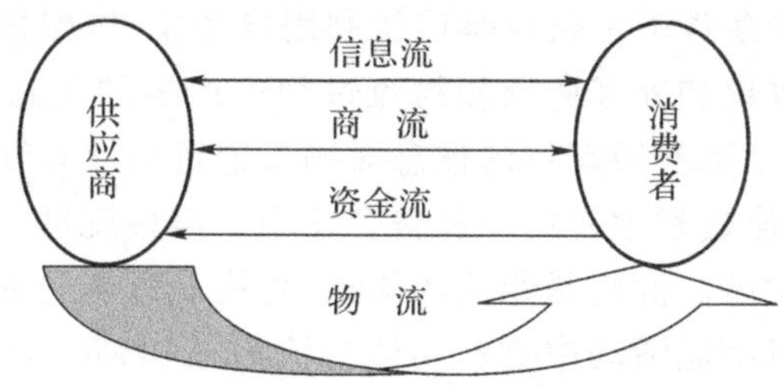

图 7-2　供应商和消费者的交互关系

(2)物流是实现电子商务的重要保证。电子商务提供了一个虚拟的网上经营环境,但交易的实现却离不开物流系统,物流是实现电子商务的重要环节和基本保证。

在生产制造企业的电子商务中有三部分物流包含其中:①企业采购、供应物流,即企业生产前的原材料、设备的准备;②生产过程中的生产制造物流,即原材料、半成品及产成品的企业内部物流;③产品以销售为目的的销售物流。

在商贸企业中,可以通过电子商务订购、促销,但需要通过物流获得生产厂商的产品,并提供给消费者。物流的效率决定商贸企业的成败。

对直销企业而言,决定成功与否的关键是要建立一个覆盖面大、反应迅速、成本节约的物流网络和系统。

合理化、现代化的物流,通过降低费用,从而降低成本,优化库存结构,减少资金占用,缩短生产周期,保证现代化生产的高效运行。相反,缺少了现代化的物流,生产将难以顺利进行,无论电子商务是多么便捷的贸易形式,仍将是无米之炊。

7.2.3 电子商务环境下物流系统的特征

高效的物流系统是电子商务成功的重要保证,同时电子商务的发展,以Internet为代表的信息技术的运用,对传统物流系统产生了巨大的冲击。

与传统物流系统相比,电子商务环境下的物流系统具有以下特征:

(1)整个系统具有无限的开放性。由于电子商务是构建在 Internet 上的,整个物流系统的物流节点都通过公司网络互相连接,与合作节点互换信息、协同处理业务。基于 Internet 开放性,节点的量几乎可以无限多。每个节点可以与其他节点发生联系,快速交换数据。某个节点的变动不会影响其他节点,整个系统具有无限开放性和拓展能力。在传统物流信息下,节点之间的信息交换的范围和速度受到制约,因而也就制约了物流的范围和速度。

(2)物流节点普遍实行信息化管理。物流连接社会生产、生活的各个部分,使之成为一个有机整体,每个参与物流过程的环节构成物流系统化的基础。素材经过筛选和加工才能变成有效的信息,信息经过消化吸收才能转化为生产力。信息化管理在电子商务的条件下不仅仅是广泛利用自动化、机械化设备操作,更重要的是利用自动化设备收集和处理商流和物流过程中产生的信息,并对物流信息进行分析和挖掘,最大限度地利用有效的信息对物流进行指导和管理。

(3)信息流在物流过程中起引导和整合作用。信息流贯穿于商务活动的始终,引导着商务活动的发展。商流是物流的前提,物流是商流的继续,是商流最终实现的保证。物流要完成商流活动中物资实体的流通过程,它同样需要信息流的引导和整合。在紧密联系的网络系统中,每个节点回答上游节点的询问,向下游节点发出业务请求，根据上下游请求和反馈，提前安排货物输送过程。信息流在物流过程中起到了事先测算流通路程、即时监控输送过程、事后反馈分析的作用。在环环相扣的物流过程中，虚拟的场景和路程简化了操作程序，极大地减少了失误和误差，使得每个环节之间的停顿时间大幅度降低。

(4)系统具有明显的规模优势。网络将各个分散的节点联结为紧密联系的有机整体，在一个相当广泛的区域内发挥作用。在电子商务系统中，系统不以单个点为中心，系统功能分散到多个节点处理，各节点间交叉联系，形成网状结构。大规模联合作业降低了系统的整体运行成本，提高了工作效率，减低了系统对单个节点的依赖性，抗风险能力明显增强。如果某个节点出现意外，其他节点可以很快替补。

7.2.4　电子商务对物流系统的要求

电子商务的发展对物流系统提出了多方面的要求。

(1)电子商务下物流系统要求改变物流的运作方式——信息化、网络化。电子商务要求物流处理的全过程处于受控状态，能够采集、处理运输、递送等各个环节的信息，并通过信息网络进行汇集，对网络实施有效地控制，实现物流的集约化。同时要求通过 Internet 实现一个地区、一个国家直至全球范围整体的、系统的实时控制。

(2)电子商务物流系统要求提高物流的运作水平——标准化、信息化。标准化、信息化是现代物流发展的基础。一方面，信息社会要求所有的物品以至于运输工具都要采用标准的标识码技术，对盛装容器、运输包装等进行标准规范，便于信息的自动采集和自动处理；另一方面，要求配置机械化、自动化设备，对各种物品和容器实施高效的自动化分拣处理，缩短物品的流通时限。

(3)电子商务物流系统要求提高物流的快速反应能力——高速度、系统化。物流系统的快速反应是物流发展的动力之一，速度就是效率和效益，这是电子商务制胜的关键。用户轻松地进行网上交易之后，商流和资金流以电子速度在网上流动，它要求实物商品从受理、分拣、配送、运输直至递送到用户手中也能高速流动，这就要求物流系统拥有较高效的配送中心和快捷的运输方法。

(4)电子商务物流系统要求提高物流动态调配能力——个性化、柔性化。电子商务创造了个性化的商务活动，在网络营销过程中，它可以根据各个用户不同的要求提供个性化产品和服务。在这样的背景下，作为支持电子商务的物流必须也能根据用户的不同要求，提供个性化的物流服务，要求物流系统具有动态调配能力和柔性化的组织水平。

(5)电子商务物流系统要求改变物流的经营形态——社会化、全球化。传统的物流业中某种物流系统往往是由某一企业来进行组织和管理，而电子商务有跨行业、跨时空的特点，要求从社会化的角度对物流实行系统的组织和管理，实现物流经营的社会化和全球化。一方面要求物流企业相互联合起来，在竞争中形成一种协同作业；另一方面要求物流业向第三方综合代理多元化、综合化的方向发展。

7.3 电子商务物流配送与配送中心

电子商务下的配送中心是信息化、现代化、社会化的配送中心。配送中心采用网络化的计算机技术和现代化的硬件设备、软件系统及先进的管理手段，减少了生产企业库存，加速了资金周转，提高了物流效率，降低了物流成本，又刺激了社会需求，有利于整个社会的宏观调控，也提高了整个社会的经济效益，有利于促进市场经济的健康发展。

7.3.1 电子商务物流配送的基本情况

1. 配送的含义

配送是指在经济合理区域范围内，根据客户要求，对物品进行分拣、加工、包装、分割、组配等作业，并按时送达指定地点的物流活动。

配送是物流中一种特殊的、综合的活动形式，是商流与物流的紧密结合，包含了商流活动和物流活动，也包含了物流中若干功能要素的一种形式。在物流系统中，配送是“承担将货物从物流结点送交收货人”任务的关键环节。

配送几乎包括了所有的物流功能要素，是物流的一个缩影，是某个小范围内全部物流活动的体现。一般的配送集装卸、包装、保管、运输于一身，通过这一系列活动完成将货物送达的目的。特殊的配送还包括加工活动，涉及的范围更广。配送的主体活动与一般物流有所不同，一般物流主要是运输及保管，而配送主要进行运输及分拣、配货，分拣和配货是配送的独特活动，以送货为目的的运输是实现配送的主要手段，从这一主要手段出发，常常将配送简化地看成运输的一种。

但运输和配送两者存在区别(见表 7-1)。所有物品的移动都是运输，而配送则专指短距离、小批量的运输。因此，可以说运输是指整体，配送则是指整体中的一部分，而且配送的侧重点在于一个“配”字，它的主要意义也体现在“配”字上，“送”只是为最终实现资源配置的“配”而服务的。

运输功能要素包括供应，以及销售物流中的车、船、飞机等方式的运输，生产物流中的管道、传送带等方式的运输。配送功能要素是物流进入最终阶段，以配货、送货的形式最终完成社会物流并实现资源配置的活动。配送活动一度被看成是一种运输形式，被作为运输活动的末端对待，而未被看做是独立的功能要素。但是，配送作为一种现代流通方式，集中经营、服务、集中库存、分拣、装卸搬运等多功能于一体，已不是单纯的送货运输所能涵盖，因此现已将配送视为独立功能要素。

表 7-1　运输和配送在移动意义上的区别

运输	配送
长距离大量货物的移动	短距离少量货物运输
据点间的移动	企业送交顾客
地区间货物的移动	地区内部货物的移动
卡车一次向一地单独运送	卡车一次向多处运送，每处只获得少量货物

2. 电子商务物流配送的含义和特点

(1)电子商务物流配送的含义。电于商务物流配送是采用网络化的计算机技术和现代化的硬件设备、软件系统及先进的管理手段进行的配送活动，是信息化、现代化、社会化的物流配送，也可以说是一种新型的物流配送。

(2)电子商务物流配送的特点。在传统的物流配送企业中，大量的人从事简单的重复劳动，效率低下且错误率高。在网络化管理的新型物流配送企业，这些机械性的工作都交给了计算机和网络，既减少生产企业库存，加速资金周转，提高物流效率，降低物流成本，又刺激了社会需求。这种新型物流配送除具备传统物流配送的特征外，还具备以下基本特征。

- 高效性。企业可以利用现代网络建立一套完整有效的自动信息系统，将一些程序化的活动通过自动信息传递系统来实现。企业可根据用户的需求情况，通过自动信息传递系统调整库存数量和结构、调节订货数量和结构，进而调整配送作业活动。而对于一些非程序的活动，可通过自动信息传递系统进行提示或预报，进行调节配送，提高信息的传输和配送效率。这些自动化的信息极大节约了人力成本，同时也提高了运行效率和决策效率，从而保证物流配送的高效性。
- 低成本性。电子商务不仅使配送双方节约了成本，而且也降低了整个社会的配送成本。首先，基于电子商务的信息共享，使企业更为迅速地掌握了消费市场的动态变化，使配送双方可以有效地减少库存的规模，同时库存管理的成本和费用得以下降。同时电子商务配送可以使双方通过网络进行结算，降低了双方的结算成本。
- 个性化。通过电子商务，企业可以记录用户需求、配送习惯等，从而确立用户下一次对配送的具体要求。经过筛选和运算，可以使配送服务者迅速了解每一个用户的信息和习惯，从而更好地满足用户提出的特殊配送要求。因此，电子商务不仅使普通的大宗配送业务得到发展，而且能够适应用户需求多样化的发展趋势和潮流。

7.3.2 配送中心的含义、类型和功能

1. 配送中心的含义

日本《市场用语词典》对配送中心的解释是："配送中心是一种物流结点，它不以贮藏仓库这种单一的形式出现，而是发挥配送职能的流通仓库，也称基地、据点或流通中心。配送中心的目的是降低运输成本、减少销售机会的损失，为此建立设施、设备并开展经营、管理工作。"

《物流手册》对配送中心的定义是："配送中心是从供应者手中接受多种大量的货物，进行倒装、分类、保管、流通加工和情报处理等作业，然后按照众多需要者的订货要求备齐货物，以令人满意的服务水平进行配送的设施。"

王之泰在《物流学》中定义：配送中心是从事货物配备(集货、加工、分货、拣选、配货)和组织对用户的送货，以高水平实现销售或供应的现代流通设施。

配送中心的形成及发展是有其历史原因的，日本经济新闻社的《输送的知识》一书中认为配送中心的出现是物流系统化和大规模化的必然结果。《变革中的配送中心》中指出，由于用户在货物处理的内容上、时间上和服务水平上都提出了更高的要求，为了顺利地满足用户的这些要求，就必须引进先进的分拣设施和配送设备，否则就建立不了正确、迅速、安全、廉价的作业体制。因此，在运输业界，大部分企业都建造了正式的配送中心。可见，配送中心是物流合理化和发展市场两种需要共同作用的结果。

配送中心是物流领域中社会分工、专业分工进一步细化之后产生的。在新型配送中心未出现前，配送中心承担了某些转运的职能，以后一部分这类中心向纯粹的转运站发展以衔接不同的运输方式和不同规模的运输，另一部分则增强了"送"的职能，而后向更高级的"配"的方向发展。

2. 配送中心的类型

对配送中心的适当划分有助于加深对配送中心的认识和理解。这里就已在实际运转中的配送中心类别作一介绍。

(1)制造企业配送中心。制造商为了自身生产和销售业务需要而投资建设的配送中心。制造商通过建立配送中心为客户提供更好地货物运输递送服务。

(2)流通企业配送中心。这是专门为某个集团企业组织供货的配送中心。零

售企业发展到一定规模后，就会从增强核心竞争力的高度去研究建设配送中心问题。例如，华联、联华、华润万家等大型连锁超市公司自建的配送中心，是以销售经营为目的、以配送为手段的企业供货枢纽。

(3)专业配送中心。专业配送中心大体上有两个含义，第一个含义是配送对象、配送技术是属于某一专业范畴，在某一专业范畴有一定的综合性，综合这一专业的多种物资进行配送，例如多数制造业的销售配送中心。我国目前在石家庄、上海等地建的配送中心大多采用这一形式。第二个含义是以配送为专业化职能，基本不从事经营的服务型配送中心，即第三方物流企业，如《国外物资管理》杂志介绍的“蒙克斯帕配送中心”。

3. 配送中心的功能

配送中心是独立于生产领域之外，从事与商品流通有关的各种经济活动的企业，也是一种多功能、集约化的物流节点，是商流、物流、信息流的交汇点，是现代配送活动的集聚地和策源地。商品流通的全过程大致可分为购、销、存和运四个环节，配送中心是集多种流通功能于一体的现代化流通中心，承担着商品的进货、库存、分拣、加工、运输、送货、信息处理等作业，其功能远远超过了传统的仓储和运输范围。

一个集约化配送中心通常应具备以下功能。

(1)集货功能。为了满足门店“多品种、小批量”的要货和消费者要求在任何时候都能买到所需商品，配送中心必须从众多的供应商那里按需要的品种较大批量地进货，以备齐所需商品，此项工作称为集货。配送中心通过集货功能，疏通销售渠道，协调产需矛盾，调剂商品余缺。

(2)储存保管功能。尽管配送中心不是以储存商品为目的，但是为了保证市场的需求，以及配货、流通加工等环节的正常运转，也必须保持一定的库存。这种集中储存，可大大降低库存总量，减少仓库基建费用，压缩社会商品库存，减少仓储费用和保管费用，减少资金占压。

(3)流通加工功能。是指物品在从生产领域向消费领域流动的过程中，为了促进销售、维护产品质量和提高物流效率而对物品进行的加工。如配送中心根据各商店的不同需求，按照销售批量大小，直接进行集配分货，如拆包分装、开箱拆零，有时配送中心供应零售店的商品一部分可能较零星，而品种繁多，需拆箱组配后再拼箱。通过流通加工提高了用户的服务水平和资源利用程度，增加了流通附加值。

(4)分拣功能。所谓分拣是指将一批相同或不同的货物，按照不同的要求(如配送给不同门店)，分别拣开、集中在一起等待配送。如连锁超市配送中心的分拣任务就是按照门店(或客户)的订货单，把库存商品拣选后分别集中待配送。对货物的分拣保证了配送中心可以按照客户要求及时有效地送达货物。

(5)配送功能。是指按照客户的订货要求，在物流据点进行分货、配货作业，并将配好的商品送交收货人。与运输相比，配送通常是在商品集结地——物流据点完全按照客户对商品种类、规格、品种搭配、数量、时间、送货地点等各项要求，进行分拣、配货、集装、合装整车、车辆调度、路线安排的优化等一系列工作，再运送给客户的一种特殊的送货形式。合理化的配送运输，可以提高运输工具的利用率，消除重复运输、空载运输带来的浪费。

(6)信息处理功能。配送中心有相当完善的信息处理系统，能有效地为整个流通过程的控制、决策和运转提供依据。无论是集货、储存、拣选、流通加工、分拣、配送等一系列物流环节控制，还是在物流管理、费用和成本结算方面，均可实现信息共享。而且配送中心可与销售商直接进行信息交流，及时得到商店的销售信息，有利于合理组织货源，控制最佳库存。同时配送中心可将销售与库存信息及时迅速地反馈给制造商，以指导商品生产计划的安排。可以说，配送中心是整个流通过程的信息中枢。

7.3.3 电子商务配送中心管理

电子商务的物流配送中心需要符合电子商务的特点，提高反应效率及服务质量，因此需要现代化的管理理念和管理方法。

1. 电子商务配送中心的管理内容

配送中心管理的主要内容是对配送中心的作业以及配送中心的设备进行管理。

(1)设备管理。

对配送中心所使用的各种设备、设施进行管理，包括使用设备的类型、数量，根据业务情况，添加新设备，淘汰旧设备，同时还要对设备进行维修、保养，统计设备的使用状况，根据现有情况对设备进行调整，以使设备达到最高的使用效率。

(2)配送作业管理。对配送中心开展的各项配送业务的作业活动进行统一管理。具体包括进货入库作业管理、在库保管作业管理、加工作业管理、理货作业管理和配货、配装作业管理。配送作业管理是配送中心管理的主要内容，合理安排作业对提高配送效率有至关重要的作用。

(3)客户管理。对配送新的客户进行管理，维持老客户的服务质量，同时挖掘新的、潜在的客户，分析客户需求，挖掘潜在需求，更好地为客户服务。

(4)业务管理。业务管理是指对配送中心各项业务活动的管理，如合同管理、各种文档管理、计划的制订及实施过程管理等。

(5)人力资源及财务管理。人力资源及财务管理是配送中心管理的支撑。

2. 电子商务配送中心的管理目标

电子商务配送中心管理的基本目标为客户提供高质量、高水平的现代物流配送服务,同时控制活动成本,即在要求的时间内,将物品以准确的数量、符合要求的质量、合适的价格送到准确的地点,递交给客户。

以我国目前配送中心发展的现状来看,要实现以上目标,除了要加强各配送中心内部的管理外,还应从以下方面规范相应的政策、法律等环境,以促进配送中心的合理发展。

(1)加强法律政策、相关基础设施的建设。国家需要对配送中心进行整体规划、合理布局,出台相应的适合配送中心物流运营的法律法规。由于物流配送中心的建设、运营涉及社会多个方面,需要工商、税务、海关、交通运输等多方面的合作监管,以完善配送中心运营的整体环境。

(2)注重物流人才的培养和引进。我国在配送中心运营方面的实践经验不足,对配送中心的作用认识不够,因此必须加强物流人才的培养和引进,提高整个行业对配送中心的认识。

(3)构建管理信息系统。采用自建、合作等方式建立电子商务网站,引进条码技术、电子射频标签技术(RFID)、电子订货系统(EOS)、电子数据交换(EDI)系统等电子商务技术,构建完善的信息系统,加强配送中心内部管理及外部信息联系。通常,电子商务配送中心应建立销售管理、采购管理、仓库管理、财务会计、辅助决策信息管理子系统。

3. 配送中心的作业流程及管理

不同模式的配送中心作业内容有所不同,一般来说配送中心执行如下作业流程:进货→进货验收→入库→存放→标示包装→分类→出货检查→装货→送货。归纳而言,配送中心的作业管理主要有进货入库作业管理、在库保管作业管理、加工作业管理、理货作业管理和配货作业管理。

(1)进货入库作业管理

进货入库作业主要包括收货、检验和入库三个流程。收货是指连锁店总部的进货指令向供货厂商发出后,配送中心对运送的货物进行接收。收货检验工作一定要慎之又慎,因为一旦商品入库,配送中心就要担负起商品完整的责任。一般来说,配送中心收货员应及时掌握连锁总部(或客户)计划中或在途中的进货量、可用的库房空储仓位、装卸人力等情况,并及时与有关部门、人员进行沟通,并做好以下接货计划:①使所有货物直线移动,避免出现反方向移动;②使所有货物移动距离尽可能短，动作尽可能少；③使机器操作最大化、手工操作最小化；④将某些特定的重复动作标准化；⑤准备必要的辅助设备。

检验活动包括核对采购订单与供货商发货单是否相符、开包检查商品有无损坏、商品分类、所购商品的品质与数量比较等。数量检查有四种方式：①直接检查，将运输单据与供货商发货单对比；②盲查，即直接列出所收到的商品种类与数量，待发货单到达后再做检查；③半盲查，即事先收到有关列明商品种类的单据，待货物到达时再列出商品数量；④联合检查，即将直接检查与盲查结合起来使用，如果发货单及时到达就采用直接检查法，未到达就采用盲查法。

经检查准确无误后方可在厂商发货单上签字将商品入库，并及时登录有关入库信息，转达采购部，经采购部确认后开具收货单，从而使已入库的商品及时进入可配送状态。

(2)在库保管作业管理

商品在库保管的主要目的是加强商品养护，确保商品质量及安全。同时还要加强储位合理化工作和储存商品的数量管理工作。商品储位可根据商品属性、周转率、理货单位等因素来确定。储存商品的数量管理则需依靠健全的商品账务制度和盘点制度。商品储位合理与否、商品数量管理精确与否将直接影响商品配送作业效率。

(3)加工作业管理

主要是指对即将配送的产品或半成品按销售要求进行再加工，包括：①分割加工，如对大尺寸产品按不同用途进行切割；②分装加工，如将散装或大包装的产品按零售要求进行重新包装；③分选加工，如对农副产品按质量、规格进行分选，并分别包装；④促销包装，如促销赠品搭配；⑤贴标加工，如粘贴价格标签，打制条形码。加工作业完成后，商品即进入可配送状态。

(4)理货作业管理

理货作业是配货作业最主要的前置工作，即配送中心接到配送指示后，及时组织理货作业人员，按照出货优先顺序、储位区域别、配送车辆趟次别、门店号、先进先出等方法和原则，把配货商品整理出来，经复核人员确认无误后，放置到暂存区，准备装货上车。

理货作业主要有两种方式，一是“播种方式”，二是“摘果方式”。所谓播种方式，是指把所要配送的同一品种货物集中搬运到理货场所，然后按每一货位(按门店区分)所需的数量分别放置，直到配货完毕。在保管的货物较易移动、门店数量多且需要量较大时，可采用此种方法。所谓摘果方式(又称挑选方式)，就是搬运车辆巡回于保管场所，按理货要求取出货物，然后将配好的货物放置到配货场所指定的位置，或直接发货。在保管的商品不易移动、门店数量较少且要货比较分散的情况下，常采用此种方法。在实际工作中，可根据具体情况来确定采用哪一种方法，有时两种方法亦可同时运用。

(5)配货作业管理。

配送作业过程包括计划、实施和评价三个阶段。

配送计划是根据配送的要求，事先做好全局筹划并对有关职能部门的任务进行安排和布置。全局筹划主要包括：制订配送中心计划；规划配送区域；规定配送服务水平等；配送的性质和特点以及由此决定的运输方式、车辆种类；现有库存的保证能力；现时的交通条件。从而决定配送时间，选定配送车辆，规定装车货物的比例和最佳配送路线、配送频率。配送计划制订后，将到货时间、到货品种、规格、数量以及车辆型号通知各门店做好接车准备；同时向各职能部门，如仓储、分货包装、运输及财务等部门下达配送任务，各部门做好配送准备。然后组织配送发运。理货部门按要求将各客户所需的各种货物进行分货及配货，然后进行适当的包装并详细标明客户名称、地址、送达时间以及货物明细。按计划将各客户货物组合、装车，运输部门按指定的路线运送至各客户，完成配送工作。如果客户有退货、调货的要求，则应将退调商品随车带回，并完成有关单证手续。

7.3.4 电子商务配送系统

配送系统作为物流系统的一个子系统，需要符合物流系统的整体要求，同时，它也相对独立存在，通过将配送活动各要素组合成一个有机体，以完成自己的目的、功能和作用。

1. 电子商务配送系统的含义与特点

电子商务配送系统是依托网络技术、通信技术和计算机技术把配送活动的各要素联系在一起，为实现配送目的、功能和作用所形成的一个有机统一体。电子商务的发展为配送系统的建立提供了技术基础，也提供了市场基础。相对于传统配送系统来说，电子商务配送系统具有以下几方面的特点。

(1)虚拟性。电子商务配送系统的一个重要特点就是虚拟性。企业对配送进行虚拟性的管理和操作，合理调配资源，从而实现了高效率和合理化的配送。同时，它也完成了书写的电子化及传递的数据化，使配送双方均可在不同的地域实现快速、准确、双向式的数据信息交换和电子支付。

(2)实时性。在电子商务配送中，配送的运作是以信息为中心的，信息决定着配送的运动方向和运动方式。在实际的配送过程中，电子商务技术使企业对配送实施有效的实时控制。同时，电子商务对配送的实时控制是以整体配送为中心来进行的。

(3)互动性。配送活动需要将多种要素有机结合在一起,协调活动。配送既包括外部的配送活动,也包括内部的配送组织活动。电子商务配送系统协调这些活动,建立了企业与外部的联系,结合了企业内部各要素之间的联系,从而实现各个环节协调一致,实现配送的合理化。同时,具有互动性,使个性化配送服务成为可能,从而为企业赢得更多的客户和市场。

(4)标准性。配送的标准化主要包括配送货物的标准化和配送作业流程的标准化。配送货物的信息标准化是指将货物的各种特征和属性信息化,使其有利于发送双方对货物的理解和认可,便于货物的使用、统计、配送及管理。配送作业流程的标准化是指配送的各个环节、各个层次应按照统一规定的流程来进行标准化作业,以保证各个作业环节的合理衔接和有序调整。此外,电子商务配送的标准化还包括配送技术标准化和配送管理标准化等。

2. 电子商务配送系统的构成

(1)配送系统的基本模式。配送系统主要由环境、输入、输出、处理和反馈等方面构成。

- 环境。配送系统环境主要包括外部环境和内部环境。外部环境主要是指影响配送系统的一系列外部因素,包括用户需求、观念及价格等因素。内部环境主要是指影响配送系统的一系列内部因素,不仅包括系统、人、财、物规模与结构,而且也包括系统的管理模式、策略和方法等。一般来说,外部环境是系统不可控的,而内部环境则是系统可控的。
- 输入。是指通过一系列对配送系统所发生的作用,包括原材料、设备和人员等。
- 处理。是指配送的转换过程或配送业务活动的总称。包括运输、存储、包装、搬运和送货等,此外,还包括信息的处理及管理工作。
- 输出。输入经过处理后的结果,即提供的配送服务。包括货物的转移、各种劳务、质量和效益等。
- 反馈。在上面的物种构成中,通过输入和输出使配送系统与外部环境进行交换,使系统适应外部环境。而处理则是系统内部的转换,使其功能更加完善、合理及科学。

(2)电子商务配送系统的构成。一般来说,电子商务配送系统主要由管理系统、作业系统、网络系统及环境系统等几部分组成。

- 管理系统。配送系统的计划、控制、协调和指挥等所组成的管理系统,是整个配送系统的支柱。管理系统包括配送系统的战略目标、能力,配送需求预测,以及配送过程管理和网络管理等。系统战略目标是指与服务对象、顾客性质和地理位置相适应的配送服务;功能目标包括确定配送系统所达到的目标,配送能力的大小主要取决于企业投入人财物的数量及管理水平;配送需求预测和创造主要是对市场进行预测分析,以掌握和了解未来客户配送需求的规模及提供相应的服务,以及通过网络广泛地收集用户的需求及要求的服务,开展促销业务,以系统的高效率、低成本和高质量的服务创造配送要求;存货管理主要是通过预测、创造需求以及网络的特点,合理地确立存货的规模与结构,同时存货的规模与结构要与客户的要求、作业能力保持一致。

- 作业系统。作业系统是配送实物作业过程所构成的系统。在电子商务时代,配送实物作业应接受管理系统下达的信息指令来进行。作业系统主要包括货物的接受、装卸、存货、分拣、配装及送货和交货等。

- 网络系统。网络系统是由接受、处理信息以及订货等所组成的系统。目前在配送中应用较多的电子商务网络系统主要有:①POS 系统(销售时点管理系统)。即企业收集、处理和管理配送时点上的各种配送信息和用户信息的系统。②VAN系统(增值网)。即利用电信的通信线路将不同企业的不同类型的计算机连接在一起,构成共同的信息交流中心。③EOS 系统(电子订货系统)。即利用企业内终端电脑控货架或台账输入欲订购的货物,经网络传递到总部配送中心或供应商,完成订购手续,并验收货物。④MIS(管理信息系统)。负责货物的进、存及配送管理,并进行配送经营的辅助决策工作,如货物的自动补给系统等。⑤EDI(电子数据交换系统)。即在不同的计算机应用系统之间依据标准文件格式交换商业单证信息。对于配送企业以及需要进行配送的企业来说,在 Internet 上进行配送单证信息的传输不仅可以节约大量的通信费用,而且也可以有效地提高工作效率。

- 环境系统。环境系统主要是指配送的外部环境,主要包括宏观环境和微观环境,宏观环境主要包括经济、政治、技术、法律及社会文化环境等,微观环境主要包括需求环境、竞争环境及供给环境等。

7.4 电子商务环境下的供应链管理战略

7.4.1 电子商务对供应链管理的影响

企业运用电子商务的技术优势可以迅速快捷地收集和处理大量供应链信息。利用这些信息资源,供应商、制造商和销售商得以制订切实可行的需求、生产和供货计划,使信息沿着整个供应链顺畅流动,有助于整个产业运行的组织和协调。电子商务应用到供应链管理过程中,主要可以产生以下几方面的影响。

(1)与客户建立新型的关系。电子商务使供应链管理者通过与其客户和供应商之间构筑信息流和知识流来建立新型的客户关系，基于电子商务的供应链管理直接沟通了供应链中企业与客户间的联系，并且在开放的公共网络上可以与最终消费者进行直接对话，从而有利于满足客户的各种需求，留住现有客户。

(2)开辟了解消费者和市场需要的新途径。收集、分析电子商务交易中有关消费者的信息成为企业获得消费者和市场需求信息的有效途径。特别对于全球经营的跨国企业来说，电子商务的发展可以使业务延伸到世界的各个角落。

(3)开发高效率的营销渠道。企业利用电子商务与其经销商协作可以建立零售商的订货和库存系统。通过信息系统可以获知有关零售商商品销售的信息，并在此基础上，进行连续库存补充和销售指导，从而与零售商一起提高营销渠道的效率，提高顾客满意度。

(4)构筑企业间或跨行业的价值链。通过利用每个企业的核心能力和行业共享的做法，电子商务开始用来构筑企业间的价值链。当供应链上的企业开始利用第三方服务的时候，供应链上的生产商、零售商以及由物流、信息服务业组成的第三方服务供应商形成了一条价值链。

(5)具有全球化资源配置和管理能力。与市场全球化相对应，企业间的竞争也在全球范围内展开，一个企业如果要获得竞争优势，必须在全球范围内分配利用资源，开展经营活动。跨国企业为了实现竞争优势，通过采购、制造、物流等方面的规模经济效应寻求降低成本。但全球供销渠道大量性和多样化增加了全球物流活动的复杂性。电子商务模式下的供应链管理增强了企业全球化资源配置和管理的能力。

(6)改变传统的供应链构成。信息技术正在改变传统供应链的构成并模糊产品和服务之间的区别。电子商务使供应链管理覆盖了从产品设计到客户服务等全过程，特别是按照需求方自动作业来预测需求量，给客户提供了个性化的产品和服务，使资源可以在供应链上合理流动来缩短交货周期，降低库存，提高企业竞争力。

7.4.2 电子商务供应链管理与传统供应链管理的比较

电子商务给供应链管理带来了非常大的影响，它与传统供应链管理的主要区别反映在以下几点。

(1)不同类型的物流和承运。由于没有电子商务网络技术，传统的供应链管理中，对货物的追踪只能通过集装箱、托盘或其他包装单元来进行，难以看到供应链的全部环节。而在电子商务供应链管理模式下，供应链的各个环节是完全透明的，借助网络信息技术，客户可以在任一时间追踪供应链上的货物位置。

(2)不同类型的客户。在传统供应链管理模式下,企业服务的对象是既定的,是大型的传统的客户,供应链服务提供商需要明确掌握顾客的类型及其所要求的服务和产品,以确定合理的供应链管理。没有信息技术,供应链服务提供商不能够提供及时的个性化需求,只能提供大批量的、变化性较小的服务。随着电子商务的到来,需要快捷、高速、划分细致的物流和商流方式,客户变成未知实体,他们根据自己的愿望、季节需求、价格以及便利性,进行产品订购;供应链服务提供商则利用信息技术,及时获得他们的需求,快速反应。

(3)不同的供应链运作模式。传统供应链是一种典型的推式经营,制造商为了克服商品转移空间和时间上的障碍,利用物流将商品送达到市场或顾客,商流和物流都是推动式的。在电子商务供应链中,商品生产、分销以及仓储、配送等活动都是根据顾客的订单进行的,商流、物流、资金流都是围绕市场展开的,物流为商流提供了有力保障,因此电子商务供应链是拉式的。

(4)不同的库存、订单流。在传统供应链运作模式下,库存和订单流是单向的,买卖双方没有互动和沟通的过程。在电子商务供应链条件下,客户可以定制订单和库存,其流程是双向互动的。作为客户,可以定制和监控甚至修改其库存和订单,而作为制造商、分销商同样也可以随时根据顾客的需要及时调整库存和订单,以使供应链运作实现绩效最大化。

(5)不同的物流目的地。在传统供应链中,由于不能及时掌握商品流动过程中的信息,尤其是分散化顾客的信息,加上个性化服务能力不足,物流只能实现集中批量化的运输和无差异性服务,运输的目的地是集中的。而电子商务供应链完全是根据个性化顾客的要求来组织商品的流动,这种物流不仅要通过集运来实现运输成本的最低化,同时也需要借助差异化的配送来实现高服务,其目的地是分散化的。

(6)不同的供应链管理要求。传统供应链管理强调的是物流过程的稳定、一致,否则物流活动就会出现混乱,任何物流运作过程中出现的波动和变异都有可能造成上下游企业的巨大损失。电子商务供应链管理却不同,由于其物流需求本身就是差异化的,物流是建立在高度信息管理基础上的增值活动,因此,物流必定会出现高度的季节性和不连续性,要求企业在管理物流活动中必须按照及时应对、高质服务以及总体成本最优的原则来进行。

(7)不同的供应链管理责任。在传统供应链运作环境下,企业只是对其所承担的环节负责,诸如运输企业只管有效运输和相应的成本等,供应链各个运作环节之间往往没有明确的责任人,供应链经营活动是分散的,其结果往往出现局部最优而整体绩效很差的情况。但电子商务供应链强调供应链管理是一种流程性管理,它要求企业站在整个供应链的角度来实施商品物流过程以及相应的成本管理。

(8)不同的物流信息管理系统。传统供应链管理中物流信息一般都是通过人工采集、传输、汇总,信息具有单向性,供求双方的信息是不对称的,物流信息管理系统一般都是单机系统,至多是一个局限于内部网络的局域网络系统。而处于电子商务环境下的供应链管理的物流信息采集可以由供求双方通过 Internet 网络进行在线采集,信息具有双向性和对称性,信息管理系统是一个对供求双方开放的基于 Internet 的网络系统,信息具有高度的实时性、准确性和有效性。

(9)不同的资金结算方式。在传统供应链管理中,资金结算大都是通过现金、支票或转账方式进行;而在电子商务环境下的供应链管理,因交易都是在线进行,故以在线电子支付为主要结算方式。

7.4.3 电子商务环境下供应链管理战略的主要内容

企业供应链涉及的领域是多方面的,有产品、生产、财务与成本、市场营销、策略流程、支持服务、人力资源等,利用电子商务技术,供应链中的节点企业能更好地实现信息共享,加强供应链整合的力度,为供应链提供更大的增值。因此,做好电子商务环境下的供应链管理战略对当今的企业来说是至关重要的。供应链管理战略主要有以下几点。

(1)建立互信机制,激励合作伙伴间的协作。在信息化供应链的构建中,基于信任的合作是最根本的理念。随着市场的不确定性越来越大,供应链中的单独成员很难预见到未来的所有变化,而无法预见未来则会增加企业的经营风险。因此,在供应链内部,各成员企业要想灵活地适应环境,就必须在相互依赖与各自的独立之间找到平衡,建立互信机制,激励合作伙伴间的协作,成为相互信任、彼此忠诚的供应链网络,从而为供应链的长久生存和成员企业的共同发展打下坚实的基础。政府或者行业协会也应制定相应的信用等级评比制度,为供应链伙伴合作提供协助。

(2)集成供应链,建立供应链合作网络。在建立互信机制的基础上,企业需要进一步集成供应链,即把供应商、生产厂家、分销商、零售商等在一条链路上的所有环节都联系起来并进行优化。其实质在于企业与其相关企业形成融会贯通的网络整体,对市场进行快速反应。

供应链的集成,改变了过去仅仅在供应链中将费用从一个口袋转移到另一个口袋的做法,它优化了整个供应链的执行,给最终客户提供了最优的价值。另外,它还多方位地影响了市场,比如形成了宽口径、短渠道的物流体系,大大提高了流通效率;促进了流通现代化和信息技术在各领域的广泛应用;还使产品竞争压力由消费者通过流通体系向生产者快速传递,迫使生产者提高产品品质,降低成本,以满足市场需求。

(3)加速企业信息化进程。信息化是电子商务供应链管理的基础,信息化为企业带来的最大价值是将以生产为核心的传统经营方式转换成以顾客为中心的企业经营模式。应用网络信息技术,连接企业中相关的每一个个体,迅速反应,快速决策,应对不断变化的环境,从而为企业创造无限商机。信息化供应链管理作为一种新兴的管理理念,实施中最主要的障碍来自企业传统观念的阻力,观念的转变和更新是实施电子化供应链管理的前提。为此,我国企业必须建立电子商务意识,应主动意识到供应链管理给企业带来的真正价值,并清楚认识到电子商务环境下的供应链与传统供应链管理的区别以及电子商务对供应链管理及企业经营发展所起到的重要影响,清楚了解企业信息化对发展供应链管理以及企业参与国际竞争的重要性。

(4)业务流程重组,企业组织结构再造。我国绝大多数企业的组织结构仍以传统的职能为中心,难以适应电子化供应链管理的要求,因而必须研究基于供应链管理流程重构问题,建立以流程为中心的组织,确定出相应的供应链管理组织系统的构成要素及采取的结构形式。企业组织形式应从金字塔式结构向扁平化、小型化、网络化转变,以便对外界环境变化能迅速做出反应。

本章要点

1. 从不同角度,电子商务有着不同的定义。一般来说,从宏观上讲,电子商务是计算机网络的又一次革命,旨在通过电子手段建立一种新的经济秩序,它不仅涉及电子技术和商业交易本身,而且涉及诸如金融、税务、教育等社会其他成员;从微观角度讲,电子商务是指各种具有商业活动能力的实体,利用网络和先进的数字化传媒技术进行的各项商业贸易活动。

2. 通常按照参与交易的对象进行分类,电子商务最基本的结构模式主要是B2B、B2C、B2G、C2G、C2C。

3. 电子商务相对传统的商务活动有许多特征和优点:方便性,高效性,低成本。

4. 物流是电子商务的重要组成部分,是实现电子商务的重要环节和基本保证。与传统物流系统相比,电子商务环境下的物流系统具有以下特征:整个系统具有无限的开放性,物流节点普遍实行信息化管理,信息流在物流过程中起引导和整合作用,系统具有明显的规模优势。

5. 电子商务的发展对物流系统提出了多方面的要求:要求改变物流的运作方式——信息化、网络化,要求提高物流的运作水平——标准化、信息化,要求提高物流的快速反应能力——高速度、系统化,要求提高物流动态调配能力——个性化、柔性化,要求改变物流的经营形态——社会化、全球化。

6. 配送是指在经济合理区域范围内,根据用户要求,以最有效的方式对物品进行分拣、加工、包装、分割、组配等作业，并按时送达指定地点的经济活动。一般情况下，配送活动包括7个环节：进货→储存→分拣→配货→分放→配装→送货。

7. 配送中心是从事货物配备（集货、加工、分货、拣选、配货）和组织对用户的送货，以高水平实现销售或供应的现代流通设施。配送中心按运营主体的不同，大致有四种类型：以制造商为主体的配送中心，以批发商为主体的配送中心，以零售商为主体的配送中心，以仓储运输业者为主体的配送中心。

8. 配送中心管理的主要内容是对配送中心的作业及设备进行管理。不同模式的配送中心作业内容有所不同，一般来说配送中心执行如下作业流程：进货→进货验收→入库→存放→标示包装→分类→出货检查→装货→送货。归纳而言，配送中心的作业管理主要有进货入库作业管理、在库保管作业管理、加工作业管理、理货作业管理和配货作业管理。

9. 电子商务配送系统是依托网络技术、通信技术和计算机技术把配送活动的各要素联系在一起，为实现配送目的、功能和作用所形成的一个有机统一体。电子商务的发展为配送系统的建立提供了技术基础，也提供了市场基础。电子商务配送系统具有虚拟性、实时性、互动性、标准性的特点。

10. 配送系统主要由环境、输入、输出、处理和反馈等方面构成。电子商务配送系统主要由管理系统、作业系统、网络系统及环境系统等几部分组成。

11. 电子商务应用于供应链管理过程中，对供应链管理的影响主要包括：与客户建立新型的关系，开辟了解消费者和市场需要的新途径，开发高效率的营销渠道，构筑企业间或跨行业的价值链，具有全球化资源配置和管理能力，改变传统的供应链构成。

12. 电子商务供应链管理与传统供应链管理的不同主要包括：不同类型的物流和承运，不同类型的客户，不同的供应链运作模式，不同的库存、订单流，不同的物流目的地，不同的供应链管理要求，不同的供应链管理责任，不同的物流信息管理系统，不同的资金结算方式。

13. 电子商务环境下供应链管理战略的主要内容包括：建立互信机制，激励合作伙伴间的协作，集成供应链，建立供应链合作网络，加速企业信息化进程，业务流程重组，企业组织结构再造。

思考与练习

1. 什么是物流系统，它与物流有何区别？
2. 物流系统由哪些要素构成，其特征有哪些？
3. 什么是配送中心，什么是配送系统？
4. 电子商务下配送系统的构成要素有哪些，其特征有哪些？

5. 在电子商务环境下，企业如何做供应链管理战略？

参考文献

1. 杨路明. 电子商务物流管理. 北京：机械工业出版社，2007

2. IDC(中国).《电子商务服务业及阿里巴巴商业生态的社会经济影响》2009 白皮书

3. 孙建红. 电子商务案例分析. 北京：对外经济贸易大学出版社，2008

4. 杨路明，薛君，胡艳英. 电子商务概论. 北京：科学出版社，2006

5. 许向晖. 电子商务对物流的影响及其发展. 科技情报开发与经济，2005

6. 汝宜红，田源，徐杰. 配送中心规划. 北京：北京交通大学出版社，2002

7. 侯振兴. 电子商务对供应链管理的影响分析. 河南商业高等专科学校学报，2008

8. 张建华. 电子商务供应链管理与传统供应链管理的比较. 经营管理，2006

第8章

供应链金融

开篇案例——工商银行的"沃尔玛供应商融资解决方案"

沃尔玛是世界500强企业，每年在中国的采购额高达120亿美元，上游供货商有上万家，其中大多为中小企业。长期以来，这些中小供货企业由于无法提供有效抵押，加上内部财务管理不够规范等因素，很难从银行获得贷款，资金短缺成为长期困扰企业经营的难题。

工商银行深圳分行摆脱单纯依赖借款人自身信用的传统做法，依托小企业交易对手的信用，研发了沃尔玛供应商融资解决方案。依托交易对手——沃尔玛公司优异的信用，对相关物流与现金流实行封闭管理，为供应商提供采购、生产、销售全流程的融资支持。

1. 沃尔玛供应商融资解决方案

针对沃尔玛公司与其供应商之间物流、信息流、资金流的运作特点，工商银行将沃尔玛公司认可的供应商纳入目标客户范围，重点审查客户供货历史、过往合同履行能力、信用记录等直接影响货款回笼的因素，无需客户提供抵押担保，即可为客户办理融资业务。

供应商在网上接到沃尔玛的订单后，向工商银行提出融资申请，用于组织生产和备货；获取融资并组织生产后，向沃尔玛供货，供应商将发票、送检入库单等提交工商银行，工商银行即可为其办理应收账款保理融资，归还订单融资；应收账款到期，沃尔玛按约定支付贷款资金到客户在工商银行开设的专项收款账户，工商银行收回保理融资，从而完成供应链融资的整套办理流程。

供应商可以直接在工商银行柜面申请办理，工商银行柜面业务人员直接在沃尔玛供应链系统上查询确认应收账款，并在授信额度内根据订单或发票予以融资，快捷方便。

2. 创新亮点

风险管理模式创新。供应链融资突破了传统的评级授信、抵押担保等信贷准入条件的限制，主要依托交易对手——沃尔玛公司的信用，通过网络对供应链上的物流、信息流、资金流进行跟踪，建立还款专户，锁定还款资金，有效控制融资风险，实实在在支持了一批经营良好、产品畅销的小企业。

风险管理手段创新。依托强大结算平台，工商银行成功开发出现金流分析系统，详尽掌握沃尔玛与供应商之间的现金往来记录，并进一步与沃尔玛供应链系统对接，实时掌握供应商在沃尔玛的订单和应收账款情况，增加信息的透明度，降低了银行融资风险，同时为简化操作流程提供了技术保障。

业务流程创新。供应链金融单笔金额小、笔数多、频率快，按照银行现有的融资流程，根本无法满足了企业对时效性的要求，同时贷款行也无力承担相关的人力成本。工商银行创新性地提出柜台化办理的思路，企业可以直接到工行柜面办理供应链融资业务，实时获得融资，就如同办理结算业务一样，极大地提高了业务办理效率，满足了企业时效性的要求。

营销模式创新。凭借自己强大的结算优势，工商银行批量筛选出沃尔玛供应商名单及其收款情况，准确定位该项业务的目标客户。把传统单个客户营销模式转变为批量营销模式，组织沃尔玛供应商召开供应链融资方案推介会，一次推介会就有 50 个客户到场，有近一半的客户在一个月内申请开办供应链融资业务，成功率达 45%。

2005 年 6 月，工商银行推出了沃尔玛供应商保理业务试点。2006 年 7 月，在保理业务运作成功的基础上，进一步延伸服务链条，推出了供应链金融产品。自 2005 年 6 月至 2006 年 6 月，供应链金融创新实行短短一年时间，仅深圳市分行红围支行一家就为发放沃尔玛供应链融资 300 笔，金额 8000 万元。在 2006 年 12 月举行的“中国中小企业融资论坛”上，工行以支持沃尔玛供货商为背景的《核心企业供应商融资解决方案》被评选为“最佳中小企业融资方案”。

（资料来源：http://www.chinawuliu.com.cncflpnewss/content1/200907/764_29926.html）

8.1 供应链金融的基本概念

8.1.1 何为供应链金融

目前有关供应链金融的定义尚未形成统一的认识。本书认为供应链金融是指金融机构通过引入供应链核心企业、物流监管公司及资金流导引工具等风险控制手段，实现对供应链中信息流、物流、资金流的有效控制，从而为供应链中不同节点的企业提供融资、结算和理财等综合金融服务。

一个完整的商品供应链包括原材料采购、生产制造、最终产品销售等众多环节，涉及供应商、制造商、分销商、零售商以及最终用户等众多参与者。供应链管理是指对供应链中的物流、资金流和信息流进行计划、控制和管理，以达到供应链效率最大化。从现状看，供应链中物流和信息流的管理技能和手段已日臻完善，但对于资金流的管理，特别是资金流和物流的整合管理依然处于起步阶段。物流和资金流的分离管理制约了整条供应链的稳定性和运行效率。在当前的实践中，一些规模较大的供应链核心企业往往会利用其强势地位在交货、价格、账期等贸易条件方面对上下游企业提出苛刻要求。这导致上下游企业经常面临交付资金后不能及时收到货物，或货物销售了而资金不能立即回笼等情形，给上下游企业的正常运作造成了巨大的压力，结果往往导致整个供应链出现失衡。2007 年 1 月，供应链金融电子平台供应商 Demica 公司发布的研究报告表明，73％的欧洲大型企业一方面不断向供应商施加降价压力，另一方面又不断延长向这些供应商付款的账期，导致很多供应商面临资金链断裂的风险。

供应链金融的目的就是希望通过有效的金融安排，避免供应链因资金短缺而造成断裂，提高企业的投资收益和物流效率。其核心理念是金融机构通过借助供应链核心企业的信用或者业务合同为担保，同时依靠第三方物流企业的参与来共同分担贷款风险，改变了过去金融机构只针对单一企业主体进行信用评估的融资模式，开创了金融机构以整个供应链及具体业务的风险评估为基础作授信决策的新融资模式。从金融机构的角度看，供应链金融是贸易融资的产品之一，通过以供应链为对象的系统性融资安排，供应链金融可以获得比传统业务风险更小、利润更丰厚的回报。从企业看，供应链金融是一种融资的新渠道，提高了大企业的资金利用效率，解决了中小企业融资难的困难，可以促进中小企业与核心企业的长期战略协同关系，提升供应链的竞争能力。图 8-1 为供应链金融和传统融资模式的区别。

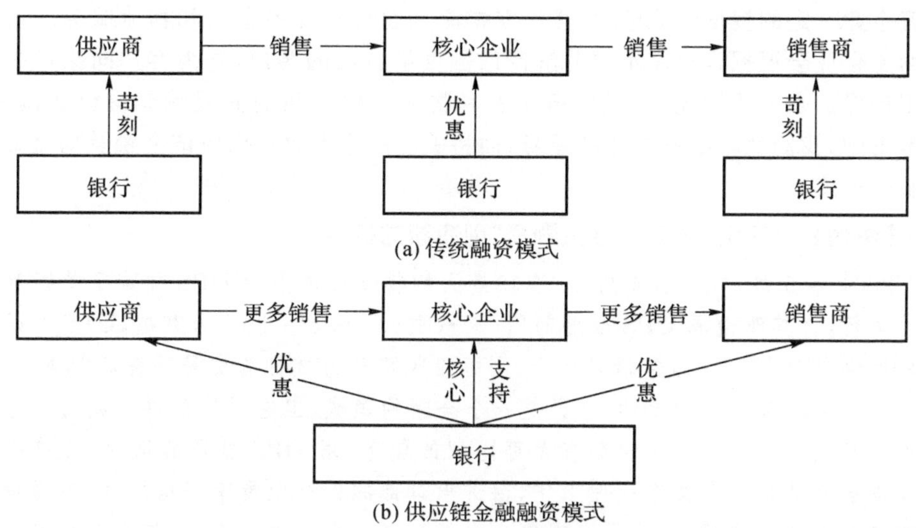

图 8-1 传统融资模式与供应链金融融资模式的比较

8.1.2 供应链金融与物流金融的区别与联系

物流金融是一个经常与供应链金融同时被提及的概念。在目前的理论和实践中，物流金融有时会被认为是供应链金融的一部分或被看做是供应链金融的另一个称谓。实际上，物流金融和供应链金融既相互区别又相互联系。物流金融是特指包含金融服务功能的物流服务，是指客户企业在生产和进行物流业务时，通过物流企业获得金融机构的资金支持；同时，物流企业为客户企业提供物流及相应的融资和结算服务，使物流产生价值增值的服务活动。

对比供应链金融和物流金融的定义可以发现，从提供服务的主体看，供应链金融的核心主体是金融机构，而物流金融的核心主体是物流企业；从服务的对象看，供应链金融的服务对象可以是供应链中有相互业务关系的多个企业，而物流金融的服务对象往往只涉及单一企业；从服务模式看，供应链金融的融资服务和物流服务不一定需要紧密结合，而物流金融则多提供金融和物流的一体化服务。通过以上对比可以发现，除了服务提供的主体不同之外，供应链金融比物流金融拥有更宽泛的外延，这也是为什么物流金融常被认为是供应链金融的一部分的原因。

在供应链金融的实践中，第三方物流企业往往扮演金融机构的代理人或服务提供商为贷款企业提供仓储、配送、监管等服务，同时起到为金融机构防范融资风险的作用。在某些情况下，金融机构甚至不与贷款企业直接接触，而是授予第三方物流企业一定的授信[1]额度，由第三方物流企业独立开展金融和物流服务。第三方物流企业会根据客户需求再分解授信额度给自己的客户，并为客户向银行提供信用担保。在上述情况下，供应链金融和物流金融之间的界限就变得愈加模糊。在本书中，我们忽略服务主体的差异，而将关注的重点放在供应链金融及物流金融的服务模式上。

【案例】 UPS:“物流+存货融资”创造新的价值

2001 年 5 月，有着百年历史、全球最大的物流快递企业 UPS 并购了美国第一国际银行，将其改造成 UPS 金融部门——UPS Capital。以此为基础，UPS 开始为客户提供“IRS”服务，即包括以存货、国际应收账款为抵押的贸易融资等业务。

尽管金融服务对于 UPS 来说是一个全新的领域，但它很快获得了成功。与一般银行相比，UPS 做存货融资有无可比拟的优势，用 UPS 自己的话说，传统银行的存货融资就是一个文案处理工作，由进出口部的银行职员审查信用证，单据符合规定就可以押汇拨款，除非是发现客户有问题了才会去海关查询，但那时可能一切都已经晚了。正是由于银行对这种跨境业务的风险难以控制，所以传统银行对存货融资的要求一般比较高，很多中小企业根本难以申请到存货融资。

UPS 将物流、信息流和资金流合而为一，由于在整个融资过程中，抵押物(存货)始终掌控在 UPS 手中，从而有效控制了违约时的风险底线；另外，UPS 的货物全球跟踪系统可随时掌握借款人抵押货物的动向，即使借款人出现了问题，UPS 的处理速度也要比会计师甚至海关机构快得多；而且，凭借 UPS 经年累积的外贸企业客户信息系统，它可以真正了解那些规模不是很大，但资信状况良好的中小企业的信息。显然，UPS 做存货融资，风险要比传统银行低得多。

但是，UPS 提供融资的资金从哪里来呢？答案是，从银行借来的。由于 UPS 集团是穆迪和标准普尔同时评定的 3A 企业，因此其融资成本较低，从银行融资后，UPS 再以较高的利率向那些急需资金但又难以获得银行贷款的中小企业提供存货融资，从中赚取利差收益。从表面看，UPS 好像是个资金的“二道贩子”，把银行的钱过一遍手后再转贷给企业，但实际中，UPS 的物流业务降低了整个贸易过程中的资金风险和摩擦成本，确实为买卖双方提供了运输仓储以外的增值服务。2003 年时，UPS 的金融物流集成方案就成功解决了沃尔玛和东南亚供应商之间资金周转时间太久的问题——UPS 代替沃尔玛与东南亚地区数以万计的出口商进行支付结算，只要他们的货一交到 UPS 手中，UPS 保证在两周内把货款支付给这些出口商，作为交换条件，这些出口企业必须把出口报关、货运等业务都交给

① 授信是指银行向客户直接提供资金支持，或对客户在有关经济活动中的信用向第三方作出保证的行为。

UPS,并支付一笔可观的手续费,拿到货物的UPS再和沃尔玛一对一结算。在这一过程中,出口商加速了资金周转,沃尔玛避免了和大量出口商结算的麻烦,而UPS不仅赚到了存货融资的收益,还扩大了在物流市场的份额。

UPS的成功已经引起了DHL等其他物流企业的关注并开始效仿。今天,无论是UPS,还是世界最大的船运公司马士基,它们最大的利润来源都已经转向物流金融服务。物流与存货融资的结合以及产业向金融的自然延伸,确实创造了新的价值。

(资料来源:产业永远是根本,新财富,2007年12月15日)

8.2　供应链金融的发展

8.2.1　供应链金融的由来

早在供应链管理思想出现之前,供应链金融中的多种基础性产品就已出现并得到大量应用。其中保理[①]在几个世纪以前的西方国家就已经很常见,当时流动性出现问题的供应商往往以很低的折扣将应收账款转让给金融机构或者其他第三方。而物流和金融的结合则可以追溯到公元前240年,当时的美索布达米亚地区就出现了谷物仓单[②]的融资业务。1916年,美国颁布《仓储法案》(US Warehousing Act of 1916),并以此为根据建立起一套仓单质押的系统规则,使得以农产品为代表的各类仓单可以广泛地签发和流通。这种仓单既可以作为结算手段在贸易中流通,也可以作为向银行贷款的抵押物。仓单的应用,一方面,使农产品交易的时间得到了延长,农场主可以根据市场价格的变化,选择时机进行交易;另一方面,当农业生产需要资金时,农场主可以方便地将仓单质押给银行从而获得短期贷款。

现代供应链金融起源于20世纪80年代企业分工的新一轮模式变化。在此之前,纵向一体化是制造业企业采用的主流模式。除了在外部市场上采购原材料之外,企业内部整合了生产、存储、运输以及销售的大部分职能。20世纪80年代以来,分工模式从企业内分工转向企业间分工。企业开始专注于自己的核心业务环节,而将非核心的业务部分通过外包、采购等方式交给其他企业去做。企业间的分工模式导致贯穿整个产品价值链的管理变得非常复杂。在这种背景下,供应链管

---

① 保理系指卖方与保理商之间存在的一种契约关系,卖方将其现在或将来的基于其与买方订立的货物销售、服务合同所产生的应收账款转让给保理商,由保理商为其提供:①贸易融资;②销售分账户管理;③应收账款的催收;④信用风险控制与坏账担保等服务。

② 仓单是指仓库公司或仓库经理人在收存货主交来的货物时出给货主的收据,既是收到货物的证明,又是凭以提货的根据,是一种货物所有权凭证。

理应运而生。供应链管理把供应商、制造商、仓库、配送中心和渠道商等有效组织在一起，从而实现整个供应链系统成本达到最小。然而，长期以来，供应链管理研究和实践的重心仍放在物流和信息流层面，有关资金流或财务层面的管理普遍被忽视。这一状况导致供应链管理的成本和效率得不到充分发挥，影响了供应链的整体绩效。21世纪以来，供应链管理的物流、信息流层面的技能和手段已经日臻完善，供应链研究和探索的重心逐渐转向了企业的资金供应链层面。

8.2.2 供应链金融的需求

1. 企业对供应链金融的需求

中小企业，通常都是一国经济的重要力量。我国目前中小企业数量占中国企业总数的90%以上，出口占全部出口的60%左右，税收占到40%左右，就业占社会总就业人数的75%。然而这些企业受规模和管理的限制，抗风险能力差，违约成本低，一般金融机构不愿意贷款给它们，因此中小企业的融资需求非常强烈。世界银行一份研究报告表明，中国有81%的中小企业认为“一年内的流动资金不能满足需要”，60%的企业“没有中长期贷款”。国家统计局的《中小企业发展问题研究》表明，在生产经营上融资比较困难和很困难的企业分别为68%和14%，资金不足分别列为企业停产的首要原因和经营困难的第二大原因。供应链金融的融资模式可以有效控制中小企业贷款风险，从而使得中小企业可以通过供应链金融获得宝贵的资金，满足他们的融资需求。

除了受到中小企业的欢迎之外，供应链金融也开始进入很多大型企业的视线。对大企业而言，供应链金融不仅有助于补充被银行严格控制的流动资金贷款额度，而且通过对上下游企业引入融资便利，自己的流动资金需求水平可以实现下降。据统计，供应链金融解决方案使得美国最大的1000家企业在2005年减少了720亿美元的流动资金需求。类似的，2007年欧洲最大的1000家上市公司通过供应链金融从应收账款、应付账款和存货等三个账户中盘活了460亿欧元的资金。

Aberdeen集团的《2006供应链融资发展状况报告》(Supply Chain Benchmark Report 2006)显示，在发达国家运用供应链金融来提高供应链效率的做法日益受到重视。已经采用供应链金融解决方案的企业占被调查企业总数的15%，已有明确计划准备实施的企业占18%，正在进行供应链金融方案评估的企业占40%，只有26%的企业目前没有任何行动。

2. 金融机构对供应链金融的需求

从金融机构角度看，供应链金融通过利用供应链中关联企业达成的系统性融资安排，不仅可以获得比传统业务风险更小、利润更丰厚的回报，而且提供了金融机构强化客户关系的宝贵机会。因此，供应链金融被认为是最具潜力的融资业务。以深圳发展银行为例，截至 2009 年 6 月末，深圳发展银行供应链融资授信额约 983 亿元，累计扶持近万家中小企业实现了业务成长，且供应链金融业务保持了良好的资产质量，不良率小于 0.30%。在全球市场上，UPS 估计(2007 年)，全球市场中应收账款的存量约为 1.3 万亿美元，应付账款贴现和资产支持性贷款的市场潜力分别达到 1000 亿和 3400 亿美元。《欧洲货币》杂志将供应链金融称为过去几年中"银行交易性业务中最热门的话题"，并断言该项业务在未来几年将持续增长。

3. 第三方物流企业对供应链金融的需求

随着市场竞争日趋激烈，第三方物流企业必须要尽可能地避免同质化竞争以获得长远发展。此外，客户也对第三方物流企业提出了更高的要求，需要物流公司提供全方面的综合服务。因此，第三方物流利用自身的特殊地位，链接融资需求企业和金融机构，为客户提供物流、资金流和信息流三者集成的创新服务，成为物流公司开辟利润来源，提高综合竞争力的重要方式。目前，世界排名第一的船公司马士基、世界排名前四的快递公司 UPS、Fedex、DHL 和 TNT，都已在物流服务中增加了供应链金融服务，并将其作为争取客户的一项重要举措。供应链金融服务已经成为这些超大型跨国公司最重要的利润来源。

8.2.3 供应链金融在国外、国内的实践情况

1. 供应链金融的国外的发展现状

21 世纪以来，经过不断的实践，国外在供应链金融方面已经形成了相对成熟的体系，银行和大型物流公司纷纷开展相关业务，得到蓬勃发展。

国际金融机构的供应链融资产品根据风险控制的不同思路，可以分为两大基本类型：①金融机构以供应链上的核心企业为风险控制基础，金融机构一方面可以向核心企业提供融资和其他结算、理财服务，另一方面向核心企业供应链上下游的企业提供货款及时收达、预付款代付和存货融资等服务；②金融机构以实际商品为风险控制基础，通过直接控制流转中的商品为基础提供融资服务。依赖这两种思路及其组合，国际金融机构推出了多种业务产品。到 2008 年 5 月，全球最大的 50 家银行中有 46 家提供供应链金融服务。

墨西哥国家金融开发银行(Nafin)开展的"生产力链条"服务是第①种思路的典型代表。"生产力链条"以大买家的低信用风险替代小供应商的高信用风险，使小供应商可以凭借他们对大买家的应收账款获得流动资金融资，从而降低小供应

商的融资成本。“生产力链条”自2001年9月开始实施，通过在线方式为中小供应商提供保理服务。到2004年生产力链条中已经拥有了190家大型买家、超过7万家中小企业以及20家银行和独立金融机构作为参与者。在此期间，生产力链条总共开展了1100万笔保理，每天约4000笔业务。通过这个计划，Nafin在保理市场上的份额从2001年的2%上升到2004年的60%。除了Nafin之外，还有很多金融机构围绕核心企业推出类似的服务，如荷兰银行的MAXTRAD业务、渣打银行的分销链融资方案等。

美国摩根大通银行开展的供应链金融服务则是第②种思路的典型代表。2005年，摩根大通银行收购了一家物流公司Vastera，通过“金融供应链和实体供应链的联姻”，在亚洲组建了一支新的物流团队，专门为供应链和分销链提供金融服务和支持。此次收购提高了摩根大通对货物运输信息的监控能力，为供应链中的企业提供了更高水平的融资工具和更多的融资机会。GE公司提供的贸易分销服务则是另一个典型代表。GE从供应商那里购买存货商品，再将存货出售给有需要的买家。GE公司通过严格的协议条款以及完备的运输和仓储信息管理系统控制业务风险。通过这项业务，供应商可以将存货变现，从而规避了存货产生的资金占用。

除了商业银行以外，大型物流公司成为供应链金融服务的重要提供商。2001年5月，UPS并购了美国第一国际银行并将其改造为UPS资本公司，从而提供物流和金融的一体化服务，创造出新的利润空间。目前，供应链金融已经成为UPS最大利润来源。目前，国际四大快递公司以及全球最大的船公司马士基等都已开始为客户提供物流和金融的集成服务。

2. 供应链金融的国内发展现状

20世纪90年代末，供应链金融业务在国内逐步兴起，最初主要是外资银行与国际物流公司为在中国的跨国公司及部分中资企业提供仓单融资业务。进入21世纪之后，国内银行的市场化改革基本完成，部分中资银行开始试探性介入供应链金融业务。2005年后，供应链金融业务进入快速发展期。迄今为止，已有超过20家的中资银行和10余家外资银行在中国开办了物流金融业务。目前，供应链金融炙手可热，从电视广告到报纸，供应链金融、中小企业融资产品赫然在目。

在国内商业银行中，深圳发展银行、中信银行等股份制银行最早涉足供应链金融业务。2001年下半年，深圳发展银行在广州和佛山的分行开始试点存货融资业务，当年授信余额即达到20亿元人民币。之后，深圳发展银行2003年推出自偿性贸易融资及“1+N”供应链融资服务，2005年推出系统的供应链金融服务，2006年在银行业率先推出“供应链金融”品牌。迄今，深圳发展银行已经完成了供应链金融在全系统内的推广，累计授信出账超过 8000 亿元。中信银行则选择汽车产业作为供应链金融的切入点，其“汽车销售金融服务网络”产品目前拥有的供应链金融客户包括 26 个核心品牌的汽车生产商及 1000 家汽车经销商，累计提供融资 1000 亿元。随后，中信银行又选择钢铁行业作为供应链金融的发展重点，开发了涵盖铁矿石采购融资、钢铁存货质押融资、经销商融资的综合金融服务模式。

2005 年后，国有银行开始大力发展供应链金融业务，而在此之前，国有银行对供应链金融业务只有零星的探索。中国工商银行是最早开展供应链金融业务的国有银行之一。2003 年，工行的部分分行开始探索仓单和存货质押融资业务，但当时存在操作规范性差、监管控制力弱等问题，业务发展缓慢。2006 年，中国工商银行与中国对外贸易运输(集团)总公司、中国远洋物流有限公司和中国物资储运总公司分别签订供应链金融合作协议，合作推出基于商品存货的静态质押、滚动质押和信用证项下货权质押的商品融资业务。这标志着工行开始着力发展供应链金融业务。2005 年后，其他国有银行如建设银行、交通银行、中国银行和中国农业银行纷纷开始涉足供应链金融业务。

在物流企业层面，由于我国特殊的政策环境限制，物流公司不能开展金融业务，因此我国还没有出现像 UPS 这样的一体化的物流金融服务商，物流公司必须配合金融机构开展供应链金融业务。目前，协作金融机构开展供应链金融业务的物流企业可以分为三个梯队。其中，中外运、中远洋和中储处在第一梯队，是物流企业中的国家队。这三家公司借助它们广泛的市场分支机构、专业监管队伍和完善的信息管理系统，其业务覆盖全国，具有很强的资产实力和偿付能力。而一些区域性的中型物流公司则处在第二梯队，代表对象有浙江省物产集团公司、广东南储仓储管理有限公司和湛江港务局等。这些公司市场嗅觉好，服务意识好，在监管和信息管理系统方面与第一梯队相仿，但资产实力较弱，偿付能力有限。处在第三层梯队的是一些民营的中小物流公司。这些公司经营灵活，但资产规模较小，管理规范性和专业化能力较弱。

8.3　供应链金融业务模式

8.3.1　供应链金融业务的基本模式

在供应链运营过程中，企业资金需求集中会发生在以下三个阶段：采购、经营和销售。在商品采购阶段，强势供应商往往会利用自身地位对下游企业提出苛刻的付款条件，企业需要大量资金用于支付采购成本。在企业经营期间，企业会因为生产、销售的需要，有必要准备原材料、中间品和最终产品的存货，占用大量流动资金，给企业造成资金周转困难。在销售阶段，强势购货方的货款返回期往往较长，也给企业造成资金周转困难。针对这三个阶段的资金需求，供应链金融可分为三种模式：应收账款融资、保兑仓融资和融通仓融资。图 8-2 显示了三种不同的业务模式。

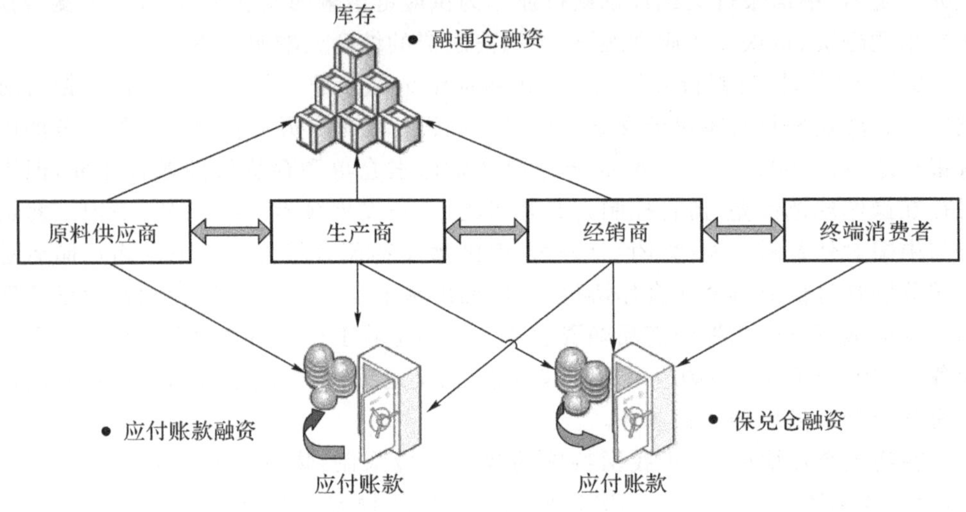

图 8-2　供应链金融的三种模式

8.3.2　供应链金融参与者

供应链金融是一种较为复杂的融资模式，其构成主体主要包括金融机构、第三方物流仓储企业、融资企业及供应链中占主导地位的核心企业。

(1)金融机构。金融机构泛指能够提供贷款的机构，包括银行、财务公司、保险公司等以资金管理为主营业务的企业。它们在供应链金融服务中为融资企业提供支付结算服务和融资服务。为了防范与规避风险，金融机构通过与第三方物流仓储企业的合作，设计相应的供应链金融服务产品。

(2)第三方物流仓储企业。第三方物流是供应链金融服务的主要参与者，一方面为融资企业提供物流服务，另一方面为金融机构提供资产监管服务，是金融机构和融资企业间的联系纽带。对于从事供应链金融服务的物流企业而言，其价值表现在成本、服务、风险规避和社会效益四个方面。

(3)核心企业。核心企业是指在供应链中实力较强、信用较好，处于强势地位，能够对供应链中运作方式产生较大影响的企业。供应链作为一个有机整体，核心企业的顺畅运作需要供应链中众多中小企业的协调合作。因此，中小企业融资难的问题势必会影响核心企业的运作。核心企业依靠自身实力和良好的信用，通过担保、承诺回购等方式帮助供应链中的弱势企业从金融机构获得融资，也有利于其自身的发展。

(4)融资企业。融资企业多是供应链中处于弱势的中小企业,多是供应链金融服务的需求者。这些企业受规模和管理的限制,抗风险能力差,违约成本低,一般金融机构不愿意向它们进行贷款,因此,融资需求非常强烈。

8.3.3 应收账款融资模式

应收账款融资模式是指供应链中的卖方(融资企业),为取得运营资金,以与买方(核心企业)签订的真实贸易合同产生的应收账款为基础,并以合同项下的应收账款为第一还款来源向金融机构办理融资的业务模式。

这种模式主要解决处于供应链上游的卖方企业的融资需求。卖方企业将产品卖给客户,若客户不立即支付货款,则产生应收账款,直到某期限后才能收回现金。可是,卖方企业却需支付采购和日常经营所需资金,应收账款的融资方式即可解决卖方企业在这一环节的资金缺口。

在应收账款融资模式中,卖方企业、买方企业和金融机构都要参与其中。卖方企业以与买方企业签订的真实贸易合同为质押从金融机构获得融资贷款,并以合同项下的应收账款为第一还款来源。买方企业为应收账款融资模式中的核心企业。买方企业应具有较好的信用水平,一旦融资的卖方企业出现问题,买方企业将承担弥补金融机构损失的责任。金融机构同意向卖方企业提供信用贷款前,金融机构仍要对该企业的风险进行评估,只是更多关注的是下游买方企业的还款能力、交易风险以及整个供应链的运作状况,而并非只针对卖方企业本身进行评估。买方企业较强的实力和较好的信用,可以确保金融机构的贷款风险得到有效控制。

图 8-3 为应收账款融资业务的典型操作流程。①融资企业和核心企业进行交易,并签订贸易合同。②核心企业向融资企业发出应收账款单据,融资企业成为债权企业,而核心企业成为债务企业。③融资企业将应收账款单据质押给金融机构。④核心企业向金融机构出具应收账款单据证明,以及付款承诺书。⑤金融机构向

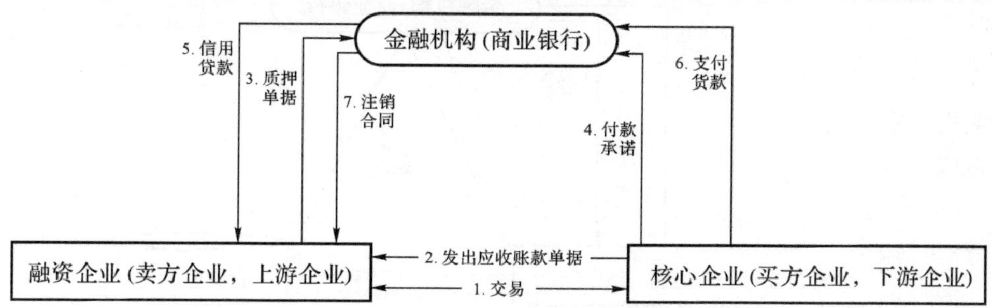

图 8-3 应收账款融资业务流程

融资企业发放信用贷款。⑥核心企业根据合同约定，将其应付的账款支付到融资企业在银行的指定账号。⑦整个业务完成后，应收账款质押合同注销。

本章的开篇案例“工商银行的沃尔玛供应商融资解决方案”是典型的应收账款融资模式。

8.3.4 融通仓融资模式

融通仓融资即存货融资，是企业以存货作为质押向金融机构申请贷款，并以该存货及其产生的收入作为第一还款来源的融资业务。融通仓是将物流服务、金融服务、仓储服务三者予以集成的一种综合服务，它有效地将物流、信息流和资金流进行组合、互动与综合管理。

这种模式主要解决企业运营过程中的融资需求，可以帮助企业盘活资产，提高物流效率和资金周转利用率，提高企业经营效率和提升供应链整体绩效。

在融通仓融资模式中，融资企业、金融机构和仓储监管方是主要参与者。融资企业将合法拥有的货物交付金融机构认定的第三方物流仓储企业监管，并以此质押申请金融机构融资。金融机构根据物品的具体情况按一定比例提供融资。当融资企业向金融机构偿还贷款后，金融机构向第三方物流仓储企业发出放货指示，将货物交还融资企业。若融资企业在规定的期间内不能向金融机构及时偿还货款，金融机构可以拍卖质押的货物或者要求融资企业承担回购义务。第三方物流仓储企业在此过程中，可以通过对质押物验收、价值评估与监管，协助金融机构进行风险评估和控制；也可以接受银行授信额度授权，直接负责融资企业货款的运营和风险管理。

图 8-4 为融通仓融资业务的典型操作流程。①金融机构、融资企业和第三方物流仓储监管方签订《仓储监管协议》。②融资企业将质押物存放到金融机构指定的第三方物流仓储监管方仓库。③金融机构根据核定的额度给融资企业发放贷

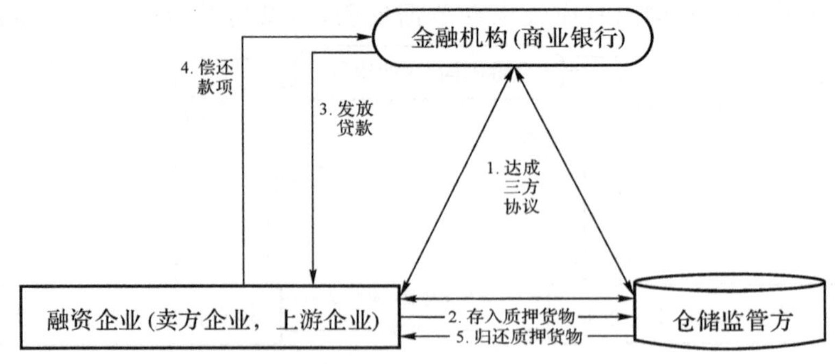

图 8-4 融通仓融资业务流程

款。④融资企业一次或分次偿还贷款。⑤金融机构向第三方物流仓储监管方发出与归还贷款金额相等价值的货物。

【案例】 无锡中储开展金属材料质押融资业务案例

无锡中储是中国诚通集团现代物流试点企业。无锡中储主办的无锡金属材料现货市场自 1998 年开办以来已发展成为苏南地区最大的"前厅后库"式金属材料现货交易市场之一。1999 年 6 月,无锡中储首先和无锡中信银行鉴定了合作协议开展针对经销客户的金属材料质押贷款业务。在这一业务中,无锡中储通过发挥自身业务优势,为银行提供质押物有关规格、型号、质量、原值与净值、经销商等一系列信息,并接受银行指令控制质押物的进出库,因而有效控制了由于信息不对称给银行造成的放贷风险,解决了客户经营融资问题,对入驻现货市场的客户起到了稳定作用,并使自己增加了大量储运资源。

由于这一业务实现了"三赢效果",无锡中储还总结出了一套操作流程,该流程分为以下五个阶段:

(1)申请签约。经销公司在充分了解质押业务规定的基础上,向银行提出书面申请,由银行对经销公司的资信进行调查和审核,参考无锡中储的意见,决定同意经销公司成为质押贷款的客户,则在银行开户立账。银行、经销公司与无锡中储三方在《金属材料质押贷款章程》上签字盖章。

(2)验收评估。经银行审批同意,经销公司将质物发运至无锡中储仓库.无锡中储原则上在三天内组织验收入库,同时提出参考意见。验收入库后出具《入库单》,提供质押物的实际品种、规格、数量及其他相关验收材料。每笔质押贷款的实物可分批到货,仓库分批验收,分批提供资料。

(3)批准贷款。银行综合审核所有相关资料,提供入库质物建议价格的50%~70%贷款额(一般比例)。贷款直接给经销公司,按银行规定,在三个工作日内资金到达经销公司在银行开户的账上。

(4)销售发货。经销公司从银行得到的贷款用于支付进货货款。银行委托经销公司自主销售质物。销售中不赊销,每笔销售货款由经销公司直接注入看管账户,银行向无锡中储出具收款证明。提货人员持经销开具的发货单到仓库要求提货,银行在发货单上盖章同意发货。与此同时,银行出具《业务通知单》内部传递给无锡中储,无锡中储将发货单、业务通知单核对后,并审验货款证明,办理与该款金额相对应的质物出库手续。

(5)结算清算。每笔质押贷款业务结束,银行负责清算,扣除本息余额、储运费用、手续费后全额返还给经销公司。若经销公司在质押期内没有销售完毕,将按照超期处理。经销公司可在到期后的七天,以现款回购,即经销公司向银行支付贷款余额及利息、向无锡中储支付储运费用后,由银行将质押物返还给经销公司。到期七天后，则银行定出销售价，由经销公司负责销售，将销售款存放指定账户，销售完成后，银行负责清算。

（资料来源：李毅学，汪寿阳，冯耕中：《物流与供应链金融评论》，科学出版社，2010）

8.3.5 保兑仓融资模式

保兑仓融资属于预付账款类融资，是指在供应链中的卖方承诺回购的前提下，买方（融资企业）向金融机构申请以卖方为收款人的贷款额度，以卖方（核心企业）在金融机构指定仓库的既定仓单为质押，由金融机构控制其质押品提货权并向卖方提供银行承兑汇票的一种金融服务。

这种模式主要解决处于供应链下游的买方企业的融资需求。当买方企业的上游卖方较为强势时，买方企业往往需要向卖方预付全部账款后，卖方才会向买方提供买方企业持续生产经营所需的原材料等。保兑仓业务可在此情形下解决买方短期资金流转困难的问题。

在保兑仓融资模式中，买方企业、卖方企业、金融机构和仓储监管方都要参与其中。买方企业通过保兑仓业务可分批支付货款并分批提取货物，避免了一次性支付全额货款，可有效解决其短期资金流转困难的问题，实现杠杆采购。卖方企业通过保兑仓业务则可实现及时返款和批量销售。金融机构是在卖方承诺回购的前提下，以卖方在指定仓库的既定仓单为质押，并控制其提货权，向买方（融资企业）提供融资服务，有效降低了信贷风险。仓储监管方主要受金融机构委托，负责对质押物品的监管、评估和拍卖，分担金融机构 “物控”和“货代”职能，降低金融机构的贷款风险，提升自己的附加价值。

图 8-5 显示了保兑仓融资业务的典型操作流程。①买卖双方签订交易合同，共同向金融机构申请办理保兑仓业务。②买方在金融机构获取既定仓单质押贷款

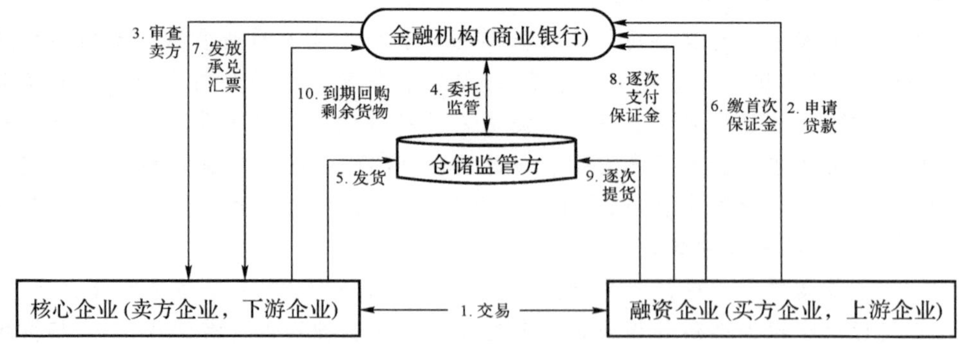

图 8-5 保兑仓融资业务流程

额度，专门向卖方购买货物。③金融机构审查卖方资信状况和回购能力，签订回购保证协议。④金融机构与仓储监管方签订仓储监管协议。⑤卖方向指定仓库发货，并取得仓单。⑥买方向金融机构缴纳首次承兑保证金。⑦卖方将仓单质押给金融机构，金融机构开立以买方为出票人、以卖方为收款人的承兑汇票，并交予卖方。⑧买方缴存保证金，金融机构释放相应比例的商品提货权给买方，直至保证金账户余额等于汇票金额。⑨买方获得商品提货权，去仓库提取相应金额的货物。⑩若汇票到期，保证金账户余额不足，卖方于到期日回购仓单项下剩余质押物。

【案例】　广州恒大钢铁有限责任公司回购担保项下经销商融资

1. 企业基本情况。广州恒大钢铁有限责任公司是广州地区生产规模较大、实力较雄厚的大型钢铁经销企业之一，年销售额超过 80 亿元，公司在全国有 20 余家二级经销商。公司销售模式为：产品从武钢、宝钢等大型钢厂提货，然后批发销售给二级经销商。山东新源钢铁公司为其在山东地区的主要经销商，销售额超过 5 亿元。

2. 银行切入点分析。某银行经过深入分析后认为，钢材属于大宗原材料，资金交易量较大、交易链条清晰、客户关联性稳定、变现性较好，适于银行深度拓展。广州恒大钢铁有限责任公司的一级经销商都经过了一定的挑选，有着稳定的销售渠道，平均销售额为 5 亿元，有着一定的开发价值。广州恒大钢铁有限责任公司为了促进本公司产品的销售，愿意向其一二级经销商提供见货回购担保，即二级经销商使用银行承兑汇票付款后，如果销售不畅，没有能力在银行承兑汇票到期前全额解付汇票，则该公司愿意见货后退款。

3. 银企合作情况。某银行为广州恒大钢铁有限责任公司提供 1 亿元见货回购担保额度，其 7 家大型经销商在银行办理融资，金额总计 2 亿元(包括 50％的保证金)。通过该链式融资，吸收了钢铁经销商大量的银行资金沉淀，其中山东新源钢铁公司在银行办理了 2000 万元的银行承兑汇票。

(资料来源：李毅学，汪寿阳，冯耕中：《物流与供应链金融创新》，科学出版社，2010)

8.4　供应链金融中的风险管理

8.4.1　供应链金融风险的类别

在供应链金融业务的具体运作中，伴随着资金、货物(商品)、单证(仓单)等的流动，关系到银行、物流企业、客户多方利益，因而在给各方带来诸多好处的同时，也存在着高信用风险、市场风险、运营操作风险等各种潜在风险。供应链金融风险是指金融机构对供应链条上的企业融资过程当中，由于未来时间和空间维度上不确定性因素导致供应链各方实际收益与预期收益之间产生损失的可能性。

供应链金融的每一种业务模式，均是风险和收益并存。只有充分认识业务中的风险因素，才能在业务操作中有针对性地采取措施，预防、控制风险，使业务健康有序地发展。

对于供应链金融各类业务而言，其风险都可以归结为法律风险、市场风险、信用风险和操作风险四类。

(1)法律风险。法律风险是指融资企业将有争议的应收账款或货物作为质物所造成的风险。此外，参与各方在合约上的权利和义务阐述不清，违约后的处理程序不清等都会造成相应的法律风险。

(2)市场风险。市场风险是一种综合风险，主要受各种因素影响，如市场价格、需求的波动，一方面可能会导致企业商品销售与交易无法进行或延迟发生，另一方面也可能导致质押货物价值发生变化，由此给金融机构所带来的风险。

(3)信用风险。信用风险是指由于借款人或市场交易对手违约而导致经济损失的风险。对于供应链金融业务而言，该风险产生的主观因素取决于融资企业的信用状况，客观因素取决于融资企业自身的经营管理能力。供应链金融产品面对的是广大中小企业，部分中小企业存在着由于管理人员道德水平参差不齐、人员更替频繁等主观因素和由于企业经营能力较弱、技术力量较差等客观因素造成的业务风险。

(4)操作风险。操作风险是指由于不正确的内部操作决策、流程、人员、系统，或外部事件导致直接或间接损失的风险，包括经营管理风险、信息传递风险等。在经营管理方面，供应链金融业务的完成需融资企业、核心企业、第三方物流仓储企业和金融机构等之间需相互协作配，业务流程相对复杂，容易出现操作失误及衔接失误等操作风险。在信息传递方面，在这个组织联合体中，错综复杂使信息不对称、信息失真成为可能，链条上始端与终端的不断延长致使信息出现时间差。由于上述因素，使得金融机构无法判别和提取到准确、及时的信息，从而引发风险产生。

整体来说，供应链金融融资风险低于传统银行信贷产品风险，具有显著的自偿性贸易融资的特点。这主要是体现在：①金融机构可以掌握融资企业真实贸易信息，可以避免融资企业经营活动不透明、信息不对称的问题。企业贸易链条和贸易活动往往难以伪造，凭借全套合同单据和上下游企业配合，以及监控企业日常经营活动和现金流量可以清晰地判断企业交易背景的真实性。②业务风险可以通过对核心企业的捆绑和质押货物的控制得到有效避免。这种将核心企业和融资企业“捆绑”起来的融资方式，使融资企业借助核心企业的实力提升了自身的信用等级。③供应链金融融资业务实现了物流与资金流的封闭回流，确保了信用贷款的专款专用，克服了企业对资金的不合理挪用、占用。④还款来源就来自贸易本身，还款相对有保证。供应链融资主要基于企业短期资金需求以及重复性、周转性需求，在短期内企业经营具有相对稳定性。

8.4.2 供应链金融业务的风险识别与控制

不同的业务模式由于其不同的特性体现出不同的风险特点。下面就三种供应链金融的典型模式的风险识别与控制进行逐一分析。

1. 应收账款融资模式的风险识别与控制

应收账款融资模式面临的风险特点主要体现在信用风险和市场风险上。从信用风险看主要包括：核心企业资信风险、融资企业转移账款风险；从市场风险看主要包括：应收账款坏账风险、市场变动风险。

(1)核心企业资信风险。应收账款融资模式要考察的对象包括融资企业(卖方)和核心企业(买方)。融资企业和核心企业合同项下的应收账款是第一还款来源，核心企业能否及时付款是贷款收回的重要保证。因而，核心企业的还款能力和信用直接影响到这类业务的顺利开展，是考察的重点。通常核心企业应选择规模大、资信好、实力强的企业。

(2)融资企业转移账款风险。在应收账款融资业务开展过程中，如果金融机构不能和核心企业达成紧密协同，无法确保质押的应收账款汇入作为还款保证时，则存在融资企业取得贷款后，将质押的应收账款汇至企业的其他账户后自行使用的风险。因而一方面，金融机构可在《应收账款质押合同》中明确其有权查阅融资企业应收账款的原始凭证及相关账目的权利，另一方面，金融机构一定要尽可能引入核心企业，使之成为《应收账款质押合同》中签约的第三方。

(3)应收账款坏账风险。在应收账款融资业务开展过程中，一旦融资企业的应收账款发生变化，金融机构贷款的安全性就难以得到保证。因此在业务操作过程中，应明确信用贷款偿付的最终责任人，应明确规定一旦发生应收账款坏账，融资企业应及时采用其他偿付方式。

(4)市场变动风险。应收账款融资业务中的市场变动风险指的是由于核心企业的产品市场变动或者由于融资企业上游产品市场变动导致融资企业和核心企业间交易合同无法正常履行带来的风险。此类风险实质是企业的经营风险导致了信贷风险，因而，金融机构应加强市场风险预警系统，及时了解市场的变动，制定相应的对策，并在合约中与融资企业约定此类风险的解决办法。

2. 融通仓融资模式的风险识别与控制

融通仓融资模式面临的风险特点也主要体现在信用风险和操作风险上。从信用风险看主要是融资企业资信风险。从操作风险看主要是质物品种风险。

(1)融资企业资信风险。在融通仓融资模式中,由于是采用货物作为担保,所以金融机构对融资企业资信等级、偿债能力的考察可相对简单一些,但需重点考察融资企业的业务能力(市场销售能力、以往销售情况)和质物的合法性。其中,确保质物的合法性尤其重要。金融机构应确保融资企业提供的质物是合法的,而不是有争议的、无法行使质权的或者通过走私等非法途径取得的物品。此外,金融机构还应确保融资企业明确拥有质押货物的物权,避免融资企业利用一批货物进行重复融资。还要避免融资企业在滚动提取时提好补坏、以次充好的风险。

(2)质物品种风险。在融通仓融资模式中,融资企业以存货作为质押向金融机构申请贷款,并以该存货及其产生的收入作为第一还款来源。因此,金融机构面临的风险主要是货物价值变化所带来的风险。一旦货物由于外部影响、本身质变等缘故导致质押物价值下降,那么金融机构的资产价值就会受到较大威胁。因此,金融机构在选择质押物时应重点关注质押物的价值稳定性。一般来说,钢铁、冶金、粮食、油品等原材料价值相对稳定。而一些产成品,如医药、服装、日常消费品等则保值期短、价格变化大。

(3)货权单据的管理风险。在融通仓融资模式中,多以入库单或仓单作质押货物的依据,而提单则是提货的凭据。无论仓单还是提单,在这一类业务中都是货权凭证,目前除可在期货市场交割的仓单之外,大多数货权单据都不太规范,在一定程度上影响了其作为权利凭证的效力。金融机构对这类凭证的管理也缺乏规范性,在建立专属台账、实物管理、仓单分割等方面的管理制度还不够健全。

(4)质押物出入库管理风险。在融通仓融资模式中,第三方物流仓储公司负责质押货物的出入库管理。但是第三方物流仓储公司一般更关注货物的数量和型号,而不关心货物价值;相反,作为委托方的金融机构则更关注质押物的足值性。因此,双方信息的不一致会带来管理风险。

3. 保兑仓融资模式的风险识别与控制

保兑仓融资模式业务流程相对较长,参与方多,一般为四方:融资企业、核心企业、第三方物流仓储企业和金融机构。面临的风险特点主要体现在信用风险和操作风险上,其中操作风险由于业务流程长,参与方需更多关注。从信用风险看主要是核心企业资信风险;从操作风险看,除了融通仓业务中已涉及的风险外,还包括质货物运输风险和公文传递风险。

(1)核心企业资信风险。保兑仓融资模式要考察的对象同样包括了融资企业(买方)和核心企业(卖方)。在该模式中,如果融资企业到期无法支付全部付款,核心企业要及时回购质押货物。因而,核心企业的回购能力和信用直接影响这类业务的顺利开展,是考察的重点。此外,核心企业还需确保在收款之后,应能够按照金融机构要求发货,确保货物质量。因此,核心企业应选择规模大、资信好、实力强的企业。

(2)货物运输风险。保兑仓融资模式由于还涉及货物运输环节,因此,如果核心企业无严格的货物管理、发售制度,货物未按照合同以及金融机构要求,由指定的物流公司承运,可能导致货物与要求不符的风险;也存在着物流公司未按照金融机构要求将货物发送至指定目的地,交与指定收货人的风险。

(3)公文传递风险。在保兑仓融资模式中,各参与者之间有大量的文件和单据传递,这些文件和单据包括银行承兑汇票,买方出具的预付款收据,发货通知书等。在业务操作中,公文传递的次序、方式等都决定着业务能否真正实现现金流的封闭和风险的全覆盖。

8.4.3 A银行供应链金融风险管理案例分析[①]

1. 融资企业情况

(1) 企业基本情况。B公司注册资本1000万元。所属行业为外贸公司。主营业务:商品批发,自营和代理商品及技术进出口业务,三来一补和许可范围内的转口贸易等。

(2) 业务与客户状况。B公司主要为国内大型汽车厂及配套企业代理进口汽车配件并全程负责运输及报关和报验服务,保证安全、及时地为厂家进口所需货物。B公司本身实力不甚雄厚,但其依靠优质的服务成为C车灯有限公司、E车灯有限公司及F汽车座椅公司的独家进出口代理公司。该公司同时代理的G汽车部件有限公司、H座椅公司、I汽车塑料制品有限公司、K车灯有限公司及L毯业公司的业务也是快速增长。

C车灯有限公司是一汽大众的独家进口车灯配套生产企业,其公司进出口业务全部委托B公司代理;E车灯有限公司注册资本1.7亿元,由中国上海某集团有限公司与某亚太控股有限公司共同出资成立;L毯业有限公司是国有企业,该公司主要产品为一汽大众公司配套的奥迪A6地毯、捷达轿车地毯、红旗轿车地毯和马

① 本案例改编自《我国商业银行供应链金融信用风险管理研究》(山东大学硕士学位论文,徐静,2010)。

自达轿车地毯;F 汽车座椅有限公司为中外合资企业,注册资本 8200 万元,投资方为长春某工业集团公司和法国某控股公司。H 座椅有限公司由法国某集团公司及台湾某集团公司投资成立,G 汽车部件有限公司注册资本 750 万欧元,由法国某集团独资成立。

(3) 核心业务流程。

①订货。B 的客户根据生产计划向 B 发出订单,同时相应订单发给国外供应商。

②代理进口。B 公司根据订单与国外供应商签订合同,B 公司付款后,国外供应商发货。

③清关与运输。供应商货到后,B 公司负责清关,同时在通关时缴纳税款及有关费用,并通过其物流公司将进口商品运到客户指定地点签收。

④结算。客户在收到商品后在协议规定时间内将货款付给 B 公司。

(4)财务状况(见表 8-1 至表 8-3)。

表 8-1 B 公司资产负债表主要指标 单位:万元

	2007 年	2008 年	2009 年
* 总资产	1984	30586	70516
* 流动资产	1301	29250	69365
** 货币资金	58	8029	2113
** 应收账款	1082	12666	23612
** 存货	46	5444	38171
** 其他流动资产	115	3111	5468
* 固定资产	683	1336	1151
总负债	1073	27426	66560
* 流动负债	1061	27403	66551
** 短期借款	598	25360	43088
** 应付账款	367	1292	18583
** 其他流动负债	97	752	4880
* 非流动负债	12	23	9

表 8-2 B公司利润表 单位:万元

	2007 年	2008 年	2009 年
销售收入	12812	53580	66548
* 销售成本	12670	51120	63386
* 其他成本	331	753	978
销售利润	－189	1707	2183
税收	958	1501	1633
税后利润	－1147	206	550

表 8-3 B 公司财务比率表

	2007 年	2008 年	2009 年
资产负债率①	54.09%	89.67%	94.39%
流动比率②	1.23	1.07	1.04
速动比率③	1.12	0.95	0.96
现金比率④	5.46%	29.30%	3.18%
流动资产周转率⑤	6.64	3.51	1.35
销售利润率	－1.48%	3.19%	3.28%
净利润率	－8.95%	0.38%	0.83%

(5)融资需求。B公司由于公司代理进口的货物数量多、金额大,单凭公司自身实力无法满足业务需要,因此向 A 银行申请融资服务。

① 资产负债率是一项衡量公司利用债权人资金进行经营活动能力的指标,也反映债权人发放贷款的安全程度。计算公式为:资产负债率＝负债总额/资产总额×100%。

② 流动比率是流动资产对流动负债的比率,用来衡量企业流动资产在短期债务到期以前,可以变为现金用于偿还负债的能力。

③ 速动比率是企业速动资产与流动负债的比率。它是衡量企业流动资产中可以立即变现用于偿还流动负债的能力。速动资产包括货币资金、短期投资、应收票据、预付账款、应收账款、其他应收款项等,可以在较短时间内变现。而流动资产中存货、1 年内到期的非流动资产及其他流动资产等则不应计入。

④ 现金比率也被称为流动资产比率或现金资产比率。它反映出公司在不依靠存货销售及应收款的情况下,支付当前债务的能力。计算公式为:现金比率＝(货币资金＋有价证券)÷流动负债。

⑤ 流动资产周转率是指企业一定时期内主营业务收入净额同平均流动资产总额的比率,流动资产周转率是评价企业资产利用率的另一重要指标。计算公式如下:流动资产周转率(次)＝主营业务收入净额/平均流动资产总额×100%。

2. A 银行对 B 公司融资需求的业务风险分析

(1)法律风险分析。B 公司代理进口的客户作为各大汽车制造厂的配套企业，建立在这种合作基础上的业务是较稳定和安全的。同时，该公司的进口代理业务操作流程规范清晰，法律风险较小。

(2)信用风险分析。B 公司综合实力分析。该公司近两年业务发展迅速，销售收入持续攀升(2009 年为 66548 万元，2008 年为 53580 万元，2007 年为 12812 万元)，总资产也持续大幅增长(2009 年为 70516 万元，2008 年为 30586 万元，2007 年为 1984 万元)。但该公司主要依赖负债经营(负债规模已由 2007 年的 1073 万元上升至 2009 年的 66560 万元)，财务状况较差，资产负债率持续增高，已达 94%；流动性指标糟糕，流动比、速动比、现金比远低于一般标准。同时，该公司利润率很低，2007 年的净利润率为负值，2008 年和 2009 年的净利润率分别仅为 0.38%和 0.83%。从该公司本身看，财务风险较高，一旦业务环节出现问题，资金链很容易断裂。

B 公司信用分析。B 公司在 A 银行开户 5 年多的时间里，从业务到进口开证，到单付汇，业务量大，发生频繁，但没有一笔业务出问题，信用良好。同时，A 银行在 B 公司的业务经营中获得了可观的收益。B 公司的金融业务记录如表8-4所示。

表 8-4 B 公司金融业务记录

业务品种	累计发生业务量	银行收益(万元)
人民币贷款	24810 万元	262
欧元贷款	3488 万欧元	150
国际结算量	7441 万美元	24
即期结售汇	14071 万元	12
远期结售汇	2344 万欧元	40
票据贴现	676 万元	3.8
存款	日均 800 万元	15
合计		506.8

(3)供应链伙伴分析。B 公司的客户都是国内大型的汽车配套企业，资金实力雄厚，信用好。B 公司代理货物的最终用户为一汽大众、上海大众、奇瑞公司等厂家，因此在商品销售货款的回款上具有很好的保证。B 公司代理进口的汽车配件的国外供应商，全部由其代理的客户企业自行确定。这些供应商和 B 公司客户长

期合作，部分供应商同B公司的客户同属一个企业集团，同样资金实力雄厚，信用好。

(3) 市场风险分析。我国汽车市场蓬勃发展，给B公司的业务发展带来广阔空间。同时，我国正式加入WTO，对公司以后进口业务的外部发展空间带来了很多机会。此外，该公司已经分别取得C车灯有限公司、E车灯有限公司及F汽车座椅公司的独家进出口业务全权代理权，后续业务发展有稳定保障。

(4)操作风险分析

• 流程风险分析。B公司此次申请的供应链融资采用应收账款质押保证方式，具体流程设计如下。B公司提供的其与代理客户签订的委托订购合同以及其与国外供应商签订的相应采购合同，向A银行申请融资。A银行出具用于采购的信用证，国外供应商收到信用证后发货。B公司收到货后，B公司通过A银行支付进口汽车配件的相关税款和费用。同时，B公司在A银行开立专项账户用于接收进口货物销售后的回款。此外，B公司和A银行签订账户资金监管协议，由A银行对专项账户内的资金视同保证金进行监控管理，账户内资金首先用于归还A银行融资。在该流程下，信贷资金流的封闭回流，确保了信用贷款的专款专用，避免了企业对资金的不合理挪用、占用。

• 操作环节风险。B公司在使用授信额度时，必须提供相关货物的订单、发票、提单、关单等单据，其内容可以确定代理客户进口的商品，并可以计算确定相应的授信额度，具有可控性。

3. A银行针对B公司融资需求的解决方案

(1)业务总体评估。从B公司自身条件看，其资产较小且财务风险较高、抗风险能力不强，如果按常规融资模式的条件看，A银行向其提供融资服务具有极高的风险。但如果将融资服务同B公司的具体业务相联系，从供应链角度，以及业务经营角度看，该公司在整个业务连接中与供需双方的联系是紧密的，业务是稳定的，因此，A银行针对该业务提供融资服务的风险是极小的，收益是可观的。

(2)A银行的解决方案。A银行根据相关规定和测算结果，向该公司提供供应链融资限额2.5亿元人民币，其中用于支付关税、增值税、港杂费、报关费、运费、保险费限额为5000万元人民币，用于国际贸易融资业务风险限额为2亿元人民币。该公司销售回款期一般在3个月内，因此根据其特点每笔融资业务的期限为3个月。

(3)A银行风险控制措施。

制定详细的过程监管和控制措施。企业使用每笔授信必须提供订货单、发票提单、报关单等凭证，确定对物流进行监控，并建立台账登记等系列管理措施。通过这些措施能够封闭其资金流，在一定程度上控制风险。

设立专款账户并签订账户资金监管协议。B公司在A银行开立专项账户用于接收进口货物销售后的回款。此外，B公司和A银行签订账户资金监管协议，由A银行对专项账户内的资金视同保证金进行监控管理，账户内资金首先用于归还A银行融资。

建立风险预警与应急预案机制。A银行建立了针对B公司融资服务的预警和应急预案机制，一旦发现企业经营中的异常情况，就会进行现场核查。如发现严重影响信贷安全的突发事件，A银行可启动紧急处理措施，如追加担保、暂停授信、冻结相应资产、行使银行债权等，同时做好法律事务工作。

本章要点

1. 供应链金融是指金融机构通过引入供应链核心企业、物流监管公司及资金流导引工具等风险控制手段，实现对供应链中信息流、物流、资金流的有效控制，从而为供应链中不同节点的企业提供融资、结算和理财等综合金融服务。

2. 供应链金融的核心理念是金融机构通过借助供应链核心企业的信用或者合同为担保，同时依靠第三方物流企业的参与来共同分担贷款风险，改变了过去银行只针对单一企业主体进行信用评估并据此做出授信决策的融资模式，使银行从专注于对贷款企业本身信用风险的评估，转变为对整个供应链及其交易的评估。

3. 物流金融是特指包含金融服务功能的物流服务，指客户企业在生产和进行物流业务时，通过物流企业获得金融机构的资金支持；同时，物流企业为客户企业提供物流及相应的融资和结算服务，使物流产生价值增值的服务活动。

4. 应收账款融资模式是指供应链中的卖方，为取得运营资金，以与买方签订的真实贸易合同产生的应收账款为基础，并以合同项下的应收账款为第一还款来源向金融机构办理融资的业务。

5. 融通仓融资即存货融资，是企业以存货作为质押向金融机构申请贷款，并以该存货及其产生的收入作为第一还款来源的融资业务。融通仓是将物流服务、金融服务、仓储服务三者予以集成的一种综合服务，它有效地将物流、信息流和资金流进行组合、互动与综合管理。

6. 保兑仓融资属于预付账款类融资，是指在供应链中的卖方承诺回购的前提下，买方（融资企业）向金融机构申请以卖方为收款人的贷款额度，以卖方（核心企业）在金融机构指定仓库的既定仓单为质押，由金融机构控制其质押品提货权并向卖方提供银行承兑汇票的一种金融服务。

7. 供应链金融风险是指金融机构对供应链条上的企业在融资过程中，由于未来时间和空间维度上不确定性因素导致供应链各方实际收益与预期收益之间产生损失的可能性。

8. 供应链金融法律风险是指融资企业将有争议的应收账款或货物作为质物所造成的风险。此外，参与各方在合约上的权利和义务阐述不清、违约后的处理程序不清等都会造成相应的法律风险。

9. 供应链金融市场风险是一种综合风险，主要受各种因素影响，如市场价格、需求的波动，一方面可能会导致企业商品销售与交易无法进行或延迟发生，另一方面也可能导致质押货物价值发生变化，由此给金融机构所带来的风险。

10. 供应链金融信用风险是指由于借款人或市场交易对手违约而导致经济损失的风险。

11. 供应链金融操作风险是指由于不正确的内部操作决策、流程、人员、系统、或外部事件导致直接或间接损失的风险，包括经营管理风险、信息传递风险等。

12. 供应链金融融资风险低于传统银行信贷产品风险，具有显著的自偿性贸易融资的特点。这主要是体现在：①金融机构可以掌握融资企业真实贸易信息，可以避免融资企业经营活动不透明、信息不对称的问题。②业务风险可以通过对核心企业的捆绑和质押货物的控制得到有效避免。③供应链金融融资业务实现了物流与资金流的封闭回流，确保了信用贷款的专款专用。④还款来源就来自贸易本身，还款相对有保证。

思考与练习

1. 什么是供应链金融，它与物流金融有何区别？

2. 供应链金融对于解决中小企业融资有何意义？

3. 供应链金融在哪些环节创造了价值？

4. 第三方物流仓储企业在供应链金融中应扮演何种角色？

5. 供应链金融业务在开展过程中，应该是由金融机构来主导还是应由第三方物流公司来主导？主导的企业应该具有哪些能力？

6. 如何分析供应链金融业务风险？从哪些角度来进行讨论？

7. 从技术层面看，现在有哪些信息技术可用于防范供应链金融风险？

8. 应如何设计供应链金融的具体业务模式？

参考文献

1. 深圳发展银行—中欧国际工商学院“供应链金融”课题组. 供应链金融. 上海：上海远东出版社，2009

2. 徐静. 我国商业银行供应链金融信用风险管理研究. 山东大学硕士学位论

文，2010

3. 马佳. 供应链金融融资模式分析及风险控制. 山东大学硕士学位论文，2008

4. 李平. 供应链金融融资模式及操作性风险管理研究. 上海交通大学硕士学位论文，2009

5. 张璟，朱金福. 物流金融与供应链金融的比较研究. 金融理论与实践，2009(10)

6. 胡跃飞，黄少卿. 供应链金融：背景、创新与概念界定. 财经问题研究，2009(8)

7. 李毅学，汪寿阳，冯耕中等. 物流与供应链金融评论. 北京：科学出版社，2010

8. 李毅学，汪寿阳，冯耕中等. 物流与供应链金融创新. 北京：科学出版社，2010

9. 中国物流与采购网. http://www.chinawuliu.com.cn/cflp/newss/content1/200907/764_29926.html

10. 杜丽虹. 产业永远是根本. 新财富，2007(12)

第 9 章

国际物流管理

开篇案例——丰田北美分公司(NAPO)的国际物流

最近几个月，要想在跨国物流维持JIT战略越来越困难，而丰田北美分公司(NAPO)通过大幅度地降低物流费用把JIT战略维持了下来。NAPO的经营哲学就是在恰当的时间、恰当的地点、以最低的价格为顾客提供最好的产品。为此，NAPO实施了一项物流成本缩减计划，该计划使得NAPO的平均存货周期由3.33个月缩减到3.1个月，运输费用由占销售总额的5.5%下降到4.82%。

这个春天，NAPO准备继续在墨西哥实行JIT战略，以满足那里日益增长的市场需求。为此，NAPO计划实行一项新的计划，以保证从日本、美国、墨西哥三地之间的物流快速、高效地进行。他们选择了Expeditors公司作为货物代运人和报关行，这是一家总部设在西雅图的国际物流公司。

当远在墨西哥的零售商通过"经销商互动系统"网上下达订单时，物流活动就开始了，该订单直接输入NAPO的客户管理系统，而无需通过分销商。然后，产品就会从丰田设在Hebron的工厂空运出来。产品到达墨西哥以后，接下来是墨西哥政府的审核、报关、包装、贴签，然后Expeditors公司将其登记入账。最好的运输交给TTR公司完成，这是由丰田公司和Ryder公司合资组建的，总部设在Florence的专业物流公司。TTR公司既具有Ryder公司的专业物流管理经验及先进的系统集成技术，又拥有丰田仓储运作的经验。正如NAPO所说："TTR公司的存在是整个物流系统的一个关键环节，它保证了低成本、迅速、安全的配送。此外，它还提供了许多非常有价值的顾客反馈信息。"

(资料来源：Anthony Coia, Patrick Burnson：Keeping Mexico on the road, World Trade; Troy; Apr 2002)

9.1 国际物流概述

东西方冷战结束后，随着国际贸易壁垒的拆除，新的国际贸易组织的建立，若干地区已经突破国界的限制形成统一市场，贸易国际化成为大势所趋，与之相伴的国际物流也日显重要。近年来，各国学者非常关注和重视研究国际物流问题，世界第九届国际物流会议的主题就是“跨越界限的物流”，物流的观念及方法随物流的国际化步伐不断扩展。

9.1.1 国际物流的概念

遵循大卫·李嘉图的比较利益学说，国际分工呈现出日益细化与专业化趋势，任何国家要包揽一切专业分工的生产经营活动是不可能的，也是不现实的。不仅一个国家基于自身的利益考虑会融入到国际化大生产的浪潮中，通过国际间的合作与交流，通过广泛的国际贸易能增强国家经济实力、提高科技水平；而且，在激烈竞争的当今世界，任何一个谋求发展壮大的企业，也都意识到能否充分利用全球资源，关系着企业运营效率的提高、竞争实力的增强以及战略目标的实现。因此，无论从国家还是从企业角度，国际间合作与全球范围内配置资源都具有极高的战略意义。而与全球化资源配置不可分割的，就是国际间的物资流动，也即国际物流。

国际物流(international logistics)，某些情况又被称为“全球物流”(global logistics)，是现代物流系统中重要的物流领域，也是一种新的物流形态。相对国内物流而言，国际物流是指不同国家之间的物流，即货物从一国运送到另一国的物流，货物的运送超越国界。国际物流比国内物流牵涉的范围要广，它是国内物流的延伸和进一步扩展，是国际间贸易的一个必然组成部分，各国间的相互贸易最终通过国际物流来实现。国际物流的实质是按国际分工协作的原则，依照国际惯例，利用国际化的物流网络、物流设施和物流技术，实现货物在国际间的流动与交换，以促进区域经济的发展和世界资源的优化配置。

以上是对国际物流广义上的理解，从狭义上讲，国际物流是指当全球化制造与消费的某些环节分别在两个或两个以上的国家(或地区)独立进行时，为了克服相关环节的空间和时间上的距离，对物资(商品)进行物理性移动的一项国际物资流通活动。如果站在从事国际化经营活动的企业角度上，国际物流可以更加确切地表述为根据海外顾客下的订单，将货物装载、运输，最终到达顾客手中的过程。

接受订单是简单容易的，但要实现订单即将货物进行跨越国界的配送要复杂一些。随着国际贸易、全球化作业的发展，更长的供应链、较少的确定性和更多的物流单证使得对物流管理的要求不断提高；物流经营者面临着距离、需求、多样性和单证等多方面的壁垒。国际物流的目的就在于让企业在进行全球营销和全球化作业的同时,保持服务与成本的有效性。尽管物流原理在国内和国际上基本相同,但国际化经营的复杂性使国际物流产生了许多不同于国内物流的特点,对于这些特点的确切把握,不仅有助于进一步加深对国际物流概念的理解,而且有助于设计与实施低成本、高效率的国际物流系统。

9.1.2 国际物流的特点

(1)地域广泛性。国际物流业务突破国界的限制,随着跨国公司全球化战略的实施,物质在全球范围内的流动频繁,每项物流都不可避免地涉及多个国家、多个地区。国际物流跨越不同国家和地区,跨越海洋和大陆,运输距离长,运输方式多样,这就需要合理选择运输路线和运输方式,尽量缩短运输距离,缩短货物在途时间,加速货物的周转并降低物流成本。

(2)环境差异性。国际物流区别于国内物流的一个非常重要的特点是,各国物流环境的差异,尤其是物流软环境的差异。譬如,不同国家适用不同的与物流相关的法律,不同国家的不同经济和科技发展水平所支撑的物流现代化水平不同,不同国家涉及物流的相关标准不同等,这些物流环境方面的差异不仅使国际化物流的困难相对增大,有时甚至会阻断国际物流。然而,困难中往往蕴含着机会,企业对国际环境差异的充分认识,将可转化为企业通过国际物流获取竞争优势的一项重要能力。

(3)系统复杂性。国际物流系统除了包含与国内物流系统相关的活动外,还包括与国际贸易活动密切相关的报关、国际单证签发与国际结算等一系列活动。物流本身的功能要素、系统与外界的沟通已经构成了一个很复杂的系统,物流国际化再在这个复杂的系统上,搀入一系列对国际物流产生直接影响的不同国家之间的差异要素,加之物流时空的进一步延展,无疑使原本复杂的物流系统更加错综复杂。国际物流的复杂性主要包括国际物流通信系统设置的复杂性、法规环境的差异性和商业现状的差异性等。

(4)风险国际性。国际物流的风险涉及不同国家或地区的政治风险、经济风险以及国际运输过程中遭遇的自然风险等。政治风险主要指由于物流所经过国家或地区的政局动荡,如罢工、战争等原因造成货物可能受到损害或灭失,以致物流的中断;经济风险可分为汇率风险和利率风险,主要指从事国际物流必然要发生资金的国际间流动,当所涉及国家的汇率及利率发生波动时,由于时间上的延滞而产生货币资金的贬值风险;自然风险则指物流过程中所遭遇的自然因素,如海风、暴雨、触礁等而引起的货物损失的风险。

(5)技术先进性。物流技术一般是指与物流要素活动有关的所有专业技术的总称，可以包括各种操作方法、管理技能，如流通加工技术、物品包装技术、物品标识技术、物品实时跟踪技术等，此外，还包括物流规划、物流评价、物流设计、物流策略等。国际物流自身的复杂性对国际物流技术提出更高的要求。随着计算机网络技术应用的普及，物流技术中综合了许多现代技术，如 GIS、GPS、EDI、BarCode（条码）等在国际物流中得到大量应用。

（6）业务多样性。国际物流业务活动的构成不仅包含了与国内物流相同的运输、保管、包装、装卸、流通加工和信息传递等克服时间和空间阻隔的活动，而且由于其涉及物质的跨国界流通，国际物流业务还包含自身特有的诸如商检、报关、国际货物保险、国际货运代理及理货等多项活动，给物流的具体操作带来更大的难度。

9.1.3 国际物流的发展

虽然物流的观念早在 20 世纪 40 年代就在美国萌生，但国际物流概念的产生和发展却是最近十几年的事。例如，美国的物流国际化、信息化及迅速发展是 20 世纪 80 年代中期开始的；日本物流的现代化和国际化几乎与美国同步，也于 20 世纪 80 年代中期发展起来；欧洲物流国际化起步相对较晚，于 20 世纪 90 年代开始；我国物流的国际化最近几年才起步，但发展迅速。实际上，虽然国际物流概念最近才提出并得到人们的重视，但是国际物流活动早已随着国际贸易和跨国经营的发展而得到发展。国际物流活动的发展大体上经历了萌芽、起步和发展阶段。

（1）萌芽阶段。20 世纪 50 年代至 80 年代初。这一阶段物流设施和物流技术得到了极大的发展，十万吨级油轮、国际集装箱等运输工具的运用，配送中心、立体无人仓库的出现以及电子计算机在管理上的广泛应用等，大大提高了货物国际间转移的效率，改善并促进了国际贸易的发展，物流活动已经远远超出了国界范围，但物流国际化的趋势还没有得到人们的重视。业务扩展的国际地理位置的选择，仍是大型跨国公司获取竞争优势的重要手段，而这种地理位置的选择几乎全部基于资源和市场的考虑，即正确选择了业务扩展的地理区域，就意味着获得了能带来竞争优势的资源和市场。这一时期国际物流的概念还未正式提出。

（2）起步阶段。20 世纪 80 年代初至 90 年代初。这一时期国际贸易进一步扩大，以伴随着国际多式联运出现的物流信息系统和 EDI 系统的运用为标志，国际物流进入了新一阶段的发展，物流国际化趋势开始得到世界各界的广泛关注。大型跨国公司已经充分地意识到，先进的信息技术与发达的运输手段正在加速摧毁商业运作中距离所带来的优势。在业务扩展中，地理位置仍不失其重要性，但却蕴含着与以前不同的竞争优势获取途径。这一阶段，国际物流概念首先在美国被正式提出，随后日本和欧洲的一些发达国家也都开始积极发展国际物流业务，但物流国际化的趋势明显局限在美、日和欧洲的一些发达国家，对于国际物流的理论探讨及实践操作也主要集中在这些地区。

(3)发展阶段。20 世纪 90 年代初至今。这一时期，经济全球化、一体化加速了物流国际化的发展，因特网、条形码以及全球卫星定位系统在物流领域得到普遍应用，国际物流的概念和重要性已为世界各国所接受。参与国际竞争的公司都已转向国际物流寻求竞争优势，十亿级的资金，每年花费在用于计划和管理有效物流活动的专业计算机软件的开发和第三方物流上。同时，贸易伙伴遍布全球的实际，必然要求物流国际化，即物流设施国际化、物流技术国际化、物流服务国际化、货物运输国际化、包装国际化和流通加工国际化等。世界各国广泛开展国际物流方面的理论研究和实践方面的大胆探索，国际物流进入了前所未有的发展时期。人们已经形成共识：只有广泛开展国际物流合作，才能促进世界经济繁荣，物流无国界。

9.2 国际物流系统

国际物流作为将货物在国际间进行物理性移动的国际商务活动，是一种集各种一般物流功能于一体的开放系统。它既包含一般物流系统的功能要素，诸如包装、装卸、储存、运输、流通加工、配送、物流信息等子系统，还涉及与货物跨境移动相关的一些特殊的物流问题，诸如商检、海关手续和国际支付等，这些都使得国际物流系统的复杂性大大提高。要使国际物流系统正常和良好地运作，使其价值得到充分发掘和利用，就必须按照一般物流系统规程，结合国际贸易和全球化制造与营销的特殊性，恰当而科学地构造国际物流系统，通过各种物流系统化安排，实现国际物流合理化，最大限度地发挥国际物流功能。

9.2.1 国际物流系统化特点

国际物流活动贯穿于整个供应链，而全球化是该供应链的突出特点，因此，国际物流是一个名副其实的复杂开放系统。国际物流系统是在一定的时间和空间里(包括国内、国家间、区域间和洲际间)为进行物流活动，由物流人员、物流设施、待运物资和物流信息等要素构成的具有特定功能的有机整体。对国际物流系统进行系统分析、系统综合和系统管理等的一系列过程就是国际物流系统化。它具有效率化和最优化两大目标。虽然目前国际上无论是学术界还是企业界，都在尝试设计高效的国际物流系统模式，但由于国际物流本身的复杂性，加之具体环境的差异性，国际物流系统模式呈现出多样性，但综合来看，一般具有以下特征。

(1)整体有机。传统的物流概念是指物质实体在空间和时间上的流动，即商品在运输、装卸、储存等方面的活动过程。在谈及国际物流时，受到传统物流概念的影响，很容易将其简单地理解为国际货物运输、装卸和储存等活动的代名词。然而，引入了高科技手段的现代物流，延伸并扩大了传统的物流功能，使国际物流与各种处理国际货物时涉及的单一活动诸如包装、装卸、运输、储存等具有了明显区别，成为一种高度有机化、整体化的综合物流活动。国际物流过程通常包含包装、装卸、运输、储存、配送、流通加工、物流信息及报关等多项活动。当这些活动一经分别管理，国际流动就失掉了其实际意义，因为这时的国际物流是各个子系统割裂开来分别管理的。实际上，要达到物质国际化流动的效率化与最优化两大目标，国际物流系统必然要形成一个有机整体，而不是原有各种业务活动的简单加和。同时，从理论上讲，系统化也要求整体有机，而不是割裂孤立。

(2)宏观参照。国际物流系统化是与国际贸易活动有关的生产、流通企业重新构造其自身微观物流系统的总体目标；物流系统化，是要将全球供应链上的所有参与者所涉及的包装、装卸、运输、储存、配送、流通加工、物流信息及报关等这些以前分开管理的物流活动，作为一个总体系统来构造、组织和管理。这种构造、组织和管理没有地理上的界限概念，它是要将涉及全球供应链上的每个节点构造成一个总的系统。因而，物流系统化是作为微观物流组织者的生产、流通企业进行物流系统革新的宏观参照物。

(3)关联协调。国际物流系统化不是包罗所有子系统的简单拼凑，其成为有机整体的前提是通过各个子系统的相互关联与协调，以达到系统总体功能大于各子系统功能之和的效果。如果只是将包装、装卸、运输、储存、配送、流通加工、物流信息及报关等活动简单地罗列完整，而没有考虑各项业务活动之间的衔接与配合，各项活动之间往往产生冲突，进而使整个物流系统的效率下降，甚至阻断物质的合理流动。国际物流系统化也不是简单地研究每个子系统的运作机理，进而提高它们各自效率。实际上，如前所述，如果各子系统之间存在的冲突没有得到解决，单方面一味地提高子系统效率，反而会导致整个国际物流系统效率的更大程度的降低，适得其反。因此，国际物流系统化谋求的是各物流子系统之间的协调，其着重研究的不是各子系统本身，而是各子系统之间的联系与制约关系。只有对各子系统之间的关联做到充分认识，理顺并协调好它们之间的运作关系，国际物流才能体现出其系统化优势。

(4)硬软兼备。国际物流系统化以硬件为基础，以软件为主体。国际物流系统化所说的把包装、装卸、运输、储存、配送、流通加工、物流信息及报关等业务活动作为一个总体系统来构造、组织和管理，并不是说企业所实现的物流系统是一个囊括涉及以上所有活动装备的硬件集合体。实际上，虽然各种硬件设施是国际物流的前提条件，但由于它们地域分布广泛，作为协调与整合它们工作的各类软件十分重要，例如目前在国际物流中广泛采用的 GIS、GPS、EDI 及 Internet 技术等。没有了这些软件的支撑，国际物流几乎是不可发展到当前的先进水平的。国际物流的系统化，对硬件与软件之间的良好结合提出越来越高的要求，而且这种结合为新价值的创造提供了广阔空间。

9.2.2　国际物流系统组成

国际物流系统是由商品的包装、储存、运输、检验、流通加工和其前后的整理、再包装、国际配送以及贯穿整个物流活动的信息子系统组成。运输和储存子系统是物流系统的主要组成部分。国际物流通过商品的储存和运输，实现其自身的时间和空间效益，满足国际贸易活动和跨国公司生产经营的要求。

(1)运输子系统。运输的作用是将物质的使用价值进行物理空间的移动，进而产生资源使用价值的增值。物流系统依靠运输作业打破物品供需空间上的阻隔，创造出物品的空间效益。国际货物运输子系统是国际物流系统的核心。物品通过国际货物运输作业由供方转移给需方。国际货物运输具有路线长、环节多、涉及面广、手续繁杂、风险性大、时间性强等特点。运输费用在国际贸易商品价格中占有很大比重。国际运输子系统主要包括运输方式的选择、运输单据的处理以及投保等有关方面的活动。

(2)仓储子系统。仓储是国际物流过程中的必要环节。实际上，国际物流从另外一种角度上理解，就是货物跨越国界的集散过程。在集散过程中，货物不可避免地处于一种或长或短的相对滞留状态，这种滞留发生在仓储子系统中。国际货物流通是一个由分散到集中，再由集中到分散的不间断的流通过程。国际贸易和跨国经营中的货物从供方被集中运送到装运港口，某些情况下需临时存放一段时间，再装运出口；在途中的转运或更换运输工具都可能需要短时间的仓储，等到达目的港后，货物往往被卸载下来进行存放，等待海关的放行和需方组织装运，整个过程是一个集和散的过程，在集和散之间，仓储发挥着重要作用。但是，从提高国际物流效率的角度看，应尽量减少储存时间、储存数量，加速货物和资金周转。

(3)商品检验子系统。由于国际物流涉及全球供应链上多方参与者的利益，也涉及不同国家货物进出口的不同法规和要求，这使得商品检验成为国际物流系统中重要的子系统。通过商品检验，明确交货品质、数量和包装等条件是否符合合同规定，以备发现问题后，分清责任，向有关方面索赔。在国际贸易合同中，一般都订有商品检验条款，其主要内容有检验时间与地点、检验机构与检验证明、检验标准与检验方法等。

(4)商品包装子系统。包装是商品不可分割的组成部分，是顺利完成商品流通的保证。商品经过包装，才便于分类计数，并便于运输、储存和销售。商品包装一般分为运输包装和销售包装两种。出口商品包装须符合科学、经济、牢固、美观、适销等方面的要求，运输包装按运输习惯称为大包装或外包装，其特点是便于运输、装卸和储存。国际物流涉及的运输距离长、风险大，要求根据流通货物及运输方式的特点选择经济适用的运输包装。运输包装分两种：一种是单件运输包装，如箱、桶、袋、包、捆、卷、筐、篓或罐等；另一种是集合运输包装，如集装包、集装袋、托盘、集装箱等。销售包装习惯上称为小包装，其特点是便于分配、销售和消费。随着国际市场竞争的日益加剧，超级市场和连锁商店的迅速发展，商品的销售包装可以起到"无声售货员"的作用，因此各国厂商无不竞相改进销售包装，以扩大销路，争夺市场。在包装设计上不仅要别具匠心，力求包装美观新颖，以激发消费者的购买欲望，而且还要及时了解国外对销售包装的有关规定，考虑不同国家的人民对于图案和色彩的不同爱好和禁忌，重视介绍使用商品的知识，以期赢得顾客的认同。

(5)国际物流信息子系统。该子系统主要功能是采集、处理和传递国际物流与商流的信息情报。没有功能完善的信息系统，国际贸易和跨国经营将寸步难行。国际物流信息的主要内容包括进出口单证的作业过程、支付方式信息、客户资料信息、市场行情信息和供求信息等。国际物流信息系统的特点是信息量大，交换频繁；传递量大，时间性强；环节多，点多，线长。所以要建立技术先进的国际物流信息系统。目前，GIS、GPS、EDI、BarCode 以及 Internet 等先进信息技术在国际物流中的运用，对国际物流效率的提高起着极大推动作用。随着国际物流技术水平的不断提高，国际物流信息子系统的功能将越来越重要。

9.2.3 国际物流系统模式

1. 国际物流系统是国内物流系统的延伸

系统模式一般包括：系统的输入部分、系统的输出部分以及将系统的输入转换成输出的转换部分。在系统的整个运行过程中，伴随有信息流作为反馈，对系统运行不断调整与校正，以促进系统运行的不断完善。

系统这种三阶段模式，在国内物流系统中得到简单明了的体现。货物由卖方提供，经由国内运输抵达买方，期间涉及诸如运输、保管、包装、装卸、流通加工和信息传递等活动。虽然货物经国内物流发生了空间上的转移，但这种转移没有超出国界，因此，与国际物流相比较，国内物流节省了许多中间环节，而且由于前面提到的国际物流所具有的地域广泛性、环境差异性、系统复杂性、风险国际性、技术先进性及业务多样性等特点，进一步增加了国际物流相对国内物流的复杂性，如图 9-1 所示。

国际物流系统，遵循一般系统模式的原理，但其复杂性使其构成了自己独特的物流系统模式。从图 9-1 中可以看到，由于海关、国际运输和国际支付的介入，使国际物流系统呈现出网络模式特点。相应的，国际物流所涉及的活动也大大多于

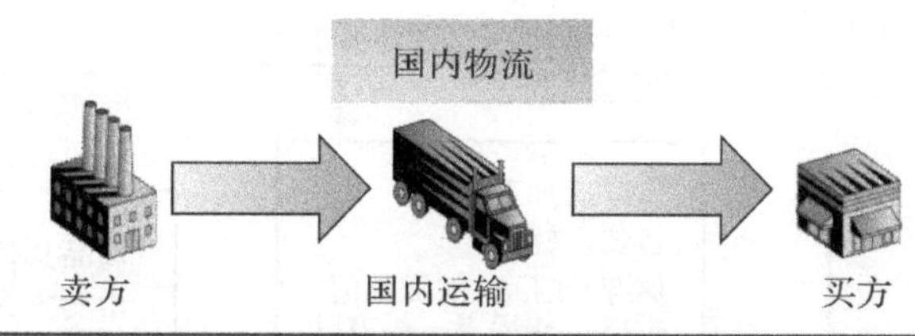

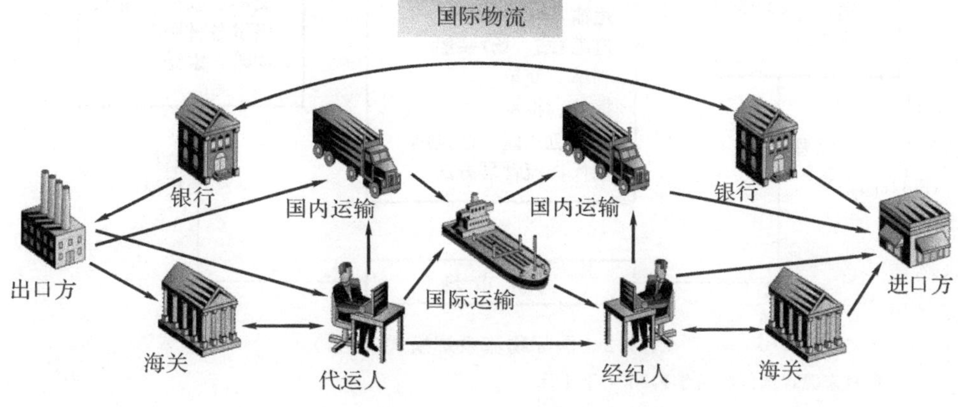

图 9-1　国内物流系统与国际物流系统

国内物流。然而，虽然国际物流涉及出口、进口和转口等贸易活动，而且贸易方式和环节多种多样，是一个极其复杂和高度开放的物流系统，但从构成物流系统的要素和环节上看，与不同贸易活动和贸易方式相对应的国际物流仍有其运行规律。下面按照一般系统运行模式，以出口为例，简要介绍国际物流系统模式，如图 9-2 所示。

一般情况下，国际物流系统输入的内容有：备货，货源落实；到证，接到买方开来的信用证；到船，落实租船订舱；编制出口货物运输计划；其他物流信息。输出部分的内容有：商品实体从卖方经由运输送达买方手中；交齐各项出口单证；结算、收汇；提供各种物流服务；经济活动分析及理、索赔。国际物流系统的转换过程包括：商品出口前的加工整理；包装、标签；储存、运输（国内和国际段）；商品进港、装船；制单、交单；报关、报验；现代管理方法、手段和现代物流设施的介入。

除了上述三项主要环节外，国际物流系统还会经常受到许多外界不可控因素的干扰，使系统运行偏离原计划内容。当然要看到，随着全球化进程的加快，贸易壁垒在逐渐拆除，国际物流的基础设施和政策环境日益改善，外界不可控因素对国际物流系统的大规模、破坏性影响的可能性在减少。尽管如此，针对外界不可控因素，建立起一套具有较强应变性或适应能力的国际物流系统仍然是必要的，它是当代国际物流系统保持较强生命力的关键环节之一。

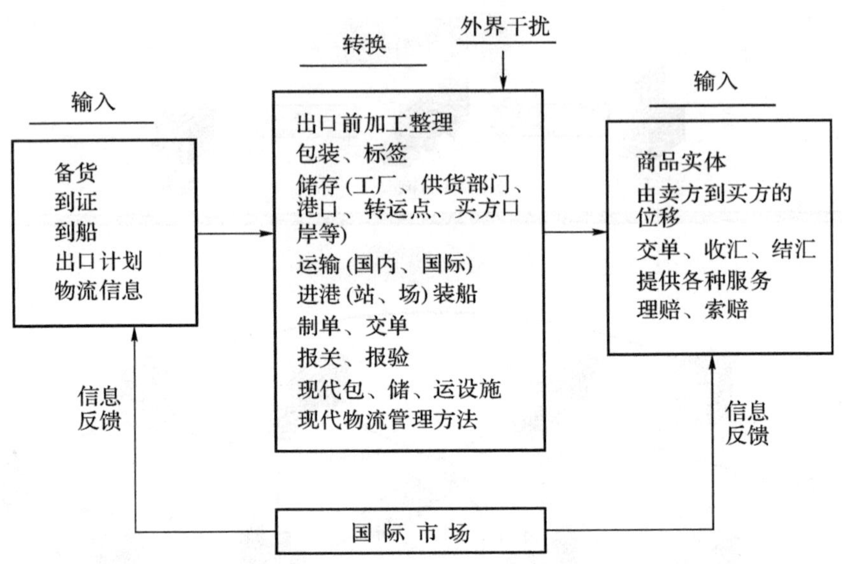

图 9-2 国际物流系统模式(出口)

资料来源:《国际物流学》,2001 年 4 月

2. 国际物流系统网络模式

国际物流系统作为一个涵盖范围广泛的开放系统,其有效地运行,是通过以上介绍的、具有独特功能的、相互关联的各子系统有效运作和密切协调来实现的。它们相互协同,以系统化的服务,满足国际贸易活动的需要,实现国际物流系统的基本运行目标——高效的商品实体转移、低廉的国际物流费用、良好的顾客服务,推动国际贸易和企业跨国经营活动的发展。由于国际物流系统的实施表现为各子系统的相互协同和交互作用的过程,即在国际信息流系统的支撑之下,在进出口中间商的通力协助下,通过运输、储存、包装和加工等一般性和增值性物流作业(通常是在第三方物流供应商的参与下进行的),利用特定的国际物流方式和设施,共同完成的一个遍布全球的商品实体移动过程。因而,国际物流系统也就必然表现为一个各子系统纵横交错、密切配合的物流网络。

按照网络术语,国际物流系统网络,是由多个收发货的"结点"和它们之间的"连线"所构成的物流抽象网络,以及与之相伴随的信息流动网络的集合。以这种网络概念来诠释国际物流系统,有助于我们整体把握其运作机理和一体化的过程。所谓收发货"结点",是指进出口国内外的各层仓库,国际贸易商品就是通过这些仓库来收入和发出,并在中间存放保管,实现国际物流系统的时间效益,克服生产时间与消费时间上的分离,促进国际贸易过程的顺利进行。所谓"连线",是指连接上述国内外众多收发货"结点"间的运输通道，这些"连线"是库存货物移动（运输）轨迹的物化形式。每一对"结点"之间可以有许多"连线"以表示不同的运输路线、不同产品的各种运输服务，各"结点"的状态表示存货流动暂时停滞，其目的是为了更有效地移动（收或发）。物流网络和信息网络并非彼此独立，它们之间是紧密相连的。完善的国际物流运作系统网络，可以精确地确定国际贸易和国际生产中的进出口货源点（或货源基地）和消费者的位置，各层级仓库及中间商批发点（或零售点）的位置、规模和数量，从而使国际物流系统达到合理化。

在过去的 10 年里，闪电般快速进步的技术和雨后春笋般的世界范围内的市场商机，改变了跨国公司的经营模式，并从根本上对已有的国际物流系统网络模式产生了的深远影响。

在 20 世纪 80 年代，大型跨国公司热衷于采用精益生产方式（leaner manufacturing processes）、全面质量管理（total quality controls）和全球范围内设立战略业务单位的方法来寻求国际竞争优势。他们的物流功能一般局限于内部或通过几个国内的第三方物流供应者来实现。但是，在当今所谓的全球新经济时代，以前封闭和保护的世界市场开始开放，同时伴随着地方贸易基础设施的完善。

在这种背景下，成功的跨国公司的高层决策人员开始对他们在每个空间相隔的区域性市场，复制所有的组织功能的做法提出质疑。结果，这些跨国公司开始将精力转向制造和营销，而将仓储、配送以及其他物流功能外包给专业的第三方物流供应商，它们能够完善国际物流网络以致降低市场进入成本。为了展示全球供应链的这种基本性的变革，表 9-1 为新旧两种国际物流模式的对比。

表 9-1 新旧国际物流系统网络模式对比

旧国际物流系统网络模式	在战略性地理区域设立新分部以获取市场与资源 在每个区域使用不同的第三方物流 导致极大的开支，构建"优胜之岛" 没有能够使各种第三方物流得到整合，或构建低成本多国服务供给商 没有能够提供跨越边界的高效供应链
新国际物流系统网络模式	使用高资格的单项资源物流供应者，跨越地理边界提供服务 为延伸到达区域和建造更加紧密的供应链，筑构整合物流 国际第三方物流开始追求或获取与世界主要经济区域现存物流公司平等的利益 通过合作培育出文化敏感型经济模式 提高了短期市场的可见度 全球供应链上的所有贸易伙伴从直接成本和服务中受益

3. 国际物流系统整合模式

经济全球化以及与物质流动和信息流动相关的高新技术的发展，前者如越库(cross-docking)等，后者如企业资源计划(ERP)、高级计划与定时系统(advanced planning and scheduling system，APS)、客户关系管理(CRM)和Internet等，使得各种国际物流模式的设计成为可能。但无论何种模式，大都是基于合作而展开的，它们一般包括以下三个整合特征。

(1)功能整合。有效的作业与物流管理不仅仅基于各种作业功能(制造、物质配送、售后服务等)所引起的物流之间的良好协调。如果营销、物流和制造为了协调起来而能定位于各种共有活动之中，新产品的投入、老产品的退出、促销活动以及包装或营销渠道的选择，这一系列的活动中都将蕴含着极大的发展潜能。第二种功能整合的途径，是去识别物流怎样能够将各种目标和其他对物流设计与管理有影响的功能活动的各种限制，有效地整合在一起。作为一项主要功能，市场营销能够提供一份详细服务清单，由市场传递给客户，并由物流实现。一个24小时的送货期限与一个一星期的送货期限，意味着对设计物质和信息配送网络有着截然不同的要求。

(2)领域整合。在传统的供应链中，供货商、制造商、零售商和顾客相互独立地最优化各自的物流和生产作业。结果，不可避免地给链条上其他参与者带来问题和低效率，而且所有这些问题与低效率在最后的计算中都将导致整个系统成本的增加。协作作业(co-operation)的方向同时由生产者和销售者实施的解决方案所限定，而这解决方案是由客户需求所拉动的，而不是由产品供给所推动的。在消费品快速变化的领域中，有效消费者响应(Efficient Consumer Response，ECR)计划，是对交叉协作作业边界的一种初始的尝试，我们称为领域整合。领域整合的另外一个主要角色就是第三方物流，它支撑和促进所有产业领域的生产者和销售者之间的协作作业。第三方物流行业正经历着传统货运者之间大量的联盟、合并与兼并，目的是为生产者与销售者提供正确且高效的解决方案。

(3)地理整合。当今商业世界的全球一体化趋势，显示出制定超越国界的发展战略的重要性。差别工资率、国外市场的扩大及改进的运输方式，正在打破国家之间的时空障碍，迫使物流活动在全球维度之上。这里要再一次提到第三方物流，它通过提供诸如飞机、贸易中心、仓储系统等物流解决方案以及信息流解决方案，来自始至终地追踪物质流动情况。国际第三方物流使公司在最短的时间内，以更低的存储成本，运送长距离货物成为可能。

通过以上三方面的有效整合，国际物流在公司实现其战略目标过程中起到重要作用。将国际物流提高到战略层次，大型跨国公司的高层决策者就会承担起解决通常是对立的各种挑战，而且会设计出尊重地方特色的全球化解决方案。物流专家则在动态大规模定制中起到重要作用。

9.3　国际物流基本业务

9.3.1　与国内物流业务的异同

国际物流业务不仅涵盖了国内物流涉及的所有业务活动，它还包含一些与国际贸易紧密相关的特有业务。与国内物流相同，国际物流业务活动也包括运输、保管、包装、装卸、流通加工和信息传递，但由于其自身特点，国际物流的以上业务活动相对国内物流而言，普遍显示出复杂性特征。

(1)运输。国际物流的运输活动突出的特点是时间长、距离长，不仅要跨越国界，更多情况下要横渡大洋，因此货物更加容易受损；国际物流的运输方式多样化，在不同情况下对运输方式的选择，直接影响到运输成本及运输效率。

(2)保管。国际物流需要办理进出口手续、海港(站、场)码头装卸及转运货物，因此保管业务活动的中间环节多、涉及单证手续多、货物滞留时间长，相应增加物流费用。

(3)包装。国际物流运输时间长、距离长，运输过程中货物堆积存放的滞留时间长，这对某些易腐烂变质产品的包装提出特别要求；国际运输的运量大、装卸次数多，货物在运输途中损伤可能性大，这对易损坏物品的包装要求很高；另外，由于各国出于对本国环境保护、宗教信仰、病虫害防预、消费习惯等方面的考虑，往往对输入国内的货物提出特殊包装要求。

(4)装卸及流通加工。集装箱在国际运输中的广泛应用，使得国际物流的装卸设备标准化、大型化，装卸活动机械化、效率化，这对各国港口码头的基础设施要求很高。另外，为了适合货物输入国或地区的标准和满足销售商的要求，在流通过程中往往需要对货物进行分类、小包装作业及粘贴商品标签、价格等流通加工活动。

(5)信息。国际物流信息分布广、数量大、品种多，其覆盖面超越国家地理边界，不仅涉及国际物流系统内部各时期、各层次、各方位及各环节，也与相关的各国经济政策、自然环境、发展战略等外部条件密切相关；处于全球供应链上的所有参与者都是一个信息源，它们散布在世界每个角落，通过现代信息技术互通信息，进而促进国际物流的顺利进行，并提高物流效率。国际物流涉及节点多，业务复杂，与之相关的信息数量大。国际物流系统网络纵横交错，为了使信息在各国之间畅通无阻，需要国际标准化的通信技术与之配套，Internet、GPS 等在国际物流中得到广泛应用。

9.3.2 国际物流特有业务

国际物流所特有的业务是与货物进出口直接相关的一切活动，包括商检、报关、保险、国际货运代理及理货等。

1. 商检

进出口商品检验，简称“商检”，是对出口方交付商品的品质和数量进行鉴定，以确定交货的品质、数量和包装是否与合同规定一致的活动。商检的主要功能是检查卖方是否已按合同履行了交货义务，并在发现卖方所交货物与合同不符时，为买方拒绝接受货物或提出索赔提供保障。

各国根据自己的实际情况，规定的商品检验范围有所不同，这一点需要出口商做到充分认识。以我国进出口商品检验为例，其范围主要包括以下几个方面：①现行《商检机构实施检验的进出口商品种类表》所规定的商品；②《中华人民共和国食品卫生法（试行）》和《进出境动植物检疫法》所规定的商品；③船舶和集装箱；④海运出口危险品的包装；⑤对外贸易合同规定由商检局实施检验的进出口商品；除以上所列外，根据我国《商检法》规定，商品检验还包括其他法律、行政法规规定需经商检机构实施检验的进出口商品或检验项目。

关于商检的时间和地点一般有 3 种不同的做法：①以离岸品质、数量为准；②以到岸品质、数量为准；③两次检验、两个证明、两份依据。国际物流中，对这三种做法的选择没有统一的规定，检验的时间与地点不仅与贸易术语、商品及包装性质、检验手段的具备与否有关，而且还与国家的立法、规章制度等因素有密切关系。为使检验顺利进行，提高物流效率，买卖双方应将检验的时间和地点在合同的检验条款中，详细订明。

国际物流中的商检工作，一般由专业性的检验部门或检验企业进行，国际上从事商检的机构大致包括官方机构、非官方机构和工厂企业、用货单位的化验室、检验室。这些检验机构的检验标准和方法有所不同。选用哪类检验机构检验商品，取决于各国的规章制度、商品性质及交易条件等。在实际操作中，检验机构的选择一般采取就近原则，即在出口国工厂或装运港，一般由出口国检验机构检验；在目的港则一般由目的港所在国实施检验。

商品检验完毕后，应由检验机构发给能证明商品的品质和数量是否符合合同规定的商检证书。在国际贸易中常见的商检证书包括检验证明书、品质证明书、重量证明书、卫生证明书、兽医证明书、植物检疫证明书、价值证明书、产地证明书及其他相关证明。在国际物流中，具体需要哪些证书，要依据成交商品的种类、性质、相关法律和贸易习惯以及有关政府的涉外经济政策而定。

2. 报关

报关是指货物在进出境时，由进出口货物的收、发货人或其代理人，按照海关规定格式填报《进出口货物报关单》，随附海关规定应交验的单证，请求海关办理货物进出口手续。

(1)报关单证。海关规定，对一般的进出口货物交验下列单证。

- 进出口货物报关单，是海关验货、征税和结关放行的单据，也是海关对进出口货物汇总统计的原始资料。为了及时提取货物和加速货物的运送，报关单位应按海关规定的要求准确填写，并需加盖经海关备案的报关单位的"报关专用章"和报关员的印章签字。
- 进出口货物许可证或国家规定的其他批准文件。凡国家规定应申领进出口许可证的货物，报关时都必须交验外贸管理部门签发的进出口货物许可证。凡根据国家有关规定需要有关主管部门批准文件的还应交验有关的批准文件。
- 提货单、装货单或运单。这是海关加盖放行章后发还给报关人凭以提取或发运货物的凭证。
- 发票。它是海关审定完税价格的重要依据，报关时应递交载明货物真实价格、运费、保险费和其他费用的发票。
- 装箱单。单一品种且包装一致的件装货物和散装货物可以免交。
- 减免税或免检证明。
- 商品检验证明。
- 海关认为必要时应交验的贸易合同及其他有关单证。

(2)报关期限。《海关法》规定，出口货物的发货人或其代理人应当在装货的24小时前向海关申报。进口货物的收货人或其代理人应当自运输工具申报进境之日起14天内向海关申报。逾期罚款，征收滞保金。如自运输工具申报进境之日起超过三个月未向海关申报，其货物可由海关提取变卖。如确因特殊情况未能近期报关，收货人或其代理人应向海关提供有关证明，海关可视情况酌情处理。

(3)进出口货物报关程序。《海关法》规定，进出口货物必须经设有海关的地点进境或出境，进出口货物的收货人、发货人或其代理人应当向海关如实申报、接受海关监管。对一般进出口货物，海关的监管程序是：接受申报、查验货物、征收税费、结关放行。而相对应的收、发货人或其代理人的报关程序是：申请报关、校验货物、缴纳税费、凭单取货。

(4)关税计算。关税政策和税法是根据一个国家的社会制度、经济政策和社会生产发展水平、外贸结构和财政收入等综合因素考虑制定的。进出口货物应纳税款是在确定单货相符的基础上，对相关货物进行正确分类，税率和完税价格后，依据基本公式“关税税额＝完税价格×关税税率”，计算得到的。

3. 保险

国际物流的货物一般要经过长距离的运输，在运输途中，货物可能因自然灾害和意外事故而遭受损失。因此，对货物投保运输险可以规避一定风险。国际货物运输保险种类繁多，包括海上货物运输保险、陆上货物运输保险、航空货物运输保险和邮包运输保险等，其中以海上货物运输保险种类最多。

海洋货物运输保险的险别很多，大体上可分为基本险别和附加险别。基本险别包括平安险（FPA）、水渍险（WPA/ WA）和一切险三种。一般附加险别包括：偷窃、提货不着险，淡水雨淋险，短量险，混杂、玷污险，渗漏险，碰撞、破碎险，串味险，受热、受潮险，钩损险，包装破裂险，锈损险等 11 种，它们不能独立投保，只能在投平安险或水渍险的基础上加保。陆上货物运输保险的险别分为陆运险和陆运一切险两种。航空货物运输保险分为航空运输险和航空运输一切险两种。邮政保险分为邮包险和邮包一切险两种。

货物运输保险的选择要依据货物运输工具和货物自身特点做出，要在充分考虑安全性的基础上兼顾经济性。

4. 国际货运代理

国际货运代理是整个国际货物运输的组织者和设计师，它能够安全、迅速、准确、节省、方便地组织进出口货物运输；能够就运费、包装、单证、结关、检查检验、金融、领事要求等提供咨询，并对国外市场的价格、销售情况提供信息和建议；能够提供优质服务；能够把小批量的货物集中成为组货物进行运输；能够掌握货物全程的运输信息，使用现代化的通信设备随时向委托人报告货物在途的运输情况；能够促进新运输方式的创造、新运输路线的开发以及新费率的制定等。

5. 理货

理货是指船方或货主根据运输合同在装运港和卸货港收受和交付货物时，委托港口的理货机构代理完成的在港口对货物进行计数、检查货物残损、指导装舱积载、制作有关单证等工作。其工作内容包括理货单证、分票和理数、理残、绘制实际货物积载图、签证和批注、复查和查询等。

理货是对外贸易和国际海上货物运输中不可缺少的一项工作。它对承、托双方履行运输契约，船方保质保量完成任务，船舶和货物的安全等都具有一定意义，可促进国际物流的顺利进行。

9.4 国际物流运输

国际货物运输是国际物流活动中的重要环节，它是指国家与国家、国家与地区之间的货物运输。本节将从国际物流货运的主要方式、影响国际物流货运方式选择的因素以及国际物流货运的主要路径三个方面分别介绍国际物流的货物运输。

9.4.1 国际物流货运主要方式

国际货物运输包含多种形式，具体如图 9-3 所示。

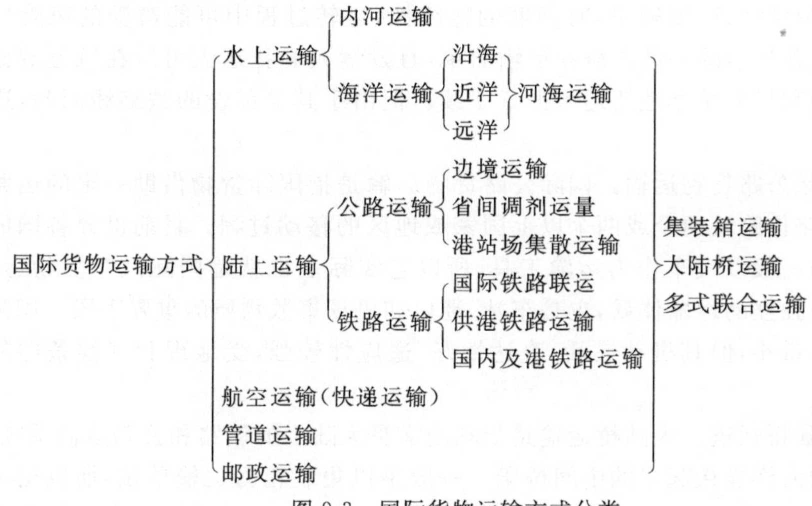

图 9-3 国际货物运输方式分类

1. 国际海上运输

在国际货物运输中，运用最广泛的是海洋运输。目前，海洋运输运量在国际货物运输总量中占 80%以上。海洋运输之所以受到青睐，是因为相对于其他货物运输方式，它具有适合国际物流的显著特点。

(1)通过能力大。海洋运输可以利用四通八达的天然航道，延伸至全球每个地区，它不像火车、汽车受到轨道和公路的限制。

(2)运量大。海洋运输船舶的运载能力，远远大于铁路和公路运输车辆，更是航空运输所无法比拟的。如一艘万吨船舶的载重量一般相当于 250～300 个车皮的载重量。

(3)运费低。因海洋运输的运量大、行程远，分摊于每货运吨的运输成本就少，规模经济性显著，运价相对其他运输方式明显低廉。

海洋运输虽有上述优点,但也存在不足之处。例如,海洋运输受天气等自然条件的影响大,行期难于确定,且风险较大。此外,海洋运输的速度也较慢。

2. 国际陆上运输

国际陆上货物运输包括国际铁路运输、国际公路运输、大陆桥运输和"浮动公路"运输等多种形式,下面分别加以介绍。

(1)国际铁路货物运输。在国际货物运输中铁路运输是一种仅次于海洋运输的主要运输方式,海洋运输的进出口货物,也大多是靠铁路运输进行货物集中和分散的。铁路运输具有许多优点,一般受气候条件的影响小,可保障全年的货物运输,而且运量较大,速度较快,有高度的连续性,运转过程中可能遭受的风险也较小。办理铁路货运的手续比海洋运输简单,且发运人和托运人可以在就近的始发站(装运站)和目的站办理托运和提货手续。但由于其受铺设的铁路线限制,通过能力较小。

(2)国际公路货物运输。国际公路货物运输是指国际货物借助一定的运载工具,沿着公路作跨及两个或两个以上国家或地区的移动过程。目前世界各国的国际货物运输一般以汽车作为运输工具,所以它实际上也就是国际汽车货物运输。它既是一个独立的运输体系,也是车站、港口和机场集散物质的重要手段。国际公路运输的运量小,但其机动灵活,直达性好,适应性较强,受地理和气候条件的影响小。

(3)大陆桥运输。大陆桥运输是指利用横贯大陆上的铁路和公路运输系统,把大陆两端的海洋连接起来的中间桥梁。一般是以集装箱为运输单位,所以也可叫"大陆集装箱运输"。大陆桥运输以集装箱为核心,采用水运、铁运、汽运相结合的联合运输方式,具有简化作业手续、速度快捷、物流风险较小、运输质量好以及资金周转速度快、成本低廉等优点。目前,世界上有许多大陆桥,最主要的有三条:西伯利亚大陆桥、美国大陆桥和加拿大大路桥。

(4)"浮动公路"运输。"浮动公路"运输是指利用一段水运衔接两端陆运,衔接方式采用将车辆开上船舶,以整车货载完成这一段水运,到达另一港口后,车辆开下继续利用陆运的联合运输方式。其优点是两种运输之间有效衔接,运输方式转换速度快,而且在转换时,不触碰货物,因而有利于减少和防止货损。

3. 国际航空运输

国际航空货物运输是指利用飞机来完成国际物流的运输方式。国际航空运输,与海洋和铁路运输相比,具有运输速度快、运输路程短的特点,适合鲜活易腐和季节性商品的运送;同时它运输条件好,货物很少产生损伤、变质,适合贵重物品的运输;此外,它又可简化包装,节省包装费用;航空运输迅速准时,在商品买卖中,有利于巩固现有市场和提高信誉。但航空运输运量小,运输费用高。由于新技术的发展和深化,产品生命周期日益缩短,产品由厚、重、长、大向薄、轻、短、小方向发展。因此,今后适用航空运输的商品将会越来越多,航空运输的作用会日益重要。

4. 国际集装箱运输

集装箱货物运输是以集装箱作为运输单位进行货物运输的一种现代化的运输方式,它适用于海洋运输、铁路运输及国际多式联运等。集装箱是一种容器,是具有一定规格强度的专为周转使用的货箱,也称货柜,这种容器与货物的外包装不同,它是进行货物运输、便于机械装卸的一种成组工具。

集装箱运输一经产生,便发展迅速,目前已经成为国际主要班轮航线上占有支配地位的运输方式。它具有以下特点:①提高装卸效率,提高港口的吞吐能力,加速了船舶的周转和港口的疏港;②减少货物装卸次数,有利于提高运输质量,减少货损货差;③节省包装费、作业费等各项费用,降低货运成本;④简化货运手续,便利货物运输;⑤把传统单一运输串联成为连贯的成组运输,从而促进了国际多式联运的发展。

集装箱运输的产生和发展,不仅使运输方式起了巨大的变化,也使货运比例起了巨大的变化,还使其有关部门发生了深刻的变化,被称为“20 世纪运输领域的一次革命”。

5. 国际多式联运

多式联运是国际间多种方式联合运输的简称。国际多式联运是在集装箱运输的基础上产生和发展起来的一种综合性的连贯运输方式,它一般是以集装箱为媒介,把海、陆、空各种单一运输方式有机地结合起来,组成一种国际间的连贯运输。《联合国国际多式联运公约》对国际多式联运所下的定义是:“按照多式联运合同,以至少两种不同的运输方式,由多式联运经营人把货物从一国境内接运货物的地点运至另一国境内指定交付货物的地点。”

国际多式联运的最大的好处是它能集中发挥各种运输方式的优点,使国际货物运输既快捷又安全。同时它简化了手续,减少了中间环节,加快了货运速度,降低了运输成本,并提高了货运质量,为实现“门到门”运输创造了有利条件。

6. 国际管道运输

管道运输是借助高压气泵的压力将管道内的液体、气体或浆体货物输入目的地的一种运输方式,相应的,管道运输分为液体管道运输、气体管道运输和浆液管道运输。管道运输与其他运输方式相比，有以下特点：

(1)运输通道与运输工具合二为一。管道既是运输通道，又是运输工具。

(2)运量大。一般一条1200毫米直径的管道，一年可输油4000多万吨，一条720毫米直径的管道，一年可输油2000万吨或输煤1200万吨。

(3)成本低。管道建成后运营能耗少，成本接近水运。

(4)运输漏损少，安全性好。

(5)受气候条件影响小，便于长期稳定运营。

(6)劳动生产率高。管道运输可实现远程控制，自动化程度高。

(7)专业化强。管道运输局限性大，只能输送特定货物，运输方向单一，灵活性较差。

9.4.2 国际物流货运方式选择的影响因素

组织国际物流，必须正确选择运输方式和管理组织方式。国际物流的运输方式多种多样，选择适当的运输方式组织国际物流，是提高国际物流效率、降低国际物流成本的关键。由于国际物流系统的复杂性，其对运输方式的选择受到多方面因素影响。

1. 运输成本

运输成本是国际物流对运输方式选择上的首要考虑因素，其原因是运距太长，运费占整个物流成本的比例很大。据统计，在外贸商品的价格中，运输费用有时可占出口货价的30%～70%，对于煤炭、矿石等低价值货物，这一比例更高。

在国际物流中，大型专用船舶的运输成本较低，定期班轮则较高，包轮则更高。一般而言，海运成本低于陆运成本，但如果海运有大迂回，则利用大陆桥运载成本方面有一定的优势。

2. 运行速度

国际物流速度也很重要，主要原因有三个，一是运距长，需时日较多，资金占用时间长，加快运输速度有利于释放占用的资金；二是市场价位，由于速度慢错过了好的价位会使经济效益下降；三是对于季节性商品和易腐烂变质商品客观上要求加快运输速度。由此可见，加快物流速度会产生一系列好处。

在各种物流货运方式中，航空货运速度最快，但价格也最高。在洲际运输中，用大陆桥运输取代海运，会获得提高物流速度的显著效果。

3. 货物的特点及性质

货物特点及性质有时对物流方式的选择起决定作用。一般来说，管道运输只适用于液态、气态及浆态货物的运输，其运输货物的特性限制了管道运输的适用范围；而对于其他各种运输方式的适用范围则广泛得多，但对于诸如水泥、石油、沥青、危险品等，由于其自身的特点，对运输方式的选择范围较窄。例如，对于附加值很低的货物，像水泥等，选择汽车或飞机作为国际物流方式显然是不合适的。

4. 货物数量

在国际物流的各种货运方式中，相比较而言，航空运输的运载能力较小，而汽车运输的通过能力较差，加之从经济角度考虑，两者都不适于大批量长距离的运输，因此，在待运货物数量庞大时，一般考虑选用海洋运输或火车运输的方式。

5. 物流基础设施条件

由于国际物流涉及跨国界运输，而不同国家的地理位置和涉及物流的自然条件不同，各国之间物流基础设施也存在差异，这些对物流方式的选择影响很大。如果物流的始点和终点两端国家缺乏必要的水域条件，就不能考虑仅采用海洋运输的方式将货物运至目的地，这种情况下，多式联运也许比较适合；如果任何一方不具备相当的港口条件，以致大型船舶无法作业，则无论价格多具有诱惑力，大型船舶运输也不应该在选择范围之内；如果没有大型集装箱码头和集装箱集疏的腹地条件，则也不可能大量选择集装箱方式。

在国际物流中，运输方式选择不当给企业造成的损失远甚于国内一般物流。因为国际物流的运输距离普遍较长，货物在途时间也相应较长，如果运输方式选择不当，延长了货物在途时间，不仅会影响企业资金的流动性，而且当货物销售时效性较强时，错过了销售时机将给企业带来严重损失。这一点对于进行全球化制造的跨国公司尤为重要。当跨国公司基于战略考虑而要抢先生产某种产品占领市场时，如果由于国际物流货运方式选择失误，而延迟了制造该种产品的原材料或零部件的到达，被竞争对手抢了先机，不仅会影响到公司的近期盈利水平，而且会对公司的未来发展产生严重影响。因此，出于竞争战略的考虑，在选择国际物流货运方式时要综合多方面因素，力求根据具体情况做出适当选择。

9.4.3 国际物流货运的主要路线

与国际物流紧密相关的国际货物运输路线从大体上可划分为国际海洋运输航线、国际航空运输航线以及大陆桥与小陆桥运输路线等。

1. 国际海洋运输航线

按航行范围来划分，主要的国际海运石油航线有：

(1)太平洋航线，该航线细分为远东—北美西海岸航线，远东—加勒比海航线，北美东海岸航线，远东—南美西海岸航线，远东—澳大利亚、新西兰航线，澳大利亚、新西兰—北美东西海岸航线；

(2)大西洋航线，该航线可分为西北欧—北美东海岸航线，西北欧、北美东海岸—加勒比海航线，西北欧、北美东海岸—地中海—远东航线，南美东海岸—好望角—远东航线，西北欧、地中海—南美东海岸—远东航线；

(3)印度洋航线，该航线可分为波斯湾—好望角—西欧、北美航线，波斯湾—东南亚—日本航线，波斯湾—苏伊士运河—地中海—西欧、北美航线。

目前，世界海运集装箱主要航线有：

(1)远东—北美航线(北太平洋航线)；

(2)北美—欧洲、地中海航线(北大西洋航线)；

(3)欧洲、地中海—远东航线(印度洋航线)；

(4)澳洲、新西兰—北美航线；

(5)欧洲、地中海—西非、南非航线。

2. 国际航空运输路线

世界重要的航空航线有：

(1)北大西洋航空线，该航线连接西欧、北美两大经济中心区，是当今世界最繁忙的航空线，主要往返于西欧的巴黎、伦敦、法兰克福和北美的纽约、芝加哥、蒙特利尔等机场；

(2)北太平洋航空线，该航线连接远东和北美两大经济中心区，是世界上又一重要航空线，它由香港、东京和北京等重要国际机场经过北太平洋上空抵达北美西海岸的温哥华、西雅图、旧金山、洛杉矶等重要国际机场，再接北美大陆其他航空中心；

(3)西欧—中东—远东航空线，该航线连接西欧主要航空港和远东的香港、北京、东京、首尔等重要国际机场，为西欧与远东两大经济中心区之间的往来航线；

(4)其他，北美—澳新航空线，西欧—东南亚—澳新航空线，远东—澳新航空线，北美—南美航空线，西欧—南美航空线等。

3. 大陆桥与小陆桥

(1)美国大陆桥包括两条路径：一条是从美国西部太平洋的洛杉矶、西雅图、旧金山等港口上桥，通过铁路横贯至美国东部太平洋的纽约、巴尔的摩等港口转海运；一条是从美国西部太平洋港口上桥，通过铁路至南部墨西哥湾的休斯敦、新奥尔良等港口转海运。

(2)加拿大大陆桥从日本海海运至温哥华或西雅图港口后，换装并利用加拿大铁路横跨北美大陆至蒙特利尔，再换装海运至欧洲各港。

(3)西伯利亚大陆桥连接太平洋与波罗的海和北海，其路径为：从俄罗斯远东地区日本海口岸纳霍卡港或东方港上桥，通过横穿俄罗斯的西伯利亚铁路，至波罗的海沿岸港口转海运至西北欧，或者直接通过白俄罗斯、波兰、德国、比利时和法国的铁路至波罗的海沿岸港口转海运至西北欧等地。

(4)亚欧第二大陆桥，东起我国连云港等港口，经铁路进入哈萨克斯坦，最终与中东地区黑海、波罗的海、地中海以及大西洋沿岸的各港口相连接。

(5)美国小陆桥从东亚或东南亚地区至美国东部太平洋口岸，经美国大陆铁路或公路，至南部墨西哥湾口岸或其相反方向；美国微型桥是指从东亚或东南亚地区至美国东部太平洋港口，经铁路或公路到达美国内陆中西部地区或其相反方向。

9.5 国际物流格局

国际物流是随着国际贸易的发展而发展起来的，它与国际贸易的关系紧密。国际物流是国际贸易的必要条件，而国际贸易促进了国际物流的发展并对其提出新的要求。相应的，国际贸易的空间格局很大程度上决定了国际物流的空间格局，本节将从探讨当今国际贸易格局的角度，尤其是从与物流密切相关的国际有形贸易格局的角度，来研究国际物流的格局。

9.5.1 世界经济贸易现状

20 世纪 90 年代以来，世界经济一直处于增长缓慢和发展不平衡状况中，全球经济平均增长率连续三年在 1%左右低水平徘徊，1993 年仅为 1.1%。与此同时，世界贸易也一直是低速增长，世界贸易量年增长率 1989 年为 7%，1990 年减低为 4.9%，1991 年再减少为 3.7%，虽然 1992 年回升到 4.5%，但 1993 年又减低至 2.5%。1994 年以来，世界经济贸易形势有了明显好转，世界经济活动和贸易的复苏显示出比较稳固的势头。世界经济，特别是西方经济，在经历了几年的不景气之后，已转向快速增长，1994 年世界经济的平均增长率达到 2.5%～3%。世界经济的回升推动了世界贸易快速发展，1994 年世界贸易增幅在 6%以上，高于过去 20 年中 5%的年平均增长幅度。其中，全年商品出口总值为 41000 亿美元，增幅也在 6%以上。

近年来世界贸易发展呈现以下几个特点。

(1)20 世纪 90 年代以来,世界贸易的增长一直快于世界经济总体的增长。据世界贸易组织公布的资料表明,1995 年世界商品贸易量在 1994 年增长 9.5%的基础上,又获得 8%的持续增长,大大超过过去十年平均 5.5%的水平。可以说,全球贸易的增长得益于世界经济的复苏,而全球贸易的增长又是全球经济增长的主动力。在这次经济复苏中,大多数西方工业国的复苏模式为出口带动型;同时,出口的迅速增加也是发展中国家、特别是东亚地区经济持续高速增长的重要因素之一,而发展中国家经济的持续增长为西方国家增加对外投资和出口提供了重要市场。

(2)国际贸易基本维持了过去的主要格局。国际贸易被西方发达国家垄断的局面没有改变。在世界商品出口总额中,主要发达国家的商品出口占到 86%左右,其中日本约占 25%。尽管发展中国家,特别是中国和亚洲新兴工业国家与地区的外贸出口近几年持续高速发展,但发展中国家总体情况不好,在世界出口中的比重已是连续三年下降。各国发展不平衡、国际制度不完善引发了各国之间的经贸冲突和摩擦,这已成为世界经贸的主要矛盾。另外,跨国公司的作用在国际贸易中越来越显赫,目前世界贸易的一半是在跨国公司之间进行的,而在跨国公司中,发达国家也占绝对优势。全球跨国公司的母公司有 2/3 是来自发达国家的。

(3)亚洲新兴工业化国家和中国贸易增长加快。从贸易量来看,亚洲进出口量增长较快的国家和地区包括新加坡、中国和韩国等,其中中国的出口增长尤其迅速。值得一提的是 1997 年,中国排名继续保持第 11 位,并与第 10 位贸易额的差距已由过去的 320 亿美元缩减为 120 亿美元,中国正在向世界十大贸易国迈进。

(4)世界各国开放程度不断增强。第二次世界大战后以来,不论是发达国家还是发展中国家,都先后扩大了自己的开放度,从有选择的开放到全方位的开放,这一趋势促进了全球范围内的物质流动。随着世界贸易组织于 1995 年 1 月 1 日的正式启动运行,加速了世界经济贸易一体化进程,各种资源逐渐在全球范围内得到优化配置。这将对世界贸易及经济发展产生深远影响。

(5)世界贸易中的区域集团化倾向加剧。大多数国家对地区性经济贸易合作组织的兴趣远远超过对 WTO 这一全球性贸易协议的关注。在这些经济区域化组织中,北美自由贸易区、欧洲联盟和亚太经合组织三大集团将成为鼎足之势,这样,世界贸易组织、三大集团以及其他交叉组合体和众多的小区域性经合组织就奠定了未来数年乃至数十年国际贸易的基本格局。

9.5.2 全球贸易关联及其通道

全球 200 多个国家和地区(若按《Europa World Year Book 》的划分共有 309 个),根据其经济实力和科技实力的强弱以及工业化程度的高低,并参照各自在国际分工中的份额，可以分成 A、B、C 三个层次。处于同一层次的国家和地区之间发展水平相对接近，而不同层次的国家和地区之间则差异比较明显。A 类国家为工业化国家，已经进入后工业社会，美国、日本、西欧是典型，其他包括俄罗斯、东欧、澳大利亚、新西兰、南非和以色列。B 类国家已经步入工业社会（新兴工业化国家），韩国、新加坡是代表。C 类国家仍处在由农业社会向工业社会过渡的阶段，是典型意义上的发展中国家，为数众多的亚洲国家即属于这一类。

有关研究表明，A 类国家同 A 类国家之间的贸易关联 A↔A 占全球贸易总额的 60%以上，其地位远远领先于其他相关组合。A 类国家之间虽然存在着有碍贸易发展的贸易壁垒和贸易摩擦，并有时加剧成“贸易战”，但贸易关联仍然必不可少，合作还是主流。同时还必须注意这样一个事实：它们各自对外贸易在可以预见的将来仍然主要是它们内部的关联与合作。对于高度依赖对外贸易，深受世界经济左右的美国、加拿大、日本、西欧来说，任何一方的衰落都会导致其他两方的衰落，因此 A 类国家之间必然维持巨额贸易。

居于第二位的国际贸易是 A、B 类国家之间和 B、C 类国家之间的贸易。A、B 类国家之间的贸易，A 类国家是主要市场。B、C 类国家相互间的贸易，则在全球贸易中属于次要地位，C 类国家之间的贸易占全球的极少份额。C 类国家的贸易关联相当一部分是跨越层次与 A 类国家和 B 类国家进行。另外，A 类国家的国际贸易与 B、C 类国家的国际贸易成雁行排列，领头雁是 A 类国家，它是 A、B、C 类国家共同的主要市场，对国际商品提供了最主要的需求。

然而，随着国际力量对比关系的改变，国际贸易竞争力量的加强，从长远趋势来看，A、B、C 类国家间的贸易关联各自所占的比重量是不断变化的，不是 A↔A 减少而是 A↔A 相对在增加，不是 C↔C 增加而是 C↔C 相对减少，A↔B，A↔C，B↔C，B↔B 四种贸易则有增有减。相对增减的结果是 A、B、C 三层各自阵容在全球贸易格局的演变，相应的，国际物流格局也将随着全球贸易格局的变化而呈现正相关的变化。

9.5.3　国际贸易三角格局

以上从比较宏观的角度，按照经济发展水平和其在世界政治经济中的地位，在将世界所有国家共分成三类的基础上，对国际贸易格局，进而对国际物流格局做了整体上的描述。下面再将关注焦点缩小到对国际贸易格局影响较大的国家和地区的层面上，拟对国际物流格局作更进一步的了解。实际上，当今世界上对国际贸易影响最大的国家或地区，莫过于美国、日本、欧盟和迅速发展的中国，而这四个国家和地区之间的贸易呈现出多级三角关系，对这种三角贸易格局的把握，有利于加深对国际物流格局的认识，促进国际物流的进一步发展。

(1)美日欧三角格局。美国、日本、欧盟三方不仅相互间贸易额度大,贸易合作的领域广泛,而且三方的对外贸易总额在世界贸易总额中所占的比例高达60%,这与前面所述的A↔A类国家贸易总额基本上是一致的。由此可见,美国、日本、欧盟对于世界贸易的发展、世界贸易格局的形成以及各种国际贸易事务的处理都具有举足轻重的作用。美国、日本、欧盟的贸易三角关系实质上反映了西方世界各国越来越重视在合作中谋求发展的现实。

(2)美日中三角格局。随着"亚太经济合作组织"的建立与运行,美日、美中、中日的双边经济贸易关系逐渐演变为美、日、中的三角关系。由于日本在亚洲经贸合作中的特殊地位和作用,也由于美国经济实力雄厚,拥有资本、技术、管理等多方面优势,还由于中国是该地区最大的发展中国家,市场潜力大,与美、日及区内其他国家间的贸易互补性强,投资吸引力大,这就决定了三方在亚太地区经济合作中的举足轻重的地位。目前,三方的经济贸易发展出现了良好的态势,三方彼此都感到需要对方,他们之间的贸易合作以及物流往来呈上升趋势。

(3)美俄欧三角格局。美国不仅把欧盟国家当成重要的贸易伙伴,同时也很重视东欧国家的大片市场,特别是与俄罗斯之间的贸易往来,他不希望东欧大片市场被"封闭"在欧盟之中。俄罗斯国民经济的发展需要西方的资金、技术和贸易方面的合作与支持,因此,对俄罗斯来说,与美国的贸易关系非常重要;从地理及历史关系渊源来看,与欧洲的贸易关系也很重要,这就决定了又一个三角贸易格局的形成。

除了以上三角贸易格局以外,在美洲,有美国、加拿大、墨西哥的三角贸易关系;在东南亚联盟中,有新加坡、马来西亚、泰国的三角贸易关系;在东亚,虽然没有建立正式联盟组织,但日、中、韩的三角贸易关系也正在该地区发挥重要作用。随着世界经济与贸易关系的发展,这种贸易三角关系可能发生变化,或者出现新的三角关系。这种多三角贸易关系格局的形成,对世界不同区域和不同层次的经贸合作关系将起着十分重要的制约和平衡作用,从不同角度、不同程度影响着世界经济与贸易的发展。因此,各国在制定本国经济与贸易发展战略以及企业在规划国际物流时,都必须充分注意这种贸易格局的发展动态和发展趋势。

9.6 国际物流与竞争优势

前面各节对国际物流作了基本的介绍,目的是使读者对国际物流有个大体上的了解。实际上,在国际物流的具体运作中,所涉及的方方面面远不止这些。正因为国际物流是一项相当复杂的活动,在其中才蕴含了企业营造竞争优势的广阔空间,这一点对于从事全球化经营的跨国公司更为显著。

9.6.1 国际物流蕴含竞争优势

物流管理给企业带来了赢得竞争优势的新途径，这种竞争优势体现在提高顾客服务水平、控制成本和在新生市场中把握大量机会等具有战略意义的重要方面。全球扩张的"方程式"正在被采用基于先进信息技术的世界级国际物流的企业所改写。

"定位"一词曾经一度为从事国际经营的企业所热衷。战略业务单位的正确定位，就意味着企业获得了资源与市场，竞争优势随之而至。而后，先进的运输方式和各种高新技术的涌现，加速摧毁了物理空间距离给企业带来的竞争优势。与此同时，经济全球一体化促使企业从全球化制造与营销中寻找生存与壮大的机会。这时，定位虽然仍旧重要，但已经蕴含了不同的战略意义。近来，许多企业开始热衷于另外一词——"物流"，并期望通过有效的物流管理来增强自己的竞争优势。在过去几年里，大量活动围绕物流、围绕延伸至原材料与最终顾客两端的企业供需战略而展开。物质的配送与获取最终显现出其在企业战略中的重要地位。

国际物流表现为一个涉及面非常广泛的蕴含价值高达 4000 亿美元的产业。它包括所有的运输方式、仓储设施、存货定置以及配送渠道。十亿级的资金每年花费在计划与管理高效物流的专业软件和国际第三方物流提供者上面。并且，诸如公路、铁路、海港、航空港和桥梁等昂贵的基础设施伴随国际物流的发展而开始建造。另外，所有联接两个或多个运输方式以求货物国际间高效流转的高新传输设施也快速发展起来。

国际物流活动成为提高生产效率的各种方法的推进器。为了确保货物高效安全地跨国流通，先进的运输系统、信息处理技术、通信与电子技术在物流领域得到了充分的发展。

国际物流激发了制造和运输领域的革新。企业从供应链的角度聚焦于物流管理，它们基于世界级企业资源计划(ERP)系统、基于交易的过程整合来寻求国际竞争优势。其结果是，国际物流降低了企业成本，节省了时间，并提高了客户服务质量；制造变得更加柔性化，库存得到减少以及准时货运(just-in-time shipping)成为可能。

【案例】 3M 公司的物流战略全球视野

3M 公司是一家全球性的制造公司，它的收入中大约有 50%来自于美国境外。3M 公司经营着 32 家大型企业，生产 6 万多种产品，而这些产品的制造需要 100 多种技术。近年来，3M 公司和其他世界级的制造商已缩短了生产期，根据产品而不是根据工艺技术来重新组织工厂的布局，将更大的地方控制权分配给生产现场，并利用 JIT 存货方法来提高制造生产率和灵活性。这些变化提高了对顾客需求的反应能力。为了获得这些变化带来的利益,3M 公司认为,全球制造战略必须把营销和物流结合进去。

公司在广泛区域内的制造和研究表明,它承担了一种复杂的物流支持任务。3M 公司物流的一个主要目的是要排除多余的物流成本。例如在西欧,3M 公司投入了大量的资源,通过 EDI 方式改善了订货处理,这意味着需要重新考虑次要地点的作用,因为顾客现在能够直接与制造地点打交道。该公司还通过建立更大、更有效的仓库替代大量的微型配送中心,以改善配送能力。

实践表明,国际竞争获胜的关键,在于企业能否在全球范围内进行资源的优化配置,进而培育出企业核心能力。为此,全球化采购、生产、制造、销售、服务等一系列生产经营活动,已成为每个具有战略前瞻性的企业所关注的焦点。作为国际化生产经营活动的保证,国际物流的战略地位正日益突显。

(资料来源:《物流案例》,集装箱化. 2001(5))

9.6.2 基于国际物流获取竞争优势

企业在基于国际物流获取竞争优势的过程中,一般包括两类主要活动的平行进行。第一类活动集中于广泛的产业趋势分析,第二类活动着眼于主要客户的特别需求。总体来讲,两类活动共同为开发正确的国际物流战略奠定了坚实的基础。如图 9-4 所示。

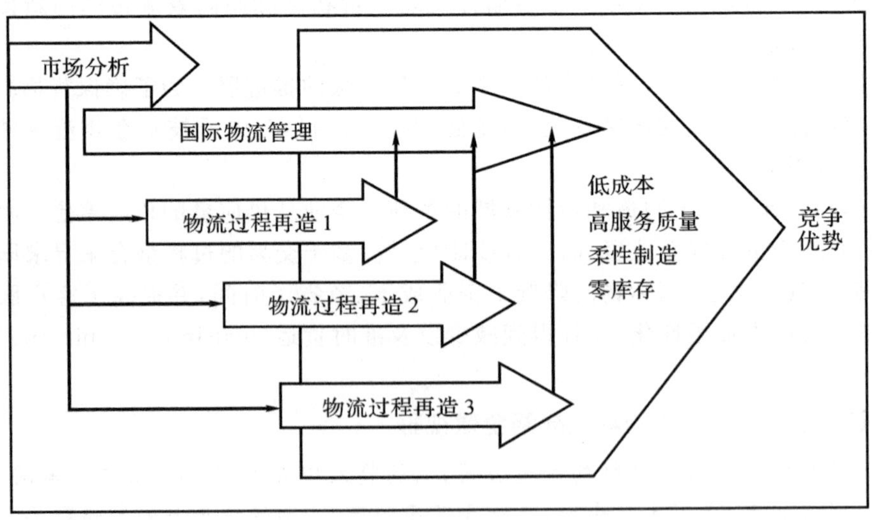

图 9-4 基于国际物流的竞争优势

1. 市场分析

市场分析包括以下三项活动。

(1)客户访谈。客户访谈是目的是为了把握在公司相关利益产业领域内将会出现的变化。它具体包括对传统产业环境的分析,对公司的特殊地位(如与运输和物流供应商的关系,有待进一步挖掘的潜能等),对相关产业环境的未来景象(如可能对相关产业未来五年产生影响的相关变化和某些要素,以及这些变化和要素对运输和物流供应商的影响等)的分析等。

(2)对竞争对手的高标定位。这里讲的高标定位的对象主要是指竞争对手相关运输和物流的活动,这种高标定位往往基于二手资料的分析,如相关网站、年报和杂志等的有关信息。

目前,有很多方法对物流供应商进行分类。最普通的方法是将他们分为基于资产型公司和基于非资产型公司;第二种方法是根据他们是项目导向型还是交易导向型进行划分;第三种方法是看这些公司是信息提供者还是物理运输提供者。通过分类筛选出来的公司将作为分析定位的对象。目标公司物流远景、所提供的产品和服务、母公司的特征、资产密集度、所使用的信息系统、主要合作伙伴以及目标产业和主要客户等都可作为定位的参考指标。对当今非常先进的运输与物流供应商的物流特征进行分析,对于高标定位自己的市场地位和物流能力非常有用。

(3)愿景规划。对于相关变革主要驱动者的分析研究有助于公司对未来运输和物流需求的把握。愿景是对未来的相互联接的一系列想象,这些想象基于公司当前的状况,并沿一条因果链而展开。实践中,已有许多公司从愿景规划中获得大量收益:愿景有助于避免存在于公司中的盲点(这些盲点往往产生于公司对于割裂孤立的趋势、单一的信息和纯粹的经济数据的关注),进而形成一个全面的战略规划框架;有助于形成一种连贯一致的对未来关键问题探讨的语言;有助于形成基于未来的新的思维与规划方式;通过将愿景作为评价战略的试验室,有助于形成坚实与柔性并存的战略;有助于识别主要的不确定性,以便公司能够开发和利用适当的经营环境扫描和监测技术等。

2. 物流过程再造

物流过程再造可以通过以下活动来完成。

(1)制作现有的物流链地图。包括物质流、信息流、成本、时间和限制因素。

(2)开发新的解决方案。包括设立改进的目标,重新设计物流链,模拟和测试新的解决方案,建立改进的行动计划等。

(3)新的解决方案的实施。企业通过客户访谈、对竞争对手的高标定位和愿景规划等活动完成对全球性市场的分析预测，然后通过不断的物流过程再造，最终提升国际物流管理能力，以获得降低成本，提高客户服务质量、制造柔性化、库存缩减等运营效果，从而获取全球范围内的竞争优势。

本章要点

1. 广义上说，国际物流指不同国家之间的物流，即货物从一国运送到另一国的物流，货物的运送超越国界；从狭义上说，国际物流为了克服相关环节的空间和时间上的距离，对物资(商品)进行物理性移动的一项国际物资流通活动。国际物流具有地域广泛性、环境差异性、系统复杂性、风险国际性、技术先进性、业务多样性等特点。

2. 国际物流系统是由商品的包装、储存、运输、检验、流通加工和其前后的整理、再包装、国际配送以及贯穿整个物流活动的信息子系统组成。国际物流系统可以分为运输子系统、仓储子系统、商品检验子系统、商品包装子系统、国际物流信息子系统等五大子系统。

3. 与国内物流系统相类似，国际物流系统可以分成系统的输入部分、系统的输出部分以及将系统的输入转换成输出的转换部分三个阶段，但由于海关、国际运输和国际支付的介入，使国际物流系统呈现出网络模式特点。因此，国际物流所涉及的活动也大大多于国内物流。

4. 与旧的网络模式相比，新的国际物流系统使用高资格的单项资源物流供应者，跨越地理边界提供服务；为延伸到达区域和建造更加紧密的供应链，筑构整合物流；通过合作培育出文化敏感型经济模式。因此，使得全球供应链上的所有贸易伙伴从直接成本和服务中受益。

5. 国际物流系统的整合模式有功能整合、领域整合和地理整合。

6. 与国内物流相同，国际物流业务活动也包括运输、保管、包装、装卸、流通加工和信息传递，但由于其自身特点，国际物流以上业务活动相对国内物流而言，普遍显示出复杂性特征。此外，国际物流还具有一些特有的业务，包括商检、报关、保险、国际货运代理及理货等。

7. 影响国际货运方式选择的因素有运输成本、运行速度、货物的特点及性质、货物数量、物流基础设施条件等。

8. 与国际物流紧密相关的国际货物运输路线从大体上可划分为国际海洋运输航线、国际航空运输航线以及大陆桥与小陆桥运输路线等。

9. 国际物流的空间格局主要受国际贸易的空间格局的影响，目前国际贸易主要呈现三角格局，如美日欧三角格局、美日中三角格局、美俄欧三角格局。

10. 国际物流有助于降低企业成本，节省时间，提高客户服务质量；可以使制造变得更加柔性化，使库存得到减少，实现准时货运。企业在基于国际物流获取竞争优势的过程中，一般包括两类主要活动的平行进行。第一类活动集中于广泛的产业趋势分析，第二类活动着眼于主要客户的特别需求。

思考与练习

1. 描述国际物流的基本含义，并说明其特点。
2. 简述国际物流的发展历程。
3. 为什么说国际物流系统是国内物流系统的延伸？
4. 国际物流系统网络模式有什么特点？
5. 国际竞争环境如何影响跨国公司的物流决策？
6. 国际物流系统可以向哪几个方面进行整合？
7. 影响国际货运方式选择的因素有哪些？你认为什么是最主要的因素？
8. 国际多式联运有什么优势？
9. 试根据国际贸易的现状论述国际物流的基本格局。

参考文献

1. Andre Kroneberg，BengtRamberg. Development of a Global Logistics Strategy for WWL，working paper(2001)

2. Frederick C Stromeyer. A Successful Global Network for the New Multinational. Global Logistics & Supply Chain Strategies，2000，10

3. Laurie Joan Aron. Global Logistics Boosts Competitive Advantage. http://www.conway.com/sshighlites 695.htm

4. Michel Fende. The Wave of Global Logistics. http://www.transworldeducation.com/articles/nlogistics.htm

5. 张铎，张耀平. 国际物流学. 北京：清华大学出版社，2000

6. 金真，唐浩. 现代物流新的经济增长点. 北京：中国物资出版社，2002

7. 张蕾丽，刘志学. 国际贸易与国际物流. 北京：华中理工大学出版社，1997

8. 刘多奕，毕少菲. 全球贸易格局与中国出口战略研究. 现代金融导刊，1997(6)

9. 龙页玉. 多三角多极化世界中的贸易格局. 亚太经济时报，1999(5)

第10章

中国物流管理现状和发展趋势

开篇案例——联邦快递:加快物流战略环境的网络化发展

联邦(FedEX)快递1984年进入中国,目前已成为中国国际速递业界的市场领导者。2003年12月联邦快递创立中国独立业务分区。2004年11月17日,在联邦快递中国区成立一周年之际,联邦快递中国区总裁、地区副总裁陈嘉良先生表示:“随着中国业务分区总部的正式开业,我们将更贴近本地客户,关注他们的需求,同时将不断扩大服务网络和运用创新科技,以满足国内客户对国际快递日益增长的需求。”

中国已成为联邦快递的重要市场和战略合作伙伴。随着在中国业务的快速推进,联邦快递制订了相应的战略发展计划,今后在市场拓展方面的战略举措将突出体现在以下几方面。

(1)加速完善网络建设。联邦快递在中国的服务已覆盖近220个城市,并计划在未来五年内新增100个城市。自1999年大田—联邦快递有限公司成立以来,已经在全国范围成立了10家分公司,今后每年都会增加5家以上分公司。

(2)不断增加航班密度。联邦快递每周提供11班货机,前往中国三大口岸城市——北京、上海和深圳。近期联邦快递已获得美国交通部批准,可增设12班货机前往中国。在未来,联邦快递将会继续增加飞往中国的航班数和航班停靠的口岸。

(3)创新应用高科技。联邦快递每年在高新技术研发方面投入16亿美元,以此保证服务能力与水平不断提高。例如,1999年10月,联邦快递推出业内首个简体中文网页,中国的寄件客户能以自己的语言浏览联邦快递网页及追踪货件的情况;2000年3月,为互联网货运应用系统——FedEx Inter Net Ship推出中文版本,此项技术的应用给承运商带来极大好处,使他们能用其已联网的电脑向全球超过200个目的地发货,并自行打印运单;2004年7月,在国内10个城市首先推出GPRS无线掌上信息处理系统。今后,联邦快递还要不断把最先进的技术引入中国，以不断改善其服务。

联邦快递战略分析家认为，未来物流业在中国具有很大的市场需求，并呈现出良好的发展前景，但目前整个行业的发展面临着三大挑战：观念的挑战、体制的挑战和人才的挑战。对此，联邦快递提出四点建议：完善相关政策法规并使其国际化；培养专业化人才；加强高科技建设；提高服务质量和意识。

（资料来源：夏文汇，何廷玲：《物流战略管理》，西南财经大学出版社，2006：73）

10.1 中国物流管理的总体现状

10.1.1 中国物流管理概况

在中国经济高速发展和全球化开放的背景下，我国社会物流需求出现持续高速增长的局面。社会物流总额规模不断扩大，2005 年已经达到 48 万亿元，“十五”时期比“九五”时期增长了近 1.4 倍，年均增长 23%。据国家统计局数据，2006 年物流业占全国第三产业增加值的比重为 17.1%，现代物流业在我国国民经济中已处于重要地位。

2008 年，是中国改革开放 30 周年，也是“物流”概念引入中国的 30 年。30 年来，我国物流由解释概念、普及知识到实际操作，逐步发展。特别是在最近的十几年，由物流企业的兴起到物流产业地位的确立，已进入持续、快速、平稳发展的新阶段。与此同时，中国物流业总体仍处于起步阶段，与国际水平相比还较落后。因此，通过回顾我国物流业的发展，有助于对我国的物流管理有一个清晰的认识。

1. 历史回顾

我国真正开展物流管理，整体而言是通过两个渠道从国外引入中国的。一是在 20 世纪 80 年代初，随着欧美的“市场营销学”理论介绍到中国，在市场营销理论中介绍了“Physical Distribution”（实体分配），因此“物流管理”也随之引入中国；二是“物流管理理论”从欧美途经日本介绍到中国，日本人将“物流”（Physical Distribution）译为“物的流通”。在 1979 年中国派代表团到日本参加国际物流会议，从而将物流概念引入中国。中国物流理论和实践经历了三个重要阶段。

（1）新中国成立初期至 20 世纪 80 年代。在这一阶段，我国还没有真正的现代物流概念和思想。物流的资源分配和组织供应是按行政区域进行的，物流活动主要限于对商品的储备和运输，经济效益并不被看成是重要的指标，物流活动主要目标是保证国家性计划的落实，物流环节相互分离，所以产生经济效益整体性较差的情况。

(2)20 世纪初 80 年代至 90 年代初。这一阶段是我国经济从计划经济向市场经济过渡的时期，资源分配和组织供应逐渐打破了部门和地区的界限转向社会化、专业化方向发展，物流活动开始考虑整体的经济效益，运输、仓储、包装、装卸、流通加工的系统化及全过程优化的思想和实践活动已经开始，导致物流活动的经济效益和社会效益比过去有了明显的提高。

(3)20 世纪 90 年代初至今。在这一阶段主要是两个重要的事件，一是在 1993 年党的十四届三中全会通过《关于建立社会主义市场经济体制若干问题的决定》；二是在 2001 年 3 月 1 日，国家经贸委、铁道部、信息产业部、对外贸易经济合作部、中国民用航空总局等联合下发了《关于加快我国现代物流发展的若干意见》。前者是在大环境方面给我国现代物流发展提供了契机，而后者使我国现代物流业真正开始发展。经过了若干年的发展，目前我国已逐步建立了专业化、现代化和社会化的物流网络。

2. 我国物流网络基础设施的基本现状

物流网络是指一个统一布局、合理分工、相互衔接的物流中心和联结中心之间的链构成的有机整体，是物流网和信息网的统一体。物流网络的构成要素包括厂商、客户、物流节点、运输路线、信息系统、物流网络组织。

物流网络是多个点与线相互交织组成的网络结构。网络中的线路是指物品在不同存储结点间的移动路线。结点是物品存储地点，包括零售点、仓库、物流中心、配送中心、工厂、供应商、各种中转枢纽场站。在两个结点之间可能存在多条线路，代表可以选择多种不同的运输方式、不同的运输线路和运输不同的产品。结点代表了商品流中商品的暂时存储地点。全部物流流动是在线路和结点之间进行的。

物流网络的基础设施主要包括交通运输基础设施、仓储基础设施、物流技术的发展与应用等方面的情况。

3. 交通运输基础设施

改革开放 30 年以来，中国的交通运输基础设施建设取得了长足的进步，这些都为中国物流业的发展打下了良好的基础。为了适应经济的发展，改变交通设施的滞后状况，交通部提出了从“八五”开始，用几个五年计划的时间，建设我国的“公路主骨架，水运主通道，港站主枢纽和支持保障系统”。其中公路主骨架即“五纵七横”12 条国道主干线；国道主干线贯通首都、直辖市、各省和自治区的首府，联结所有目前 100 万以上人口的大城市和绝大多数目前在 50 万以上人口的中等城市；水运主通道为“两纵三横”的沿海南北主通道和京杭运河、淮河主通道，长江、珠江及其支流，以及黑龙江、松花江主航道；港站主枢纽为主通道、主骨架以及铁路、航空干线交汇处的 43 个港口、45 个站场。其主要表现在：

(1)公路。2007 年，我国新建公路 143595 公里，其中高速公路 8059 千米。到 2008 年年底，全国公路通车总里程达 357.3 万公里，其中高速公路 5.36 万公里，等级公路总里程达到 254 万公里，农村公路达到 313.44 万公里。2007 年年底，中国公路网总里程达到 358.37 万公里，中国公路(网)的密度达到 37.33 公里/百平方千米。经过 15 年的不懈努力，总规模约 3.5 万公里的“五纵七横”国道主干线系统比原规划提前 13 年基本贯通。国家高速公路青岛至莱芜段、景德镇至鹰潭段、重庆至遂宁段等建成通车。苏通长江大桥、杭州湾跨海大桥、舟山连岛工程西堠门大桥合龙。

总的来说，改革开放以来，我国的公路总量持续增长；路网结构进一步改善；公路技术等级、路面等级和公路密度进一步提高；农村公路、高速公路建设取得新成果；各地区公路里程持续增长，公路技术状况进一步提高。公路建设投资规模继续加大。2006 年，全社会完成公路投资 6231.05 亿元，比上年增加 746.08 亿元，同比增长 13.6%，增速回落 3 个百分点。

(2)铁路。我国地域辽阔，人口众多，资源分布不均，地区经济发展不平衡。因此，铁路长期以来在中国交通运输体系中一直起着骨干作用。而且由于铁路的技术经济特性，铁路事业的发展对中国物流业的发展具有重要意义。

在“九五”时期，我国的铁路建设总投资 2441 亿元，与“八五”相比投资增加近一倍。2007 年，铁道部安排固定资产投资总规模为 3320 亿元，其中基本建设 2560 亿元、更新改造 160 亿元、机车车辆购置 600 亿元。同年新建铁路投产 678 公里，增建铁路复线投产 480 公里，电气化铁路投产 938 公里。2007 年年底，中国铁路营业里程达到 7.8 万公里，居世界第三位。根据《中长期铁路网规划》，铁路系统计划在北京、天津、上海等地建设 18 个物流中心。其中云南昆明已投入运营，西藏那曲铁路现代物流中心已经开工建设，铁路物流网络体系建设正式启动。

(3)航空。2007 年年底，中国境内民用航空定期航班通航机场为 148 个，定期航班通航城市 146 个。全国机场平均密度为每 10 万平方公里 1.53 个。2007 年，完成运输总周转量 365.3 亿吨公里、旅客周转量 2791.7 亿人公里、旅客运输量 1.9 亿人次、货邮周转量 116.4 亿吨公里、货邮运输量 401.9 万吨，分别比去年增长 19.5%、17.8%、16.3%、23.5%、15.0%。

2007 年，民航完成固定资产投资总额 350 亿元。全年民用机场航站楼总面积增加 126 万平方米。首都机场扩建主体工程完成验收。新增百色、喀纳斯、鄂尔多斯、荔波、邯郸 5 个运输机场。全国运输机场总数从 2006 年年底的 147 个增加到 152 个。

(4)水运。2007 年年底，中国内河航道通航里程 123495 公里。其中，等级航道61197公里。中国港口拥有生产用码头泊位35947个,其中万吨级及以上泊位1337个。沿海港口拥有生产用码头泊位4701个,内河港口拥有生产用码头泊位31246个。

2007年,建成港口泊位300个,改善内河航道里程342公里。到年底,我国内河通航里程12.3万公里,其中50%为等级航道。港口万吨级码头泊位当年新增吞吐能力43916万吨。到年底,我国拥有1400多个港口,各类生产性泊位35753个,其中万吨级深水泊位1403个。上海国际航运中心洋山深水港区二期工程、秦皇岛港煤码头四期和五期扩容工程、营口港鲅鱼圈15万吨级航道工程等竣工验收,长江黄金水道建设总体推进方案加快实施。

4. 仓储基础设施方面

(1)常用仓储设备。目前我国常用的仓储设备主要有:叉车、托盘、手推车、手动托盘搬运车,各式输送机、托盘收集机、自动引导机、升降机、堆垛机等。目前在我国物流业中已经出现和使用的新的仓储设备有:电子控制静液压传动装置及Auto Trac系统的履带式装料机,皮带式传送机,橡胶轮胎的材料的搬运装置等。在仓储设备方面,总体而言,存在设备普遍落后,日常装卸以人工为主,机械化、自动力程度不高的情况。

(2)仓库。我国目前仓库的总体现状是:拥有仓库面积3亿多平方米,总量较大。为降低成本,提高效率,我国已开始建立自动化立体仓库和智能化配送中心,如海尔国际物流中心和联想自动化立体库等。据不完全统计,截至2006年年底,全国自动化立体库的保有量已超过500座。2006年建设的自动化立体库在80座以上,主要集中在机械制造、汽车、烟草、食品加工、服装生产、医药生产及流通等行业。

但是目前还存在某些问题:我国仓库大多建于20世纪五六十年代,总体而言,设备落后,能适用机械化托盘作业的仓库很少;应用信息技术比较少,工作效率比较低下。

5. 我国物流技术的发展与应用方面

物流技术是物流活动中所采用的自然科学与社会科学方面的理论、方法以及设施、设备、装置与工艺的总称。现代物流的各项功能依赖于各种物流技术与装备才能得以实现。物流技术可分为硬技术和软技术。硬技术主要包括机械设备、运输工具、仓储建筑及相应的物流计算机、通信网络设备等。而物流软技术则包括系统工程技术、价值工程技术和信息技术等。

(1)硬技术情况。硬技术包括仓储、运输和配送技术。

• 仓储技术。①托盘技术：目前国内托盘市场仍以木托盘占主导地位，但总产量呈下降趋势；塑料托盘继续保持较高的增长比例，内置钢嵌件技术的应用带动了全行业产品的升级换代。②仓储输送技术：我国目前仓储输送技术大多由链式和辊道输送机组成，应该开发高速轨道式输送台车及其系统、滑块式分拣输送机、自动导向车系统(AGVS)等先进仓储输送设备。③仓储存取类技术：尽管我国早在1963 年就开发试制成功了第一台桥式堆垛起重机，这方面技术与国际差距正在缩小，但总体而言还是比较落后。④自动化立体仓库技术：根据统计，我国目前已有300 余座立体仓库，尽管立体仓库建设发展很快，但我国自行设计的仓库多为分离式自动化仓库和托盘单元式自动化仓库，整体式自动仓库开发还很少。

• 运输技术。我国应在继续发展公路运输技术、铁路运输技术和水路、航空发展技术的基础上，积极发展管道运输技术、集装箱运输与多式联运技术。要积极改善公路运营装备落后和养路技术与设备落后情况，发展先进的磁悬浮列车，在船舶大型化、高速化、港口深水化方面积极发展。

• 配送技术。我国应积极发展计算机系统、自动搬运系统、大规模分拣、光电识别、条形码等先进技术。

(2)软技术情况主要是物流信息技术方面的情况。

中国互联网络信息中心(CNNIC)发布《第 21 次中国互联网络发展状况统计报告》。数据显示，截止到 2007 年 12 月 31 日，中国网民总人数达到 2.1 亿，居世界第二位，在 2008 年初中国将成为全球网民规模最大的国家。以手机为接入方式的无线窄带正在快速发展。目前已有 5040 万人在使用其他上网接入方式的同时，还选择使用手机上网，已经占到总体网民的近 1/4(24%)。从长远看，手机与互联网会继续趋于融合。网络应用的普及为现代物流的信息化奠定了基础。

现代物流形态的特征是全球化、信息化、网络化、智能化、柔性化、敏捷化、绿色化、集成化，其中全球化、信息化是最重要的特征。

信息化是借助于 EAN 条码、EDI、GIS 和 GPS 等来实现的。EAN 条码是国际上通用商品代码，条码技术主要应用在：POS 系统、库存系统、分货拣选系统。EDI 能促进无纸化贸易的发展，GIS 和 GPS 以及货物跟踪系统便于物流在不同空间的管理。应该说物流信息技术是物流技术的核心，物流是电子商务发展的瓶颈，所以物流信息技术的发展将促进电子商务的发展。我国目前在这一方面仅仅处于初级阶段，还需要进一步的发展。

10.1.2　中国物流管理的缺陷和不足

这几年，中国物流业继续保持了稳定快速增长的局面，许多方面有实质性推进，但依然存在不少问题。总体来看，我国物流业发展仍然处于初级阶段，粗放式经营的格局还没有从根本上改变，影响物流发展的体制性因素还需要通过深化改革来解决。

1. 物流产业的发展面临市场需求的约束

物流业作为生产性服务业，必须以生产性需求为支撑。社会化物流的发展，依赖于专业化物流需求的释放。随着经济快速发展和市场竞争加剧，现代物流理念在制造业和流通业开始受到重视，许多企业实施流程再造，分离外包物流业务，在降低企业物流成本的同时，也推动了专业物流的发展。但仍有许多部门、行业和企业"大而全"、"小而全"的运行模式尚未完全打破，许多企业从企业组织角度的喜爱来保持从原材料采购到产品销售整体的自我服务流程，自我服务还占有很大比重。

目前，我国物流市场仍处在粗放经营阶段，初级物流服务多，高端物流服务少；单一物流服务多，一体化物流服务少。大部分企业仍然在离散的物流功能上过度竞争，把精力过多地放在成本降低和价格竞争方面，提供的产品同质化严重，还不能满足物流需求社会化的需要。特别是，我国物流企业起点低，发育慢，"小、散、差、弱"的现象还比较严重。一些领先的物流企业从制造业需求出发，介入企业采购、生产、销售流程，共享资源、共担风险，成为制造企业不可或缺的合作伙伴。但总体上来看，我国物流企业在供应链管理的需求分析、模式创新、运作执行和管理控制等方面还存在不小差距，难以满足上下游企业对供应链服务的要求。

2. 低水平物流基础设施和物质条件对物流效率的约束

首先，从全国范围来看，我国物流基础设施存在重线轻点，衔接不畅，区域不平衡的问题。道路、港口、机场、园区、仓库等物流基础设施整合力度不够，没有形成快捷、畅通、高效的物流基础设施网络。东、中、西部地区和城乡物流基础设施发展不平衡，难以适应物流发展的需要。

其次，我国物流企业技术装备比较落后，企业难以利用先进技术提高物流生产率。全行业物流信息化水平还比较低，难以利用信息化手段整合物流流程，提高市场反应速度。物流技术应用在模式创新和价值链重构中的作用日益突出，对我国物流科技创新和应用水平提出了更高的要求。

再者，企业正常发展所必需的融资渠道及流动资金的匮乏，已成为物流企业发展的瓶颈。目前我国银行信贷的抵押物仍以不动产为主，对于民营物流企业的车辆、物流设备、应收账款等抵押担保业务还没有普遍开展起来。同时，行业"互保"、"联保"等增信机制还没有建立，政策性担保手段还在探索中。社会担保体系的不健全，也是物流企业特别是中小型民营企业取得银行贷款的一大障碍。除了资金问题对物流企业造成阻碍外，人力资源也是一大制约，我国目前物流企业高端人才，尤其是复合型人才严重缺乏，同时操作性员工成本持续上升，稳定性下降。

3. 物流在不同的地区以及行业间发展不平衡

中西部地区物流发展滞后于东部沿海地区。中国外向型经济的特点首先带动了东部地区的快速发展，珠三角、长三角和环渤海地区等率先成为产业集群和物流集聚的地区。随着区域协调发展战略的实施和东部地区比较优势减弱，东部劳动密集型产业向中西部规模型转移的序幕已经拉开。

中国社会经济各行业起步阶段和发展速度不同，一批高新技术产业的兴起带动了高端物流的快速发展。汽车、电子、IT 等行业已经成为全球配置资源型行业，对物流特别是供应链协调发展的要求远远高于其他行业。一批外资物流企业"跟随"全球性客户进入中国，带来了相关行业物流管理模式的变革。但在一些传统的能源、原材料行业，现代物流虽有发展，但速度和质量明显慢于新兴行业。

从各个物流环节的发展来看，最初是从销售物流起步，如连锁零售物流、汽车整车物流等。随着市场竞争加剧，企业的物流需求，必然要求供应物流、生产物流同销售物流相匹配。但目前，许多企业自营比例最高的是生产物流，其次是供应物流，影响了整个供应链效率的提高。从物流服务的功能和手段来看，目前低端的公路货运、简单仓储和货代等物流服务手段仍然是我国物流市场的主要模式。流通加工、包装、信息服务、物流金融等物流服务手段还处于初级阶段，还有许多适应不同客户个性化服务需求的物流模式还有待于开发，一体化物流服务的差距和潜力也是比较大的。

4. 社会物流总费用居高不下，但物流企业利润率持续下滑

社会物流总费用与 GDP 的比率，是衡量一个国家物流运行效率和现代化程度的重要指标。近年来，我国社会物流总费用与 GDP 的比率一直在高位运行。2007 年，比 5 年前的 2003 年只下降 0.5 个百分点，比 2006 年的 18.3%还上升 0.1 个百分点。与发达国家相比，这一比率仍高出 1 倍左右。

但是，社会物流总费用持续高位运行，并没有带来物流企业利润率的上升。据初步调查，物流企业平均毛利率已由 2002 年的 30%左右降低到 2007 年的 10%以下，仓储企业只有 3%～5%，运输企业只有 2%～3%。也就是说，制造企业和流通企业增长的物流费用，并没有变为物流企业的利润。

这一现象突出反映了我国物流运行中的结构性矛盾。一是运输费用。2007 年增长 17.6%，占总费用的 54.4%；其中道路运输费用增长 17.9%，占全部运输费用的 63.2%。其中既有油价上涨的因素，也有运输组织化和物流信息化水平低下，各种运输方式不匹配、不衔接，难以发挥综合优势的原因。二是保管费用。

2007年增长21.2%，占总费用的32.9%。其中利息支出增长16.6%，占全部保管费用的42.2%；仓储费用增长19.9%，占全部保管费用的25.9%。反映出我国物流运作周转慢、效率低的问题仍然没有明显改观。三是管理费用。2007年增长13.6%，占总费用的12.7%，反映出我国社会物流组织管理水平还有待提升。

社会物流总费用，对国民经济的质量和效益影响极大。每降低一个百分点，就可产生2000多亿元的直接经济效益。社会物流总费用的降低，依赖于物流组织化和产业化程度的提高；而物流产业的发展，必须使其有一个良性循环的发展环境。如果物流企业利润率越来越低，低到不足以支撑基本的运作，那么，许多企业和资本将会退出这个行业。由此带来的只能是产业化程度进一步降低，物流总费用继续走高。当前物流企业利润率的下降是其发展环境中的一个突出问题，主要原因是成本上升较快（如油价、用工等），而物流企业分散、弱小，在市场上难以取得定价的话语权也是重要原因。因此，形成物流产业良性互动的发展环境，还需要产业内外两个方面的努力。

5. 相关政策已制定，但需进一步落实

近年来，特别是2004年国家发改委等九部门文件发布和2005年全国现代物流工作部际联席会议制度建立以后，政府有关部门采取了一系列支持物流业发展的政策，收到了明显成效。但仍然存在不少问题，主要如下。

(1)已经出台的政策落实不够。

营业税重复缴纳的问题。许多企业已经得到实惠，但在物流税收试点企业中，因“所属企业”界定不明确，分支机构和控股机构还不能全面享受试点政策；试点企业使用个体运输车辆后，个体运输车辆运输户不愿意或不容易取得合法有效凭证，试点企业无法进行营业额减除，降低了试点效果；试点企业“仓储业务”及“仓储费”的内涵没有明确规定，各地在执行中无法掌握；试点范围还需要继续扩大，试点政策需要进一步完善，以引导社会资源的整合和规范化管理。

城市配送车辆限制问题。各地对配送车辆进城通行、停靠和装卸作业的限制式管理，难以适应城市配送的物流特点。由于缺少相对统一的指导原则，各城市自行其是，也给一些不规范、不透明的管理留下了空间。

物流企业融资难的问题。由于中小企业没有多少固定资产，也没有其他企业愿意为其担保，很难从银行获得贷款。物流基础设施投资大、周期长、回报慢，资金问题也是瓶颈。

(2)物流产业发展中遇到的新问题缺乏相应的政策措施。

促进制造业物流分离外包缺少鼓励性政策。一些企业反映，物流业务主业分离成立专业公司，取得收入时部分原制造成本变成了营业收入，造成税负增加；制造业企业把原基础设施租给专业公司取得收入后也要纳税，无疑增加了分离的难度。制造业将物流分离外包时面临富余人员和设备的出路问题，也需要有相应的政策支持。

国内企业走出“国门”缺少引导性政策。随着经济全球化的深入，中国物流企业伴随更多制造企业“走出国门”。但目前我国尚未对企业进军国际物流市场，在国际融资、收购、重组、审批等方面有明确的政策指导，在海外资金结算上存在不便，与所在国的政策协调也是严重问题。

外资物流企业对国内物流市场的控制力缺少约束性政策。目前，外资物流企业借助资金、技术和管理等优势，利用中国招商引资开放政策大举进入国内物流市场。①直接投资，在港口码头、物流地产等方面，外商正在形成对于基础设施的控制力；②控制价值链的高端，来控制处于低端的国内企业；③制定游戏规则，如国际标准、国际惯例来影响国内市场的发展；④并购国内网络，占领市场。在这个领域我们还缺乏相应的法规和监管体系，如不加以研究，将会影响我国现代物流体系的建立与经济运行的安全。

(3)物流市场不正当竞争依然存在。

物流市场的不正当竞争主要表现在：一些地方的封锁和保护，对外地企业有一定程度的歧视；一些行业的垄断，对新进入者形成障碍；一些企业在竞标和承运中，报出远远低于成本的价格，货主单位采取价格“一票否决”，使得许多企业退出竞标；还有个别地方和企业诚信度缺失，“货运蒸发”、“卷款走人”现象时有发生，对整个物流行业的健康发展极为不利。

(4)土地使用税大幅度提高。

仓储企业是带有一定公共服务性质的微利企业，但土地使用税的大幅提高使它们不堪重负。中国物资储运总公司反映，2006 年交纳土地使用税 1353 万元，2007 年预计增至 4778 万元，将增长 253%。这样的增长速度，与其经营业务的增长不成比例。部分企业反映，由于上述种种原因，物流企业普遍出现了经营收入迅速扩大，但实现利润并没有相应增长，甚至下降的问题。长此以往，无疑将削弱我国物流企业发展的后劲，影响我国物流产业的健康发展。

10.1.3 中国物流管理的发展机遇

1. 中国物流业的发展已引起社会各方面的关注和重视

中国物流业的发展已引起社会各方面的关注，具体体现在：

(1)我国政府已积极制定相关政策，大力推进物流业发展。在国民经济“十五”规划中，“物流”已经被列为要大力发展的新型服务业之一。在 2001 年，我国已制定了未来五年物流配送发展的初步规划。2006 年 3 月，十届全国人大四次会议通过的《国民经济和社会发展第十一个五年规划纲要》，在第四篇“加快发展服务业”，第十六章“拓展生产性服务业”里面，单列一节“大力发展现代物流业”。《规划纲要》指出：“推广现代物流管理技术，促进企业内部物流社会化，实现企业物资采购、生产组织、产品销售和再生资源回收的系列化运作。培育专业化物流企业，积极发展第三方物流。建立物流标准化体系，加强物流新技术开发利用，推进物流信息化。加强物流基础设施整合，建设大型物流枢纽，发展区域性物流中心。”《规划纲要》不仅明确了“十一五”时期物流业发展的战略目标与重点任务，而且表明物流业属于生产性服务业，其产业地位第一次在国家规划层面得以确立，对中国物流业发展具有里程碑式的意义。2009 年我国政府进一步突出了发展物流的重要性，印发了《物流业调整和振兴规划》。规划中明确表示，物流业是融合运输业、仓储业、货代业和信息业等的复合型服务产业，是国民经济的重要组成部分，涉及领域广，吸纳就业人数多，促进生产、拉动消费作用大，在促进产业结构调整、转变经济发展方式和增强国民经济竞争力等方面发挥着重要作用。

(2)政府积极制定和出台现代物流管理的指导性文件。2007 年，中共中央 1 号文件《中共中央国务院关于积极发展现代农业扎实推进社会主义新农村建设的若干意见》，在第五部分提出，“健全农村市场体系，发展适应现代农业要求的物流产业”。指出，“发达的物流产业和完善的市场体系，是现代农业的重要保障。必须强化农村流通基础设施建设，发展现代流通方式和新型流通业态，培育多元化、多层次的市场流通主体，构建开放统一、竞争有序的市场体系”。

2007 年 3 月，国发〔2007〕7 号《国务院关于加快发展服务业的若干意见》，在谈到“大力发展面向生产的服务业”时提出：要“优先发展运输业，提升物流的专业化、社会化服务水平，大力发展第三方物流”。9 月，国务院在安徽召开全国服务业工作会议，把加快发展服务业，特别是拓展生产性服务业，作为我国“十一五”时期的重大战略和基本政策。

(3)物流标准化基础工作得到加强。这主要体现在《物流术语》国家标准的实施和拟定了物流信息标准化框架。

在 2001 年 4 月 17 日，国家质量技术监督局发布了《物流术语》国家标准，该标准于 2001 年 8 月 1 日起已经正式实施。该标准规定了物流活动业务中的基本概念术语、物流作业术语、物流技术装备与设施术语和物流管理术语。

快步易捷(广州)信息服务有限公司和中国物流及采购联合会制定了物流信息标准化框架，此框架主要涉及：①企业之间流程信息标准化；②名词标准化；③实施框架。

根据国家八部委颁发《全国物流标准 2005 年—2010 年发展规划》，正在编制、已立项计划编制的物流国家标准、行业标准项目，总计约 110 项。其中，列入《规划》中的项目约 50 项，根据《规划》修改、延伸、增加的项目约 60 项。这些项目既包括物流的管理、服务、作业、信息、专用设备的通用性、基础性重点标准，也包括汽车、冷链、出版物物流、国际货代行业等专业物流标准。

这些标准的实施意味着我国物流业告别了无序的状态，进入了物流现代化的阶段，为物流管理的规范化及持续发展奠定了基础。

(4)城市区域性物流中心规划已开始起步和实施。北京、天津、上海、广州、深圳、厦门等城市已认识到物流对推动当地经济发展，提高城市竞争力的重要作用，相继开展了区域性物流中心的规划工作。例如北京市把"现代物流"作为现代服务业"十五"发展的重点；天津市把物流作为城市的五大支柱产业之一；而上海则以发展"国际物流中心"为目标。

2. 第三方物流迅速发展，新型物流不断出现

制造业物流外包速度加快，第三方物流市场规模继续扩大；市场进一步细分，物流专业化程度稳步提高；内外资物流企业竞争更加激烈，在市场上形成了双重网络交叉的格局。第三方物流市场逐步细分，形成了专业化的物流市场和专门化的物流公司，例如超市物流、家电物流、服装物流、汽车物流、钢铁物流、烟草物流、医药品物流、粮食物流、冷链物流、图书物流等。

随着国际新一轮的产业转移，一批资金和技术密集型产业开始向我国转移，需要更高水平的专业化物流服务，这对物流企业提出了新的要求。精益物流、第四方物流、电子物流、绿色物流的概念不断出现。

3. 传统储运业正在向现代物流业转化

传统储运业的基本特征是：管理体制以部门管理为主，仓库功能单一(单纯为储存产品)，仓库设备陈旧落后，企业仍处于人工作业为主的原始状态。目前我国许多企业正在由传统储运业向现代物流业转化，即逐步转变为：在发展战略上，从提供单一服务向多功能服务转变；在服务市场上，由国内市场向国内、国外两个市场转变；在组织及管理体制上，许多企业设立物流事业部，对物流进行统一管理；在物流设施和信息技术上，开始建立现代化仓库，应用 ERP 软件、GPS 卫星定位系统等。

4. 跨国物流企业纷纷抢滩中国市场

中国经济快速发展吸引大量国外的物流企业抢滩中国市场，它们提供涉及全国配送、国际物流服务、多式联运和邮件快递等方面的服务，跨国物流企业纷纷抢滩中国市场一方面有助于我国物流企业物流技术和管理的提高，另一方面也将导致物流业竞争的加剧。

根据WTO承诺，我国于2005年年底全面开放物流业。2006年外资企业加快了入股、合资、独资和并购的扩张路线，中国物流领域正在成为国外资本投资的热点。国际货邮及快递业是外资进入最早的行业。截至2006年年底，美国联邦快递(FedEX)在中国的服务网络已覆盖220多个城市，并计划在未来4至5年内新增100多个城市；美国联邦包裹速递公司(UPS)已拿到直飞北京、上海的6个航班，在深圳、青岛、厦门等20多个城市设立了代表处；荷兰天地(TNT)的服务已覆盖我国200多个城市，网点超过2000个，使中国市场成为其欧洲以外的最大市场；中外运敦豪(DHL)已覆盖中国318个城市，开设了50家分公司。

5. 物流理论和实力的研究与人才培养进一步发展

(1)现代物流理论得到普及，社会各界对物流的认识进一步深化，主要体现在：2007年，中国物流与采购联合会和中国物流学会在理论研究领域重点突出了前瞻性研究和产学研相结合。第六次中国物流学术年会共征集参评论文468篇，征集课题报告59个，共有132篇论文、20个课题、38名特约研究员受到表彰。根据这些丰富的研究成果，出版了《中国物流发展报告》、《中国物流重点课题报告》和《中国物流学术前沿报告》等文集。

(2)在教育和人才培养方面。截至2007年，全国已有273所本科院校、超过500所高等职业学校和1000多所中等专业学校开设了物流专业，在校学生突破50万人。已有5.02万人参加了物流师职业资格培训，其中3.3万人通过全国统一考试，取得了高级物流师、物流师或助理物流师资格证书。采购师和联合国、世界贸易组织的ITC“采购与供应链管理”认证项目以及引进美国的注册采购经理(CPM)项目也已正式启动。这些工作的深入开展，有效提高了行业从业人员的业务水平，一定程度上缓解了物流与采购人才紧缺的问题。

10.2 政府与物流

物流产业的发展不仅需要物流企业自身的努力，同样需要政府提供必要的帮助。

10.2.1 政府物流管理部门职能的整合与统一

目前，我国现代物流业刚刚起步，还存在物流市场管理与物流行业管理关系没有理顺，管理部门分散的现状。从宏观上讲，现在，具体可以如图10-1所示。

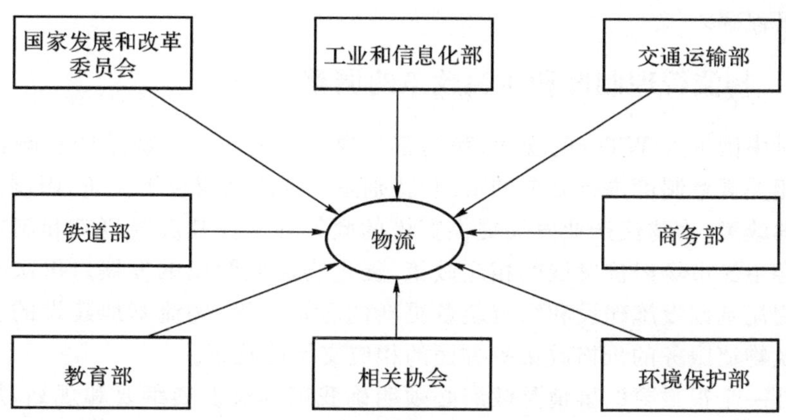

图 10-1 物流相关部门与协会示意图

图 10-1 中的相关协会包括：中国物流与采购联合会，中国交通运输协会，中国交通企业协会，中国仓储协会，中国物资储运协会，中国船东协会，中国港口协会，中国民用航空协会，中国国际货运代理协会，中国公路学会，中国铁道学会，中国机械工程学会物流工程分会和中国船舶代理协会等。

经济发达国家(以美国为例)，物流水平和管理能达到较高水平是由于物流过程的各环节的不同政府部门管理协调配合的结果，从而形成了全国、地方通畅的物流管理系统。当然经济发达国家一般也不是完全由一个政府部门完全来承担物流的管理协调配合。但个别情况还是存在的，例如，日本的运输省的行政范围几乎统揽了物流所覆盖的主要行业。除了政府部门外，协会在现代物流管理中起了很重要的作用，例如，美国物流管理协会(CLM)的主要任务是：通过发展、创新和传播物流知识为物流行业服务。日本物流协会(JILS)的主要任务是：学术研究，并在政府引导和授权下参与物流管理工作，成为政府的助手。

将现代物流业按照复合产业进行界定，以及在现行的行业管理体制框架下进行管理运作的前提进行政策设计，充分发挥现有行业管理部门的作用，加强行业管理部门的组织和领导，同时加强物流业发展中的行业自律，将对物流业的健康发展起到积极的作用。

在我国，针对现实的情况，为了避免政策多门，保持政策的协调统一，我们有必要建立起政府部门之间的协调机制。具体可以考虑是由政府综合部门牵头，负责协调各部门政策或者由相关政府职能部门成立部门联席会议或者成立促进物流发展政策委员会，由这些部门制定相关的政策和发展规划、方针。事实证明，像美国运输部长罗德纳·斯拉特(Rodney E. Slater)科学地提出了《美国运输部 1997－2002 财政年度战略规划》，由于发挥了积极的作用，使它成为美国物流管理发展的又一个里程碑。

10.2.2 物流管理制度和相关政策的调整

针对中国进入WTO的现状，我们首先要有必要对现有政策中影响物流产业发展的相关规章制度进行必要的清理，特别是要清理妨碍公平竞争、限制市场准入等方面的政策，为物流产业发展提供宽松的政策环境。其次要研究和制定适合现阶段社会主义市场经济发展的相应政策，促进物流业健康的发展。再次要积极推出有关物流基础设施建设和物流装备更新的融资政策、物流基地建设的土地使用政策以及物流服务的价格政策等方面的相应支持性政策。

另外一个很重要的事情是政府必须明确我国物流发展纲要和规划，从总体上引导物流业的发展。国外成功的经验同样证明了制定"物流发展纲要和规划"的重要性。例如，日本在促进物流发展方面，通过制定具有较强约束力的发展规划和发展政策，引导本国物流业发展，取得了很好的效果。

最后，我们要不断改善国家对运输业的管制情况，为物流发展提供一个宽松的环境。美国联邦政府从20世纪80年代初，对传统运输法规的改革，制定了著名的美国汽车运输业管理法案，放松对汽车运输管制，结果促进了美国物流的发展。对于这个方面，我们建议政府调整行业审批项目，改革审批制度，建议采用行业审批加行业备案制度，即采用国家、省两级审批和其下级备案的审批制度，真正形成一个物流发展的宽松环境

10.2.3 统筹考虑物流基础设施的建设

国家有关部门和地方政府应该积极研究和制定本领域和地区的物流发展规划，中央应注意协调不同部门、不同地区、不同城市之间的物流设施规划，避免出现重复建设和资源浪费。

具体的政策主要如下。

(1)政府要鼓励多元化市场主体投资物流基础建设，加快物流设施系统的形成和完善。对于像我国这样一个发展中国家，利用民间资金和外资显得十分重要。

(2)政府要鼓励发展高效率运输方式的使用。美国运输部一直强调，建立智能化的国家多式联运运输体系是面临的主要任务，并制定了《多式联运法》。美国《2000—2005年运输部与战略计划》中指出，21世纪美国运输系统的四大特征之一便是多式联运。同样日本政府十分重视基础设施的建设，如日本政府对港口建设的投资比例一般占交通总投资的50%以上，个别地方甚至高达100%，港口建设与改造资金全部由政府预算解决。

(3)政府要重视物流园区规划建设，并制定相应政策。政府在确定城市规划

时，应在城市边缘地带、内环线外或城市之间的干道附近，预先保留一块空地，作为未来配套物流园区的基地。

(4)政府要积极鼓励配送中心的发展。政府在政策方面可以考虑：①提供一部分基建资金(如比利时政府提供约 17.5%～25%的基建资金)。②实行一定程度的减免税收政策(如法国对物流企业最初 5 年的营运免于征税)。

10.2.4　积极推行物流信息系统的建设

政府在物流信息系统建设方面应该考虑：

(1)政府应积极促进现代信息管理技术，如 ERP、MRP 在物流企业的应用。可以考虑在对企业准入等方面采取一定的措施。

(2)政府应积极帮助、鼓励企业实现信息资源共享，尤其是 Internet 技术的使用。

(3)政府要高度重视物流标准化工作。近期政府主要要考虑：①在物流用语、计量标准方面(如技术标准、数据传输标准、物流作业标准、服务标准)做好基础工作。②加强标准化工作的协调和组织，淘汰落后标准，制定新标准。

10.2.5　制定物流业发展的整体规划

政府在这方面的主要职责包括：

(1)明确物流总体发展目标。应该考虑以建立现代物流服务体系，建立现代物流企业体系，构建高效的区域物流网络和完善国际多式联运系统为总体目标。

(2)制定物流发展战略。参考发达国家物流发展模式，制定适合我国国情的物流发展战略。发达国家的物流发展模式主要有三种：第三方物流模式(如美国联邦快递)；企业服务物流模式，即发展以企业物流服务为主体的企业物流模式(如美国的沃尔玛)；服务外包物流模式，即发展成为企业，将全部物流服务外包第三方物流企业的企业物流方式(如美国杜邦公司将其在北美的物流业务全部交给了 APL 公司)。政府要积极创造适宜的企业发展环境，坚持调整和优化结构、速度和效益相结合，充分发挥市场机制的作用，从体制、机制、制度和政策上为综合性物流企业的发展创造有利环境。促进物流系统的合理布局，坚持统筹规划，以中心城市物流基础设施建设为战略重点，把城市物流体系和农村物流体系建设结合起来。

(3)提高物流业的决策支持水平，加强对物流业的宏观调控，特别是发挥国家计委和经委在物流业发展中的调控能力。

10.2.6　制定物流业发展的扶持政策

政府在政策方面应该给企业更多的政策支撑。具体可以考虑如下方面。

(1)在基础性政策的引导和扶植方面,给予物流企业比其他第三产业更优惠的土地、贷款、税收及相关政策。

(2)调整和改变不适应发展需要的相关政策。

(3)政府对企业给予较为明确的资金、税收、社会保障等政策的界定和支持。

(4)政府对一些特殊项目、地区,例如,区域经济中心城市、国际航运中心、物流基地更大的发展自由度,可以考虑一定地区范围的物流保税等立法。

10.2.7 重视物流专业人才的培养

2010 年,中国高级物流管理人才需求在 30 万人左右。物流业的健康发展,专业人才的培养是一项基础性的工作。政府应该在下面几个方面积极开展工作。

(1)通过调查和学习国外的先进经验,国家教育和科研有关部门应该制定中长期人才培养目标和学科设置规划。

(2)重视继续教育和在职培训工作,通过继续教育和在职培训,切实提高在职人员的素质。

(3)建立物流经营、管理人员和运作人员的上岗培训机制及资格认证制度。通过上岗培训机制及资格认证制度,推进物流经营、管理人员和运作人员的素质。

(4)通过“走出去、请进来”的办法,开展与国际先进企业、地区联合培养物流专业人才。

【案例】 美国物流的复兴

1. 美国物流业的发展过程

第二次世界大战后,概括地说美国物流业的发展经历了两个阶段。

美国在 20 世纪 50 年代至 80 年代,经历了第一个发展阶段。主要表现在:对实用性很强的物流诸功能:运输、装卸、搬运、包装、流通加工等实行了系统化和合理化,使物流在从供给到需求发生空间位移过程中,获得了巨大的经济效益。在物流管理方法上主要集中在计算机的应用和定量化技术上。在管理的注意力方面主要集中在成本的内涵、迴避和减少方面,以及生产率的提高。由于没有实现物流过程各功能的整合,同时也难以对各种交叉功能的投资报酬定量化,使得物流人员及会计人员很难相信物流一体化。

从 80 年代至 90 年代末,即美国由后工业化经济向知识经济发展的过程中,物流业经历了全面的复兴时期。主要体现在:在物流管理方面实现了供应链过程一体化的管理,把物流开发成为企业的一种核心能力,使具有竞争优势的物流成为企业整体战略的基础。

2. 美国物流业复兴的主要特征

美国物流业复兴的主要特征体现在：制度创新、技术创新、合作与联盟，最终实行服务业在整个经济中转变为主导型行业的发展战略。

(1)制度创新

21 世纪将是新制度经济学繁荣发达的时代。美国总统克林顿的政府顾问施蒂格利茨曾经说过，新制度经济学从新的视角来解释制度并检查它的结果。美国物流业的再次复兴是和制度创新紧密联系在一起的。在美国由后工业化经济向知识经济发展过程中，作为上层建筑的制度供给和作为经济基础的制度需求中间，表现为与以市场为基础的分散决策型相适应。新制度的产生，最后通过国家法律予以确立。

在 20 世纪 80 年代后期知识经济来临之际，美国政府充分认识到高技术产业是经济可持续发展的重要保障，为此政府不断完善国家技术政策体系，制定了一系列法规用以营造一个良好的经济发展环境。美国国会相继制定了“大学和小企业专利程序法”、“技术创新法”、“国家合作研究法”等，这些法律在促进国内创新，支持技术转让人员交流，提高生产率，鼓励企业间进行研究开发生产等方面起到了积极的作用，同时也提高了企业的联合竞争能力。

考虑到美国的运输结构已有了根本性的变化的现状，美国从 20 世纪 80 年代到 90 年代相继通过了《汽车承运人规章制度改革和现代化法案》、《斯泰格司铁路法》、《协议费率法》、《机场航空通道改善法》和《卡车运输行业规章制度改革法案》等法律。这些法规的出台创造了一种运输改革的环境，进一步放松了由公共承运人和契约承运人提供的有关服务、价格，以及承担义务方面的限制，改变了允许私人运输的范围，推动了运输业更接近“自由市场的体系”。

(2)技术创新

技术变化决定制度结构及其变化。“冷战”结束后，美国坚持实施务实政策，将工业技术置于重要位置，把大量军事领域高科技转向工业部门。全国近 60 万人在 15 个新兴发展基地从事高新科技工作。由于政策得当，使科技成果转变为产品的周期一般缩短近一半。将信息传递网络由铜线改制成光缆，实现了信息传递的高速化，一方面保证了信息资源的开发和应用，另一方面使物流业具有强大的发展空间。

20 世纪 80 年代开始试用的条形码技术和电子数据交换(EDI)系统，90 年代初期大功率的电子计算机技术的商业化，将传真成为广泛使用的通信模式，提供易用、低成本拷贝文件方法和将卫星通信的实时跟踪系统引入到物流作业中，使得物流作业、预测、传输图像、声音文字信息的处理能力不断增强，进一步改进了物流系统，为实施物流管理的自动化补充战略、快速反应战略、速续补充战略等新战略的实现提供基础。

企业广泛的微处理器使用对物流管理产生了深远的影响。它可以利用计算机资源把从采购、经过制造到制成品配送的综合过程作为整个过程进行管理。

(3)合作与联盟

传统经济学强调了企业之间的竞争而忽视合作,但是合作与兼并已经成为经济发展的必然趋势,企业间的兼并与合作为物流一体化创造了良好条件。物流业已从过去在权利基础上的对手间谈判发展成为相互间合作关系,企业将顾客和供应商都视为业务伙伴,以减少重复劳动的浪费,在业务上取得共同的成功。

由于国际上市场的不断扩大以及超越了业务组织之间而扩展到国家政府组织之间的情况已成为普遍,发展伙伴关系和联盟的思想已经成为物流实践的基本理念和战略。1993 年颁布的《生产修正案》和 1994 年制定《国家合作研究和开发条例》,已经把发展合作的想法法制化。

(4)服务业在整个经济中转变为主导型行业

服务业在经济发展中由附属型行业转变为主导型行业。发展服务业已成为当今美国企业一项重要发展战略。由于服务业的利润增长速度比产品快两三倍,因此属于服务性产业的物流广泛地被社会重视。

需要说明的是,美国物流复兴的一个重要驱动力是整个行业采用全面质量管理。由于市场竞争的挑战,迫使工业化国家认真考虑利用质量管理来参与竞争。以质量作为驱动力使物流管理思想从注意纯效率转变成从战略上考虑开发物流作业一体化,即网络设计、信息、运输、存货、仓储、流通加工以及协调、搬运和包装等全过程的活动。

(资料来源:丁连科,丁宁:论美国物流复兴的特征,《仓储管理与技术》,2000:60—61)

10.3 企业与物流

中国已经加入 WTO,中国在 WTO 的谈判中,在物流方面已经作出加入 WTO 后主要承诺:于 2001 年 1 月之前,公路允许外方持有控股权。在 2002 年 1 月以前,铁路允许外方持有控股权。在 2003 年 1 月以前,公路运输允许外方设立独资机构,于 2005 年 1 月以前,铁路运输允许外方设立独资机构,而且外资企业享受同等的国民待遇。随着中国进入 WTO,我们的企业将面临失去部分市场的风险,以及国外先进管理手段、高水平服务质量和人才竞争等的挑战。我们的物流企业必须认真考虑企业环境的发展和变化,跟踪世界物流企业的运作方式,制定科学的物流市场的经营战略和进行合理的企业组织结构调整等。

10.3.1　物流环境的变化促使企业重视物流的战略地位

以下因素将改变物流企业的运作方式和推进物流企业在社会上的地位。

(1)消费者行为的改变。由于生活水平的提高,个性化的增强,消费者从温饱型转向小康型,购买行为从大规模大量生产的商品购买转向购买差别化的商品。这些因素对物流企业的管理提出了新的问题,同时也提高了物流管理在企业战略中的地位。

(2)多品种、少量生产的转变和零售形式的多样化。现在商品流行周期越来越短,产生爆发性需求规模的新产品越来越困难,企业必须实行多品牌战略——消费者主导的商品生产战略,这要求物流企业在保持生产效率的基础上,促进生产、销售战略的灵活调整。

(3)无在库经营的倾向。随着社会和经济的发展,由于政策、环境、房地产价格等原因,限制了仓储点和仓储空间的扩大。所以企业要认真区别“畅销品”和“滞销品”,积极实现在库管理和在库成本的削减。

(4)信息技术的革新。“单品管理”和“无在库经营”的实现取决于信息技术的革命,企业不仅要积极使用 POS 系统、EOS 系统,还要积极借助于 OCR(Optical Character Reader,光学自动读取)的方式实现整个物流系统的信息化。

(5)新物流需求的产生。新的物流追求的是在适当的时间配送必要的商品和必要的量,这种被称为“JIT 物流”或“多频度少时配送”的新型物流模式正在兴起。

10.3.2　世界物流企业的运作方式分析

分析世界上物流企业前 10 强的有关业务结构、运作模式及盈利状况,希望对中国物流企业的发展有所启发。

世界物流企业的前 10 强是:美国联邦包裹速递公司(UPS)、联邦快递(FedEX),德国邮政世界网(Deutsche Post World Net)、马士基/A·P 穆勒(Maersk / A. P. Moeller),日本通用(Nippon Express),瑞德系统公司 Ryder, 荷兰 TNT 邮政集团(TNT Post Group),美国的 Expeditors、泛亚班拿(Panalpina)和 Exel。

1. 十大企业的经营特点

分析世界上物流企业前 10 强的经营特点,可以得出以下结论。

(1)美国物流企业占据主导地位。世界前十大物流企业中美国占有 5 家,其中包括两家最大公司 UPS 和 FedEx,这 5 家企业收益之和占前 10 家的 2/3、由此可以说明:物流业发达与经济发达成正相关。

(2)十大成功企业中,以空运、快递、陆运等业务为主要背景的公司居多,如在UPS业务中陆运和空运业务分别占54%和19%。

(3)本土化程度越来越高,即地区性集中化程度越来越高。FedEx的美国本土业务占76%,TNT在欧洲的业务占85%,日本通用的本土化达到93%。

(4)十大企业中大部分是资产集型企业,拥有一流的物流设施和网络。

2. 十大企业运作模式

(1)组织结构:大多采用总公司与分公司体制,即总部集权式物流运作,广泛业务垂直管理的一体化经营管理模式。

(2)赢利模式与竞争手段发生变化,企业非常重视竞争力的构建,主要方向有:①重视物流解决方案的设计。②严格执行统一的服务标准。③严格质量管理制度。④以信息技术和信息网络贯穿物流整个服务过程。

(3)具体的运作手段有:①通过整合、并购,进军多种运输业务,提高利润。②整合业务流程,实现最优化配置。③提供优质及个性化服务。

10.3.3 物流企业的市场经营战略

我们以物流服务的范围和机能整合性两个维度来分析物流企业的战略形式。

物流服务的范围主要包括:营业区域的广度、输送机构的多样性、保管流通加工等附加服务的广度等。机能的整合性主要是指提供物流服务所必要的机能企业自身拥有多少。物流服务所必要的机能除了物理输送机能外,还包括营业、集配、配车、保管、流通加工、信息、企划等各种机能。

物流服务的范围和机能整合性两个维度可以产生四种物流市场的经营战略,具体可如图10-2所示。

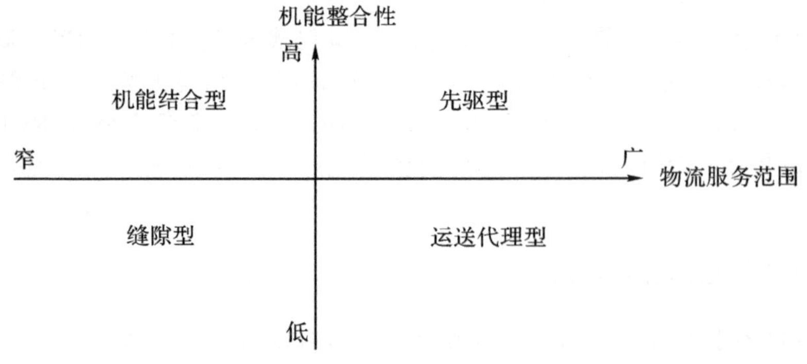

图10-2 物流市场的经营战略图

具体战略如下。

(1)先驱型企业战略——综合物流。综合物流的优点是实现一站托运。随着货主企业活动的不断扩大,发货、入货的范围逐渐延伸到全国或海外市场,这样能实现效益的乘数效应。

(2)机能结合型企业的战略——系统化物流。战略特点是以对象货物为核心,导入系统化的物流,通过货物分拣,追踪系统能提供高效、迅速的输送服务。同时从集配到配送等物流活动全部由企业自身承担,实现高度的机能组合。

(3)运送代理型企业的战略——柔软性物流。这类企业综合运用铁路、航空、船舶运输等各种手段,开展货物混载代理业务。此类企业的最大优点是经营柔性化,物流企业可以根据货主企业的需求构筑最适合的物流服务。

(4)缝隙型企业的战略——差别化、低成本物流。中小企业受经营资源限制,发挥特定机能或特定物流服务方面的优势,在战略上实现物流服务的差别化和低成本化。

10.3.4　物流企业组织结构进一步调整

传统企业组织结构的类型主要有职能型组织(Functional Organization)和事业部制组织(Divisional Organization)两类。

目前企业根据环境变化、改变原来单纯以事业部为中心的组织体系,实行某些职能管理活动的统一化和集中性管理,打破事业部的界限,成立全企业的物流组织是组织结构的重要变化之一。一些大型企业成立了企业物流总部,或成立单独的物流公司,具体方法有:

(1)企业的物流中心从各事业部中独立出来,全面承担企业物流的所有活动;

(2)企业与运输业者的物流公司共同成立物流分公司,组织上变动的目的在于降低物流成本和推进企业的发展。

10.4　中国物流管理范式的发展趋势

我国物流管理范式在今后一阶段内将主要受到以下三方面的影响:经济服务化、交易发展的互联网化和经济的可持续化发展。此外,一些新的物流概念也不断出现。

10.4.1　服务化物流——中国物流管理发展的主题

目前,中国人均收入水平不断提高,人们的劳动时间不断缩短,人们自由时间不断增加,社会老龄化问题和女性地位不断增加,社会信息技术不断发展。这种趋势下不仅企业服务需求增加，社会(市场)需求也增加。

1. 特点

在经济服务化过程中的物流将会产生如下特点。

(1)消费者物流机能的扩大。例如，随着汽车进入家庭，消费者与零售业物流机能将出现分担化和替代化的趋势，出现一次性购买增大。

(2)零售业物流机能的扩大。这是生活质量提高的要求，也是商品服务性要素的增加导致的结果，例如大量的食品将扩大配送程度。

(3)物流服务的多样性会提高。无论在物流机能，还是在物流手段上，物流服务的多样性都将会提高。

(4)物流企业需要消除物流信息化真空。单凭 PLS、EOS、EDI 等现代信息系统并不能完全把握消费者需求变化，从而会产生物流信息真空的现状，主要原因在于：①信息的提供与信息的进入在精确度上可能产生非均衡；②作为结果的信息与场景的信息有可能出现不协调。所以，企业需要考虑将物流管理与经营战略融为一体，对信息的收集、分析和运用进行实时的监控。

2. 影响

服务化物流的趋势将会对物流企业管理产生巨大的影响。具体体现在如下方面。

(1)企业管理必须从职能管理转向过程管理。物流管理应当是一种企业内和企业之间活动的整体管理，海尔集团曾声称："海尔所实行的是国际化战略，物流设计面临着全球物流壁垒的挑战，即 4D——距离、需求、多样化和单证。这种全球化的作业，使得海尔必须站在供应链管理的观点上去系统管理由大量的不同国家的供应商及经销商所组成的复杂供应链。"

(2)企业必须从重视利润管理转向重视利润率管理。未来物流管理者必须意识到：资源利用的有效管理以及相应的成本控制是推动服务化物流的关键。企业不仅要考虑利润，而且要考虑利润率。

$$\mathrm{ROI}=\frac{\text{利润}}{\text{销售额}}\times\frac{\text{销售额}}{\text{所运用资本}}$$

(3)企业必须从产品管理转向顾客管理。服务化物流不仅是创造价值，而且决定商品价值的实现程度。物质价值实现主要取决于服务质量。

(4)从企业间的交易性管理转向关系性管理。要实现整体供应链管理，并不完全取决于单个企业，而应该通过战略联盟或伙伴关系来解决。企业之间必须有大量正式和非正式的沟通和协调。

(5)从物质管理转向信息管理。服务化物流向纵深发展的一个基础是现代信息技术,企业必须掌握信息。离开信息管理,现代物流管理将是空话。

上面的情况可以用表 10-1 来表示。

表 10-1 采购方—供应商关系变化模式

传统模式	合作伙伴关系
最低价格	采购总成本
产品规格导向	最终用户导向
短期效应	长期效益
避免麻烦	机会最大化
双方信息沟通少	双方互通长短期计划
	利益共享,风险共担
	共享信息资源

10.4.2 互联网物流的发展

物流企业通过利用互联网进行物流管理,将对现代物流管理产生积极的作用。具体体现在如下方面。

(1)使企业内部各部门,企业与供应商、经销商、顾客和其他组织进行沟通和合作。

(2)便于企业对消费者需要把握得更准确和全面,做到基于顾客订货的生产方式(Build-To-Order, BTO),满足顾客需求。

(3)可以大量降低交流成本和顾客支持成本。

(4)可以扩展新的市场。

有关互联网物流的发展,详见第 7 章的阐述。

10.4.3 经济的可持续发展

物流虽然促进了经济的发展,但是物流的发展同时也会给城市环境带来负面的影响,如运输工具的噪声、污染排放、对交通的阻塞等,以及生产和生活中的废弃物的不当处理对环境的影响等。

1. 绿色物流

绿色物流(Green logistics)是 21 世纪物流管理的一个主要方向。不同时期物流与环境的关系可以用图 10-3 简单表示。

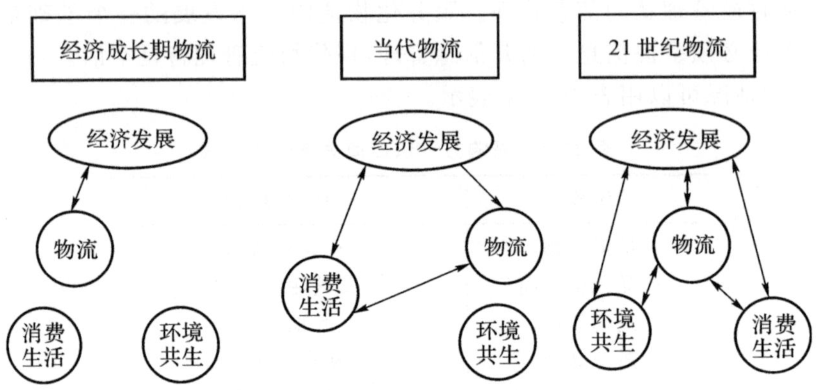

图 10-3 物流与环境的关系

绿色物流是指物流过程中抑制物流对环境造成危害的同时，实现物流环境的净化，使物流资源得到最充分的利用。绿色物流是一种全新的物流形态，它以可持续发展为原则，依据生态学相关原理，从全局和长远利益出发，实现全方位对环境的关注，以绿色运输、绿色包装和绿色流通加工实现经济、社会、环境三维一体化综合物流体系。

在 20 世纪，由于人类社会采用了"大量生产—大量消费—大量废弃"的经济模式与生活方式，造成了全球规模的环境与资源问题。其中物流活动带来的环境污染已经引起世人的关注。国际社会认为，在 21 世纪有必要通过改善物流管理、采用环保型物流技术等途径达到社会可持续发展的目的。

物流系统对环境的影响可以归纳为环境要素的污染和资源要素的消耗两方面，如图 10-4 所示。

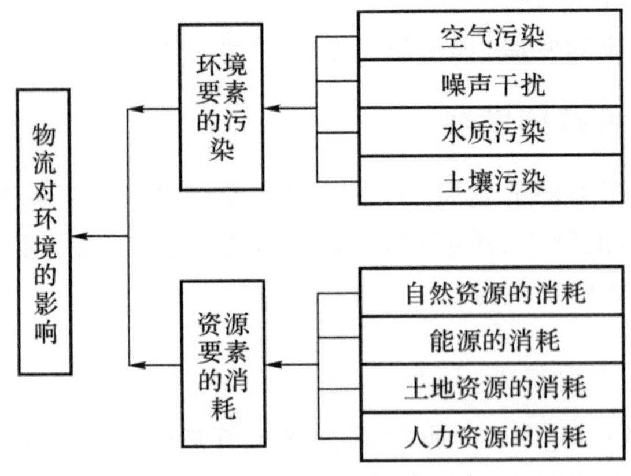

图 10-4 物流系统对环境的影响

在社会文明程度日益提高的今天，经济的发展必须建立在维护地球环境的基础上。当代对资源的开发和利用必须有利于下一代环境的维护以及资源的持续利用。因此，为了实现长期、持续的发展，就必须采取各种措施来维护我们的自然环境。绿色物流是将可持续发展思想融入到企业物流战略规划和物流管理活动中，将生态环境与经济发展联结为一个互为因果的有机整体，强调物流系统效率、企业经济利益与生态环境利益的协调和平衡，是一种资源节约型和综合利用型的生产方式。

绿色物流的最终目标是可持续发展，实现该目标的准则是经济利益、社会利益和环境利益的统一。它的行为主体不仅包括专业的物流企业，还包括产品供应链上的制造企业和分销企业，同时还包括不同级别的政府和物流行政主管部门等。从绿色物流的活动范围看，它包括物流作业环节和物流管理全过程的绿色化。从物流作业环节来看，包括绿色运输、绿色包装、绿色流通加工等。从物流管理过程来看，主要是从环境保护和节约资源的目标出发，改进物流体系，既要考虑正向物流环节的绿色化，又要考虑供应链上的逆向物流体系。

绿色物流的内涵可以从以下几个方面来理解。

(1)绿色物流是共生型物流。传统物流往往是以对环境与生态的破坏为代价，实现物流的效率。而绿色物流则注重从环境保护与可持续发展的角度，求得环境与经济发展共存。通过物流革新与进步减少和消除物流对环境的负面影响。

(2)绿色物流是资源节约型物流。绿色物流不仅注重物流过程对环境的影射，而且强调对资源的节约。在实际工作中，资源浪费现象是普遍存在的，它不仅存在于生产领域、消费领域，也存在于流通领域。例如，过量储存产品会造成产品陈旧、老化、变质；运输过程的商品破损；流通加工过程余料的浪费等。在计划经济时期，原物资部提出了“管供、管用、管节约”的方针，这一方针在今天仍然适用。

(3)绿色物流是循环型物流。传统物流只重视从资源开采到生产、消费的正向物流，而忽视废旧物品、可再生资源的回收利用所形成的逆向物流。循环型物流包括原材料副产品再循环、包装废弃物再循环、废旧物品再循环、资源垃圾的收集和再资源化等。

绿色物流是经济可持续发展的必然结果，对社会经济的不断发展和人类生活质量的提高具有重要意义。绿色物流虽然代表着物流发展的方向，但并不是所有企业都能认识到这一点。开展绿色物流，不仅要依靠企业家，也要依靠政府、行业协会等民间团体及消费者的共同努力。

(1)政府规制。规制是指依据一定的规则对构成特定社会的个人和构成特定经济的经济主体日常的活动进行限制的行为。借鉴发达国家的实践经验，政府可以从以下三个方面制订政策法规，在宏观上对物流体制进行管理控制：①控制物流活动中的污染发生源；②限制交通量；③控制交通流。

(2)民间组织的倡导。开展绿色物流除了政府的规制外,还必须重视民间组织的倡导。民间组织主要指行业协会、企业联合会、商会及社会团体等,它们是政府与企业的桥梁,民间组织在开展绿色物流中有其独特的优势。民间组织倡导的绿色物流对政策主要有促进共同物流体系的建立、促进物流标准化和社会化、推广低公害物流技术的应用等。

(3)企业的自律行为。开展绿色物流,离不开企业这个经济主体。只有所有物流企业和相关企业接受绿色物流的理念,并成为其自觉行动,才能说真正进入了绿色物流时代。实行绿色供应链管理,有利于企业减少或消除环境污染,给企业带来良好的声誉和绿色的品牌形象。物流企业应该选择绿色运输策略,提倡绿色包装,开展绿色流通加工。

(4)加强对物流绿色化的研究和人才培养。我国物流发展滞后,物流运行与绿色理念相悖无甚,除了与认识有限、科技水平落后有关外,也和相关专业人才的缺乏有关。目前许多企业还没有既具有环境知识又具有物流知识的复合型人才,绿色物流的理论研究与应用实践脱节。绿色物流作为新生事物,对营运筹划人员和各专业人才要求面广,层次高,急需各大专院校和科研机构有针对性地培养,为现代绿色物流培养高级管理人才和专业人才,从根本上提升我国物流从业人员的整体素质与管理水平,满足国内市场对各类物流人才的需求。

2. 逆向物流

供应链上的正向物流是货物从生产到消费的实际方向上的物流,也是供应链上投入产出方向上的物流,它是从原材料的采集、加工、存储、运输到产品的采购、生产、加工和装配,再到产品的存储、运输、配送、销售和售后服务的整个过程。而逆向物流是与正向物流相反的物流活动,它是为恢复价值或合理处置,而对原材料、中间库存、最终产品及相关信息,从消费地到起始点的实际流动所进行的有效计划、管理和控制过程。其流程如图 10-5 所示。

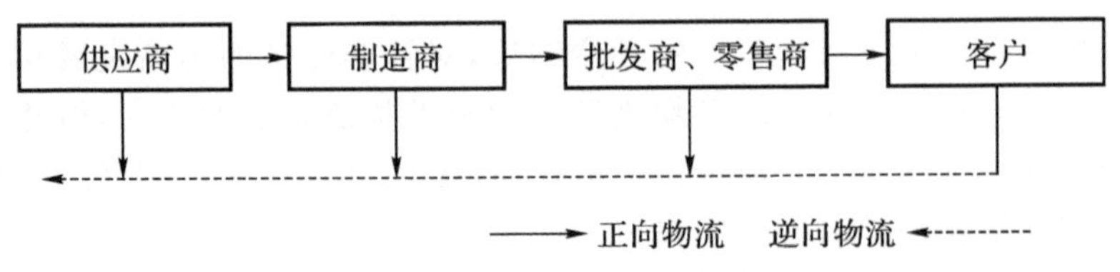

图 10-5　正向与逆向物流

逆向物流主要研究如何经济高效地实现产品的回收再利用,其目的是尽量获取回收产品的价值或对其进行正确处置。实施逆向物流具有节约资源、保护环境、

强化企业竞争优势以及增加企业经济效益等多重功用，它无疑是解决当前全球性资源短缺和环境污染两大难题的有效手段之一

逆向物流的范围很广，从使用过的包装到处理过的电脑、电器设备，从未售商品的退货到机械零件的回收、汽车的召回等，都可以归入逆向物流的范畴。逆向物流产生的背景可以归结为以下几点。

(1)政府的立法。在工业化国家中，政府的环境立法有效地推动了企业对所制造的产品的整个生命周期负责。顾客对全球气候变暖、温室效应和环境污染的关注加深了这种趋势。在美国，议会在过去的几年中引入了超过 2000 个固体废品的处理法案；1997 年，日本国会通过了强制回收某些物资的法案。在欧洲，这种信息更加强大。为了减少垃圾掩埋法的废品处理方式，欧盟制定了包装和包装废品的指导性意见，并在欧盟成员中形成法律。目前，我国已经颁布了《节约能源法》和《清洁生产促进法》及相关法规，《循环经济促进法》正在立法进程中。发展循环经济的专项法规，包括《资源综合利用条例》、《废旧轮胎回收利用管理条例》、《包装物回收利用管理办法》等也正在制定中。国家发展改革委员会研究起草了《废旧家电及电子产品回收处理管理条例》。随着环境法规约束力度的加大，企业必须自行承担废旧品的处理。

(2)产品生命周期日益缩短。产品生命周期正在变得越来越短，这种现象在许多行业都变得非常明显，尤其是计算机行业。新品和升级换代产品以前所未有的速度推向市场，推动消费者更加频繁地购买。当消费者从更多的选择和功能中受益时，这种趋势也不可避免地导致了消费者使用更多的不被需要的产品，同时也带来了更多的包装、更多的退货和更多的浪费问题。缩短的产品生命周期增加了进入逆向物流的浪费物资以及管理成本。

(3)竞争的加剧。在买方市场条件下，特别是在市场竞争日益激烈，消费者维权意识逐步兴起和用户需求日益个性化、多样化的今天，任何企业都会面临退货及产品召回的问题。竞争的加剧和产品供应量的增加意味着买家在供应链中的地位提升。零售商可以而且的确在拒绝承担未售出商品和过度包装品的处理责任。而企业为了在激烈的市场竞争中获得竞争优势、提高顾客满意度，便开始采取更为自由的退货政策。为了维护企业的核心竞争力，企业需要通过有效的逆向物流管理来降低退货处理和产品召回的损失。

(4)利润的驱动。资源的短缺引起资源供求矛盾愈来愈突出，而对使用过的产品及材料进行再生循环利用，已成为企业满足市场需求、降低生产成本的可行之路。例如，瑞典的沃尔沃公司引进了汽车拆卸和处理设备后，将拆卸下来的金属和塑料当作废品出售，有些零部件直接进入装配线，组装成汽车后在二级市场出售，这些项目成为沃尔沃重要的利润来源。

从广义上来讲，逆向物流包括回收物流和废弃物流两大类，其最终目标是减少资源使用，并通过减少使用资源达到废弃物减少的目标，同时使正向以及回收的物流更有效率。相对于正向物流，两者之间既有共同点，也有各自不同的特点。共同点在于都具有包装、装卸、运输、储存、加工等物流功能。但是，逆向物流与正向物流相比又具有其鲜明的特殊性：逆向物流产生的地点、时间和数量是不确定的，预测难度大；发生逆向物流的地点分散，运输路径不明确；逆向物流发生的原因特殊，处理系统与方式复杂多样，不同的处理手段对恢复资源价值的贡献差异显著。

逆向物流的价值可以包括两个方面，即对社会的价值和对企业的经济价值。逆向物流可以降低物料成本，增加企业经济效益；提高顾客价值，增加企业竞争优势；改善环境行为，塑造企业良好形象；促进企业质量管理体系的不断完善，利于改进产品设计、包装。

无论从企业自身利益方面出发还是从政府的立法角度，逆向物流不仅是企业考虑的重点也是企业发展战略的一部分，同时企业在产品设计、产品管理乃至企业管理中也将逆向物流作为企业的重要一环来考虑。

(1)建立合理的组织架构。组织必须确保它们的逆向系统与前向系统具有同样的成效。尽管企业还需要一段时间发展逆向物流系统，但对于它们来说，建立一个允许它们快速回收物品，同时尽可能降低成本的物流结构十分重要。工业同盟或行业协会在管理逆向物流的过程中，可以发挥其独特的作用，将类似的很多企业联系起来共同面对逆向物流的管理，从而实现规模效益和技术进步。还有一个办法是引进第三方逆向物流来协助管理或者由那些专注于配送中心建设的组织提供逆向物流服务。

(2)建立集中式回流物资处理中心。集中式回流物资处理中心的建立是逆向物流运作的一个重要举措。一般来说，零售商把物品送到一家或更多的集中式回流物资处理中心，在处理中心内，对所有进入逆向通道的物品进行分类，并根据零售商和制造商的指导，对回流物品做出是重新改造还是废弃的决定；然后到达下一目标。对于制造商来说，集中处理的模式可以改善客户服务，改进商品的回收制度，加快处理过程，并有利于建立逆向物流信息管理。由于回流商品被集中，制造商更容易了解商品回流的趋势。

(3)推向企业业务战略高度。把逆向物流管理由战术执行层推向企业业务战略高度的主要因素就是它对企业运作的财务影响。重新分配产品责任的趋势正在对传统的产品所有权和责任的转移的本质发起挑战，而且正在改变传统的买家和卖家之间的动态关系。将来，可能有许多产品是租用给用户，而不是卖给他们，如移动电话。用户不会因为产品过时而烦恼，而且更为重要的是，制造商能够追溯产品的流向，在产品的生命结束之时，可以重新收回并对之进行处理。

(4)发展逆向物流信息系统。发展逆向物流系统中的一个最重要的环节是应用信息技术。新技术和尖端技术可以帮助企业收集被回收产品的信息。信息的流动与产品本身的流动一样重要。将来,可以采用二维条形码搜集产品信息。这种条码包含着产品所有权的多重信息,可以应用到单个产品上甚至是产品中的一个零部件。

将微型条码应用于小件物品上意味着即便是个人电脑的芯片也是可以跟踪的。对于逆向物流系统,使用条形码使得物品管理非常简便。在任何时候都可以对所有产品进行追踪,实时的产品状况和损坏信息可以帮助物流经理理解逆向物流系统的需求。

10.4.4 新型物流

1. 应急物流

尽管当今世界科技高度发达,但突发性自然灾害、公共卫生事件等“天灾”,决策失误、恐怖主义、地区性军事冲突等“人祸”仍时有发生,这些事件有的难以预测和预报,有的即使可以预报,但由于预报时间与发生时间相隔太短,应对的物资、人员、资金难以实现其时间效应和空间效应。

应急物流是指为应对严重自然灾害、突发性公共卫生事件、公共安全事件及军事冲突等突发事件而对物资、人员、资金等的需求进行紧急保障的一种特殊物流活动。一般而言,应急物流的特点包括突发性、不确定性、需求的急迫性、多主体参与性、弱经济性、非常规性等。

2006 年我国各类自然灾害共造成因灾死亡 3186 人,因灾直接经济损失 2528.1 亿元,均为 8 年来最大值,且具有受灾种类多、发生时间早、强度大、发生频率高、持续时间长、经济损失严重等特点。自新中国成立以来,国家政府为此付出了大量的精力和财力。如 2002 年共成功预报地质灾害 703 次,避免人员伤亡 19120 人,避免直接经济损失 2.36 亿元;2006 年 1 月颁布《国家自然灾害救助应急预案》;2006 年 11 月民政部、财政部下拨 1.66 亿元特大自然灾害救济补助费,用于帮助解决第 5 号台风“格美”、第 6 号台风“派比安”和近期洪涝灾害给辽宁、福建、江西、湖南、广东、广西、海南等省造成的生活困难。对于企业也同样有意义,2002 年的菲利普芯片公司意外起火,导致无法向正推出新品的通信两巨头诺基亚和爱立信提供芯片,诺基亚良好的应急管理使得这次意外成为两大巨头发展的分水岭。

应急物流是在特殊条件下进行的物流活动,其最根本的目标是实现对突发事件的应急保障,但由于应急物流的突发性以及不确定性等特点,决定了应急物流必须着眼于平时的准备。加强应急事件的预警，加强应变机制的演练，才能做到实施时的有条不紊、快速反应。

(1)加强政府在应急物流组织保障工作中的作用。

(2)建立应急物流预警机制。

(3)做好应急物流预案的编制与演习。

(4)建立、健全应急物流的法制机制。

2. 精益物流

精益物流是起源于日本丰田汽车公司的一种物流管理思想，其核心是追求消灭包括库存在内的一切浪费，并围绕此目标发展的一系列具体方法。它是从精益生产的理念中蜕变而来的，是精益思想在物流管理中的应用。精益思想的核心就是以越来越少的投入——较少的人力、较少的设备、较短的时间和较小的场地创造出尽可能多的价值，同时也越来越接近用户，提供他们确实想要的东西。精益思想的理论诞生后，物流管理学家从物流管理的角度对此进行了大量的借鉴工作，并与供应链管理的思想密切融合起来，提出了精益物流的概念。

精益物流是一个出色的生产机制，在这个机制下，企业能够以最低的总成本，通过对企业系统的设计和管理，对原材料、半成品和成品在整个供应链运作中的流动状况进行控制和实现定位。其基本原则包括：①从客户的角度而不是从企业或者职能部门的角度来研究什么可以产生价值；②按整个价值流确定供应、生产和配送产品中所有必须的步骤和活动；③创造无中断、无绕道、无等待和无回流的增值活动流；④及时创造仅由客户拉动的价值；⑤不断消除浪费，追求完美。

精益物流的实现需要一个持续且循序渐进的过程。在这个过程中，需要注重以下几点：①"拉动"的概念，以最终需求为起点，由后往前，同时保证生产的标准化、安定化。②重视人力资源的开发的利用；③实行小批量的生产，节约库存成本的同时，更易于现场管理。④与供应商建立长期可靠的伙伴关系；⑤保证高效率、低成本的物流运输方式；⑥确保决策层的支持。

精益物流的目标可概括为企业在提供满意的顾客服务水平的同时，把浪费降到最低程度。实现精益物流必须认识到：①正确认识价值流是精益物流的前提；②价值流的顺畅流动是精益物流的保证；③客户需求作为价值流的动力是精益物流的关键；④不断改进和追求完善是精益物流的生命。

本章要点

1. 中国物流理论和实践经历了：新中国成立初期至20世纪80年代，80年代至90年代初，90年代初至今三个重要阶段，得到了快速的发展。

2. 目前我国物流产业发展中还存在着如下难题：制度约束，市场需求约束，物流效率约束，系统的物流发展标准化体系尚未建立和健全，大部分物流企业不能适应社会发展，物流理论研究和专业人才培养的约束。

3. 政府在促进物流产业发展方面应主要解决如下一些问题：政府物流管理部门职能的整合统一，物流管理制度和相关政策的调整，统筹考虑物流基础设施的建设，积极推行物流信息系统的建设，制定物流业发展的整体规划，制定物流业发展的扶持政策，重视物流专业人才的培养。

4. 消费者行为的改变，多品种、少量生产的转变和零售形式的多样化，无在库经营的倾向，信息技术的革新，新物流需求的产生等因素将改变物流企业的运作方式和推进物流企业在社会上的地位。

5. 物流企业的市场经营战略有：先驱型企业战略——综合物流，机能结合型企业战略——系统化物流，运送代理型企业战略——柔软性物流，缝隙型企业战略——差别化、低成本物流。

6. 所谓物流管理是指在社会再生产过程中，根据物流的运动规律，运用管理学的基本原理和方法，对物流的运动过程进行计划、组织、领导、控制和监督等活动，以提高物流运动的效率和经济效益。

7. 从企业所采用的物流信息管理技术来看，我国企业和世界各企业一样，物流管理将经历 MIS 阶段、MRP 阶段、MRP Ⅱ 阶段、DRP、LRP 阶段和 ERP 阶段，最终向电子商务时代的供应链管理发展。

8. 物流管理范式在今后一阶段内将主要受到以下三方面的影响：经济服务化、交易发展的互联网化和经济的可持续发展。

思考与练习

1. 中国物流基础设施的现状如何？
2. 物流产业发展中制度方面的主要约束因素有哪些？
3. 浅谈物流管理人才的培养途径。
4. 20 世纪 90 年代以后，有哪些主要因素改变物流企业的运作方式？
5. 总结现在世界十强物流企业的业务结构和运作模式。
6. 分析物流企业四种典型的经营战略。
7. 中国物流信息技术的发展过程和趋势是什么？
8. 中国物流企业管理范式的变化趋势是什么？

参考文献

1. 宋华，胡左浩. 现代物流与供应链管理. 北京：经济管理出版社，2001

2. 陈岩，姜波. 物流基础. 北京：北京理工大学出版社，2007

3. 戴勇. 物流管理——理论与实践. 北京：立信会计出版社，2007

4. 仝新顺. 供应链与物流管理. 南京：南京大学出版社，2009

5. 金真，唐浩. 现代物流——新的经济增长点. 北京：中国物资出版社，2002

6. 王丰，姜玉宏，王进. 应急物流. 北京：中国物资出版社，2007

7. 中国物流与采购联合会. 中国物流发展报告(2001 年). 北京：中国物资出版社，2002

8. 邱明虹. 浅谈精益思想在物流中的应用——精益物流. 经管空间，2008(12)

9. 李爱卿. 浅谈加入 WTO 后交通运输业的困境与出现. 广东交通职业技术学院学报，2002(1)

10. 颖彩，梁显刚. 供应链管理下的供应商管理分析. 管理现代化，2002(4)

11. 桂艳. 中国现代物流业发展中的问题及对策. 物流科技，2002(3)

12. 冯耕中. 我国现代物流研究的现状与展望. 科学学与科学技术管理，2002(5)

13. 庚晋，周洁. 沃尔玛的物流探秘. 中外企业家，2002(6)

14. 丁连科，丁宁. 论美国物流复兴的特征. 仓储管理与技术，2000(3)

15. 顾艳. 逆向物流的应用及发展趋势. 湖北财经高等专科学校学报，2006(12)

16. 翟铭勇，孙爱民，王祥. 逆向物流及其发展策略研究. 市场周刊·理论研究，2008(1)

17. 吕诗芸. 绿色物流——现代物流发展的新趋势. 物流科技，2007(3)